단단한 파이썬

단단한 파이썬

더 깔끔하고 관리가 쉬운 파이썬 코드를 위해

패트릭 비아포어 지음 김성준 옮김

에이콘

에이콘출판의 기틀을 마련하신 故 정완재 선생님 (1935-2004)

지은이 소개

패트릭 비아포어 Patrick Viafore

14년 이상을 소프트웨어 업계에서 일했으며, 낙뢰감지, 통신, 운영체제를 포함한 미션 크리티컬Misson Critical한 소프트웨어를 주로 제작하고 유지 보수를 해왔다. C++ 같은 정적 타입 언어로 작업해왔던 경험이 파이썬과 같은 동적 타입 언어를 다룰 때 많은 영향을 끼쳤으며 이런 영향이 동적 타입 언어를 더 견고하고 안전하게 만든다고 믿고 있다. 또한 밋업 HSY.py의 오거나이저로서 파이썬에서의 장애물을 식별하고 이를 넘어서려는 초보자와 전문가들을 돕고 있다. 개발자 커뮤니티가 컴퓨터 과학 또는 소프트웨어 공학이라는 주제에 더 쉽게 접근하도록 만들어주는 것이 목표다.

현재 캐노니컬Canonical에 재직 중이며 우분투 이미지를 공용 클라우드 제공자에게 배포하는 파이프라인 도구를 제작하고 있다. 또한 비즈니스 사이트인 Kudzera, LLC(https://kudzera.com)를 통해 소프트웨어 개발 컨설팅도 진행하고 있다.

감사의 글

먼저 나의 아내 켄달Kendal에게 감사의 말을 전하고 싶다. 그녀는 나의 지지자이자 자문역이었다. 내가 이 책을 쓸 수 있도록 시간과 공간을 지원해준 그녀에게 감사한다.

어떤 책도 혼자서 쓸 수는 없으며 이 책도 예외는 아니다. 내가 소프트웨어 산업의 거인들 어깨에 올라섰기 때문에 이 책의 저술이 가능했다. 나보다 앞서간 이들에게 감사한다.

내 메시지가 일관성 있고 예제가 명확한지 이 책을 검토해준 모든 사람에게 감사한다. 초기 피드백을 제공하고 이 책의 방향을 결정하는 데 도움을 준 Bruce G., David K., David P., Don P.에게 감사한다. 이들은 기술 감수자인 Charles Givre, Drew Winstel, Jennifer Wilcox, Jordan Goldmeier, Nathan Stocks, Jess Males에게 귀중한 피드백을 줬다. 특히 문서로 이해가 되지 않지만 머리로는 이해가 되는 경우에 특히 큰 도움이 됐다. 마지막으로 초기에 릴리스된 초안을 읽고 자신의 생각을 이메일로 보내주신 모든 분, 특히 Daniel C.와 Francesco에게 감사를 표한다.

최종 초안을 출판물의 가치가 있도록 바꾸는 데 도움을 주신 모든 분께 감사를 표한다. 카피에디터로서 깊이 파고들고 내 표현을 다듬는 데 도움을 준 Justin Billing, 교정을 봐준 Shannon Turlington에게도 감사를 표한다. 이들 덕분에 책이 훨씬 더 세련돼졌다. 감탄할 만큼 환상적인 인덱스를 만들어준 Ellen Troutman-

Zaig에게도 큰 감사를 드린다.

오라일리[O'Reilly]의 멋진 팀 없이는 이 작업을 수행할 수 없었다. 제안 과정을 도와주고 책에 집중할 수 있게 해준 Amanda Quinn에게 감사한다. 제작 단계를 매우 쉽게 만들어준 Kristen Brown에게 감사를 전한다. 내 MS 그림판[Paint] 수준의 스케치를 깨끗하고 선명한 일러스트레이션으로 변환한 Kate Dullea에게도 감사한다. 또한 개발 편집자인 Sarah Grey에게 무한한 감사를 전하고 싶다. Sarah와의 주간 회의를 항상 기다렸고, 그녀는 내가 대중을 위한 책을 만드는 데 멋지게 도움을 줬다.

옮긴이 소개

김성준(cheuora@gmail.com)

삼성SDS 그룹통합추진 팀에서 워크플로 제작 업무로 IT를 시작했다. 이후 한국후지제록스[Fuji Xerox Korea], 네이버 재팬[Naver Japan](현LINE)을 거쳤고 지금은 삼성 청년 소프트웨어 아카데미[SSAFY]에서 교육생들을 대상으로 프로젝트 컨설턴트로 활동하고 있다.

옮긴이의 말

최근 언어들의 트렌드는 타입의 강화와 체크다. 자바스크립트의 타입 강화 버전인 타입스크립트의 인기가 높아지고 있는 것이 그 증거다.

타입을 강화하면 코드를 통한 커뮤니케이션이 가능하다. 코드의 의도를 명확하게 파악할 수 있다면 추후 코드 작업할 때 들어가는 비용과 노력은 훨씬 줄어들 것이며, 이는 유지 보수성의 시발점이다.

파이썬에서도 3.8 버전 이후로 여러 타입을 지원하기 시작하고 파이썬 커뮤니티에서도 이를 체크할 수 있는 도구들을 제공했지만 파이썬을 주력으로 쓰는 개발자들 사이에서는 아직 잘 알려지지 않았다.

이 책은 파이썬 코드의 유지 보수성 향상을 목표로 한다. 또한 각종 타입과 클래스의 의미와 사용법, 이를 체크해주는 도구들을 비롯해 코드 안전망이라 불리는 각종 테스트까지 총망라해 다룬다. 그리고 파이썬 중급 레벨에 필요한 테크닉과 정보를 알려준다.

이 책을 통해 코드를 사용한 커뮤니케이션의 진정한 의미를 알고 여러분이 만드는 모든 코드의 견고성을 확보하기를 바란다.

차례

3부 확장 가능한 파이썬

들어가며

소프트웨어 엔지니어인 마크 앤드리슨Marc Andreesen은 "소프트웨어가 세상을 집어 삼키고 있다Software is eating the world"라고 선언했다. 이는 2011년도에 선언됐으나 지금도 유효하다. 소프트웨어 시스템은 점점 복잡해져서 우리 생활에 필수적으로 자리 잡았는데, 세상을 집어 삼키는 이 짐승의 한가운데에 서 있는 언어가 바로 파이썬이다. 파이썬은 프로그래머들에게 인기 있는 언어로 자주 언급되며 웹 애플리케이션에서 머신러닝, 개발 도구에 이르기까지 곳곳에서 사용된다.

하지만 반짝인다고 해서 모두 금은 아니다. 소프트웨어 시스템이 복잡해질수록 우리가 생각한 모델이 실제로 어떻게 매핑이 되는지 이해하기는 더 어려워진다. 이를 방치하면 소프트웨어 시스템은 비대해지고 취약해져서 '레거시 코드legacy code'라는 무서운 이름을 얻게 된다. 이런 코드베이스들은 "더 이상 수정을 하지 마시오!Do not touch this files! 이유는 알 것 없음. 그냥 건드리는 순간 무너짐"과 "이 코드는 그렇고 그런 사람들만이 알고 있으며 이들은 실리콘 밸리로 이직해버렸음"이라는 경고 주석을 달게 된다.

사실 오래 지속되는 시스템을 만들려면 신중한 선택을 해야 한다. 타이터스 윈터스Titus Winters, 톰 맨쉬렉Tom Manshreck, 하이럼 라이트Hyrum Wright가 언급한 바[1]와 같이 '소프트웨어 공학은 시간이 지나도 일관된 프로그래밍'이다. 여러분의 코드가 오래 유지될 수도 있다. 실제로 내가 초등학교 때 짠 코드로 이뤄진 프로젝트

1. 『구글 엔지니어는 이렇게 일한다』, 한빛미디어, 2022

에 발을 들여놓기도 했다. 여러분의 코드는 얼마나 유지될까? 현 업무의 정년보다 또는 프로젝트의 유지 보수가 끝날 때보다 더 오래 지속될 수 있을까? 누군가가 여러분의 코드로부터 핵심 컴포넌트를 만든다고 가정할 때 몇 년 후에 그 코드가 어떻게 비춰지면 좋겠는가? 당신의 코드를 보고 후계자들이 당신의 혜안에 감탄하기를 원하는가? 아니면 코드의 복잡함을 저주하기를 원하는가?

파이썬은 놀라운 언어지만 제대로 설계하는 것은 쉽지 않다. 일부 다른 프로그래밍 언어 지지자들은 파이썬을 '프로덕션 수준이 아닌' 또는 '프로토타이핑 전용' 언어로 여긴다. 하지만 많은 개발자가 견고한 파이썬 코드 작성의 기술과 도구를 배우는 대신 겉핥기만 하고 있는 것이 현실이다. 이 책을 통해 견고한 파이썬 코드의 작성을 배우며 유지 보수가 용이한 클린 코드를 작성할 수 있는 다양한 여정을 거칠 것이다. 여러분의 코드를 유지 보수할 미래의 담당자들은 쉽게 작업할 수 있도록 구성된 설계로 인해 유지 보수 작업에 큰 어려움을 느끼지 못할 것이다. 이제 이 책을 읽고 미래를 내다보면서 오랫동안 유지될 멋진 소프트웨어를 만들어보자.

이 책의 대상 독자

이 책은 지속 가능하며 유지 가능한 방식으로 본인의 코드를 발전시키고 싶은 모든 파이썬 개발자를 위한 책이다. 파이썬 프로그래밍 경험이 있어야 하며 파이썬 입문용으로는 적합하지 않다. 파이썬의 제어 흐름과 클래스를 이해하고 있어야 한다. 파이썬 입문서를 찾고 있다면 마크 루츠Mark Lutz의 『러닝 파이썬』(길벗, 2018)을 추천한다.

이 책에서는 파이썬 고급 주제를 많이 다룰 예정이지만 목표는 모든 파이썬의 기능을 다루는 것이 아니다. 여기서 다루는 기능들은 견고성이나 여러분이 유지 관리성에 어떤 영향을 미치는지에 대한 토론의 배경이 된다. 때때로 거의 사용하지 말아야 할 전략도 살펴보는데, 견고성의 첫 번째 원칙을 설명하기 위해서다. 코드에서 결정을 내리는 이유와 방법을 이해하는 과정은 최적의 시나리오에서 사용할 도구를 아는 것보다 더 중요하다. 실제로 최적의 시나리오는 드물다. 이 책에서의 제시하는 원칙을 통해 코드베이스에서 자신만의 결론을 도출하기 바란다.

이 책은 마냥 참고하기보다는 토론을 위한 책이라고 하면 더 좋을 것 같다. 각 장은 조직 내의 개발자들이 모여 이 원칙들을 어떻게 적용할 것인지 토론하기 위한 화두가 돼야 한다. 북 클럽, 토론 그룹 또는 점심 모임 등에서 토론을 시작해보기 바란다. 이를 위해 각 장 앞에 토론을 위한 주제들을 달았다. 주제를 접하게 되면 잠시 멈추고 여러분의 코드베이스를 생각해볼 것을 권장한다. 이 주제들을 발판으로 삼아 여러분의 동료와 함께 코드, 프로세스, 워크플로의 상태 등을 얘기해보기 바란다. 파이썬에 대한 레퍼런스를 원하면 루치아누 하말류 Luciano Ramalho의 『전문가를 위한 파이썬』(한빛미디어, 2016)을 강력히 권한다.

시스템이 견고성을 확보할 수 있는 방법에는 여러 가지가 있다. 보안을 강화시키거나, 확장을 가능하게 하거나, 장애에 대한 내성을 강화하거나, 새로운 오류를 적게 발생하게 하는 방법 등이 있다. 이런 견고성의 각 측면들이 커버하는 것은 너무 광범위하다. 이 책은 인수받은 개발자가 시스템에 새로운 결함을 생성하는 것을 방지하는 데 초점을 둔다. 여러분의 코드를 미래를 인수할 개발자들과 어떻게 커뮤니케이션을 해야 할지, 구조적 패턴을 통해 그들의 삶을 어떻게 편안하게 해줄지, 그 개발자들이 프로덕션 릴리스 전에 어떻게 오류를 잡아야 하는지 알아본다. 이 책은 전체 시스템의 견고성이 아니라 파이썬 코드베이스의 견고성에 초점을 맞췄다.

이 책은 소프트웨어 엔지니어링, 컴퓨터 공학, 함수형 프로그래밍, 객체지향 프로그래밍 OOP, Object Oriented Programming 등의 많은 정보를 담고 있다. 독자 여러분이 이런 모든 배경 지식을 갖고 있으리라 생각하지는 않다. 이 영역 중 일부는 기존의 언어 구조를 새롭게 해체하고자 기초부터 설명하겠지만 대부분의 영역은 중급자를 대상으로 설명한다.

이 책의 대상 독자는 다음과 같다.

- 동료들과 더 나은 방법으로 소통하고 싶은 방대한 코드베이스에서 현재 작업 중인 개발자
- 미래의 인수자의 부담을 덜어주고 싶은 초기 코드베이스의 유지 보수 담당자
- 파이썬 코드는 잘 만들지만 그 원리를 잘 모르는 자기 주도 학습에 능한 개발자
- 개발을 위한 실질적인 조언을 필요로 하는 소프트웨어 공학 전공 졸업생
- 설계 근거를 견고성의 첫 번째 원칙에 연결할 방법을 찾고 있는 시니어 개발자

이 책은 소프트웨어 작성에 중점을 둔다. 여러분의 코드 대부분이 프로토타입, 폐기나 다른 방식으로 처분할 수 있는 코드인 경우 이 책의 내용들은 결국 프로젝트에 필요한 것보다 더 많은 작업을 생성하게 된다. 여러분의 프로젝트가 소규모(100줄 미만의 파이썬 코드로 이뤄진 경우)인 경우도 마찬가지다. 코드를 유지 관리할 수 있게 만드는 작업은 의심의 여지없이 복잡도를 증가시킨다. 하지만 이 책은 복잡도를 줄이는 방법도 안내한다. 코드가 몇 주 이상 지속되거나 상당히 규모가 커질 것으로 예상된다면 코드베이스의 지속 가능성을 고려해야 한다.

이 책의 구성

이 책은 크게 4부로 구성돼 있다.

1부, 타입으로 어노테이션하기

먼저 파이썬의 타입 어노테이션type annotation을 설명한다. 타입은 모든 언어의 기초지만 세부적으로 다뤄지지 않는 경향이 있다. 한 번 정해진 타입은 매우 구체적인 의도를 전달하기 때문에 중요하다. 타입 어노테이션과 특정 어노테이션specific annotation이 개발자에게 어떤 내용을 전달하는지 살펴본다. 또한 타입 체커typechecker를 살펴보고 이것이 오류를 잡는 데 어떻게 도움이 되는지 알아본다.

2부, 사용자 정의 타입

파이썬의 타입을 알아본 후 타입을 어떻게 생성하는지 살펴본다. 열거형enumeration, 데이터 클래스, 클래스를 자세히 다룬다. 그리고 타입 설계 방식의 선택이 코드의 견고성에 미치는 영향도 알아본다.

3부, 확장가능한 파이썬

의도를 전달하는 방법을 배운 후 향후 개발자들이 강력한 기반을 바탕으로 코드를 효과적으로 변경하며 자신 있게 빌드하는 방법을 살펴본다.

4부, 안전망 설치

이후에 인수할 개발자들이 떨어져도 다치지 않을 안전망을 설치하는 방법을 알아본다. 본인의 사례에도 어려움 없이 적용할 수 있는 튼튼한 장치가 있다는 것을 알게 되면 개발자도 자신감이 올라갈 것이다. 오류 발견에 도움이 되는 다양한 정적 분석 및 테스트 도구를 알아본다.

각 장은 대부분 독립적이며 필요시 다른 장을 참조한다. 이 책을 처음부터 끝까지 읽거나 자신의 취향에 맞는 장으로 골라볼 수 있다. 그룹화된 각 장은 서로 연관성이 있지만 책의 각 부 사이에는 관계가 크지 않다.

모든 예제 코드는 파이썬 3.9.0 기반이며 예제를 실행할 때 별도 버전이 필요한 경우(예를 들어 데이터 클래스를 위해 파이썬 3.7이 필요한 경우)에는 따로 알려준다.

이 책에서의 모든 작업은 커맨드라인에서 이뤄진다. 기본적인 작업들은 우분투 운영체제에서 수행되지만 매킨토시나 윈도우 운영체제에서도 문제없이 수행될 것이다. 일부 작업은 비주얼 스튜디오 코드VS Code, Visual Studio Code와 같은 통합 개발 환경IDE과 연계돼 수행된다. 대부분 IDE 내부에서는 커맨드라인 명령 옵션을 사용하며, 커맨드라인의 대부분은 IDE의 옵션으로 직접 변환할 수 있다.

이 책은 여러분의 코드에 견고성을 심어주기 위한 다양한 방법을 제시한다. 하지만 소프트웨어 개발에 마법의 탄환Silver bullet은 존재하지 않다. 트레이드오프Tradeoff는 엔지니어링의 견고성의 핵심이며 여기서 제시하는 방법에도 예외는 없다. 주제를 얘기할 때 장점과 단점을 과감 없이 얘기할 것이다. 여러분의 시스템에 대해서는 여러분이 더 잘 알 것이며, 내부 작업을 할 때 어떤 선택이 좋을지 더 잘 판단할 것이기 때문이다. 내가 하는 일은 도구 상자를 제공하는 것이다.

편집 규약

이 책에서는 아래와 같은 표기 규칙을 사용한다.

고정폭 글자

프로그램 목록뿐만 아니라 프로그램 요소를 설명하는 문단에도 사용된다. 예를 들면 변수, 함수 이름, 데이터베이스, 데이터 유형, 환경 변수, 문장, 키워드 등이 있다.

굵은 글씨의 고정폭 글자

독자가 문자 그대로 입력해야 하는 명령이나 다른 텍스트를 표시한다.

이 요소는 팁이나 제안을 의미한다.

이 요소는 일반적인 참고를 의미한다.

이 요소는 경고나 주의를 나타낸다.

예제 코드 다운로드

코드, 예제 등의 자료들은 https://github.com/pviafore/RobustPython에서 다운로드할 수 있다. 예제 코드에 문제가 있거나 질문이 있다면 bookquestion@oreilly.com으로 보내주기 바란다.

이 책은 여러분의 작업에 도움을 주기 위해 만들어진 것으로, 이 책에서 제공된 코드들은 여러분의 코드나 문서에 사용해도 무방하며 코드의 상당 부분을 복제하지 않은 한 사용에 대한 허가를 얻을 필요는 없다. 이 책의 코드 중 일부분을 잘라 사용해도 무방하지만 예제들을 판매 또는 배포하는 것은 허가가 필요하다. 이 책의 코드를 인용하거나 답변에 활용하는 것은 허가가 필요치 않다. 이 책의 코드 중 상당한 양을 제품 설명서에 통합시키려면 허가가 필요하다.

한국어판의 정오표는 에이콘출판사의 도서정보 페이지 http://www.acornpub.co.kr/book/robust-python에서 찾아볼 수 있다. 한국어판에 관한 질문은 이 책의 옮긴이나 에이콘출판사 편집 팀(editor@acornpub.co.kr)으로 문의해주길 바란다.

표지 그림

표지에 있는 동물은 나일악어Crocodylus niloticus이며 아프리카 사하라 사막 아래쪽에 걸쳐 있는 깨끗한 호수나 강, 늪에 주로 서식한다. 나일악어는 물속에 몸을 잠그고 매복, 근처에 오는 수생 동물이나 육상 동물들을 공격하는 먹이 피라미드의 정점에 위치한 포식자며 새, 물고기, 포유류, 기타 파충류 등의 다양한 먹이를 먹는다. 사람들을 공격하기도 하는데, 매년 수백 건의 공격과 사망이 발생한다.

악어는 믿을 수 없을 정도로 강한 악력과 살을 찢기보다는 먹이에 단단히 고정할 수 있는 원뿔형 이빨을 갖고 있다. 이런 특성으로 인해 큰 동물도 빠르게 잡아 물속에 넣고 익사시킬 수 있다. 나일악어는 아프리카에서 가장 큰 악어로, 평균 길이가 약 12~16피트(3.65미터~4.87미터), 무게는 약 500~1600파운드(227킬로그램~725킬로그램) 정도며 암컷이 수컷보다 30% 정도 작다. 물속에서의 위장을 위해 어두운 색의 등과 황록색 복부를 갖고 있다.

나일악어는 일광욕장을 서로 공유하며 혼자 먹기에 너무 큰 먹이는 서로 협동해 사냥을 하는 사회적 동물이다. 암컷은 평균 25~80개의 알을 낳으며 잠시 동안 새끼를 보호한다(어린 악어는 스스로 사냥을 한다). 어미의 노력에도 불구하고 나일 도마뱀, 물새, 다른 악어종의 포식으로 인해 알의 10%만 부화하고 그중에서도 1%만이 성체로 자란다.

오라일리 책 표지의 많은 동물이 멸종 위기에 처해 있다. 이 세상의 모든 동물이 중요하다는 것을 잊지 말자.

표지 그림은 캐런 몽고메리Karen Montgomery가 그린 Meyers Kleines Lexicon의 흑백 판화를 바탕으로 그렸다.

1장

견고한 파이썬

이 책은 파이썬 코드를 더 관리하기 쉽게 만들어주는 방법을 다룬다. 코드베이스가 커질수록 유지 관리가 가능한 코드를 위한 특별한 팁이나 기술, 전략이 필요하다. 이 책은 오류를 줄여 개발자를 더 행복해지게 만드는 가이드를 제공한다. 어떻게 코드를 작성해야 하는지 자세히 알아보고 여러분이 한 결정이 어떻게 영향을 미치는지 알아본다. 코드를 살펴볼 때 C.A.R 호어Hoare의 말을 항상 상기해야 한다.

> 소프트웨어 설계 구축에는 두 가지 방법이 있다. 하나는 아주 간단하게 구축해 결점이 발생할 여지가 없게 만드는 것이며, 다른 하나는 아주 복잡하게 만들어 결점을 발견하기 어렵게 하는 것이다. 전자의 방법이 훨씬 어렵다.[1]

이 책은 전자의 방법으로 시스템을 개발하는 방식을 설명한다. 훨씬 더 어렵겠지만 겁먹을 필요는 없다. 호어가 말한 것처럼 '결점을 발견하기 어려운' 파이썬 코드를 레벨업하는 데 있어 이 책은 훌륭한 가이드가 될 것이며 궁극적으로 '견고한' 파이썬 코드 작성을 지향한다.

1장에서는 '견고성Robustness'에 대한 정의를 내리고 왜 이를 지켜야 하는지 알아본

1. Charles Antony Richard Hoare, 『The Emperor's Old Clothes』 *Commun. ACM* 24, 2(Feb. 1981), 75–83. https://doi.org/10.1145/358549.358561

다. 먼저 자신의 커뮤니케이션 방법의 장점과 단점을 점검하고 어떻게 하면 의도를 명확히 전달할 수 있을지 살펴본다. 『The Zen of Python』[2]에서 기술했듯이 코드를 작성할 때 "문제를 해결할 하나의 (바람직하고 유일한) 명백한 방법이 있을 것이다There should be only one - and preferabley only one - obvious way to do it." 여기에서는 자신의 코드가 분명한 방법으로 작성됐는지 평가하는 방법과 어떻게 이를 수정해야 할지 배울 것이다. 먼저 다음 질문을 생각해보자.

"견고성이란 무엇일까?"

견고성

메리엄 웹스터Merriam-Webster에서 제공하는 견고성Robustness의 정의는 다음과 같다.

1. 건장한, 건강함
2. 견고함을 보여줌
3. 튼튼하게 구성되거나 만들어짐
4. 다양한 조건에서 실패 없이 수행할 능력

각 목적에 따라 정의가 있는 듯하다. 우리는 여러 해를 견딜 수 있는 '오래가는Healthy' 시스템을 원하며, 이를 위해 견고함을 보여줄 필요가 있다. 따라서 코드는 분명히 테스트의 시간을 견뎌야 할 것이다. 우리는 견고한 기반에서 구축된 '아주 튼튼한', 결정적으로 '실패 없이 가동되는' 시스템을 원한다. 시스템은 어떤 변경 사항이 발생하더라도 취약점이 생겨서는 안 된다.

---

2. 『The Zen of Python』은 파이썬이 추구하는 철학을 시(poem)로 표현한 것이며 파이썬 인터프리터에서 `import this`를 입력하면 확인할 수 있다. 이는 일종의 이스터 에그(Easter Egg)다. – 옮긴이

소프트웨어는 일반적으로 모든 변화에 대한 보루 또는 기준점이 되는 마천루로 여겨지지만 사실은 엉망진창이다. 소프트웨어 시스템은 끊임없이 진화한다. 오류와 사용자 인터페이스는 수정되며 기능은 추가되기도 하고 수정되기도 하며 제거되기도 한다. 프레임워크가 바뀌고 컴포넌트가 구식이 돼 버리면 보안 결함이 발생할 수 있다. 어쩌면 소프트웨어 개발은 정적인 빌딩들을 짓는 것보다는 도시 계획에서 확장을 처리하는 것과 유사하다. 끊임없이 변화하는 코드베이스에서 어떻게 견고한 코드를 만들 수 있을까? 어떻게 하면 오류에 잘 대처하는 강력한 기반을 구축할 수 있을까?

우리는 변화를 받아들여야 한다. 코드는 분리되고 재조합되고 재작업되며 새로운 유스 케이스는 많은 분량의 코드를 변화시킬 것이다. 이를 받아들여라. 코드를 쉽게 변경할 수 있는 것으로 충분하지 않다. 오래되면 삭제하고 다시 제작하는 것이 좋으며 그렇다고 값어치가 떨어지는 일은 없다. 여전히 수명을 연장하면서 각광을 받을 것이며 여러분의 일은 이 재작업을 쉽게 하도록 만드는 것이다. 이런 코드의 일시적인 특성을 받아들이기 시작하면 당장 오류가 없는 코드 작성만으로 충분하지 않다는 것을 알게 될 것이다. 여러분의 코드를 인수받을 향후의 개발자가 자신 있게 코드를 수정할 수 있도록 할 필요가 있다. 이 책은 이를 위한 것이다.

이 책에서는 강력한 시스템을 구축하는 방법을 배운다. 이 강도는 쇠막대에서 볼 수 있는 강함의 의미와는 다르며 여기에서의 강력함은 유연성에서 비롯된다. 코드는 키 큰 버드나무처럼 강하지만 바람에 흔들리면서 부러지지 않아야 하며 소프트웨어는 여러분이 상상도 하지 못할 상황을 처리해야 한다. 코드베이스는 항상 유지 관리가 되는 것이 아니기 때문에 새로운 상황에 적응을 잘 할 수 있어야 한다. 향후의 유지 관리자는 자신이 견고한 코드베이스에서 작업한다는 믿음이 있어야 하며 여러분의 코드베이스는 이런 강점을 전달해야 한다. 여러분의 파이썬 코드는 향후의 유지 관리자가 코드를 분리하고 재구성을 할지라도 실패를 줄이도록 작성돼야 한다.

견고한 코드를 작성한다는 것은 미래를 의도적으로 고려하는 것을 의미한다. 여러분은 향후의 유지 보수자가 여러분의 코드를 보고 의도를 쉽게 이해하기를 원하고, 늦은 밤 디버깅을 하는 동안에도 여러분을 욕하지 않기를 바랄 것이다. 이를 위해서는 작성자의 추론, 생각, 주의 사항을 전달해야 한다. 인수받을 개발자는 코드를 새로운 모양으로 변경시켜야 하며 그 때마다 코드가 위태위태한 카드로 만든 집처럼 무너질 수 있다는 걱정 없이 작업하기를 원할 것이다.

다시 말하면 예기치 않은 일이 발생할 때 시스템 장애가 발생하지 않아야 한다. 테스트와 품질 보증[QA]은 이에 대한 큰 부분을 차지하지만 어느 것도 품질에 완벽하게 영향을 주지는 못한다. 이 두 활동은 기대와 실제와의 격차를 확인하고 안전망을 제공하는 데 더 적합하다. 소프트웨어는 테스트의 시간을 거쳐야 한다. 그렇게 하려면 깨끗하고 유지 관리가 가능한 코드를 작성해야 한다.

클린 코드는 의도를 순서대로 분명하고 간결하게 전달한다. 한 줄의 코드를 보고 "아, 완전히 이해가 된다."라고 스스로에게 말할 수 있게 하는 것이 클린 코드의 지표다. 디버거를 자주 실행할 경우 무슨 일이 일어나는지 알고자 더 많은 코드를 들여다봐야 하며, 자주 멈춰서 코드를 들여다볼수록 코드는 덜 깨끗해진다. 클린 코드는 다른 개발자가 이해할 수 없는 코드를 선호하지 않는다. 호어가 앞에서 말했던 것처럼 맨눈으로 봐서 이해하기 어려울 정도로 코드를 둔하게 만들고 싶지는 않을 것이다.

클린 코드의 중요성

클린 코드는 코드 견고성의 핵심이며 의미 있는 프로젝트의 테이블 스테이크[3]로 간주하면 될 것 같다. 다음 사항을 포함한 클린 코드 작성에서 지켜야 할 관행을 살펴보기 바란다.

3. 포커 등에서 내기에 거는 돈 – 옮긴이

- 적절하게 세분화된 방식의 코드 구성
- 적절한 도큐먼트의 제공
- 적절한 변수, 함수, 타입명
- 짧고 간결한 함수 유지

클린 코드의 모티브가 이 책 전반에 걸쳐 들어있지만 이러한 특정 관행에 상당한 시간을 할애하지는 않을 것이다. 클린 코드의 사례를 잘 보여주는 다른 책들이 있는데, 로버트 마틴Robert C. Martin의 『Clean Code』[4], 앤디 헌트Andy Hunt와 데이브 토마스Dave Thomas의 『The Pragmatic Programmer』[5], 스티브 맥코넬Steve McConnell의 『Code Complete』[6]를 추천한다. 이 책들은 나에게 개발자로서의 스킬 향상에 많은 도움을 줬으며 성장을 바라는 다른 사람들에게도 훌륭한 가이드가 되고 있다.

클린 코드 작성을 위해 절대적으로 노력해야 하지만 이와 동시에 지저분한 코드베이스에서 작업할 준비가 돼 있어야 한다. 소프트웨어 개발은 지저분한 작업이며 비즈니스 및 기술적 측면에서 다양한 이유로 클린 코드의 순수성이 희생되는 경우가 있다. 유지 관리성에 대한 토론을 통해 이 책에서 제공하는 내용을 참조해 클린 코드의 길로 나아가기 바란다.

유지 보수가 가능하다는 말은 '쉽게' 유지 보수가 가능하다는 말일 것이다. 첫 번째 커밋이 시작한 후 유지 보수가 시작되고 단 한 명의 개발자도 해당 프로젝트를 보지 않을 때까지 유지 보수는 계속된다. 이때 개발자는 오류 수정, 기능 추가, 코드 읽기, 다른 라이브러리에서 코드 추출 등의 작업을 수행할 것이다.

4. 『클린 코드』(인사이트, 2013) – 옮긴이

5. 『실용주의 프로그래머』(인사이트, 2022) – 옮긴이

6. 『Code Complete 코드 컴플리트 2』(위키북스, 2017) – 옮긴이

유지 보수가 가능한 코드는 이런 작업들을 문제없이 진행시킨다. 소프트웨어의 수명은 수년, 아니 수십 년이다. 바로 오늘부터 유지 보수성에 집중하기 바란다.

최선을 다했음에도 시스템의 실패 원인이 되고 싶지 않을 것이다. 이를 위해 여러분의 시스템이 테스트의 시간을 견딜 수 있도록 선제적인 작업을 해야 한다. 여러분 자신의 안전망을 위해 테스트 전략이 필요하지만 아예 처음부터 아무런 문제가 발생하지 않는 현상은 피해야 한다. 이 모든 점을 염두에 두고 코드베이스 측면에서 견고성의 정의를 다음과 같이 내려 본다.

> 견고한 코드베이스는 지속적인 변경에서도 오류가 없고 복원력이 뛰어나야 한다.

견고성이 중요한 이유

소프트웨어가 해야 할 일을 하게 만드는 데는 많은 에너지가 필요하지만 막상 작업이 끝나면 잘 드러나지는 않는다. 개발 마일스톤은 예측하기가 쉽지 않으며 UX, 접근성, 문서화와 같은 인적 요소는 복잡성만 증가시킨다. 여기에 테스트를 추가해 알려지거나 알려지지 않는 동작들의 일부를 다뤘는지, 개발 주기가 길어졌는지 확인한다.

소프트웨어의 목적은 가치를 제공하는 것이다. 가능한 한 빨리 가치를 이해관계자들에게 전달하면 그 가치는 더 커진다. (하지만) 일부 개발 일정의 불확실성을 감안할 때 기대치에 도달하고자 추가적인 압박이 있는 경우가 있다. 모두 비현실적인 일정이나 마감을 지금까지 잡아온 것이다. 안타깝게도 소프트웨어에 견고성을 부여하는 많은 툴이 개발 주기를 단기적으로만 단축한다.

즉각적인 가치 전달과 코드의 견고성 사이에는 긴장감이 있는 것이 사실이다. 소프트웨어가 "충분히 좋다"에는 왜 복잡함이 따라올까? 답을 찾으려면 해당 소프트웨어가 얼마나 자주 반복 사용되는지 생각해보기 바란다. 소프트웨어의 가치 전달은 일반적으로 정적이지 않다. 시스템이 변경 없이 가치를 계속 전달하는 경우는 드물다. 소프트웨어는 그 자체로 끊임없이 발전하며 코드베이스는 오랜 기간 동안의 가치 전달을 위한 준비가 돼 있어야 한다. 바로 이 지점에서 소프트웨어의 견고성 엔지니어링이 개입된다. 품질의 저하 없이 신속하게 기능을 제공할 수 없다면 여러분의 코드에 대한 유지 보수 기술의 재평가가 필요하다.

제품(시스템)의 전달이 늦어지거나 고장이 나면 실시간 비용이 발생한다. 코드베이스를 잘 생각해보기 바란다. 다른 사람이 당신의 코드를 이해하지 못해 1년 후에 코드에 이상이 발생하면 어떻게 될까? 당신은 얼마나 많은 가치를 잃는가? 당신의 가치는 돈, 시간, 심지어 삶으로 측정될 수 있다. 가치가 제때 전달되지 않으면 어떻게 되는가? 그 영향은 무엇일까? 이 질문들에 대한 답이 무섭지만 의미가 있다면 자신이 하고 있는 일은 가치가 있다는 증거다. 또한 이는 앞으로의 오류를 제거하는 것이 얼마나 중요한지도 강조한다.

보통 동일한 코드베이스에서 다수의 개발자가 붙어 작업한다. 많은 소프트웨어 프로젝트는 대부분 개발자의 담당 기간보다 오래 지속되기 때문에 현재와 향후의 개발자가 함께 소통할 방법을 찾아야 한다. 향후의 개발자는 여러분의 결정을 기반으로 작업을 해 나갈 것이다. 모든 잘못된 길, 모든 함정, 모든 야크 털깎이[7] 모험은 개발 속도를 늦추고 가치 전달을 방해한다. 여러분은 여러분을 따라오는 이들에 대한 공감이 필요하며 그들의 상황에 감정이입을 해봐야 한다. 이 책은 여러분의 동료와 유지 보수자에 대해 생각할 수 있는 관문이다. 여러분은 지속가능한 엔지니어링에 대해 고민해봐야 하며, 지속 가능한 코드를 작성해야 한다. 지속 가능한 코드를 만드는 첫 번째 단계는 코드를 통해 소통을 하는 것이다. 여러분의 코드를 통해 향후의 개발자에게 여러분의 의도가 전달돼야 한다.

7. 어떤 목적을 달성하고자 원래 목적과 전혀 상관없는 일들을 계속해야 하는데, 그중 마지막 작업을 의미한다(참조: https://www.lesstif.com/software-engineering/yak-shaving-29590364.html). – 옮긴이

여러분의 의도는 무엇인가?

유지 관리가 가능한 클린 코드를 위해 노력해야 하는 이유는 무엇일까? 왜 견고성을 신경 써야 할까? 대답은 소통에 있다. 여러분은 정적 시스템을 전달하는 것이 아니다. 코드는 계속 변경된다. 그리고 유지 보수 관리자도 시간이 지남에 따라 바뀐다는 것을 생각해야 한다. 코드를 작성하는 목적은 가치의 전달이며 다른 개발자 역시 당신의 코드를 통해 신속한 가치 전달을 할 수 있어야 한다. 이를 위해서는 향후의 유지 보수 관리자와 대면하지 않고도 추론과 의도를 전달할 수 있어야 한다.

가상의 레거시 시스템에서 다음과 같은 코드 블록이 있다고 해보자. 다음 코드를 보고 어떤 기능을 하는지 이해하는 데 얼마나 시간이 걸리는가? 여기에 있는 개념들에 익숙하지 않거나 복잡하다고 느껴도 낙심하지 말기 바란다(의도적으로 그런 것이니까!).

```
# Take a meal recipe and change the number of servings
# by adjusting each ingredient
# A recipe's first element is the number of servings, and the remainder
# of elements is (name, amount, unit), such as ("flour", 1.5, "cup")

def adjust_recipe(recipe, servings):
    new_recipe = [servings]
    old_servings = recipe[0]
    factor = servings / old_servings
    recipe.pop(0)
    while recipe:
        ingredient, amount, unit = recipe.pop(0)
        # please only use numbers that will be easily measurable
        new_recipe.append((ingredient, amount * factor, unit))
    return new_recipe
```

이 함수는 레시피를 받아 인원수에 맞게 모든 재료를 추가한다. 하지만 이 코드는 다음과 같은 의문점이 있다.

- 무엇에 대해 pop이 실행될까?
- receipt[0]는 무엇을 의미할까? 이게 왜 이전 인원수가 될까?
- 쉽게 측정될 수 있는 숫자들에 대해 왜 주석이 필요할까?

확실히 이해가 잘 가지 않는 파이썬 코드다. 이를 재작성하고 싶은 충동이 들지 않는가? 다음과 같이 재작성하면 더 나을 것 같다.

```
def adjust_recipe(recipe, servings):
    old_servings = recipe.pop(0)
    factor = servings / old_servings
    new_recipe = {ingredient: (amount*factor, unit)
                  for ingredient, amount, unit in recipe}
    new_recipe["servings"] = servings
    return new_recipe
```

클린 코드의 추종자들은 이 코드를 더 좋아할 것이다(나도 그렇다). 일단 while 반복문이 제거됐다. 그리고 변수 값의 변경이 없으며 튜플 리스트 대신 딕셔너리를 돌려준다. 이런 모든 변화는 상황에 따라 긍정적으로 볼 수도 있지만 세 가지의 작은 오류를 유발할 수 있다.

- 앞의 코드에서는 오리지널 레시피를 전부 제거했지만[8] 이 코드는 그렇지 않다. 이 액션에만 의존하는 호출 코드의 한 부분일지라도 호출 코드의 가정을 깨버렸다.

8. while 구문에서 receipt.pop(0)로 모두 삭제하고 있음 – 옮긴이

- 딕셔너리를 돌려줌으로써 리스트에 있는 요소들을 복사할 수 없게 만들었다. 이는 여러 파트로 구성돼 있는 레시피(예를 들어 메인 디쉬와 소스로 구성된 경우)의 경우에는 영향을 줄 수 있다.
- 어떤 요소의 이름이 'servings'가 되면 이름에서 충돌이 발생한다.

이것이 오류인지 아닌지는 처음 작성자의 의도와 호출 코드에 의해 판단된다. 작성자는 문제를 해결하려는 의도지만 왜 이런 방식으로 작성했는지 확신이 들지 않는다. 왜 요소를 pop했을까? 왜 리스트에서의 'servings'는 튜플 형식일까? 아마도 처음 작성자는 그 이유를 동료들에게 직접 전달했을 것이다. 동료들은 이러한 가정을 기반으로 호출 코드를 작성했지만 시간이 지남에 따라 그 의도는 잊혀졌을 것이다. 미래와의 소통이 없다면 이 코드의 유지 관리에는 두 가지 옵션이 남는다.

- 모든 호출 코드를 살펴보고 구현 이전에 이 동작에 의존하지 않는지 확인한다. 외부 호출자가 있는 라이브러리에 대한 공개 API라면 행운을 빈다. 이를 위해 많은 시간을 할애할 것이지만 상당한 어려움이 예상된다.
- 변경을 해보고 발생하는 실패(고객의 불만, 테스트 실패 등등)가 무엇인지 체크해본다. 운이 좋으면 문제없이 그냥 넘어갈 것이다. 반대의 경우라면 어려움이 발생한 유스 케이스를 고치는 데 많은 시간을 들여야 할 것이다.

이 옵션들 모두 그렇게 생산적이지는 않은 것 같다(특히 이 코드를 수정할 때 더 그렇다). 시간 낭비는 가급적 피하면서 현재 일을 끝내고 다음으로 넘어가고 싶다. 이 코드의 호출 방법을 찾아야 한다면 상황은 더 악화된다. 이전에 보지도 못한 코드로 작업을 한다고 생각해보라. 여러분은 이 코드로 작업한 다른 예제들을 우선 찾아본 후 넘겨주는 리스트 첫 항목에 문자열 "servings"가 필요한지 모른 채 이를 복사해 사용할 것이다.

이런 것들이 여러분을 고민에 빠트리는 종류의 결정이다. 여러분은 더 큰 코드베이스에서 이를 경험해왔을 것이다. 원래 이런 코드들은 나쁜 의도로 작성되지는 않았으며 여러 시간에 걸쳐 최선의 의도로 유기적으로 작성됐다. 기능은 간단하게 시작되지만 사용자 케이스가 늘어나고 여러 개발자가 관여하면서 코드는 변형돼 원래의 의도를 모호하게 만들었다. 이는 유지 보수가 어려움에 봉착했다는 명확한 신호다. (이를 방지하고자) 여러분은 코드의 의도를 미리 표현해야 한다.

처음 작성자가 더 나은 네이밍 패턴 및 타입을 사용한다면 어떨까? 다음 코드를 한번 살펴보자.

```
def adjust_recipe(recipe, servings):
    """
    Take a meal recipe and change the number of servings
    :param recipe: a <code>Recipe<code> indicating what needs to be adusted
    :param servings: the number of servings
    :return Recipe: a recipe with serving size and ingredients adjusted
                for the new servings
    """
    # create a copy of the ingredients
    new_ingredients = list(recipe.get_ingredients())
    recipe.clear_ingredients()

    for ingredient in new_ingredients:
        ingredient.adjust_propoprtion(Fraction(servings, recipe.servings))
    return Recipe(servings, new_ingredients)
```

아까보다는 나아 보인다. 주석에서 원래의 의도가 잘 드러나 있다. 처음 개발자가 자신의 아이디어를 코드에 바로 적었으며 다음과 같은 사실을 알 수 있다.

- Recipe 클래스를 사용하고 있다. 이를 통해 몇 가지 작업을 추상화할 수

있다. 추측하자면 클래스 자체에 재료들의 복사를 허용하는 불변의 무언가가 있을 것이다(클래스와 이 불변의 무언가에 대해서는 10장에서 다룬다). 이름에서 어떤 기능을 할지 알 수 있다.

- 인원수Servings는 이제 특별한 경우로 처리됐던 리스트의 첫 번째 요소가 될 필요가 없이 Recipe 클래스의 명시적 부분이 됐다. 이는 호출 코드를 크게 단순화하고 우발적인 충돌을 방지한다.
- 내가 이전 레시피의 재료들을 삭제하려는 의도가 분명하게 드러났다. pop(0)이 필요한 이유도 분명해졌다.
- 재료ingredient들은 분리된 클래스며 float가 아닌 fraction(https://docs.python.org/3/library/fractions.html)을 처리한다. fraction을 다루고limit_denominator()와 같은 함수로 쉽게 처리할 수 있으며, 이는 다른 사람들이 (주석에 의존하는 대신) 측정 단위를 제한하고 싶을 때 호출할 수 있다는 것을 모든 관계자에게 명확하게 해준다.

변수들을 레시피 타입, 재료 타입과 같이 타입으로 바꿨다. 또한 연산(clear_ingredients, adjust_proportion)을 정의해 의도를 표현했다. 이런 변화들을 통해 코드의 동작들을 투명하게 향후의 작업자들에게 전달할 수 있었다. 향후의 작업자들은 이제 코드의 이해를 위해 나와 따로 소통할 필요는 없어졌으며 대신 내가 뭘 하려고 하는지 이해할 것이다. 이것이 가장 이상적인 비동기 소통asynchronous communication이다.

비동기 소통

파이썬에서 async와 await를 빼고는 비동기 소통을 말할 수 없다. 하지만 여기서 얘기하려는 것은 파이썬이 아닌 실제 세계의 비동기 소통이다.

비동기 소통은 정보를 만드는 쪽과 소비하는 쪽이 서로 독립적임을 의미하며 생산과 소비 사이에는 시간의 간격이 존재한다. 서로 다른 시간대에 있다면 간격은 몇 시간이 될 수도 있다. 향후의 유지 보수자가 내부 동작을 깊게 분석할 경우에는 시간대가 몇 년이 될 수도 있다. 여러분은 누군가가 언제 여러분의 코드에 대한 이해가 필요할지 예측할 수 없다. 그들이 여러분이 만든 정보를 소비할 때 여러분은 이미 코드베이스에서의 작업에서 손을 뗀 상태일 수도 있다.

이와 반대되는 것이 동기 소통Synchronous communication이다. 동기 소통은 실시간으로 아이디어를 교환한다. 이 직접 소통의 형태는 의도를 전달하기에는 최적의 방법이지만 불행하게도 확장성이 없으며, 항상 질문에 답을 하고자 대기할 수도 없다.

각 소통 방법이 의도 전달에 얼마나 적절한지를 평가하고자 근접성Proximity과 비용Cost이라는 두 축을 살펴보자.

근접성은 의사소통이 결실을 맺고자 시간의 관점에서 소통자 사이가 얼마나 가까워야 하는지를 나타낸다. 일부 소통 방법은 정보를 실시간으로 보내는 데 탁월하며 어떤 소통 방법은 몇 년이 지나야 탁월함이 드러난다.

비용은 소통을 위한 노력을 측정한 것이다. 여러분은 제공되는 가치의 소통을 위한 시간과 비용이 얼마나 들었는지 측정해야 한다. 그런 다음 향후의 소비자는 전달하려는 정보의 소비에 필요한 비용을 측정해야 한다. 여러분이 가치를 만들려면 코드만 작성하고 다른 소통 채널을 제공하지 않는 것이 기본이 돼야 한다. 추가적인 소통 채널이 발생할 때 비용을 평가하기 위한 팩터는 다음과 같다.

발견 가능성Discoverability

외부의 업무 흐름에서 이 정보를 얼마나 쉽게 발견할 수 있는가? 이 정보는 어느 정도 가치가 있는가? 쉽게 검색이 되는가?

유지 비용 Maintenance cost

정보는 얼마나 정확한가? 얼마나 자주 업데이트를 해야 하는가? 정보가 업데이트되지 않으면 어떤 문제가 발생하는가?

생산 비용 Production Cost

소통을 만들기 위한 시간과 비용은 얼마나 드는가?

그림1-1에서는 몇 가지 소통 방법에 대한 비용과 근접성의 관계를 보여준다.

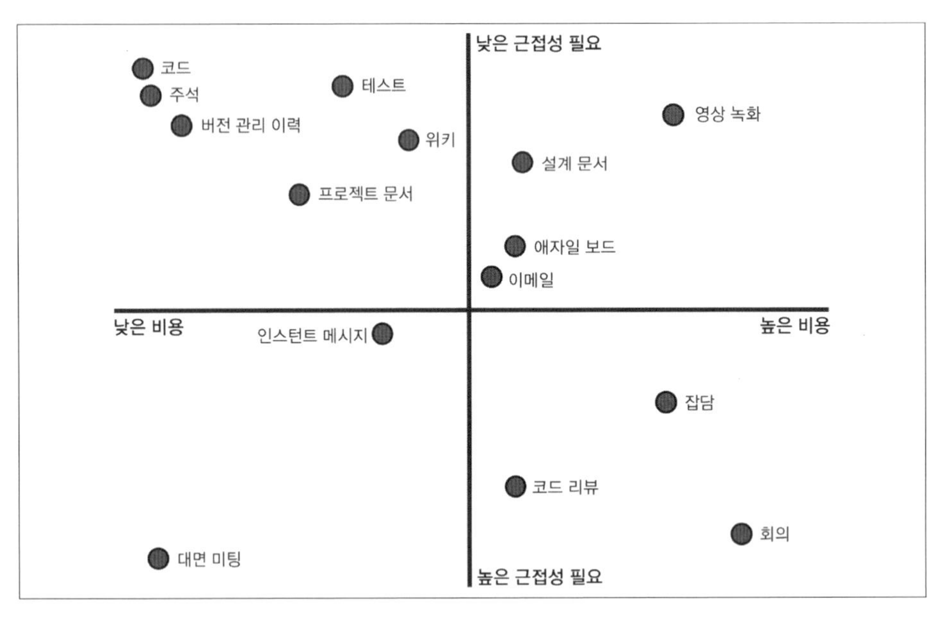

그림 1-1 소통 방법의 비용 및 근접성 그래프

비용/근접성 그래프에서 각 사분면의 의미는 다음과 같다.

낮은 비용, 높은 근접성 필요

이 영역은 생산과 소비에 들어가는 비용은 낮지만 시간의 확장성은 떨어진다. 직접 소통과 상시 메시징이 이 영역의 대표적인 방법들이다. 이것들은 정보의 스냅샷으로 취급해야 하고, 미래와의 소통을 위해서는 이 방법은 쓰지 말기 바란다. 이는 사용자가 적극적으로 듣고 있을 때만 효과가 있다.

높은 비용, 높은 근접성 필요

이 영역은 비용은 많이 들어가며 종종 일회성으로 이뤄진다(미팅이나 콘퍼런스 등). 이 경우에는 한 번의 소통에 많은 가치가 전달돼야 하는데, 향후까지 많은 가치를 전달하지 못하기 때문이다. 미팅에 참석할 때 시간 낭비를 하고 있다고 느낀 적이 얼마나 자주 있는가? 낭비라고 느꼈다면 이는 바로 가치의 유실로 이어진다. 이런 미팅은 각 참석자들에게 많은 비용(시간, 장소 대절, 물류 등)이 들게 한다. 코드 리뷰는 한 번 완료되면 거의 다시 검토되지 않는다.

높은 비용, 낮은 근접성 필요

이 영역은 비용이 많이 들어가지만 시간이 지나면 가치가 전달됨에 따라 낮은 근접성으로 인해 비용이 보전되는 특징이 있다. 이메일이나 애자일 보드 등은 많은 정보를 갖고 있지만 다른 사람들에게 전달되기는 쉽지 않다. 하지만 잦은 업데이트가 필요 없다는 점에서는 훌륭한 컨셉이 될 수 있다. 원하는 정보를 찾으려면 일일이 사소한 정보까지 살펴봐야 하며, 이는 지옥의 문이 열리는 경험이 될 것이다. 특히 영상 녹화본이나 설계 문서는 어느 순간의 스냅샷을 이해하는 데는 좋지만 계속 업데이트 하려면 많은 비용이 든다. 하루하루 결정을 해야 할 사항의 경우에는 이 소통 방식에 의존하지 말기 바란다.

낮은 비용, 낮은 근접성 필요

이 영역은 생성도 쉽고 소비도 쉬운 것이 특징이다. 코드 주석, 버전 관리 기록, 프로젝트의 리드미[README] 등이 모두 이 영역인데, 이것들은 작성된 소스코드에 연관된다는 공통점이 있다. 사용자는 이 소통이 생성된 후 몇 년 동안 확인할 수 있으며 개발자가 일상적인 업무 흐름에서 접하는 모든 것은 본질적으로 검색이 가능하다. 이러한 소통 방법은 소스코드를 앞으로 유지해야 할 누군가가 해당 코드를 그 자리에서 보기 때문에 자연스러운 모습이다. 코드는 시스템에 대한 살아있는 기록이자 유일한 정보 소스이기 때문에 최고의 문서 도구 중 하나다.

토론하기

그림 1-1은 일반화된 유스 케이스를 기반으로 작성된 것이다. 여러분 또는 여러분의 조직에서 사용하는 소통 방식을 이 그래프에 한번 플로팅해보기 바란다. 소통 방식들이 그래프의 어느 사분면에 위치하는가? 정확한 정보의 소비에 얼마나 어려움이 있는가? 정보의 생산에 얼마의 비용이 들어가는가? 경우에 따라 그래프는 그림 1-1과 조금 다르겠지만 모든 진실은 여러분이 전달하는 소프트웨어 실행 파일에서 출발한다.

낮은 비용, 낮은 근접성의 소통 방법들은 미래와의 소통에 제일 좋은 방법들이다. 여러분은 제품 비용과 소통의 소비를 위한 비용을 최소화해야 하며, 어찌됐든 소프트웨어를 통해 가치는 전달돼야 하므로 기본적인 소통의 비용은 적을수록 좋을 것이다. 이에 따라 여러분의 코드베이스는 여러분의 결정이나 의견, 작업 방식 등을 명확하게 전달하는 데 최적의 수단이 될 수 있다.

하지만 이런 가정이 성립하려면 코드는 소비를 위한 비용 역시 낮아야 한다. 다시 말하면 여러분의 의도가 코드에 고스란히 전달돼야 하며, 여러분의 목표는 코드를 읽는 사람이 이해하기까지의 시간을 줄이는 것이다. 이상적인 관점에서는 사람들은 여러분의 실행 결과를 읽을 필요는 없으며 함수 시그니처function signature만 읽으면 된다. 잘 정의된 타입, 주석, 변수명의 사용을 통해 함수 시그니처는 여러분의 코드가 무슨 일을 하는지 투명하게 보여줘야 한다.

셀프 도큐멘팅 코드

그림1-1을 보고 잘못 생각하기 쉬운 것이 "내가 원하는 것이 바로 셀프 도큐멘팅 코드Self-Documenting Code군"이라고 판단하는 것이다(제일 낮은 근접성과 비용에 위치하기 때문). 물론 코드는 그 자체로 무엇이 수행될지 명확히 기록돼야 한다. 하지만 이것으로 모든 소통의 케이스를 커버할 수 없다. 예를 들어 버전 관리는 변경 이력의 정보를 제공한다. 설계 문서는 하나의 파일에 국한되지 않는 포괄적인 그림을 얘기한다. 회의(올바른 회의의 경우)는 실행 계획을 맞춰주는 중요한 이벤트가 될 수 있다. 발표는 수많은 청중에게 한 번에

내용을 전달할 수 있다. 이 책은 코드에서 무엇을 할 수 있을지를 다루고 있지만 다른 소통 수단의 가치도 저버리지 않기 바란다.

파이썬 코드에서 의도의 예시

의도란 무엇인지, 그것이 어떻게 중요한지 얘기했으므로 이제 파이썬이라는 렌즈를 통해 예시를 살펴보자. 의도를 올바르게 표현했는지 어떻게 확인할까? 결정이 의도에 어떻게 영향을 미치는지 컬렉션과 반복문을 통해 살펴보자.

컬렉션

컬렉션Collection을 사용한다는 것은 특정 정보를 전달한다는 의미며, 여러분은 작업에 맞는 적합한 컬렉션을 골라야 한다. 그렇지 않으면 유지 보수 담당자는 코드에서 여러분의 의도를 잘못 파악할 수 있다.

요리책cookbooks 목록을 가져와 저자와 발행한 책의 권수를 매핑하는 다음 코드를 살펴보자.

```
def create_author_count_mapping(cookbooks: list[Cookbook]):
    counter = {}
    for cookbook in cookbooks:
        if cookbook.author not in counter:
            counter[cookbook.author] = 0
        counter[cookbook.author] += 1
    return counter
```

컬렉션을 보고 의도를 알겠는가? 왜 딕셔너리나 세트를 파라미터로 전달하지 않았을까? 왜 리스트를 반환하지 않았을까? 이 코드에서 사용되는 컬렉션들을 기초로 해 다음과 같은 가정을 할 수 있을 것이다.

- 파라미터로 cookbook 리스트list를 사용했다. 이는 리스트 내에 중복된 cookbook들이 있을 수 있다는 의미다(서점에서 동일하게 여러 권이 전시돼 있는 책들을 생각해보라).
- 딕셔너리를 반환했다. 사용자들은 이를 통해 특정 저자를 찾거나 딕셔너리 전체를 훑어볼 수 있다. 딕셔너리 특성상 데이터 중복의 걱정을 할 필요는 없다.

이 함수에 중복된 데이터가 파라미터로 들어가면 안 된다고 한다면 어떻게 될까? 이런 경우 리스트를 통한 소통의 의도는 잘못된 것이다. 이런 경우라면 중복을 다루지 않는 set를 선택했어야 한다.

적절한 컬렉션을 선택하는 것은 코드를 읽는 사람에게 여러분의 특정 의도를 정확히 전달한다. 다음은 컬렉션의 종류와 각각이 내포하는 의도다.

List(리스트)

List는 반복할 수 있는 컬렉션이며 변경할 수 있다. 이 컬렉션에서는 리스트 중 특정 아이템 검색(정적 리스트 인덱스를 사용)을 할 일은 거의 없다. 요소들은 중복이 가능하다. 책장의 요리책들이 이런 리스트로 표현될 수 있다.

String(문자열)

이는 변경할 수 없는 문자들의 집합이다. 요리책의 이름이 이에 해당한다.

Generator(제너레이터)

반복할 수 있는 컬렉션이며 인덱싱은 되지 않는다. 각 요소로의 접근은 느리게 진행되므로 반복 진행할 때 시간이나 리소스가 많이 소요될 수 있다. 제너레이터는 컬렉션 중에서 가장 리소스가 많이 사용된다. 다른 온라인상의 데이터베이스에서 레시피를 검색한다면 제너레이터 형태로 받을 것이다. 사용자가 검색 결과의 처음 10개만이 필요한데, 모든 레시피를 검색할 이유는 없기 때문이다.

Tuple(튜플)

이는 변경할 수 없는 컬렉션이다. 튜플을 사용한다는 것은 해당 데이터의 변경은 없다는 것을 의미하며 튜플 중 특정 데이터를 찾아 추출(인덱스 또는 언패킹을 통해)할 수 있다. 이는 반복 작업이 어렵다. 특정 요리책의 특정 정보(예를 들어 cookbook_name, author, page count 등)가 이런 튜플 형태로 저장될 수 있다.

Set(세트)

Set는 반복할 수 있으며 중복이 허용되지 않는 컬렉션이다. 세트는 순서를 정해놓지 않기 때문에 순서에 의미를 찾으면 안 된다. 요리책의 재료들이 세트로 표현될 수 있다.

Dictionary(딕셔너리)

키-값 형태의 매핑이다. 키는 딕셔너리에서 고윳값이 된다. 딕셔너리는 보통 반복하거나 동적 키를 사용해 인덱싱을 한다. 요리책의 인덱스가 딕셔너리로 표현(주제 - 페이지 수)될 수 있다.

목적에 맞는 컬렉션을 사용하기 바란다. 사실 우리는 중복 허용이 안 되는데도 리스트를, 실제로 키-값으로 매핑이 안 되는데도 딕셔너리를 많이 써 왔을지도 모른다. (이러면) 매번 여러분의 의도와 코드의 내용이 연결되지 않으며 유지 보수 쪽의 부하가 발생하며, 유지 보수자는 이 코드의 의미를 생각하느라 시간을 써야 하고 잘못된 가정으로 빠지게 된다(또는 여러분이 잘못된 가정으로 빠지게 된다).

동적 인덱싱과 정적 인덱싱

사용하는 컬렉션의 타입에 따라 여러분은 정적 인덱스의 사용을 원할 수도, 원하지 않을 수도 있을 것이다. 정적 인덱스는 여러분이 my_list[4]나 my_dict["Python"]과 같이 상수 문자를 그대로 인덱스로 사용하는 것을 의미한다. 일반적으로 리스트나 딕셔너리는 이에 대한 사용자 케이스가 필요치는 않다. 하지만 컬렉션으로 확장되면 특정 인덱스로 여러분이 원하는 값을 찾는다는 보장을 할 수 없는데, 이는 일부 컬렉션 타입의 동적인 성질 때문이다. 이런 타입의 컬렉션에서 특정 값을 찾으려면 사용자 정의 타입을 사용하는 것이 좋다(이는 8, 9, 10장에서 다룬다). 튜플에서는 정적 인덱스를 사용하는 것이 좋은데, 튜플은 고정 크기이기 때문이다. 세트와 제너레이터는 인덱싱이 될 수 없다. 하지만 여기에도 예외가 있다.

- 시퀀스의 처음 또는 마지막을 참조할 때(my_list[0] 또는 my_list[-1])
- JSON이나 YAML을 읽을 때처럼 딕셔너리를 매개 데이터 타입으로 사용할 때
- 특별히 고정된 크기로 구성된 시퀀스의 연산(예를 들어 항상 세 번째 항목 이후로 자른다던지 또는 고정된 문자열 형식에서 특정 문자를 찾는 경우)
- 특정 컬렉션 타입의 성능 향상을 위해

반면 동적 인덱싱은 런타임 전까지는 뭔지 알 수 없는 변수로 컬렉션에 인덱스를 걸 때 발생한다. 이는 리스트나 딕셔너리에 적합한 인덱싱이다. index()함수로 컬렉션 내의 특정 항목을 검색할 때 이를 확인할 수 있을 것이다.

앞의 항목들은 기본 컬렉션이며, 이것 외에 의도를 명확히 전달할 수 있는 확장 컬렉션들이 있다.

frozenset

변경할 수 없는 세트를 생성한다.

orderedDict

순서를 보전하는 딕셔너리를 생성하며 순서는 데이터 삽입 순서를 따른다. Cpython 3.6와 파이썬 3.7의 내장 딕셔너리부터는 데이터 삽입 순서에 따른 순서를 보전한다.

defaultDict

딕셔너리지만 키가 없다면 기본값으로 설정되도록 설정한다. 예를 들어 앞의 예제에 다음과 같이 적용할 수 있다.

```
from collections import defaultdict
def create_author_count_mapping(cookbooks: list[Cookbook]):
    counter = defaultdict(lambda: 0)
    for cookbook in cookbooks:
        counter[cookbook.author] += 1
    return counter
```

이는 이 코드를 사용하는 사람들에게 새로운 유스 케이스를 제시하는데, 딕셔너리에서 어떤 값을 찾을 때 값이 존재하지 않으면 defaultdict는 0을 반환한다. 이런 기능은 유용할 때가 있으며, 이 기능이 필요 없다면 마지막 행을 return dict(counter)로 코드를 바꿔 빈 딕셔너리를 반환할 수 있다.

Counter

특수한 타입의 딕셔너리로, 특정 요소가 내부에 얼마나 있는지 카운팅하는데 사용한다. 앞 코드는 Counter를 사용해 다음과 같이 단순화시킬 수 있다.

```
from collections import Counter
def create_author_count_mapping(cookbooks: list[Cookbook]):
```

```
        return Counter(book.author for book in cookbooks)
```

잠시 마지막 코드를 살펴보자. Counter는 가독성의 희생 없이 코드를 좀 더 간결하게 만들어준다. 이 코드를 읽는 사람이 Counter에 친숙하다면 이 함수의 의미(그리고 동작 방식)는 바로 이해될 것이다. 이런 방식이 바로 적절한 컬렉션 선택을 통한 효과적인 소통의 사례가 된다. 컬렉션은 5장에서 더 자세히 다룬다.

이 외에도 추가적으로 봐야 할 타입들은 array, bytes, range 등 여러 가지가 있다. 보지 못했던 컬렉션 타입을 만날 때마다 내장형이든 그렇지 않든 간에 다른 컬렉션과 어떻게 다른지, 어떤 의미를 전달하는지 자문해보자.

반복 구문

반복Iteration 구문은 선택한 추상화가 여러분이 전달하려는 의도를 표시하는 또 다른 방법이다.

다음 코드를 살펴보자.

```
text = "This is some generic text"
index = 0
while index < len(text):
    print(text[index])
    index += 1
```

이 코드는 text 문자열의 문자들을 개행으로 인쇄하는 코드다. 파이썬을 처음 시작하는 경우에는 이 코드가 나쁘지는 않지만 더 파이썬답게(단순함을 강조하는 것을 목표로 하고 대부분의 파이썬 개발자가 인식할 수 있는 관용적 스타일로 작성된 코드) 개선될 수 있다.

```
for character in text:
    print(character)
```

잠시 이 코드가 왜 더 바람직한지 살펴보자. 이 경우 for의 사용이 더 적합한데, 어떻게 반복할지 의도를 더 명확히 전달할 수 있기 때문이다. 다른 컬렉션 타입과 마찬가지로 여러분이 선택한 반복 구문에 따라 다른 컨셉을 전달한다. 다음은 자주 사용되는 반복 구문의 종류와 어떤 의미를 갖는지 살펴본다.

for 구문

for 구문은 컬렉션이나 범위 내의 요소들을 반복하고자 사용한다.

```
for cookbook in cookbooks:
    print(cookbook)
```

while 구문

while 구문은 어떤 조건이 참인 동안만 반복할 경우에 사용한다.

```
while is_cookbook_open(cookbook):
    narrate(cookbook)
```

컴프리핸션Comprehension

컴프리핸션은 하나의 컬렉션을 다른 컬렉션으로 변환할 때 사용한다(일반적으로 컴프리핸션에서는 추가 작업을 하지 않는다).

```
authors = [cookbook.author for cookbook in cookbooks]
```

재귀Recursion

재귀는 컬렉션의 하위 구조가 컬렉션의 구조와 동일할 때 사용한다(예를 들어 트리의 하위 역시 트리인 경우).

```
def list_ingredients(item):
    if isinstance(item, PreparedIngredient):
        list_ingredients(item)
    else:
        print(ingredient)
```

여러분은 코드 한 줄 한 줄에 의미를 부여했으며, 이것들이 향후의 개발자에게 명확히 전달되기를 원할 것이다. 이를 위해 상용구, 스캐폴딩, 불필요한 코드의 양을 최소화할 필요가 있다. 앞 예제에서 각 요소들을 돌며 추가 작업(print(ingredient))을 수행했으며, 이는 for 구문을 이상적인 반복 구조로 만들어준다. 코드에서 낭비적인 부분은 발견되지 않는다. 이와는 반대로 while 구문에서는 반복을 끝낼 조건을 명시적으로 요구한다. 다시 말하면 특정 조건을 계속 지켜보고 있어야 하며 매 반복마다 변수들을 변경해야 한다. 이는 반복문이 주는 가치를 흐트러트리며 인지적인 부담을 가중시킨다.

최소 놀람의 원칙

의도를 흐트러트리는 것은 분명 좋은 것은 아니다. 하지만 더 나쁜 소통의 형태가 있는데, 바로 코드를 읽는 사람들을 놀라게 하는 것이다. 이를 피하고자 여러분은 '최소 놀람의 원칙Law of Least Surprise'을 따라야 하는데, 이는 코드베이스를 읽는 사람들이 코드의 행동이나 구현에 놀라지 않아야 한다(놀라운 부분이 있다면 그에 대한 충분한 설명이 달려야 한다). 때문에 소통의 의도가 상당히 중요하며 클린 코드는 잘못된 의사소통의 가능성을 낮춰준다.

최소 놀람의 원칙은 프로그램이 사용자에게 너무 많은 놀라움을 주면 안 된다는 얘기다.[9] 사용자가 놀라게 되면 혼돈이 올 수 있다. 혼돈은 잘못된 가정을 일으킬 수 있으며 이는 오류로 이어진다. 이렇게 되면 소프트웨어의 신뢰성이 떨어질 수 있다.

명심해야 할 것은 완벽하게 코드를 작성하더라도 여전히 향후의 누군가를 놀라게 할 가능성은 존재한다는 것이다. 처음 개발 일을 시작할 때 메모리 충돌로 인한 지저분한 오류를 트래킹했던 적이 있다. 당시 디버깅을 위해 디버거를 걸거나 많은 `print`문을 삽입을 하면 타이밍 문제로 인해 오류 재현이 안 돼고 있었다(진정한 하이젠버그heisenbug[10]였다).

따라서 수작업을 진행해야 했다. 코드를 먼저 반으로 나누고 절반을 제거했을 때 나머지에서 충돌이 나는지 테스트해본다. 문제가 없다면 나머지 반에서 또 이와 같은 작업을 한다. 이런 머리카락 빠지는 작업을 2주 동안 했고 결국 평소에는 전혀 문제가 되지 않았던 `getEvent`를 조사하게 됐다. 이 함수는 실제로는 유효하지 않은 데이터를 **설정**하고 있다는 것을 찾았다. 이 함수의 동작은 틀림없이 없이 문제가 없었다. 하지만 이 코드의 의도를 잘못 파악했기 때문에 적어도 3일 동안 오류를 간과했던 것이다. 동료를 놀라게 한다면 이들의 시간을 많이 뺏을 수 있다.[11]

많은 놀라움은 대부분 복잡성에서 비롯된다. 복잡성에는 두 가지 유형이 있는데, 필요한 복잡성과 우발적 복잡성이다. 필요한 복잡성은 도메인 고유의 복잡성을 의미한다. 딥러닝 모델은 특성상 (필요한) 복잡성을 갖고 있으며, 여러분이 보고 몇 분 만에 파악할 수 있는 내용은 아닐 것이다. 객체 관계 매핑ORM, Object-

9. Geoffrey James. "The Tao of Programming". https://oreil.ly/NcKNK

10. 프로그래밍에서 테스트를 수행할 때 발생되는 오류 형태 중의 하나로, 문제를 발견하고 수정하기 위한 디버깅을 수행하려고 하면 문제점이 사라지는 형태의 오류를 말한다. 양자역학의 기초를 세운 과학자 중 한 명인 하이젠베르크의 불확정성 원리와 관련된 관찰자 효과와 비슷한 내용으로, 하이젠베르크와 버그의 합성어다. – 옮긴이

11. 저자의 의미는 코드가 너무 완벽해 보여 읽는 이들로 하여금 "이 코드는 문제가 없을 것이야"라는 믿음을 줘 버리면 안 된다는 것이다. 믿음이 발생하면 오류를 간과하기 쉬워진다. – 옮긴이

Relational-Mapping의 최적화도 마찬가지로 (필요한) 복잡성을 갖고 있다. 사용자의 다양한 입력 케이스를 고려해야 하기 때문이다. 여러분은 이런 필요한 복잡성을 제거할 수는 없다. 최선의 방법은 복잡성을 억제해 코드베이스 전체에 복잡성이 퍼지는 것을 막는 것이다.

반면에 우발적 복잡성은 코드 내에서 불필요, 낭비, 또는 혼란을 발생시킨다. 이는 시스템이 시간이 지남에 따라 진화하고 개발자의 원래 주장이 사실인지 확인하고자 이전 코드의 재평가 없이 기능만을 건드릴 때 발생한다. 한 번은 단일 커맨드라인 옵션(및 프로그래밍적으로 설정하는 관련 방식)을 추가하는 데 10개 이상의 파일이 연관된 프로젝트에서 작업을 한 적이 있다. 하나의 단순한 값 추가에 왜 코드베이스 전체를 변경해야 하는가?

보통 다음과 같은 상황에서 우발적 복잡성이 올라가게 된다.

- 간단하게 보이는 작업(사용자 추가, UI 컨트롤 변경 등)들은 구현하기가 쉽지 않은 경우가 많다.
- 새롭게 합류한 개발자를 여러분의 코드베이스로 이해시키는 경우 우발적 복잡성이 증가한다. 하지만 새롭게 합류한 개발자는 여러분의 코드가 얼마나 유지 보수성이 좋은지 바로 확인할 수 있는 좋은 검사자며 수년을 기다릴 필요가 없게 한다.
- 기능 추가에 대한 가능성은 항상 높지만 그럼에도 일정을 미루고 있는 경우 우발적 복잡성이 올라간다.

우발적 복잡성은 제거하고 필연적 복잡성은 가능한 격리를 시키는 것이 좋다. 이런 복잡성들은 향후의 협업자와의 소통에 장애가 될 것이기 때문이다. 이러한 복잡성의 원인은 코드베이스 전체에 의도를 모호하게 하고 분산시키기 때문에 잘못된 의사소통을 야기한다.

토론하기

여러분의 코드에 어떤 우발적 복잡성이 숨어 있는가? 이 코드를 다른 개발자에게 아무런 소통 없이 전달만 했을 때 단순히 코드의 컨셉을 이해하는 데 얼마나 어려움이 있을까? 이 코드에서 여러분은 얼마나 복잡도를 줄일 수 있을까?(특히 코드들이 자주 변경되는 상황에서)

이 책의 나머지 부분을 통해 파이썬에서 의도를 전달하는 다양한 방법을 알아볼 것이다.

마치며

코드의 견고성은 중요하다. 클린 코드도 중요하다. 여러분의 코드는 코드베이스 전체 생명주기에 대해 유지 보수성이 필요하며 결과를 위해 여러분이 무엇을, 어떻게 소통할지에 대한 능동적인 통찰력이 요구된다. 여러분은 구현한 코드와 전달하려는 의도는 가까워야 한다. 지속적으로 앞을 내다보는 것이 부담으로 느껴지겠지만 연습을 하면 자연스럽게 되며 자신의 코드베이스에서 작업하면서 이에 대한 효과를 얻기 시작한다.

실제 개념을 코드에 매핑할 때마다 컬렉션을 사용하거나 기능을 분리해 유지하기로 결정했는지에 관계없이 추상화를 생성하게 된다. 모든 추상화는 여러분의 선택이며 이런 선택은 의도적이든 아니든 무언가를 전달한다. 여러분이 작성하는 코드에 대해 의미를 생각하고 "향후의 개발자는 이를 통해 뭘 알 수 있을까?"라고 자문해보기 바란다. 향후의 유지 보수 담당자가 오늘 여러분과 같은 속도로 가치를 전달할 수 있게 해야 한다. 그렇지 않으면 코드베이스가 부풀려지고 일정이 지연되며 복잡성이 증가한다. 이런 위험을 완화하는 것은 개발자로서 여러분의 임무다.

잘못된 추상화(컬렉션 또는 반복 구문) 또는 우발적 복잡성과 같은 잠재적 핫스팟을 찾아라. 이것들은 시간이 지남에 따라 소통의 단절이 발생하기 쉬운 영역들이다. 이러한 유형의 핫스팟이 자주 수정이 일어나는 영역에 있다면 지금 해결해야 하는 우선순위를 가져야 한다.

2장에서는 1장에서 배운 내용을 파이썬의 기본 개념인 타입type에 적용해볼 것이다. 여러분이 선택한 타입은 향후의 개발자에게 여러분의 의도를 전달할 수 있으며 올바른 유형의 선택은 유지 관리를 쉽게 만든다.

1부

타입으로 어노테이션하기

1부에 온 여러분을 환영한다. 여기에서는 파이썬의 '타입[type]'에 중점을 두고 설명한다. 타입은 프로그램의 동작을 모델링한다. 초급 프로그래머는 float나 str과 같은 것들을 파이썬의 타입으로 알고 있을 것이다. 타입이란 무엇인가? 타입을 정복한다는 것이 어떻게 여러분들의 코드베이스에 영향을 미칠까? 타입은 모든 프로그래밍 언어의 기본 토대가 되지만 불행히도 대부분의 입문서에서는 코드베이스와 타입의 적합성(혹은 잘못 사용될 경우 어떻게 복잡성을 증가시키는지)만을 언급한다.

다음 코드를 한번 보자.

```
>>> type(3.14)
<class 'float'>

>>> type("This is another boring example")
<class 'str'>

>>> type(["Even", "more", "boring", "examples"])
<class 'list'>
```

이 코드는 대부분 파이썬 초급자용 가이드에서 찾아볼 수 있으며 int, str, float,

`bool`과 같은 타입 및 언어에서 제공하는 대부분의 데이터 타입을 확인할 수 있다. 자, 이제 다음 단계로 넘어가자. 파이썬은 그렇게 화려한 언어가 아니다. 여러분은 다음 단계로 함수나 반복문, 딕셔너리 등을 생각할 수도 있겠다. 뭐 충분히 이해는 간다. 하지만 타입들을 다시 리뷰하면서 적절한 사용법을 정의하지 않는다는 것은 부끄러운 일이다. 대부분은 여기서 더 파고들면 타입 어노테이션(3장에서 다룬다)이나 클래스를 많이 다루지만 타입의 적절한 사용은 자주 놓치는 것 같다.

자주 놓치는 이 부분을 다룰 것이다.

2장

파이썬 타입의 소개

파이썬 코드의 유지 보수성을 확보하려면 타입type의 속성을 파악하고 신중하게 사용해야 한다. 이를 위해 우선 타입이란 무엇이며 이것이 왜 중요한지부터 얘기하려 한다. 그런 다음 파이썬에서 이런 타입 시스템의 정의가 여러분의 코드베이스의 견고성에 어떻게 영향을 미치는지 살펴본다.

타입이란?

잠시 다음 질문에 답을 한 번 생각해보자. "숫자, 문자열, 불리언 등의 선언이 없다면 이것은 무슨 타입인지 어떻게 설명할 수 있을까?"

이는 쉬운 문제는 아니다. 특히 파이썬처럼 명시적으로 변수의 타입을 선언할 필요가 없는 언어에서는 타입 선언의 장점을 찾기 더더욱 어렵다.

나는 타입을 간단하게 정의할 것이다. 타입은 커뮤니케이션의 수단이다. 타입은 정보를 전달한다. 타입은 컴퓨터와 사용자가 추론할 수 있는 표현을 제공한다. 나는 이 표현을 다음과 같은 두 가지 측면으로 나눈다.

기계적인 표현

타입은 작동 방식과 제약 사항을 파이썬 언어 자체에 전달한다.

의미적 표현

타입은 작동 방식과 제약 사항을 다른 개발자에게 전달한다.

각 표현을 좀 더 살펴보자.

기계적인 표현

컴퓨터의 모든 코드는 결국 이진 코드다. 컴퓨터 프로세서는 파이썬을 이해하지 못하며 전자회로에서 존재하는가(1) 또는 존재하지 않는가(0)만을 이해한다. 이는 메모리에서도 마찬가지다.

메모리가 다음과 같이 구성돼 있다고 해보자.

```
0011001010001001000101001001000100100010000010101
0010101010101000000111111110010010100111110100100
0100100010010100101011101111011010101010101010101

0101000001000001010101 00

1010010010010001010100010100100101010100100100 1001
0001111010101101011010010101110000000000000000000111
```

무슨 의미인지 도무지 모르겠다면 중간 부분을 확대해보자.

```
01010000 01000001 01010100
```

이 숫자들이 무엇을 의미하는지 설명할 길은 전혀 없다. 컴퓨터 아키텍처에 따라 5259604나 5521744를 의미할 것이다. 또한 문자열 'PAT'를 의미할 수도 있다.

관련 정황 없이 정확이 뭘 의미하는지 알기 어려워지며, 이것이 파이썬에서 타입이 필요한 이유다. 타입 정보는 파이썬에게 이런 0과 1의 집합이 정확히 무엇을 의미하는지 정보를 전달한다. 실제로 한번 살펴보자.

```
from ctypes import string_at
from sys import getsizeof
from binascii import hexlify

a = 0b01010000_01000001_01010100
print(a)
>>> 5259604

# prints out the memory of the variable
print(hexlify(string_at(id(a), getsizeof(a))))
>>> b'0100000000000000607c054995550000010000000000000054415000'

text = 'PAT'
print(hexlify(string_at(id(text), getsizeof(text))))

>>>b'0100000000000000a00f0649955500000300000000000000375c9f1f02'
   b'acdbe4e5379218b77f0000000000000000000050415400'
```

위 프로그래밍의 환경은 리틀엔디언 머신(little-endian machine)에서 CPython 3.9.0으로 실행한 것이다. 따라서 여러분의 결과와 다를 수 있다. 다르다고 너무 걱정 말기 바란다(이 코드는 Jython이나 PyPy와 같은 환경에서는 동작하지 않을 수 있다).

이 16진 값들은 파이썬 객체를 포함하고 있는 메모리의 내용을 나타낸다. 여기서 이전이나 다음에 이어지는 객체를 가리키는 포인터는 링크드 리스트linked list(가비지 컬렉션을 위해 쓰인다), 참조 카운트, 타입, 실제 데이터에서 찾을 수 있다. 실제로 반환된 값의 끝에 있는 바이트를 확인해 이것이 숫자인지, 문자열인지를 확인할 수 있다(0x544150 또는 0x504154을 확인해보라). 여기서 중요한 것은 타입의 선언이 메모리에 녹아든다는 사실이다. 파이썬이 변수를 바라볼 때 타입이 무엇인지 정확히 알 수 있다(여러분이 type() 함수를 사용했을 때 그렇다).

컴퓨터가 다양한 메모리를 해석하는 방법을 알아야 하기 때문에 앞의 내용이 타입을 사용해야 하는 전적인 이유로 생각하기 쉽다. 견고한 코드를 작성하고자 파이썬에서 타입 사용의 중요도를 아는 것도 필요하지만 더욱 중요한 것은 두 번째 표현인 '의미적 표현'이다.

의미적 표현

첫 번째 정의가 로우레벨 프로그래밍에 적합했다면 두 번째 정의는 모든 개발자에게 적용될 수 있다. 타입은 기계적인 표현뿐만 아니라 의미적 표현도 나타낸다. 사용자가 선택한 타입은 시간과 공간을 가로질러 미래의 개발자에게 정보를 전달한다.

타입은 사용자에게 해당 엔티티와 상호작용을 할 때 예상되는 동작을 알려준다. 이러한 맥락에서 '동작'은 해당 유형(및 모든 전제 조건 또는 사후 조건)과 연결하는 작업이다. 타입은 사용자가 타입을 사용할 때마다 상호작용을 하는 경계, 제약, 자유를 의미하며, 타입을 정확히 사용하는 이해의 장벽을 낮춰주며 바로 쓸 수 있다. 반대로 말하면 타입을 잘 쓰지 않으면 이해의 장벽이 높아진다.

예를 들어 int라는 타입을 생각해보자. 잠시 시간을 갖고 정수형이 어떻게 파이썬에서 동작을 하는지 생각해보자. 다음은 생각해 볼 수 있는 동작들이다.

- 정수, 부동소수점, 문자열로부터의 생성
- 덧셈, 뺄셈, 곱셈, 나눗셈, 지수, 부정과 같은 수학적 연산
- <, >, ==, !=와 같은 관계형 비교 연산자
- &,|,^,~, 시프팅과 같은 비트 연산자(숫자 개개의 비트를 다루는 연산)
- str 또는 repr 함수를 사용한 문자열 변환

- ceil, floor, round 등의 메서드를 이용한 반올림 가능(정수 자체를 반환하더라도 이들은 지원되는 메서드다)

int는 많은 동작을 내포하고 있는데, help(int)를 파이썬 콘솔에서 입력하면 모든 동작 목록을 볼 수 있다.

또 다른 타입인 datetime을 살펴보자.

```
>>>import datetime
>>>datetime.datetime.now()
datetime.datetime(2020, 9, 8, 22, 19, 28, 838667)
```

datetime은 int와 다르진 않다. 보통 에포크epoch 시간(예를 들어 1970년 1월 1일)으로부터 얼마나 지났는지를 초 또는 밀리초의 값으로 알려준다. 이 외에 datetime에 어떤 지원 기능이 있는지 한 번 살펴보면 다음과 같다(정수와 다른 동작을 하는 사항들은 고딕체로 표시했다).

- 문자열 또는 일/월/년/기타를 나타내는 정수 세트로부터의 생성
- 시간의 덧셈이나 뺄셈 연산에서의 시간 차이값
- 관계 비교
- 비트 연산은 지원하지 않음
- str이나 repr 함수를 통해 문자열로 변환 가능
- ceil, floor, round 등의 메서드를 이용한 반올림 불가

datetime은 날짜 데이터에 대한 덧셈과 뺄셈만 지원하며 다른 것은 지원하지 않는다. 우리는 시간 차이값(일을 추가하거나 년을 빼거나 해서 얻은 차이)만을 추가한다. 곱셈이나 나눗셈을 datetime에 적용한다는 것은 우습지 않은가? 이와 유사하게 표준 라이브러리에서는 반올림도 제공하지 않는다. 하지만 datetime은

정수의 시멘틱Semantic과 유사하게 비교 연산 및 문자열 변환은 제공한다.

여기서 시멘틱(Semantic)은 연산이 갖는 의미를 뜻한다. str(int)와 str(datetime.datetime.now())는 서로 다른 형태의 값을 반환하지만 의미는 같다. 특정 타입의 값에서 문자열을 생성하는 것이다.

또한 날짜 데이터는 자체 지원 기능들이 있어 정수형과 더 확실히 구분된다. 그중 몇 가지를 적어 보면 다음과 같다.

- 타임존 기반의 값 변환
- 문자열 포맷의 제어 가능
- 평일 찾기

datetime의 모든 지원 기능을 보고 싶다면 파이썬 콘솔에서 import datetime; help(datetime.datetime)을 입력해보기 바란다.

datetime은 int보다는 더 구체적이다. 단순한 숫자보다 좀 더 자세한 유스 케이스를 전달한다. 좀 더 구체적인 타입을 사용하는 것은 알아야 하는 가능한 연산 및 해당 타입에서의 제약 사항을 미래의 기여자들에게 알리는 것이다.

이런 사항들이 코드의 견고성에 어떻게 연관이 있는지 더 깊이 들어가 보자. 완전 자동화된 부엌의 오픈 및 클로징을 다루는 코드베이스를 상속받는다고 해보자. 여러분은 클로징 시간을 변경할 수 있는 기능 추가를 의뢰받았다(예를 들어 휴일에는 시간을 연장한다).

```
def close_kitchen_if_past_cutoff_time(point_in_time):
    if point_in_time >= closing_time():
        close_kitchen()
        log_time_closed(point_in_time)
```

이 코드에서 point_in_time을 변경을 해야 한다는 것을 알 것이다. 그런데 어디에서부터 시작해야 할까? 어떤 타입으로 이를 다뤄야 할까? str, int, datetime 중 하나일까? 아니면 사용자 정의 클래스를 따로 만들어야 할까? 어떤 연산이 point_in_time에 필요할까? 아직 코드를 작성하지 않아 이에 대한 히스토리는 갖고 있지 않다. 코드를 가져다 쓸 때에도 동일한 문제가 있다. 이 함수에 무엇을 넘겨줘야 맞는지 알 수가 없다.

어떤 가정을 하고 그에 따랐는데 코드가 잘못된 결과를 도출한다면 이 코드는 견고성이 약한 코드라고 할 수 있다. 즉, 항상 올바른 수행을 할 수 없을 것이며 런타임 시 어떤 오류가 숨어 있다가 튀어나올지 알 수 없다. 코드의 유지 보수성이 감소하는 것이다.

책임감 있는 개발자는 오류가 결과물에 영향을 미치지 않게 최선을 다한다. 그는 테스트, 문서 또는 호출 코드를 검색할 것이다. 이 개발자는 closing_time()과 log_time_closed()가 어떤 타입을 받고 반환하는지에 주목할 것이며, 그에 따라 계획을 세울 것이다. 이 경우 이는 올바른 방법이지만 여전히 차선책인데, 오류는 프로덕션까지는 도달하지 못하겠지만 여전히 코드를 살펴보는 데 시간을 잡아먹어 배포를 지연시키기 때문이다. 이런 작은 예들이 한 번만 일어난다면 그냥 그러려니 하고 넘어갈 수 있을지도 모르겠다. 하지만 가랑비에 옷 젖는다는 말도 있듯이 이런 이슈들이 쌓인다면 배포까지 힘든 여정을 거쳐야 할 수도 있다.

근본 원인은 파라미터(매개변수)의 의미적 표현을 불분명하게 한 것에 있다. 코드를 작성할 때 타입을 통해 여러분의 의도를 전달할 수 있으면 그렇게 해야 한다. 이를 주석으로 할 수도 있지만 나는 타입 어노테이션type annotations(파이썬 3.5부터 지원)을 통해 전달하기를 권장한다.

```
def close_kitchen_if_past_cutoff_time(point_in_time: datetime.datetime):
```

```
if point_in_time >= closing_time():
    close_kitchen()
    log_time_closed(point_in_time)
```

여기서 필요한 것은 단지 파라미터 뒤로 : <type>의 추가뿐이다. 이 책의 대부분 예제에서는 코드에 들어가야 할 타입을 명시하고자 타입 어노테이션을 사용할 것이다.

자, 이제 다른 개발자가 이 코드를 볼 일이 생겼다. 그 개발자는 point_in_time이 타입으로 전달해야 하는지 바로 알 수가 있으며 굳이 메서드, 테스트, 문서 전체를 확인할 필요가 없다. 이를 확인한 개발자는 무엇을 해야 할지 명확한 단서를 갖고 있고, 자신이 해야 할 수정 작업을 수행하는 데 바로 착수할 수 있다. 미래의 개발자와 직접 대화하지 않고도 의미론적 표현을 전달할 수 있는 것이다.

게다가 개발자가 점점 더 타입을 사용하면 타입에 익숙해진다. 해당 유형을 발견했을 때 사용하고자 설명서나 도움말을 찾을 필요가 없어진다. 코드베이스 전체에서 잘 알려진 타입의 목록을 만들기 시작한다. 이렇게 하면 유지 관리 부담이 줄어든다. 개발자는 기존 코드를 수정할 때 교착 상태에 빠지지 않고 변경 사항에 초점을 맞추고자 하는 경향이 있다.

타입의 의미적 표현은 매우 중요하다. 1부의 나머지 부분은 타입을 자신에게 유리하게 사용할 수 있는 방법을 다루는 데 할애했다. 다음으로 넘어가기 전에 언어로서 파이썬의 기본 구성 요소들을 훑어보고 어떻게 코드에 견고성을 강조시킬지 설명하겠다.

토론하기

여러분의 코드베이스에서 사용된 타입을 한번 체크해보라. 몇 가지를 골라 이들이 갖고 있는 의미적 표현이 무엇인지 자문해보자. 제약 조건, 유스 케이스, 동작을 열거해보자. 이런 타입을 더 많은 곳에서 사용할 수 있을까? 타입을 잘못 사용하는 곳이 있는가?

타입 시스템

2장 앞부분에서 설명했듯이 타입 시스템은 사용자가 언어의 동작이나 제약 사항 등을 모델링할 수 있게 한다. 프로그래밍 언어는 코드 생성과 런타임 동안 특정 타입 시스템의 작동 방식에 대한 기대치를 설정한다.

강한 스펙트럼과 약한 스펙트럼

타입 시스템은 강약의 스펙트럼을 갖고 있다. 강함 쪽 스펙트럼의 언어들은 연산에 타입을 지원하는 것만 가능하도록 제약을 두려한다. 다른 말로 하면 타입의 의미적 표현을 깬다면 컴파일러 오류 또는 런타임 오류를 만나게 될 것이다. 하스켈Haskell이나 타입스크립트TypeScript, 러스트Rust와 같은 언어에서는 타입의 제약이 강한 편이며, 이 언어들의 지지자들은 빌드나 런타임 시에 오류가 분명하게 표시되기 때문에 좋아한다.

반대로 약한 쪽 스펙트럼의 언어들은 타입이 지원하는 연산을 강하게 제약하지는 않는다. 이 경우에 연산을 이해하고자 타입을 다른 타입으로 강제하는 경우가 많은데. 자바스크립트, 펄Perl, 이전 버전의 C가 그렇다. 이 언어의 지지자들은 개발자가 도중에 언어와 씨름하지 않고도 코드를 빠르게 반복할 수 있기 때문에 좋아한다.

파이썬은 타입 제약이 강한 언어다. 타입 간의 묵시적 형 변환은 거의 없다. 이는 잘못된 연산을 수행하면 바로 알 수 있다.

```
>>> [] + {}
TypeError: can only concatenate list (not "dict") to list

>>> {} + []
TypeError: unsupported operand type(s) for +: 'dict' and list
```

타입 제약이 약한 언어(예, 자바스크립트)의 경우는 다음과 같다.

```
>>> [] + {}
"[object Object]"

>>> {} + []
0
```

견고성의 관점에서 보면 파이썬처럼 타입 제약이 강한 것이 우리에게는 도움이 된다. 개발 기간이 아닌 런타임에 나타나는 오류인 경우에도 분명한 `TypeError` 예외로 나타난다. 따라서 문제를 오류를 수정하는 데 걸리는 시간이 크게 단축돼 추가하려는 가치를 좀 더 빠르게 전달할 수 있다.

타입 제약이 약한 언어들은 태생적으로 견고성이 떨어지는가?

타입 제약이 약한 언어의 코드베이스도 견고성을 높일 수 있다. 나는 결코 언어의 속성을 탓하지 않는다. 전 세계가 사용 중인 프로덕션 레벨에서의 자바스크립트 코드의 양이 얼마나 될지를 고려한다면 타입 제약이 약한 언어일수록 견고성에 많은 신경을 써야 한다. 변수의 타입을 잘못 알고 잘못된 가정을 하기 쉽기 때문이다. 이 때문에 개발자들은 린터(Linter), 테스트, 기타 도구에 의존해 유지 보수성을 향상시키고 있다.

동적 타입과 정적 타입

타입에 또 언급해야 할 스펙트럼이 있는데, 동적[dynamic] 타입과 정적[static] 타입이다. 이는 타입의 기계적 표현과는 근본적으로 다르다.

정적 타입을 제공하는 언어는 빌드할 때 타입 정보를 변수에 삽입한다. 개발자는 명시적으로 변수에 타입 정보를 추가하거나 컴파일러 같은 도구가 개발자를 위해 타입을 추정한다. 변수들은 런타임 시에 타입을 바꾸지 않는다(정적이기 때문에). 정적 타입의 지지자들은 빠르게 안전한 코드를 작성하는 능력과 강력한 안전망의 이점을 내세운다.

반면 동적 타입은 값이나 변수 자체에 타입 정보를 삽입한다. 런타임 시에 변수들은 타입을 쉽게 바꿀 수 있는데, 변수에 묶여있는 타입의 정보가 없기 때문이다. 동적 타입의 지지자들은 개발에 장점이 될 속도와 유연성을 지지하며 컴파일러와의 싸울 일은 거의 없다.

파이썬은 동적 타입 언어다. 기계적 표현에 대한 설명에서 봤듯이 타입 정보가 변수 값 안에 삽입되며 런타임에서의 타입 변경이 자연스럽다.

```
>>> a = 5
>>> a = "string"
>>> a
"string"

>>> a = tuple()
>>> a
()
```

불행하게도 이런 런타임 시의 타입 변경은 많은 경우 견고한 코드의 장애가 된다. 변수에 대해 코드의 전체 라이프사이클에 걸쳐 강력한 가정을 할 수 없는 것이다. 가정이 깨지면 그 위로 불안한 가정을 쉽게 세울 수 있으며 이는 코드 내의 논리 폭탄으로 이어질 수 있다.

동적 타입의 언어는 태생적으로 견고성이 떨어질까?

타입 제약이 약한 언어들과 마찬가지로 동적 타입의 언어들도 견고성이 높은 코드를 만들 수 있다. 이에 대해 좀 더 노력만 하면 된다. 유지 보수성을 확보하려면 좀 더 신중한 결정을 해야 하며, 정적 타입을 쓰더라도 견고성이 확보되는 것은 아니다. 타입을 최소한으로 쓸 수도 있지만 그러면 그에 따르는 이점은 거의 없을 것이다.

설상가상으로 앞에서 보여준 타입 어노테이션은 런타임 시 동작에 영향을 미치지 않는다.

```
>>> a: int = 5
>>> a = "string"
>>> a
"string"
```

오류나 경고도 아무것도 발생하지 않는다. 하지만 희망을 잃지는 말자. 이 코드도 견고성을 높일 방법은 많다(그렇지 않으면 이 책은 아주 얇은 책이 돼 버릴 것이다).

견고성 높은 코드의 기여자로서 마지막으로 하나만 더 얘기하고 나서 코드베이스 개선의 핵심을 살펴보겠다.

덕 타이핑

덕 타이핑duck typing은 불문율로 전해지고 있으며, 이에 대한 정의를 물어본다면 누군가는 다음과 같이 대답할 것이다.

> 어떤 새가 오리처럼 걷고 오리처럼 소리를 낸다면 이 새는 오리일 것이다.

내가 이 불문율에서 생각하는 문제는 이것이 덕 타이핑에 대한 완전한 정의가 아니라는 점이다. 이는 덕 타이핑이란 것이 무엇인지 어느 정도 아는 이에게만 좋은 표현이다. 내가 초보였을 때 이 말을 듣고 그저 공손하게 아는 척을 했지만 이 간단한 구절에서 뭔가 심오한 뜻을 놓칠까봐 두려웠다. 하지만 나중에 덕 타이핑의 진정한 힘을 이해하게 됐다.

덕 타이핑이란 프로그래밍 언어에서 객체와 엔티티들이 어떤 인터페이스를 갖고 있다면 그 인터페이스의 타입처럼 쓸 수 있는 것을 의미한다. 이는 파이썬이 제공하는 놀라운 기능 중 하나며 사람들은 이를 의식하지 않은 채로 사용한다. 간단한 예를 살펴보자.

```
from typing import Iterable
def print_items(items: Iterable):
    for item in items:
        print(item)

print_items([1,2,3])
print_items({4, 5, 6})
print_items({"A": 1, "B": 2, "C": 3})
```

세 번의 print_item 수행에서는 각 컬렉션의 값들이 루프[loop]를 통해 출력되고 있다. 이것이 어떻게 수행되는지 살펴보자. print_item은 당연히 어떤 타입을 받을지에 대한 정보를 갖고 있지 않으며 런타임이 돼서야 이를 알 수 있는데, 이는 각각의 파라미터들을 조사해 타입에 따라 동작을 구분하는 방식이 아니다. 원리는 간단한데, 모든 print_item이 하는 일은 무엇이 전달되든지 반복되는지만 보는 것이다(이는 __iter__ 메서드의 호출로 이뤄진다). __iter__ 속성이 존재한다면 이는 호출되고 반복이 처리된 이터레이터가 반환된다.

이를 다음의 간단한 예제로 확인할 수 있다.

```
>>> print_items(5)
Traceback (most recent call last):
File "<stdin>", line 1, in <module>
```

```
File "<stdin>", line 2, in print_items
TypeError: 'int' object is not iterable

>>> '__iter__' in dir(int)
False
>>> '__iter__' in dir(list)
True
```

이것이 가능한 것은 덕 타이핑 덕분이다. 메서드와 변수들에 타입이 지원되는 한 해당 함수는 이 타입들을 자유롭게 사용할 수 있다.

```
>>>def double_value(value):
>>> return value + value

>>>double_value(5)
10

>>>double_value("abc")
"abcabc"
```

여기에서는 문자열 또는 정수 상관없이 동작을 하는데, 둘 다 + 연산을 지원하기 때문에 원활하게 동작한다. + 연산을 지원하는 객체들은 전부 처리할 수 있다. 심지어 리스트도 가능하다.

```
>>>double_value([1, 2, 3])
[1, 2, 3, 1, 2, 3]
```

이게 견고성과 어떻게 연관이 있을까? 덕 타이핑은 양날의 검과 같다. 덕 타이핑은 결합성을 높여주며(결합성은 17장에서 다룬다) 다중 타입을 처리할 수 있는 견고한 추상화 라이브러리의 구축은 복잡한 특수 사례의 필요성을 감소시킨다.

하지만 덕 타이핑을 과도하게 사용하면 개발자가 신뢰할 수 있는 가정은 허물어지기 시작한다. 특히 코드를 업데이트하는 경우에는 단순 변경의 경우처럼 간단하지 않다. 모든 호출 코드를 살펴보고 함수에 전달된 타입들이 새로운 업데이트를 충족하는지 확인해야 한다.

이 모든 것을 염두에 두면서 앞에서의 덕 타이핑에 대한 불문율을 재구성해보면 다음과 같다.

> 어떤 새가 오리처럼 걷고 오리처럼 소리를 낸다면 그리고 당신이 오리처럼 걷고 소리를 내는 새를 찾고 있다면 이 새를 오리로 여길 것이다.

그럴듯하지 않은가?

토론하기

여러분의 코드베이스에는 덕 타이핑을 사용하고 있는가? 코드가 원하는 타입과 일치하지 않는 타입을 전달하고는 있지만 다행히도 오류는 발생하지 않는 부분은 없는가? 이런 것들이 여러분의 코드 견고성에 어떤 영향을 미친다고 생각하는가?

마치며

타입은 클린 코드, 유지 보수 가능 코드의 기둥이며 다른 개발자들 대상으로의 커뮤니케이션 수단을 제공한다. 타입 관리를 잘한다면 미래의 개발자들과 많은 양의 커뮤니케이션을 하면서도 부담은 줄일 수 있다. 1부의 나머지는 코드베이스의 견고성 향상을 위해 타입을 어떻게 사용해야 하는지 다룬다.

파이썬은 동적이면서 타입 제약이 강한 언어임을 기억하라. 타입 제약이 강한 언어의 속성은 유용하며, 타입을 잘못 사용한다면 바로 알려준다. 하지만 동적 타입의 속성은 좀 더 나은 코드를 위해 우리가 넘어야 할 그 무엇이다. 이런 언어의 선택은 파이썬으로 어떻게 코드를 작성해야 할지 형태를 결정해주며, 코드 작성 시 이를 항상 생각하면서 작업해야 한다.

3장에서는 타입 어노테이션을 알아본다. 타입 어노테이션은 사용하는 타입을 어떻게 명시적으로 사용할지 알려주며, 미래의 개발자들과의 커뮤니케이션 수단으로써 중요한 역할을 한다. 나아가 동적 타입 언어의 한계를 극복하게 도와주며 코드베이스 전반에서의 여러분의 의도를 강화시킨다.

3장

타입 어노테이션

파이썬은 동적이면서 타입 제약적인 언어며 런타임 때까지는 타입을 알 수 없다. 이는 견고성 높은 코드 작성에 장애가 된다. 타입이 값 자체에 삽입되기 때문에 개발자는 이 값으로 어떻게 작업을 해야 하는지 알아내기가 쉽지 않다. 오늘은 이름이 str처럼 보이지만 누군가가 이를 byte로 바꾼다면 어떻게 될까? 타입에 대한 가정은 동적 타입 언어의 불안정한 기반 위에서 세워진다. 하지만 희망은 있다. 파이썬 3.5부터 새로운 기능이 도입됐으니 바로 타입 어노테이션type annotation이다.

타입 어노테이션을 사용하면 견고성 높은 코드를 새로운 수준으로 작성할 수 있다. 파이썬의 아버지인 귀도 반 로썸Guido van Rossum은 몇 년 전에 다음과 같이 말했다.

> 나는 소규모 프로그램에서는 동적 타입이 더 뛰어나다는 뼈아픈 교훈을 얻었다. 하지만 대규모 프로그램에서는 좀 더 절제된 접근 방식을 취해야 하며, 프로그래밍 언어가 "당신이 원하는 것은 무엇이든 할 수 있다."라고 말하는 것보다는 실제로 그런 훈련 방식을 제공한다면 도움이 될 것이다.[1]

1. Guido van Rossum. "A Language Creators' Conversation." PuPPy (Puget Sound Programming Python) Annual Benefit 2019. https://oreil.ly/1xf01.)

타입 어노테이션은 좀 더 절제된 접근 방식이며, 더 큰 코드베이스 처리를 위해 이를 적용하는 데는 많은 주의가 필요하다. 3장에서는 코드베이스를 통한 커뮤니케이션을 강화시키고자 타입 어노테이션을 어떻게 쓰는지, 왜 중요한지, 타입 검사 도구를 어떻게 사용하는지 알아본다.

타입 어노테이션이란?

2장에서 이미 타입 어노테이션을 본 적이 있다.

```
def close_kitchen_if_past_close(point_in_time: datetime.datetime): ❶
    if point_in_time >= closing_time():
        close_kitchen()
        log_time_closed(point_in_time)
```

❶ 여기에서 타입 어노테이션은 datetime.datetime이다.

타입 어노테이션은 변수에 요구되는 타입을 사용자에게 알려주는 추가적인 구문이다. 이 어노테이션은 타입의 힌트로 동작하며 읽는 이에게 어떤 타입이 요구되는지를 바로 알려준다. 하지만 이것이 파이썬 언어의 런타임에서 실제로 쓰이는 것은 아니다. 사실 이 힌트를 무시하는 것은 여러분의 자유다. 주석을 참조하면서 다음 코드를 한번 살펴보자.

```
# CustomDateTime은 datetime.datetime과
# 동일한 기능을 제공한다.
# 여기서는 더 나은 로깅을 위해 이를 사용하고 있다.
close_kitchen_if_past_close(CustomDateTime("now")) # no error
```

하지만 여러분은 타입 힌트를 무시하면 안 된다. 코드 작성자가 분명하게 특정 유스케이스를 의도하고 있기 때문이다. 이 타입 어노테이션을 따르지 않는다면 원본 코드가 사용 중인 코드와 호환되지 않는 경우 문제에 직면할 수 있다(예를 들어 특정 함수가 이 타입으로 동작하는 경우).

이 시나리오에서 파이썬은 어떤 오류도 발생시키지 않을 것이다. 사실은 런타임 동안 타입 어노테이션을 사용하지 않으며 파이썬이 실행될 때 이를 체크하거나 별도의 비용을 들이지 않는다. 하지만 이 타입 어노테이션은 중요한 목적이 있으니 바로 코드를 읽는 사람에게 요구되는 타입이 뭔지를 알리는 것이다. 코드의 유지 보수자는 이를 통해 기능을 수정할 때 어떤 타입이 허용되는지를 알 것이다. 타입 어노테이션은 코드의 호출 면에서도 이익이 있는데, 이를 가져다 사용하는 개발자도 어떤 타입의 파라미터를 전달해야 하는지 쉽게 알 수 있으며 타입 어노테이션으로 여러 마찰을 줄일 수 있다.

미래의 유지 관리자 입장이 돼보라. 사용하기 직관적인 코드를 발견하면 기분이 좋지 않을까? 용도를 결정하고자 함수 뒤에 있는 내용을 자세히 살펴볼 필요가 없다. 여러분은 예외와 잘못된 동작의 결과를 해결할 때 잘못된 타입 사용의 경우는 생각하지 않아도 될 것이다.

가용 직원들과 레스토랑의 오픈 시간을 파라미터로 받아 그날 가능한 작업자를 스케줄링하는 코드를 생각해보자. 이 코드는 다음과 같이 사용하면 좋을 것 같다.

```
def schedule_restaurant_open(open_time, workers_needed):
```

첫 번째 느낌에 초점을 맞추고자 어떻게 수행되는지는 잠시 무시하자. 여기에 전달되는 인자들을 어떻게 생각하는가? 멈추고 잠시 눈을 감자. 세부 코드를 읽기 전에 어떤 타입의 인자들이 전달돼야 하는지 생각해보라. open_time은 datetime이며, 이는 에포크 시간부터 지나온 초 단위를 의미할까? 아니면 시간

단위를 의미할까? workers_needed는 이름의 리스트일까? 아니면 Worker 객체의 리스트일까? 아니면 다른 것일까? 당신의 이런 추측이 틀렸다면 또는 불확실하면 내가 지금까지 시간을 버리면서 힘겨워했던 코드의 호출이나 수행 부분의 점검이 필요하다.

이제 수행 부분을 보면서 여러분과 내가 얼마나 일치하는지 한번 살펴보자.

```
import datetime
import random

def schedule_restaurant_open(open_time: datetime.datetime,
                             workers_needed: int):
    workers = find_workers_available_for_time(open_time)
    # Use random.sample to pick X available workers
    # where X is the number of workers needed.
    for worker in random.sample(workers, workers_needed):
        worker.schedule(open_time)
```

open_time이 datetime인지는 쉽게 예상할 것이다. 하지만 workers_ needed가 int라는 것도 쉽게 예상할 수 있을까? 타입 어노테이션을 볼 수 있다면 어떻게 동작될지 여러분은 바로 예상할 것이다. 이렇게 타입 어노테이션은 인지적인 오버헤드overhead를 줄여주며 유지 보수 담당자와의 마찰도 줄여준다.

이는 올바른 방향으로의 첫발이며, 여기서 멈추면 안 된다. 타입 어노테이션이 없는 코드를 만난다면 파라미터명을 number_workers_needed처럼 바꾸는 것을 생각해보라. 4장에서 이런 타입의 별칭(alias)을 살펴본다. 타입의 별칭은 여러분의 의도를 전달할 또 다른 방법이다.

지금까지 여기서 보여준 모든 예제는 파라미터에 포커스를 두고 있다. 하지만 이를 반환값의 타입도 적용할 수 있다.

다시 schedule_restaurant_open 함수를 들여다보자. 코드 중반부에서 find_workers_available_for_time을 호출하고 있으며, 이는 workers라는 변수에 값을 반환한다. 여러분이 랜덤으로 직원을 고르기보다 가장 오래 가용 상태에 있는 직원을 고르고 싶을 때 workers가 어떤 타입으로 다뤄져야 할까?

함수만 본다면 일단 다음과 같이 정의될 것이다.

```
def find_workers_available_for_time(open_time: datetime.datetime):
```

여기에는 여러분의 일을 빨리 진행하게 만들 요소는 없다. 여러분은 그냥 추측하고 테스트는 결과를 보여줄 것이다. 반환되는 값은 이름의 리스트인가? 테스트를 실패로 두는 대신 전체 수행 과정을 체크해야 할지도 모르겠다.

```
def find_workers_available_for_time(open_time: datetime.datetime):
    workers = worker_database.get_all_workers()
    available_workers = [worker for worker in workers
                            if is_available(worker)]
    if available_workers:
        return available_workers

    # 비상사태에 이용할 수 있는 직원에게
    # 반환한다.
    emergency_workers = [worker for worker in get_emergency_workers()
                            if is_available(worker)]

    if emergency_workers:
        return emergency_workers

    # 주인이 오픈하도록 예약하면 다른 사람을 찾을 수 있다.
    return [OWNER]
```

여기에도 어떤 타입이 반환되는지 정보를 찾을 수 없다. 이 코드에는 3개의 반환 구문이 있으며, 이 구문들이 전부 동일한 타입을 반환하면 좋겠는데, 그렇지 않다(확실하게 모든 if 구문이 단위 테스트 케이스로 동일한 타입인지 테스트해야 한다). 좀 더 깊이 파보자. 먼저 work_database를 봐야 하고 is_available을 봐야 하고 get_emergency_workers를 봐야 하고 OWNER 변수를 봐야 한다. 이 모든 것이 일관성이 있어야 하며 그렇지 못하면 원래 코드에서 특수한 경우를 찾아 따로 처리해야 한다.

이 함수들이 여러분이 원하는 것을 정확히 전달하지 못한다면 어떻게 될까? 다중 함수 호출을 통해 더 깊이 파고들어야 한다면 어떻게 될까? 여러분이 체크해야 할 모든 레이어는 유념해야 할 추상화의 또 다른 레이어다. 모든 정보는 인지의 과부하를 초래한다. 인지의 과부하에 시달릴수록 실수의 가능성은 더 높아진다.

이 모든 것을 반환 타입의 어노테이션으로 해결할 수 있다. 반환 타입은 -> <type>을 함수 끝에 선언함으로써 할당할 수 있다. 이를 함수 표기에 한번 적용해보면 다음과 같다.

```
def find_workers_available_for_time(open_time: datetime.datetime) -> list[str]:
```

이를 보고 이 함수가 반환값을 문자열의 리스트로 처리해야 함을 알 수 있다. 굳이 데이터베이스나 호출 함수, 모듈을 조사할 필요는 없다.

파이썬 3.8 및 그 이전 버전에서 list, dict, set 같은 내장 컬렉션 타입들은 문법에 list[CookBook], dict[str, int]와 같은 브래킷([])을 허용하지 않았다. 대신 타입 모듈로부터의 타입 어노테이션을 써야 했다.

```
from typing import Dict,List
AuthorToCountMapping = Dict[str, int]
def count_authors(
```

```
                cookbooks: List[Cookbook]
            ) -> AuthorToCountMapping:
    #...
```

필요하다면 변수도 어노테이션해서 쓸 수 있다.

```
workers: list[str] = find_workers_available_for_time(open_time)
numbers: list[int] = []
ratio: float = get_ratio(5,3)
```

이 책에서의 모든 함수에 어노테이션을 할 것이지만 일반적으로는 코드에 전달할 특별한 내용(예를 들어 예상과 다른 타입을 써야 하는 경우)이 아니면 어노테이션에 너무 얽매이지 않아도 된다. 글자 그대로 모든 것에 타입 어노테이션을 다는 영역까지 파고 싶지는 않다. 많은 개발자가 파이썬으로 넘어오게 된 이유 중 하나가 간결함이다. 장황한 타입 사용은 코드를 혼란스럽게 할 수 있으며 특히 (변수의) 타입이 눈에 띄게 명확한 경우는 더 그렇다.

```
number: int = 0
text: str = "useless"
values: list[float] = [1.2, 3.4, 6.0]
worker: Worker = Worker()
```

이 타입 어노테이션들에서는 파이썬 자체에서 제공하는 의미 외에 특별한 무언가를 제공하지는 않는다. 위 코드를 읽는 사람이 "useless"는 바로 str임을 알 것이다. 타입 어노테이션은 타입 힌트를 주고자 쓰는 것임을 기억하라. 미래로의 커뮤니케이션을 위한 비망록을 남기는 것이지만 이를 모든 곳에 남길 필요는 없다.

파이썬 3.5 이전의 타입 어노테이션

운이 없어 옛날 버전의 파이썬을 써야 하더라도 희망은 있다. 파이썬 2.7에서도 통용되는 타입 어노테이션 방법이 있다.

주석 기능을 이용해서 어노테이션을 쓰는 것이다.

```
ratio = get_ratio(5,3) # type: float
def get_workers(open): # type: (datetime.datetime) -> List[str]
```

이렇게 쓰면 타입이 변수와 잘 매칭돼 보이지 않는 단점이 있다. 파이썬 3.5 이상으로 업그레이드가 가능하다면 업그레이드를 권장하며 새로운 타입 어노테이션 방식으로 넘어오기 바란다.

타입 어노테이션의 장점

모든 결정 시에 고려하듯 타입 어노테이션에서도 장점과 단점을 생각해보자. 타입을 먼저 생각해보는 것은 신중한 설계 프로세스에 도움을 주지만 타입 어노테이션이 다른 어떤 이점을 제공할까? 타입 어노테이션이 실제로 어떤 영향을 미치는지 도구들을 통해 살펴보자.

자동 완성

지금까지 타입 어노테이션을 통한 다른 개발자와의 커뮤니케이션을 얘기해왔다. 그런데 여러분의 파이썬 환경 역시 타입 어노테이션으로부터 도움을 받는다. 파이썬은 동적 타입 언어이기 때문에 어떤 연산이 가능한지 예측하기는 쉽지 않다. 하지만 타입 어노테이션이 돼 있다면 많은 파이썬을 인식하는 IDE들이 변수들의 연산을 쉽게 예측하고 자동 완성 기능을 제공할 수 있다.

```
def find_workers_available_for_time(open_time: datetime.datetime):
    workers = worker_database.get_all_workers()
    available_workers = [worker for worker in workers
                            if is_available(worker)]
    if available_workers:
        return available_workers

    open_time.      You, seconds ago • Uncommitted changes
              astimezone
    # fall bac combine
    # in an em ctime
    emergency_ date                                  rs()
              day
              dst
```

그림 3-1 VS Code에서의 자동 완성 기능

타입 체커

타입이 어떻게 여러분의 의도를 전달하는지 얘기했지만 한 가지 중요한 세부 사항을 빠트렸는데, 바로 어떤 프로그래머도 원하지 않으면 이러한 타입 어노테이션을 존중할 필요가 없다는 것이다. 하지만 코드가 타입 어노테이션과 모순이 되는 경우 오류일 수 있으며, 여전히 사람이 작업해 오류를 잡아야 한다. 나는 이것도 어떻게든 해결하고 싶으며, 컴퓨터가 스스로 이런 오류도 찾아 줬으면 좋겠다.

2장에서는 동적 타입을 설명하는 중에 다음과 같은 코드를 보여줬다.

```
>>> a:int=5
>>> a = "string"
>>> a
"string"
```

여기에 뭔가 해결해야 할 것이 있다. 개발자가 타입의 가이드를 따르지 않는다면 어떻게 타입 어노테이션이 코드베이스의 견고성을 올려줄 수 있을까? 이를 위해 여러분은 코드가 어떤 테스트를 통과하기를 바랄 것이다. 이를 위해 모든

타입 어노테이션을 체크하고 뭔가 잘못 사용되는 것이 없는지 점검하는 도구가 필요하다. 이를 타입 체커typechecker라고 부른다.

타입 체커는 커뮤니케이션부터 테스트 케이스에까지 광범위하게 영향을 미친다. 이는 일종의 정적 분석 도구인데, 정적 분석 도구는 소스코드에서 분석이 일어나며 런타임에는 전혀 영향을 미치지 않는다. 정적 분석 도구는 20장에서 자세히 다루며 여기에서는 타입 체커만을 언급한다.

먼저 mypy를 설치한다. mypy는 제일 많이 쓰이는 타입 체커다.

```
pip install mypy
```

이제 파일명을 invalid_type.py로 해서 다음과 같이 작성한다.

```
a: int = 5
a = "string"
```

이제 mypy를 실행시키면 오류가 뜰 것이다.

```
$ mypy invalid_type.py
chapter3/invalid_type.py:2: error: Incompatible types in assignment
                              (expression has type "str", variable has type
                              "int")
Found 1 error in 1 file (checked 1 source file)
```

이와 같이 위 코드의 첫 번째 줄이 잠재적인 오류 발생을 막았다. 작성자의 의도에 반해 여러분이 실수를 할 때마다 타입 체커는 이를 발견하고 경고를 줄 것이다. 사실 모든 개발 환경에서는 이와 같은 분석이 실시간으로 가능하다(의도와는 상관없이 초기 오류를 잡을 수 있는 정말 훌륭한 도구다).

연습: 버그 찾기

다음은 mypy를 사용한 버그 찾기 연습을 위한 코드다. 코드에서 오류를 한번 찾아보고 얼마나 걸리는지, 놓치는 것은 무엇인지 체크하라. 그리고 책에 적힌 결과와 얼마나 가까운지 살펴보자.

```
def read_file_and_reverse_it(filename: str) -> str:
    with open(filename) as f:
        # Convert bytes back into str
        return f.read().encode("utf-8")[::-1]
```

mypy의 결과는 다음과 같다.

```
$ mypy chapter3/invalid_example1.py
chapter3/invalid_example1.py:3: error: Incompatible return value type
                                        (got "bytes", expected "str")
Found 1 error in 1 file (checked 1 source file)
```

여기에서는 str를 반환해야 했는데, byte를 반환해버렸다. 디코드decode 대신 인코드encode를 호출했고 이에 반환 타입이 섞여 버렸다. 이는 파이썬 2.7에서 파이썬 3으로 마이그레이션할 때 많이 만났던 오류다.

다음은 또 다른 예제다.

```
# takes a list and adds the doubled values
# to the end
# [1,2,3] => [1,2,3,2,4,6]
def add_doubled_values(my_list: list[int]):
    my_list.update([x*2 for x in my_list])

add_doubled_values([1,2,3])
```

mypy의 결과는 다음과 같다.

```
$ mypy chapter3/invalid_example2.py
chapter3/invalid_example2.py:6: error: "list[int]" has no attribute "update"
Found 1 error in 1 file (checked 1 source file)
```

extend 대신 update를 호출하는 순진한 오류를 범해 버렸다. 이런 종류의 오류는 서로 다른 컬렉션 타입으로 이동할 때 자주 발생한다(이 경우는 update 메서드를 지원하는 set에서 이를 지원하지 않는 list로 이동하려 했기 때문이다).

다음은 정리를 위한 또 하나의 예제다.

```
# The restaurant is named differently
# in different parts of the world
def get_restaurant_name(city: str) -> str:
    if city in ITALY_CITIES:
        return "Trattoria Viafore"
    if city in GERMANY_CITIES:
        return "Pat's Kantine"
    if city in US_CITIES:
        return "Pat's Place"
    return None

if get_restaurant_name('Boston'):
    print("Location Found")
```

mypy 결과는 다음과 같다.[2]

2. 이 코드만 실행을 하면 ITALY_CITIES, GERMANY_CITIES, US_CITIES 가 정의돼 있지 않다는 오류도 같이 뜰 것이다. 당연히 그렇지 않은가? 다음은 저자가 타입 오류만 발췌한 것이다. - 옮긴이

```
chapter3/invalid_example3.py:14: error: Incompatible return value type
                                         (got "None", expected "str")
Found 1 error in 1 file (checked 1 source file)
```

이는 좀 미묘하다. 함수는 문자열 값을 반환하는 걸로 돼 있는데 None을 반환한다. 모든 코드가 결정을 위한 레스토랑 이름에 대해 조건적인 부분만을 체크한다면 나는 위와 같이 할 것이며, 테스트는 모두 통과될 것이고 놓친 것은 없을 것이다. 이는 부정적인 경우지만 사실인데, if 구문 체크 입장에서는 None이 맞기 때문이다. 이 문제는 파이썬의 동적 타입이 우리를 괴롭히는 예시 중 하나다.

하지만 몇 달 후 이 코드로 작업하는 일부 개발자는 이 반환값을 문자열로 사용하려 시도할 것이고 새로운 도시를 추가해야 하는 즉시 코드는 None 값에 대해 작동하려 할 것이며, 이로 인해 예외가 발생할 것이다. 이는 견고성을 떨어뜨리며 잠재적인 버그를 만든다. 하지만 타입 체커로 이러한 우려를 잠재우고 오류를 조기에 발견할 수 있다.

타입 체커를 사용하더라도 테스트는 필요할 것이다. 타입 체커는 타입 불일치라는 특정 부류의 오류만 걸러낸다. 이 말은 다른 부류의 수많은 오류는 테스트를 통해 걸러내야 한다는 의미다. 버그 식별을 위한 무기고의 도구 중 하나로 타입 체커를 생각하기 바란다.

모든 예제에서 타입 체커는 잠재적 오류만을 발견했다. 이는 버그가 테스트에 의해 또는 코드 리뷰에 의해 또는 고객에 의해 발견되는지는 상관이 없으며, 타입 체커는 이를 조기에 발견해 시간과 비용을 절약한다. 타입 체커는 정적 타입 언어의 이점을 제공하지만 여전히 파이썬이 동적 타입으로 동작할 수 있게 한다. 타입 체커는 두 세계에서 모두 훌륭한 역할을 한다.

이 장의 앞부분에서 귀도 반 로썸의 말을 인용했었다. 그는 드롭박스[Dropbox]에 있었을 때 안전망 없이 배회하는 대규모 코드베이스를 경험했으며, 이후 그는 언어의 타입 힌트 기능에 대한 열렬한 지지자가 됐다. 여러분의 코드가 정확한 의도를 전달하는 수단이 되고 그 코드의 내부 오류를 (사전에) 걸러내려면 타입 어노테이션과 타입 체킹을 오늘부터 시작해보라.

여러분의 코드베이스가 타입 체커에 의해 포착될 수 있는 오류들을 갖고 있는가? 이 오류들은 여러분에게 얼마의 비용을 발생시키는가? 이 오류를 발견하기까지 얼마나 많은 코드 리뷰 및 테스트를 수행했는가? 이 버그가 제품 단계로까지 흘러간다면 어떤 문제가 발생하는가?

타입 어노테이션은 사용할 때

이제 타입 어노테이션을 사용하기 전에 이에 대한 비용을 생각해야 할 것 같다. 타입을 추가하는 것은 간단하다. 하지만 잘못하면 너무 과하게 되기 쉽다. 사용자가 테스트를 시작하고 코드를 실행할 때 모든 부분에 타입을 작성하면 어노테이션의 수렁에 빠졌다고 느끼며 이때부터 타입 체커를 들고 기나긴 싸움을 시작할 것이다. 앞에서 타입 힌트를 채용하는 것에는 비용이 들며 이미 모든 것에 타입 어노테이션을 적용하지는 않는다고 말했다. 특히 타입이 분명한 변수들은 일일이 어노테이션을 하지 않으며 클래스의 세세한 프라이빗 메서드에 대한 파라미터까지 어노테이션을 하지 않는다.

언제 타입 체커를 사용해야 할까?

- 다른 모듈이나 사용자가 호출할 가능성이 많은 함수에서(예를 들어 공용 API나 라이브러리의 엔트리 포인트 등)
- 여러분이 타입이 복잡한 곳(예를 들어 객체 리스트에 매핑된 문자열 딕셔너리 등) 또는 비직관적인 곳을 강조하고 싶을 때
- mypy가 타입이 필요하다고 하는 경우(일반적으로 빈 컬렉션에 할당을 하는 경우며 이런 경우는 무시하기보다는 툴에 맞춰주는 것이 편하다)

타입 체커는 가능한 모든 값의 타입을 추론하려 할 것이며 여러분은 모든 타입을 채우지 않더라도 어느 정도 효과는 볼 수 있을 것이다. 타입 체커의 구성은 6장에서 다룬다.

마치며

타입 힌트가 도입됐을 때 파이썬 커뮤니티에서는 큰 논란이 있었다. 개발자들은 파이썬이 자바나 C++처럼 정적 타입 언어로 돼버리는 것이 아닐지 두려워했다. 또한 개발자들은 타입을 모든 곳에 설정하면 속도는 저하되고 그들이 사랑하는 동적 타입 언어만의 장점이 없어질 것을 염려했다.

하지만 타입 힌트는 힌트일 뿐이며, 옵션이다. 나는 이를 세세한 스크립트 또는 잠깐만 쓰일 코드에까지 적용하는 것을 추천하지 않는다. 하지만 아주 오랫동안 사용될 코드라면 타입 힌트는 아주 필요한 존재다. 타입 힌트는 커뮤니케이션 수단의 역할을 하며, 스마트한 작업 환경을 만들어준다. 그리고 타입 체커를 사용하면 사전에 잠재적인 오류를 잡을 수 있어 작성자의 의도가 훼손되는 것을 방지한다. 타입 어노테이션은 코드를 읽는 이로 하여금 이해의 부담을 줄여주며 함수의 수행을 따라가야 되는 필요성을 줄여준다. 코드는 복잡하며 여러분은 읽는 이로 하여금 이해를 위해 소비하는 에너지를 줄여야 한다. 잘 고안된 타입을 사용하면 충격은 줄이고 가독성을 높일 수 있다.

타입 체커를 통해 코드의 신뢰성도 높일 수 있다. 여러분 코드의 견고성을 높이고자 바꾸고, 재작성하고, 필요시 삭제될 수 있어야 함을 기억하라. 타입 체커를 통해 개발자는 이런 작업들로부터 충격을 덜 받게 된다. 타입이나 필드가 바뀌거나 삭제되는 것에 영향을 받는 항목이 있다면 타입 체커는 문제가 되는 부분을 '호환 안 됨'으로 표시할 것이다. 이런 도구들은 여러분과 미래의 작업자들의 업무에 많은 도움을 주는데, 프로덕션이나 제품으로의 버그 유입을 방지하며 배포의 속도를 더 빠르게 할 것이다.

4장에서는 사용자 정의 타입의 유형을 정의하는 방법을 알아본다. 사용자 정의 타입 유형은 코드베이스에서의 동작을 제어하며 잘못 동작될 가능성을 억제한다. 지금까지는 타입 어노테이션의 유용성에 대해 빙산의 일각만 다뤘다.

4장

타입의 제어

많은 개발자가 기본 타입 어노테이션을 배운 뒤 이를 쓰지 않는다. 우리는 아직 갈 길이 멀다. 아주 중요한 고급 타입 어노테이션이 많다. 이 고급 타입 어노테이션은 타입을 제어하는 데 사용된다. 타입 제어는 표현을 제한한다. 우리의 목표는 잘못된 표현은 나타내지 않는 것이다. 개발자들은 물리적으로 시스템에 모순되거나 무효한 타입을 만들어서는 안 된다. 처음부터 오류를 만드는 것이 불가능하면 여러분의 코드에는 오류가 있을 수 없다. 이 목표를 타입 어노테이션으로 도달할 수 있고 시간과 비용도 절약할 수 있다. 4장에서는 타입 어노테이션에 관련된 여섯 가지 기법을 알아본다.

Optional

코드베이스에서 None 레퍼런스를 대체하고자 사용

Union

현재 타입들의 선택을 나타내고자 사용

Literal

개발자가 특정 값들만 사용하도록 제약

Annotated

여러분의 타입에 추가적인 설명을 제공하고자 사용

NewType

특정 상황에서 타입을 제한하고자 사용

Final

변수가 새로운 값으로 변경되는 것을 방지하고자 사용

먼저 None 레퍼런스를 다루기 위한 Optional 타입부터 살펴보자.

Optional 타입

널Null 값 참조는 때로 '10억 달러짜리의 실수'로 불리며 C.A.R 호어(1장 참조)에 의해 만들어진 말이다.

> 나는 이를 나의 '십억 달러짜리 실수'라고 부른다. 널 값 참조는 1965년도에 만들어졌다. 나는 객체지향 언어로 된 레퍼런스를 위한 최초의 통합 타입 시스템을 설계 중이었다. 내 목표는 컴파일러에 의해 자동으로 수행되는 검사와 함께 모든 참조의 사용이 안전하다는 것을 보장하는 것이었다. 여기서 나는 구현이 쉽다는 이유로 널 값 참조를 포함시키는 유혹을 뿌리칠 수 없었다. 이는 지금까지 수많은 오류, 취약점, 시스템 충돌을 야기했으며 지난 40년 동안 수십억 달러의 피해와 고통을 줬을 것이다.[1]

널 값 참조는 알골Algol 언어에서 처음 채택했으나 곧 수많은 언어로 퍼져나갔다. C와 C++도 종종 널 포인터 역참조(분할 결함이나 다른 프로그램과 충돌을 일으키는) 때문에 조롱을 당한다. 자바는 사용자에게 코드 전반에서 NullPointerException을 요구한다. 이러한 종류의 버그들은 수십억 단위의 비용을 발생시킨다고 해도 과언이 아니다. 실수로 발생하는 널 포인터 또는 널 값 참조로 인한 개발자의 시간, 고객의 손실, 시스템 장애를 생각해보라.

---

1. C.A.R. Hoare. "Null References: The Billion Dollar Mistake." Historically Bad Ideas. Presented at Qcon London 2009, n.d.

이것이 파이썬에서도 왜 문제가 될까? 호어의 말은 60년대의 컴파일된 객체지향 언어를 배경으로 하며 파이썬은 그 당시 언어는 아니다. 하지만 이런 십억 달러짜리 실수는 파이썬도 예외는 아니라는 말을 하고 싶다. 파이썬에서는 None이라는 조금 다른 이름으로 발생하며, 여기서는 None 실수를 어떻게 피하는지 보여주려 한다. 하지만 먼저 None이 왜 나쁜 영향을 주는지부터 알아보자.

특히 널 값 참조가 편의상으로 탄생했다고 호어가 인정한 점이 주목되는데, 이는 더 빠른 길을 택하는 대신 개발 수명주기의 후반부에 어떤 대가를 치러야 하는지를 잘 보여준다. 오늘의 단기 결정이 내일 유지 관리에 어떤 영향을 줄지 생각해보라.

핫도그 제조기를 동작시키는 코드를 생각해보자. 먼저 핫도그에 들어갈 빵을 받아 사이에 소시지를 끼워 넣고 머스터드 소스와 케첩을 자동으로 뿌려준다. 이 과정이 그림 4-1에 나타나 있다. 여기서 문제점은 어디에서 발생할 수 있을까?

그림 4-1 핫도그 제조기 워크플로

```
def create_hot_dog():
    bun = dispense_bun()
    frank = dispense_frank()
    hot_dog = bun.add_frank(frank)
    ketchup = dispense_ketchup()
    mustard = dispense_mustard()
    hot_dog.add_condiments(ketchup, mustard)
    dispense_hot_dog_to_customer(hot_dog)
```

정말 간단하지 않은가? 잘 작동은 할까? 불행히도 알 길은 없다. 모든 흐름이 정상으로 떨어지는 해피 케이스나 제어 흐름에서는 다 잘될 거라고 생각하기 쉽다.

하지만 견고성 시각에서 설명한다면 오류 조건을 고려해야 한다. 위 과정에서 수작업은 전부 배제된다고 가정하면 어떤 오류가 발생할 것으로 예상되는가? 생각할 수 있는 오류 조건은 다음과 같다.

- 재료가 떨어짐(빵, 소시지, 소스 등)
- 제작 중간에 주문을 취소함
- 양념이 뭉쳐 걸림
- 전기가 나감
- 고객이 케찹이나 머스터드 소스를 원하지 않아 이전 과정으로 돌아가려 함
- 제조사가 케찹의 이름을 ketchup에서 catcup으로 바꿨고 기계가 인식을 못해 혼란이 발생

현재 시스템은 최신 상태며 이러한 모든 조건을 탐지하지만 실패가 하나라도 발생하면 무조건 None을 반환하게 된다. 이는 무엇을 의미하는가? 여러분은 다음과 같은 오류를 만날 것이다.

```
Traceback (most recent call last):
 File "<stdin>", line 4, in <module>
AttributeError: 'NoneType' object has no attribute 'add_frank'

Traceback (most recent call last):
 File "<stdin>", line 7, in <module>
AttributeError: 'NoneType' object has no attribute 'add_condiments'
```

고객이 이런 오류를 맞닥뜨린다면 정말 혼란스러울 것이다. 여러분은 클린 UI에 자부심을 가졌는데, 이런 'Traceback'이 튀어나온다면 자부심에도 상처를 입는 것이다. 이를 해결하려면 코드를 방어적으로 또는 모든 가능한 오류 케이스를

예측하고 대응할 수 있는 방법으로 만들어야 한다. 방어적 프로그래밍은 좋은 방법이긴 하지만 코드를 다음과 같이 만들어버린다.

```
def create_hot_dog():
    bun = dispense_bun()
    if bun is None:
        print_error_code("Bun unavailable. Check for bun")
        return

    frank = dispense_frank()
    if frank is None:
        print_error_code("Frank was not properly dispensed")
        return

    hot_dog = bun.add_frank(frank)
    if hot_dog is None:
        print_error_code("Hot Dog unavailable. Check for Hot Dog")
        return

    ketchup = dispense_ketchup()
    mustard = dispense_mustard()
    if ketchup is None or mustard is None:
        print_error_code("Check for invalid catsup")
        return

    hot_dog.add_condiments(ketchup, mustard)
    dispense_hot_dog_to_customer(hot_dog)
```

이 코드는 좀 장황해 보인다. 모든 값이 파이썬에서는 None이 될 수 있기 때문에 방어적 프로그래밍을 도입할 필요가 있는 것처럼 보이며, 모든 레퍼런스 앞에 is None 체크를 한다. 이는 오버스킬이다. 대부분 프로그래머는 콜백을 통해 이를 추적할 것이고 None 값이 호출자로 반환되지 않음을 확인할 것이다. 그렇게 되면 외부 시스템에 대한 호출과 코드베이스에서 항상 None 체크로 처리를 해야 하는 호출을 거의 남기지 않을 것이다. 이러면 오류가 발생 여지가 생기며 코드베이스를 다루는 모든 개발자가 본능적으로 어디에서 None을 확인할지 알 수는 없다. 더욱이 코드를 작성할 때 세웠던 원래 가정들(예를 들어 "이 함수는 절대로 None을 반환하지 않는다." 등)이 향후에 깨지기 쉬우며 버그로 이어질 수 있다. 이 문제를 한 문장으로 정리하면 오류 케이스를 커버하고자 수작업으로 개입하는 것은 신뢰하기 어렵다는 것이다.

예외 처리

십억 달러 문제를 해결하기 위한 훌륭한 시도는 예외 처리다. 여러분의 시스템에 문제가 발생할 때마다 예외를 던져라! 예외가 던져지면 함수는 수행을 멈추고 a) 적절한 예외 처리 블록에서 예외를 캐치하거나 또는 b) 아무도 예외를 캐치하지 않고 프로그램을 종료할 때까지 호출 체인을 통과한다. 이는 견고성의 향상에 도움을 주지 못하며 여전히 수작업으로 오류를 검출하고 있다(적절한 except 구문을 사용해서). 수작업 개입이 없으면 프로그램은 충돌이 발생하고 여러분은 괴로운 시간을 보내게 될 것이다.

None의 역참조 값도 예외를 던지며 동일한 동작이 수행된다. 정적 분석을 통해 예외를 탐지하려면 일반적으로 체크된 예외, 즉 정적 분석 도구에 예상되는 예외를 알려주는 타입 시그니처의 일부인 예외 처리를 언어에서 지원해야 한다. 파이썬은 이 글을 쓸 시점을 기준으로 어떤 종류의 체크된 예외도 지원하지 않으며 체크된 예외의 장황함과 문제점 때문에 지원할지는 의문이다.

수작업이 꼼수이며 비용이 비싼 이유는 None이 특수한 경우로 다뤄지기 때문이다. None은 정상 타입 범주의 밖에 있는데, 모든 변수는 None에 할당될 수 있다. 이 문제를 해결하려면 타입 범주 내에서 None을 나타내는 방법을 찾아야 하기 때문에 여러분은 Optional 타입이 필요하다.

Optional 타입은 두 개의 선택지를 제공하는데, 값을 갖는가 또는 갖지 않는가다. 다시 말하면 변수에 값을 할당하는 것이 선택적이라는 의미다.

```
from typing import Optional
maybe_a_string: Optional[str] = "abcdef"    #값을 갖고 있음
maybe_a_string: Optional[str] = None        #값이 없음
```

이 코드는 maybe_a_string이 선택적으로 문자열을 포함할 수 있음을 나타낸다. 타입 체커는 maybe_a_string이 "abcdef"를 포함하든 None을 포함하든 상관하지 않는다.

언뜻 보기에 이것이 여러분에게 어떤 의미를 주는지 분명하지는 않다. 값이 없음을 나타내려면 None을 사용해야 한다. 하지만 Optional 타입과 같이 사용하면 3가지 좋은 점이 있다.

첫 번째는 여러분의 의도를 더 분명하게 전달한다는 점이다. 유지 보수 개발자가 타입 시그니처에서 Optional 타입을 만난다면 그들의 뇌리에는 None이 올 수도 있다는 점이 선명하게 각인될 것이다.

```
def dispense_bun() -> Optional(Bun):
# ...
```

이 함수를 보면 Optional 타입을 반환하고 있음을 알 수 있다. 이는 곧 None 값의 반환을 상정해야 한다는 것을 의미한다.

두 번째는 빈 값empty value과 값의 부재absence of value를 좀 더 명확히 구분할 수 있다는 것이다. 어떤 리스트를 생각해보자. 함수를 호출했는데 빈 리스트가 반환된다면 어떤 의미로 해석하겠는가? 결과가 없다는 의미와 같은 것일까? 뭔가 명시적인 조치가 필요한 오류의 발생인가? 이 함수가 그냥 리스트 값만 반환한다면

함수 내부를 전부 조사하기 전에는 의미를 모를 것이다. 하지만 Optional을 사용한다면 세 가지 경우 중 하나를 의미한다.

값을 갖고 있는 리스트

처리돼야 할 유효한 값

요소들이 없는 빈 리스트

오류는 아니다. 하지만 가용할 데이터가 없다(데이터의 부재는 오류 범주에 들지 않음).

None

처리해야 할 오류가 발생함

결국 타입 체커는 Optional 타입을 찾고 여러분이 None의 대응을 놓쳤는지 확인할 것이다.

다음 코드를 살펴보자.

```
def dispense_bun() -> Bun:
    return Bun('Wheat')
```

이 코드에 오류 케이스를 추가해보자.

```
def dispense_bun() -> Bun:
    if not are_buns_available():
        return None
    return Bun('Wheat')
```

타입 체커를 돌려보면 다음과 비슷한 오류가 뜰 것이다.

```
code_examples/chapter4/invalid/dispense_bun.py:12:
    error: Incompatible return value type (got "None", expected "Bun")
```

훌륭하다. 타입 체커는 기본적으로 None 타입의 반환을 허용하지 않고 있다. 여기서 함수의 반환 타입을 Bun에서 Optional [Bun]으로 바꾼다면 타입 체커는 오류 없이 넘어갈 것이다. 위 오류는 개발자들에게 반환 타입에 인코딩 정보가 없으면 None을 반환하면 안 된다는 힌트를 주고 있다. 여러분은 타입 체커를 사용해 이 상식적인 실수를 캐치할 수 있고 코드의 견고성을 높일 수 있다. 그러면 코드를 호출하는 측면에서는 어떨까?

코드 호출 측면에서도 이점이 있다. 다음 코드를 살펴보자.

```
def create_hot_dog():
    bun = dispense_bun()
    frank = dispense_frank()
    hot_dog = bun.add_frank(frank)
    ketchup = dispense_ketchup()
    mustard = dispense_mustard()
    hot_dog.add_condiments(ketchup, mustard)
    dispense_hot_dog_to_customer(hot_dog)
```

dispense_bun이 Optional을 반환한다면 이 코드는 타입 체크에서 다음과 같은 오류를 발생시킬 것이다.

```
code_examples/chapter4/invalid/hotdog_invalid.py:27:
    error: Item "None" of "Optional[Bun]" has no attribute "add_frank"
```

타입 체커의 종류에 따라 오류를 캐치하고자 옵션을 설정해야 할 수도 있다. 항상 여러분이 사용하는 타입 체커가 제공하는 문서를 잘 보기 바란다. 여러분이 당연하게 잡기를 바라는 오류가 있다면 먼저 타입 체커가 정상적으로 캐치하는지 테스트하라. 나는 여기서 Optional에 대한 테스트를 해볼 것을 강력하게 권한다. 내가 사용하는 mypy 0.800 버전의 경우는 --strict-optional을 커맨드라인에서 옵션으로 사용할 수 있다.

타입 체커의 오류 발생 메시지를 잠재우려면 None에 대해 명시적으로 체크하고 None 값의 처리를 하거나 또는 값이 None이 될 수 없음을 상정하는 것이 필요하다. 다음 코드는 타입 체커를 성공적으로 통과한다.

```
def create_hot_dog():
    bun = dispense_bun()
    if bun is None:
        print_error_code("Bun could not be dispensed")
        return

    frank = dispense_frank()
    hot_dog = bun.add_frank(frank)
    ketchup = dispense_ketchup()
    mustard = dispense_mustard()
    hot_dog.add_condiments(ketchup, mustard)
    dispense_hot_dog_to_customer(hot_dog)
```

None 값은 십억 달러짜리 오류다. 이 오류가 발생하면 프로그램은 충돌을 발생시키고 사용자는 혼란에 빠질 것이며 손실 비용이 발생한다. Optional 타입을 사용해 개발자들에게 None의 존재를 경고하고 자동 타입 체커의 도입으로 이를 막도록 하자.

토론하기

여러분의 코드베이스에서는 얼마나 많이 None을 사용하고 있는가? 이렇게 사용되는 None들이 제대로 핸들링되는지 자신할 수 있는가? 버그들과 실패한 테스트를 통해 얼마나 잘못된 None의 핸들링이 일어나는지 체크하기 바란다. 그리고 Optional 타입이 얼마나 코드베이스에 도움을 주는지 살펴보자.

Union 타입

Union 타입은 동일한 변수에 다중 타입을 가질 수 있음을 의미한다. Union[int, str]은 int 또는 str이 해당 변수에 대한 타입으로 적용될 수 있음을 의미한다. 예를 들어 다음 코드를 살펴보자.

```
def dispense_snack() -> HotDog:
    if not are_ingredients_available():
        raise RuntimeError("Not all ingredients available")
    if order_interrupted():
        raise RuntimeError("Order interrupted")
    return create_hot_dog()
```

그런데 나는 이제 핫도그 장사가 수지가 맞지 않아 프레즐 사업까지 확장하려 한다. 핫도그와 프레즐 사이에 속하지 않은 이상한 클래스 상속(2부에서 상속을 자세히 다룬다)을 다루는 대신 둘의 Union을 반환할 수 있다.

```
from typing import Union
def dispense_snack(user_input: str) -> Union[HotDog, Pretzel]:
    if user_input == "Hot Dog":
        return dispense_hot_dog()
    elif user_input == "Pretzel":
        return dispense_pretzel()
    raise RuntimeError("Should never reach this code,"
                       "as an invalid input has been entered")
```

Optional은 Union의 특별 버전이다. Optional[int]는 Union[int, None]과 같다.

Union의 사용은 Optional의 사용과 동일한 이점을 제공한다. 먼저 커뮤니케이션에서 동일한 효과를 얻는다. 개발자가 Union을 만나면 호출 코드에서 하나 이상의 타입을 다뤄야 할 수 있음을 알 수 있다. 실제로 타입 체커는 Optional과 Union을 동일하게 다룬다.

다음과 같이 다양한 경우에 Union의 진가가 발휘된다.

- 사용자 입력에 따라 서로 분리된 타입의 반환값을 핸들링할 때(앞의 예제 코드를 보라)
- 오류 반환 타입 처리는 Optional이지만 문자열 또는 오류 코드와 같은 추가 정보가 있을 때
- 다른 형태의 사용자 입력을 처리할 때(예를 들어 사용자가 문자열 또는 리스트를 선택해 입력할 수 있을 때)
- 이전 버전과의 호환성을 위해 다른 타입을 반환함(요청받은 연산에 따라 예전 버전의 객체나 새로운 버전의 객체를 선택해 반환)
- 그리고 하나 이상의 값들을 어쩔 수 없이 다뤄야 할 그 외의 경우

여러분이 dispense_snack 함수를 호출하는 코드를 갖고 있고 이 함수는 HotDog(또는 None)을 반환한다고 가정해보자.

```
from typing import Union
def place_order() -> Optional[HotDog]:
    order = get_order()
    result = dispense_snack(order.name)
    if result is None
        print_error_code("An error occurred" + result)
        return None
    # Return our HotDog
    return result
```

여기서 dispense_snack이 Pretzels를 반환해버리면 이 코드는 타입 체커에서 오류를 일으킨다.

```
code_examples/chapter4/invalid/union_hotdog.py:22:
    error: Incompatible return value type (got "Union[HotDog, Pretzel]",
                                          expected "Optional[HotDog]")
```

이번 타입 체커의 오류 케이스는 놀랍다. 새로운 타입을 반환하고자 사용자가 의존하는 함수가 있는 경우 해당 반환 시그니처는 새로운 타입인 Union으로 업데이트해야 하며, 이를 위해 코드를 업데이트해야 한다. 이는 의존성이 여러분의 가정과 어긋나는 방식으로 변할 때 코드에 플래그를 남기는 것을 의미한다. 오늘 여러분이 내리는 결정(플래그 남기기)으로 미래의 오류를 잡을 수 있다. 이 효과는 강력해, 개발자의 실수를 점점 더 강력하게 억제해 오류율을 낮추고 사용자가 맞닥뜨릴 버그 수를 줄여준다.

여기에 Union을 사용할 때 또 하나의 이점이 있다. 하지만 이를 설명하려면 타입 시스템의 수학적 배경 지식인 타입 이론이 필요하다.

곱 타입과 합 타입

Union은 표현 가능한 상태 공간을 제어하는 데 유용하다. **표현 가능한 상태 공간**Representable state space이란 객체가 취할 수 있는 모든 가능한 조합을 의미한다.

다음의 dataclass를 살펴보자.

```
from dataclasses import dataclass
# 아직 data class에 익숙하지 않은 분은 10장에서 더 자세히 다루니 10장을 참조하기 바란다.
# 하지만 지금은 이것을 네 개의 그룹으로 분류하고 그들이 어떤 유형인지에 대해 다뤄라.
@dataclass
```

```
class Snack:
    name: str
    condiments: set[str]
    error_code: int
    disposed_of: bool

Snack("Hotdog", {"Mustard", "Ketchup"}, 5, False)
```

여기에는 이름(name)과 음식 위에 올라가는 소스(condiments), 오류 코드 및 잘못된 경우 아이템을 올바로 처리 했는지를 추적하는 불리언 값이 있다. 이 딕셔너리에는 몇 가지의 서로 다른 조합이 발생할 수 있을까? name은 유효한 값('핫도그' 또는 '프레즐')에서 유효하지 않은 값('samosa', 'kimchi', 'poutine' 같은) 또는 이치에 맞지 않은('12345', '', '(╯°□°)╯︵ ┻━┻' 같은)까지 될 수 있다. condiments 역시 비슷한 문제를 갖고 있다. 여기서 보여주는 것처럼 가능한 모든 경우를 계산할 방법은 없다.

단순화를 위해 이 타입을 다음과 같이 제약한다.

- 이름은 다음과 같이 3개의 값만 올 수 있다.

  핫도그, 프레즐, 채식 버거

- 소스는 다음과 같은 값이 올 수 있다.

  비었음, 머스터드, 케첩, 머스터드 + 케첩

- 오류 코드는 0~5까지 있다

  0은 성공을 의미

- disposed_of는 True 또는 False만 올 수 있다.

이제 이 필드의 조합으로 몇 개의 다른 값이 만들어질까? 답은 144개다. 그래도 꽤 많다. 144의 근거는 다음과 같다.

이름의 경우의 수 3가지 × 소스의 경우의 수 4가지 × 6개의 오류 코드 × 잘못된 경우 처리의 불리언 값 3개 = 3× 4 × 6 × 2 = 144

이 값들에 None이 올 수 있다고 해버리면 그 수는 420개로 늘어난다(4 × 5 × 7 × 3 = 420). 코딩 시에 None을 아무리 고려한다 하더라도 나라면 그냥 None은 무시해버릴 것이다.

이런 종류의 연산을 곱 타입Product Type이라고 하는데, 표현할 수 있는 상태가 가능한 값들의 곱으로 정해지기 때문이다. 문제는 이 모든 경우가 유효한 경우는 아니라는 점이다. 예를 들어 변수 disposed_of는 오류 코드가 0이 아니면 항상 True로 설정될 것이다. 개발자들은 이 가정을 믿고 비정상적 상태(오류 코드가 0인데 True로 설정)는 나오지 않을 것이라 생각한다. 하지만 어떤 순진한 오류가 나타나 이 가정을 깨고 시스템을 정지시킬 수 있다. 다음 코드를 살펴보자.

```
def serve(snack):
    #오류가 발생하면 미리 반환한다.
    if snack.disposed_of :
        return
    # ...
```

이 경우에 개발자는 disposed_of를 오류 코드 0을 체크하지 않고 있다. 이는 잠재적인 논리 폭탄이다. disposed_of가 True이고 오류 코드가 0이 아니면 잘 동작할 것이다. 하지만 어떤 오류 상황에 의해 유효한 제품(snack)임에도 불구하고 disposed_of를 True로 설정하면 이 코드는 잘못된 결과에서 시작해버린다. 이런 오류는 찾기도 어려운데 제품을 생성하는 개발자에게 이 코드를 체크할 이유가 없기 때문이다. 여기서 보이는 바와 같이 수작업으로 모든 사용자 케이스(대규모 코드베이스에서는 이를 추적할 수도 없다)를 조사하지 않으면 이런 종류의 오류를 발견할 방법이 없다. 이런 비정상적 상태를 나타내도록 허용하면 지옥의 문이 열리는 것이다.

이를 해결하고자 나는 비정상적 상태를 감춰야 했다. 이를 위해 Union을 사용해 코드를 재작업할 것이다.

```
from dataclasses import dataclass
from typing import Union
@dataclass
class Error:
    error_code: int
    disposed_of: bool

@dataclass
class Snack:
    name: str
    condiments: set[str]

snack: Union[Snack, Error] = Snack("Hotdog", {"Mustard", "Ketchup"})

snack = Error(5, True)
```

이 경우에 snack은 Snack(name과 condiments로만 구성된) 또는 Error(숫자와 불리언으로만 구성된)로 분리될 수 있다. Union의 사용으로 상태 표현의 경우의 수에 변화가 있을까?

Snack에서는 3개의 이름과 4개의 소스가 있고 도합 12개의 상태를 표현할 수 있다. ErrorCode에서는 성공일 경우 반환값이므로 오류 코드 0을 없앨 수 있다. 그러면 5개의 오류 코드와 2개의 불리언 값이 남고 전부 10개의 상태를 표현할 수 있다. Union은 둘 중 하나만 타입으로 사용하므로 12개의 상태 표현인 경우와 10개의 상태 표현인 경우가 발생해 합계 22개의 경우의 수를 생각하면 된다. 이것을 합 타입sum type이라고 하며 상태 표현 경우를 곱하지 않고 합했기 때문에 이렇게 부른다.

이렇게 하면 상태 표현의 경우의 수는 모두 22개다. 변수의 모든 경우를 단일 엔티티에 집어넣어 발생하는 144개와 비교해보라. 거의 85% 가량의 수를 줄였다. 내가 한 일은 섞이지 않고 매치될 수 없는 필드는 매치가 안 되게 한 것이다. 이렇게 하면 오류 발생 가능성이 많이 줄어들며 조합 테스트 케이스의 수도 의미 있게 줄어든다. Union과 같은 합 타입을 사용할 때마다 가능한 상태 표현의 수를 드라마틱하게 줄일 수 있다.

Literal 타입

상태 표현의 경우의 수를 계산할 때 앞 절에서 몇 가지 가정을 했다. 가능한 값들의 개수를 제한했지만 어떻게 보면 꼼수다. 그렇지 않은가? 앞에서 얘기했듯이 모든 가능한 값의 경우를 상정한다면 거의 무한대의 수가 나온다. 다행히도 이 값들을 파이썬에서는 합법적으로 제한시킬 방법을 제공하는데, 바로 Literal이다. Literal 타입은 변수를 일정 값들로 제한시켜주는 역할을 한다.

앞에서 Snack 클래스 코드를 Literal로 고치는 작업을 해보자.

```
from typing import Literal
@dataclass
class Error:
    error_code: Literal[1,2,3,4,5]
    disposed_of: bool

@dataclass
class Snack:
    name: Literal["Pretzel", "Hot Dog", "Veggie Burger"]
    condiments: set[Literal["Mustard", "Ketchup"]]
```

이제 이 데이터 클래스를 잘못된 값으로 한번 인스턴스화를 해보겠다.

```
Error(0, False)
Snack("Invalid", set())
Snack("Pretzel", {"Mustard", "Relish"})
```

타입 체커로 체크를 하면 다음과 같은 오류를 얻는다.

```
code_examples/chapter4/invalid/literals.py:14: error: Argument 1 to "Error" has
    incompatible type "Literal[0]";
                   expected "Union[Literal[1], Literal[2], Literal[3],
                                Literal[4], Literal[5]]"

code_examples/chapter4/invalid/literals.py:15: error: Argument 1 to "Snack" has
    incompatible type "Literal['Invalid']";
                   expected "Union[Literal['Pretzel'], Literal['Hotdog'],
                                Literal['Veggie Burger']]"

code_examples/chapter4/invalid/literals.py:16: error: Argument 2 to <set> has
    incompatible type "Literal['Relish']";
                   expected "Union[Literal['Mustard'], Literal['Ketchup']]"
```

literal은 파이썬 3.8에 처음 도입돼 변수들의 가능 값을 제한하는 데 유용하게 사용된다. 이는 파이썬의 열거형enumeration(8장에서 다룬다)보다 더 가볍게 동작한다.

Annotated 타입

좀 더 깊이 있고 복잡한 경우는 어떻게 할까? 수백 개의 리터럴을 쓰는 것은 정말 지루한 일일 것이며 어떤 제약은 Literal 타입으로 만들어질 수 없는 경우가 있는데, 예를 들어 Literal로 문자열의 크기나 특정 정규 표현에 맞게 제약을 할 수는 없다. 이때 Annotated를 쓰면 된다. Annotated로 여러분의 타입 어노테이션에 따라 임의의 메타데이터를 특정할 수 있다.

```
x: Annotated[int, ValueRange(3,5)]
y: Annotated[str, MatchesRegex('[0-9]{4}')]
```

하지만 위 코드는 동작하지 않는데, ValueRange나 MatchesRegex는 내장 타입이 아니기 때문이다. 이는 임의의 표현식이다. 다시 말하면 Annotated 변수의 일부로 자신만의 메타데이터를 작성해야 한다는 의미다.[2] 다음으로 이를 위한 타입 체커는 존재하지 않는다. 이를 지원하는 도구가 나올 때까지 할 수 있는 최선은 더미 어노테이션을 작성하거나 제약 조건을 기술하는 문자열을 사용하는 것이다.[3] 이런 관점에서 Annotated는 최고의 커뮤니케이션 메서드다.

NewType

Annotated를 위한 도구를 기다리는 대신 좀 더 복잡한 제약 조건을 기술하기 위한 NewType을 써보는 것은 어떨까? NewType은 말 그대로 새로운 타입을 만들어 쓸 수 있게 한다.

두 가지 경우를 처리할 수 있게 앞의 핫도그 기계 코드를 분리하려 한다. 두 가지 경우란 바로 먹을 수 없는 형태의 핫도그(접시, 냅킨 없음)와 바로 제공할 준비가 된 핫도그(냅킨 포함)를 의미하다. 이 코드에는 핫도그에서 동작해야 하는 기능들이 있어, 예를 들어 먹을 수 없는 (준비가 안 된) 형태의 핫도그는 절대

---

2. 어노테이티드는 말 그대로 주석(메타데이터)를 다는 역할이다. 위 코드가 수행 가능하게 만들고 싶으면 다음과 같이 주석 역할 함수를 하나 만들면 된다. - 옮긴이

```
def ValueRange(startInt, endInt):
    return True
```

3. 주석이기 때문에 문자열도 당연히 가능하다. - 옮긴이

```
T1 = Annotated[int, "범위는 3부터 6까지만 받습니다."]
```

로 고객에 전달되면 안 된다.

```
class HotDog:
    # HotDog 클래스 구현
    ...

def dispense_to_customer(hot_dog: HotDog):
    # 이 함수는 준비된 핫도그만 고객에 전달하는 역할을 한다.
    # ...
```

그런데 이 코드에서는 준비가 안 된 핫도그에서의 사용을 방지하는 장치가 없다. 개발자가 실수로 준비가 안 된 핫도그에서 이 코드를 호출한다면 고객은 접시도 냅킨도 없이 핫도그를 받는 사태가 벌어질 것이다.

오류의 검출을 개발자의 센스에 의지하기보다는 타입 체크를 통해 자동으로 잡을 수 있어야 한다. 이를 위해 NewType을 사용할 것이다.

```
from typing import NewType

class HotDog:
    '''준비가 안 된 핫도그를 나타내는 데 사용됐음'''
    # Hotdog 클래스 구현...

ReadyToServeHotDog = NewType("ReadyToServeHotDog", HotDog)

def dispense_to_customer(hot_dog: ReadyToServeHotDog):
    # ...
```

NewType은 기존의 타입을 받아 동일한 필드 및 메서드를 갖는 새로운 타입을 생성한다. 이 경우 나는 ReadyToServeHotDog라는 Hotdog와는 또 다른 타입을 만들었다. 이 두 개는 서로 호환될 수 없다. 이 타입이 멋진 이유는 묵시적 타입 전환을 제한한다는 점이다. ReadyToServeHotDog가 사용돼야 할 곳은 Hotdog를 사용할 수 없다(HotDog가 사용돼야 할 곳은 ReadyToServeHotDog는 사용될 수 있다). 앞 예제에서는 dispense_to_customer를 ReadyToServeHotDog만 파라미터로 받도록 제한을 걸었다. 이는 개발자들이 설정된 가정을 무력화하는 것을 막는다. 개발자가 HotDog를 이 메서드의 파라미터로 집어넣으면 타입 체커는 다음과 같이 메시지를 뱉어낼 것이다.

```
code_examples/chapter4/invalid/newtype.py:10: error:
    Argument 1 to "dispense_to_customer"
    has incompatible type "HotDog";
    expected "ReadyToServeHotDog"
```

단방향 타입 변환에 주목해야 한다. 이전 타입이 새로운 타입으로 변환되는 것을 제어할 수 있다.

예를 들어 다음과 같이 준비가 안 된 HotDog를 파라미터로 받아 이를 준비되도록 만드는 함수를 살펴보자.

```
def prepare_for_serving(hot_dog: HotDog) -> ReadyToServeHotDog:
    assert not hot_dog.is_plated(), "Hot dog should not already be plated"
    hot_dog.put_on_plate()
    hot_dog.add_napkins()
    return ReadyToServeHotDog(hot_dog)
```

여기서 HotDog 대신 어떻게 ReadyToServeHotDog를 명시적으로 반환하는지 주목하자. 이 함수는 블레스 함수blessed function처럼 동작하는데, 이를 나는 개발자들이 ReadyToServeHotDog를 생성하는 유일한 방법으로 제한했다. 이제 다른 개발자들이 ReadyToServe HotDog를 생성하려면 반드시 prepare_for_serving을 사용해야 한다.

사용자 정의 타입을 생성하려면 이 '블래스 함수'들을 사용해야 한다는 것을 사용자들에게 알려야 한다. 여러분이 새로 만든 타입이 사전에 지정된 메서드에서가 아닌 여기저기에서 사용돼 목적된 의도가 깨지는 것을 원치는 않을 것이다(다음처럼 말이다).

```
def make_snack():
    serve_to_customer(ReadyToServeHotDog(HotDog()))
```

하지만 아쉽게도 파이썬에서는 주석 이외에 사용자들에게 전달할 방법이 없다.

```
from typing import NewType
# 주의: prepare_for_serving 메서드를 통해서만 ReadyToServeHotDog를 생성할 수 있다.
ReadyToServeHotDog = NewType("ReadyToServeHotDog", HotDog)
```

그러나 NewType은 실제 시나리오에 많이 적용된다. 예를 들어 NewType으로 해결할 수 있는 시나리오는 다음과 같다.

- SanitizedString에서 str을 분리해 SQL 인젝션 취약점 같은 버그를 캐치한다. SanitizedString을 NewType으로 만들어 적절하게 보안화된 문자열만을 갖고 동작하게 해 SQL 인젝션의 기회를 차단한다.
- User 객체와 LoggedInUser 객체를 분리해 추적한다. NewType으로 User를 제한해 로그인한 사용자들에게만 적용하는 함수를 작성했다.
- 유효 사용자 ID를 나타내야 하는 정수 값을 추적한다. 사용자 ID를 NewType으로 제한함으로써 if문의 사용 없이 일부 함수는 유효한 ID를 기반으로만 동작하게 할 수 있다.

10장에서 클래스와 불변성을 사용해 잘못된 상태를 회피할 수 있는 훨씬 강력한 보장성을 통해 어떻게 이와 유사한 작업을 할 수 있는지 알아본다.

타입 별칭

NewType과 타입 별칭[Type Aliases]은 다르다. 타입 별칭은 하나의 타입에 이름만 하나 더 추가하는 것이다. 이는 신 타입과 구 타입 간의 상호호환이 가능하다.

예를 들어 다음 코드를 살펴보자.

```
IdOrName = Union[str,int]
```

어떤 함수가 IdOrName 타입을 받아야 한다면 IdOrName 또는 Union[str, int]를 전부 받을 수 있을 것이고 타입 체커에서도 패스할 것이다. 하지만 NewType에서는 IdOrName만 가능하다.

중첩 복합 타입[nesting complex types]을 사용한다면 Union[dict[int, User], list[dict[str, User]]]과 같은 타입 별칭은 매우 유용하다. 이 경우IDOrNameLookup과 같이 타입을 단순화시킨 이름을 쉽게 붙일 수 있다.

Final 타입

마지막으로 값을 바꿀 수 없는 타입을 원할 수도 있다. 이럴 때 Final을 사용한다. 파이썬 3.8부터 채용되기 시작했으며 타입 체커로 하여금 변수가 다른 값으로 변경되면 안 됨을 알려준다. 예를 들어 나는 이 핫도그를 프랜차이즈 런칭을 통해 사업화하려 한다. 하지만 판매자 이름이 어떤 상황에서도 바뀌게 하고 싶지는 않다.

```
VENDOR_NAME: Final = "Viafore's Auto-Dog"
```

개발자가 실수로 판매자 이름을 바꾸려고 시도한다면 다음과 같은 오류를 보게 될 것이다.

```
def display_vendor_information():
    vendor_info = "Auto-Dog v1.0"
    # whoops, copy-paste error, this code should be vendor_info += VENDOR_NAME
    VENDOR_NAME += VENDOR_NAME
    print(vendor_info)
```

```
code_examples/chapter4/invalid/final.py:3: error:
        Cannot assign to final name "VENDOR_NAME"
Found 1 error in 1 file (checked 1 source file)
```

일반적으로 Final은 모듈처럼 변수의 코드 내 사용 범위가 매우 넓을 때 많이 설정된다. 사용 범위가 넓으면 개발자가 사용을 하나하나 추적하는 것이 쉽지 않다. 이러한 경우 타입 체커가 불변 보장성을 체크하게 하는 것이 도움이 된다.

Final은 함수를 통한 객체의 변형에서는 오류를 발생시키지 않으며, 이는 단순히 변수 값의 변경(새로운 값으로 설정 시)에만 오류를 발생시킨다.[4]

4. 코드(final.py)는 Final로 선언한 x를 각각 객체 변형, 값 변경을 한 예다. – 옮긴이

```
from typing import Final
x: Final = [1,2]
x.append(3) //객체의 변형
x = [2,3]   //값 변형
```

이 코드의 타입 체커(mypy) 결과는 다음과 같다.

```
final.py:5: error: Cannot assign to final name "x"
Found 1 error in 1 file (checked 1 source file)
```

타입 체커는 객체의 변형(x.append(3))은 오류로 보지 않았고 값의 변형(x=[2,3])만 오류로 판단했다.

마치며

4장에서 다양한 방법으로 타입을 제어하는 방법을 알아봤다. None을 핸들링하는 Optional부터 특정 값으로 제약을 하기 위한 Literal, 변수가 다른 값을 갖지 못하게 하는 모든 방법은 각기 다른 목적을 갖고 있다. 이 기술들을 사용해 코드베이스에 여러분의 의도를 인코딩하고 제약 조건을 넣을 수 있으며, 코드를 유지 보수할 미래의 개발자들이 코드를 분석해야 하는 수고를 다소 덜어줄 수 있을 것이다. 타입 체커는 고급 타입 어노테이션들을 사용해 코드에 좀 더 강력하게 견고성을 보장할 것이며 미래의 유지 보수 개발자들에게도 코드베이스 작업에 자신감을 줄 것이다. 이런 자신감이 오류를 줄이고 여러분의 코드베이스에 대한 견고성을 더욱 높여줄 것이다.

5장에서는 단일 값에 대한 타입 어노테이션이 아닌 컬렉션 타입에 어노테이팅을 올바르게 하는 방법을 알아본다. 컬렉션 타입은 대부분의 파이썬에 존재하며 컬렉션 타입도 여러분의 의도 전달에 신경을 써야 한다. 사용자 정의 컬렉션을 만들어야 하는 경우를 포함해 컬렉션을 나타낼 수 있는 모든 방법을 잘 알고 있어야 한다.

5장

컬렉션 타입

컬렉션 타입collection type을 쓰지 않고 파이썬을 썼다고 말할 수는 없다. 컬렉션 타입은 사용자의 리스트, 식당 또는 주소 간의 조회와 같은 데이터 그룹을 저장한다. 다른 타입들(int, float, bool 등)이 단일 값에 초점을 두는 반면에 컬렉션은 임의의 여러 값을 저장할 수 있다. 파이썬에서는 딕셔너리, 리스트, 세트와 같은 일반적인 컬렉션 타입을 제공한다. 문자열도 컬렉션의 한 종류며 일련의 문자를 포함한다. 그러나 컬렉션은 새롭게 맞닥뜨리는 코드에서는 추론하기가 어려울 수 있다. 컬렉션 타입에 따라 동작하는 것이 다르다.

1장에서는 컬렉션 간의 차이점 몇 가지를 살펴봤는데, 차이점에는 변동성, 반복성, 인덱싱 방법이 있었다. 하지만 적절한 컬렉션 선택이 전부는 아니다. 여러분은 사용자 정의 컬렉션의 의미를 이해하고 사용자가 이를 추론할 수 있게 해야 한다. 또한 여러분은 표준 컬렉션 타입에 의해 사용자 정의 컬렉션이 언제 깨지는지를 인지하고 사용자 정의 컬렉션을 다시 복구해야 한다. 하지만 우선은 먼저 사용자 정의 컬렉션을 선택하는 방법 및 미래와 커뮤니케이션하는 방법을 알아야 한다. 이를 위해 우리의 오랜 친구인 타입 어노테이션을 다시 살펴보자.

컬렉션의 어노테이션

지금까지 컬렉션 타입이 아닌 것들에 대한 타입 어노테이션을 살펴봤으며, 이제 컬렉션에 대한 어노테이션을 살펴볼 차례다. 다행히도 이 어노테이션은 지금까지 봐왔던 어노테이션과 크게 다르지 않다.

예를 들어 디지털 요리책 앱을 만들고 있다고 가정하자. 나는 모든 요리책을 디지털화시켜 요리, 재료, 작성자로 검색할 수 있게 하려고 한다. 작업을 시작하려 할 때 드는 의문점 중 하나는 "각 저자별로 몇 권의 책을 내가 갖고 있을까"이다.

```
def create_author_count_mapping(cookbooks: list) -> dict:
    counter = defaultdict(lambda: 0)
    for book in cookbooks:
        counter[book.author] += 1
    return counter
```

이 함수는 어노테이션이 돼 있다. 요리책의 리스트 값을 받아 딕셔너리를 반환해준다. 하지만 어떤 컬렉션이 입력으로 받는지는 명기돼 있지만 이 컬렉션을 어떻게 써야 할지는 알려주지 않는다. 다시 말하면 컬렉션 안에는 어떤 요소들이 있는지 정보가 없는 것이다. 요리책이 어떤 타입인지 알 수 있는가? 이 코드를 검토한다면 book.author가 정상적인 값인지 어떻게 알 수 있을까? book.author가 정상 값이라는 것이 확인돼도 이 코드는 견고함을 보장하지는 못한다. author 필드가 삭제된다면 이 코드는 깨져버릴 것이기 때문이다. 이런 것들을 타입 체커가 잡아내게 할 방법이 필요하다.

이를 위해 컬랙션 내의 타입 지정을 위한 대괄호 구문을 사용해 사용자 정의 타입을 만들어 정보를 더 추가할 수 있다.

브래킷(대괄호)를 사용한 타입 지정의 예 – 옮긴이

```
#filename : typealiasing.py

MyType = dict[str, int]

def checkDict(keyVal : str, dicty : MyType) -> int:
    return dicty[keyVal]

checkVal = checkDict("23", {"23" : 34})
print(checkVal)
```

이 코드는 dict[str, int]로 딕셔너리의 아이템 타입까지 지정한 예다. 키값으로는 str 타입을 지정하고 해당 키에 매칭되는 값으로는 int로 지정했다. 이 코드의 mypy 결과는 정상으로 떨어진다.

```
$ mypy typealiasing.py
Success: no issues found in 1 source file
```

코드의 일부를 바꿔보자. int가 와야 할 부분에 문자열을 넣었다.

```
checkVal = checkDict("23", {"23" : "the results"})
```

mypy 결과는 다음과 같다. 정수형이 올 자리에 문자열이 들어왔다는 오류를 뿌린다.

```
$ mypy typealiasing.py
typealiasing.py:7: error: Dict entry 0 has incompatible type "str": "str";
expected "str": "int"
```

```
Found 1 error in 1 file (checked 1 source file)
```

```
AuthorToCountMapping = dict[str, int]
def create_author_count_mapping(
                                cookbooks: list[Cookbook]
                              ) -> AuthorToCountMapping:
    counter = defaultdict(lambda: 0)
    for book in cookbooks:
        counter[book.author] += 1
    return counter
```

여기서 별칭으로 AuthorToCountMapping을 정의해 dict[str, int]를 나타냈다. 이렇게 한 이유는 어떤 str 및 int를 나타내야 하는지 기억하기 쉽게 하기 위해서다. 하지만 이렇게 해도 모든 것을 커버하지 못하는 것은 인정한다(코드를 읽는 사람이 AuthorToCountMapping이 무엇을 별칭인지 또 찾아봐야 하기 때문이다). 이상적인 경우는 코드 편집기가 여러분이 찾을 필요 없이 어떤 타입들이 하위에 존재하는지 보여주는 것이다.

컬렉션에서 정확히 어떤 타입이 필요한지 지정할 수 있다. 요리책 리스트는 Cookbook 객체를 갖고 있으며 함수의 반환값은 문자열(키)에 정수(값)를 매핑한 딕셔너리 타입이다. 여기서 반환 타입의 명시를 위해 타입 별칭을 쓴 것에 주목하기 바란다. str에 int의 매핑으로 사용자는 타입의 정황을 알 수 없다. 대신 여기서는 AuthorToCountMapping이라는 타입 별칭을 만들어 이 딕셔너리가 어떻게 문제의 영역에 연관되는지 명시한다.

효과적인 타입 힌트를 위해 컬렉션 안에 어떤 타입들이 들어 있는지 생각할 필요가 있다. 이를 위해 먼저 동종 컬렉션homogeneous collection 및 이종 컬렉션heterogeneous collection을 생각해보자.

동종 컬렉션과 이종 컬렉션

동종 컬렉션은 컬렉션 내의 모든 값이 동일한 타입을 갖는 컬렉션을 뜻한다. 반대로 이종 컬렉션은 값들이 서로 다른 타입을 갖는 컬렉션을 뜻한다. 사용성 면에서 리스트나 세트, 딕셔너리는 거의 항상 동종 컬렉션인 경우다. 사용자는 컬렉션을 추론할 수 있는 방법이 필요하지만 모든 값이 동일한 타입이라는 보장이 없으면 추론은 불가능하다. 리스트나 세트, 딕셔너리를 이종 컬렉션으로 만들었다면 사용자에게 특수한 상황 처리를 하도록 알려줘야 한다. 1장의 예제를 다시 불러와 요리책 앱의 레시피를 수정해보자.

```
def adjust_recipe(recipe, servings):
    """
    음식 레시피를 받고 인원수를 변경한다.
    :param recipe: 리스트. 첫 번째 항목은 인원수이고 나머지 항목들은
              ("flour", 1.5, "cup")과 같은 (name, amount, unit) 튜플이다.
    :param servings: 인원수
    :return list: 식재료 리스트. 단 첫 번째 항목은 인원수다.
    """
    new_recipe = [servings]
    old_servings = recipe[0]
    factor = servings / old_servings
    recipe.pop(0)
    while recipe:
        ingredient, amount, unit = recipe.pop(0)
        # please only use numbers that will be easily measurable
        new_recipe.append((ingredient, amount * factor, unit))
    return new_recipe
```

앞에서 코드가 얼마나 엉망인지 언급했었다. 한 가지 혼란스러운 점은 recipe 리스트의 첫 번째 항목만 인원수를 나타낸다는 점이다. 이는 타입이 ("flour", 1.5, "cup")과 같이 튜플인 나머지 리스트 항목과는 대비된다. 문제의 핵심은

바로 이종 컬렉션이다. 이 컬렉션을 사용할 때 사용자는 이런 특수한 경우를 신경 써야 하며 이를 사용했다는 것은 개발자가 애초에 특수한 경우를 파악하고 있다는 것을 전제로 한다. 현재로서는 특수한 경우를 다르게 처리해야 한다는 것을 명확히 나타낼 방법은 없으며 개발자가 이를 간과하면 타입 체커도 잡아낼 수 없다. 이는 나중에 견고성의 하락으로 이어진다.

동종 타입을 얘기할 때 먼저 **단일 타입**single type의 의미를 생각해봐야 한다. 내가 단일 타입을 언급할 때 항상 파이썬의 구체적인 타입을 언급하지는 않을 것이며 이 타입을 정의하는 일련의 동작을 참조한다. 단일 타입은 데이터의 소비자가 모든 타입을 동일한 방식으로 다룰 수 있음을 가리킨다. 요리책 리스트에서 단일 타입은 Cookbook이다. 딕셔너리 예제에서 키key의 단일 타입은 문자열이며 값의 단일 타입은 정수다. 그러나 이종 컬렉션에서 항상 이렇지는 않을 것이다. 컬렉션에서 서로 다른 타입의 값을 가져야 한다면 어떻게 해야 할까? 이 값들 간의 연관성은 없는가?

1장의 코드를 다시 살펴보자.

```
def adjust_recipe(recipe, servings):
    """
    음식 레시피를 받고 인원수를 변경한다.
    :param recipe: 리스트. 첫 번째 항목은 인원수이고 나머지 항목들은
        ("flour", 1.5, "cup")과 같이 (name, amount, unit) 튜플이다.
    :param servings: 인원수
    :return list: 식재료 리스트. 단 첫 번째 항목은 인원수다.
    """
    # ...
```

문서화 문자열docstring에 많은 정보가 들어 있지만 이 정보들이 항상 맞다는 보장은 없다. 그리고 이것이 개발자의 가정에 어긋난 행동을 막을 방법도 없다. 이 코드는 미래의 협업자에게 의도를 충분히 전달하기에는 부족하며 코드에서 야

러분의 의도를 추론하기도 쉽지 않을 것이다. 코드베이스를 일일이 추적해 호출과 구현을 찾아 컬렉션 사용법을 알아내는 것을 여러분도 결코 원치 않을 것이다. 궁극적으로 첫 번째 항목(정수)과 나머지 항목(튜플)을 조정하는 방법이 필요하다. 이를 위해 나는 Union을 사용할 것이다(이와 더불어 타입 별칭도 가독성을 위해 사용할 것이다).

```
Ingredient = tuple[str, int, str] # (name, quantity, units)
Recipe = list[Union[int, Ingredient]] # 리스트는 인원수 또는 재료가 될 수 있다.
def adjust_recipe(recipe: Recipe, servings):
    #...
```

여기서 이종 컬렉션이 사용된다(항목은 정수 또는 재료가 될 수 있다). 그리고 이를 읽는 개발자로 하여금 동종 컬렉션처럼 추정할 수 있게 한다. 개발자는 처리 전에 모든 값을 동일하게(정수 또는 Ingredient)로 취급해야 한다. 타입 체크를 다루려면 더 많은 코드가 필요하지만 타입 체커가 특별한 경우를 확인하지 않은 사용자를 포착할 수는 있으니 안심하기 바란다. 명심할 것은 이 방법도 결코 완벽하지 않다는 점이다. 애초부터 특별한 경우의 발생 없이 인원수가 함수에 다른 방법으로 전달된다면 더 좋았을 것이다. 하지만 굳이 특별한 경우를 다뤄야 할 일이 발생하면 타입 체커가 도움이 되도록 타입별로 표현하기 바란다.

이종 컬렉션이 코드베이스에 산재해 있는 많은 유효성 검사 로직을 포함할 정도로 복잡할 경우 데이터 클래스나 클래스와 같은 사용자 정의 타입으로 만드는 것을 고려하라. 사용자 정의 타입의 생성은 2부를 참조한다.

하지만 자칫 유니언에 너무 많은 타입을 추가해버릴 수 있다. 더 많은 타입의 특별한 경우를 다룰수록 개발자는 이를 사용할 때마다 더 많은 코드를 작성해야 하며 코드베이스는 다루기가 더 어려워진다.

이 어려움의 끝에는 Any 타입이 있다. 이런 경우에는 Any를 사용해 모든 타입이 전부 유효하다는 것을 명시할 수 있다. 이는 특별한 경우를 피해가고자 하는 것처럼 보이지만 컬렉션 사용자들이 애초에 타입 어노테이션의 의도를 무시하고 컬렉션에 있는 값으로 무엇을 해야 할지 전혀 모르는 것을 의미하기도 한다.

정적 타입 언어로 작업을 하는 개발자는 컬렉션의 유형이 같음을 보장하기 위한 많은 주의를 기울일 필요가 없다. 정적 타입 시스템은 이미 그렇게 하고 있기 때문이다. 파이썬의 문제는 동적 타입 특성 때문에 발생한다. 개발자가 언어 자체의 경고 없이 이종 컬렉션을 만드는 것은 훨씬 쉽다.

이종 컬렉션 타입은 여전이 많은 용도를 갖고 있다. 추론하기 어렵다는 이유로 동종 컬렉션 타입만 써야 한다는 생각은 버려라. 튜플은 이중 컬렉션의 한 예다.

Cookbook을 표현하기 위한 이름과 페이지 수를 담은 튜플이 다음과 같다고 가정하자.

```
Cookbook = tuple[str, int] # name, page count
```

여기서는 이름(name)과 페이지 수(page count)라는 특정 필드를 기술하고 있다. 이는 이종 컬렉션의 훌륭한 예시다.

- 각 필드(이름과 페이지 수)는 언제나 동일한 순서다.
- 모든 이름은 문자열이다. 모든 페이지 수는 정수다.
- 두 타입을 동일하게 취급하지 않을 것이므로 튜플에서 반복문을 수행할 일은 없을 것이다.
- 이름과 페이지 수는 근본적으로 다른 타입이므로 동등하게 다뤄져서는 안 된다.

일반적으로 튜플을 사용할 때 원하는 특정 필드를 인덱스로 접근할 것이다.

```
food_lab: Cookbook = ("The Food Lab", 958)
odd_bits: Cookbook = ("Odd Bits", 248)

print(food_lab[0])
>>> "The Food Lab"

print(odd_bits[1])
>>> 248
```

하지만 많은 코드베이스에서 이와 같은 튜플은 곧 부담이 돼 버린다. 이름이 필요할 때마다 cookbook[0] 같은 식으로 쓰면 0번째가 무엇을 의미하는지 잘 몰라 코드 작업의 피로도가 증가하게 된다. 이런 필드에 이름으로 접근하게 만드는 것이 좋지 않을까? 첫 번째 선택은 딕셔너리다.

```
food_lab = {
    "name": "The Food Lab",
    "page_count": 958
}
```

이렇게 하면 food_lab['name']이나 food_lab['page_count']로 접근할 수 있다. 하지만 여기에서의 문제는 딕셔너리가 일반적으로 키와 값의 동형적 매핑으로 쓰인다는 점이다. 이종 데이터를 나타내고자 딕셔너리가 사용되면 유효한 타입 어노테이션을 작성할 때 동일한 문제를 만난다. 내가 이 딕셔너리를 표현하고자 타입 시스템을 사용한다면 다음과 같이 쓸 것이다.

```
def print_cookbook(cookbook: dict[str, Union[str,int]])
    #....
```

이 접근법은 다음과 같은 문제를 안고 있다.

- 대용량의 딕셔너리에는 다양한 값이 올 수 있다. Union을 쓰는 것은 부담스러울 수 있다.
- 모든 딕셔너리의 접근에 대해 전부 처리하는 것은 사용자로서 지루한 작업이다(딕셔너리는 동종 경우라고 앞에서 지적하고 개발자에게 모든 값은 동일한 타입으로 다뤄야 한다고 전달한다. 이는 모든 값에 대해 타입 체크를 해야 함을 의미한다. '나'는 name이 항상 str이며 page_count는 항상 int라는 것을 알지만 이 타입을 가져다 사용하는 사람들은 모를 수 있다).
- 개발자들은 어떤 키가 딕셔너리 내에서 유효한지 알 수 없다. 개발자들은 딕셔너리의 생성부터 이를 사용하는 때까지 모든 코드를 따라가며 어떤 필드가 추가됐는지 찾아야 한다.
- 딕셔너리의 데이터가 늘어날수록 개발자들은 값의 타입으로 Any를 써버리는 경향이 있다. 이 경우 Any는 타입 체커를 무력화시킨다.

Any는 유효 타입 어노테이션에 대해 사용할 수 있으며 여러분이 무슨 타입인지 거의 가정을 하지 않는다는 것을 의미한다. 예를 들어 리스트를 복사하려면 타입 시그니처는 def copy(coll: list[Any]) -> list[Any]가 될 것이다. 물론 def copy(coll: list) -> list도 가능하며 같은 의미다.

이 문제들은 모두 동종 데이터 컬렉션의 이종 데이터 때문에 발생하는 것이다. 이러면 사용자에게 짐을 떠넘기거나 타입 어노테이션을 완전히 포기하기 쉽다. 호출자가 각 값의 액세스에서 명시적으로 타입을 확인하게 하는 경우도 있지만 자칫 지나치게 복잡해질 수 있다. 그러면 특히 API의 상호작용이나 사용자 구성 데이터와 같이 딕셔너리에 데이터를 보관하는 것이 자연스러운 경우 어떻게 여러분이 이종 타입을 추정한 방법을 설명할 수 있을까? 이런 경우에는 TypedDict를 사용해야 한다.

TypedDict

TypedDict는 파이썬 3.8에서 처음 소개됐으며 딕셔너리 내에 이종 데이터를 저장하는 경우 사용된다. 이런 경우는 보통 이종 데이터를 피할 수 없는 경우인데, JSON APIs, YAML, TOML, XML, CSV 모두 해당 데이터 포맷을 딕셔너리로 바꿔주는 파이썬 모듈들이 있으며 모두 이종 데이터의 경우다. 이는 반환되는 모든 결과가 앞 절에서 기술한 동일한 문제를 갖고 있다는 의미며, 타입 체커는 그렇게 도움이 되지 않을 것이고 사용자들은 어떤 키와 값이 가능한지 알 수 없을 것이다.

여러분이 딕셔너리에 대한 완벽한 주도권이 있는 경우(여러분의 코드 내에서 생성했고 그 코드 내에서만 다루는 경우) dataclass(9장 참조)나 class(10장 참조)의 사용을 생각해봐야 한다.

예를 들어 내 디지털 요리책 앱의 기능을 레시피에서 영양 정보의 제공까지 확대하고 싶다고 하자. 나는 Spoonacular API[1]를 쓰기로 했고 영양 정보를 얻기 위한 코드를 다음과 같이 작성했다.

```
nutrition_information = get_nutrition_from_spoonacular(recipe_name)
# print grams of fat in recipe
print(nutrition_information["fat"]["value"])
```

이 코드를 검토할 때 코드가 올바른지 어떻게 확인할 것인가? 칼로리도 함께 출력하려면 어떻게 데이터에 접근해야 할까? 딕셔너리 안에는 어떤 필드가 있을까? 이 질문에 답을 하기 위한 두 가지 옵션이 있다.

1. https://rapidapi.com/spoonacular/api/recipe-food-nutrition - 옮긴이

- API 문서를 보고 정확한 필드들이 사용됐는지 확인한다. 이 경우에는 문서가 실제로 정확하다는 전제 조건이 있어야 한다.
- 코드를 돌려보고 반환되는 딕셔너리를 출력해본다. 이 상황에서는 실제 결과에 대해 테스트 결과가 상당히 일치한다는 전제 조건이 있어야 한다.

문제는 여러분이 읽는 사람, 검토자, 유지 보수자 모두에게 코드를 이해하려면 이 둘 중 하나를 하도록 요청한다는 것이다. 이들이 둘 중 하나를 하지 않으면 이들로부터의 피드백은 좋을 리가 없으며 개발자들은 부정확한 결과를 사용해야 하는 리스크를 안고 가게 될 것이다. 이는 결국 부정확한 가정으로 이어지고 코드의 견고성을 하락시킨다. `TypedDict`는 여러분이 API에 대해 얻은 정보들을 직접 여러분의 타입 시스템에 인코딩하게 만들어준다.

```
from typing import TypedDict
class Range(TypedDict):
    min: float
    max: float

class NutritionInformation(TypedDict):
    value: int
    unit: str
    confidenceRange95Percent: Range
    standardDeviation: float

class RecipeNutritionInformation(TypedDict):
    recipes_used: int
    calories: NutritionInformation
    fat: NutritionInformation
    protein: NutritionInformation
    carbs: NutritionInformation

nutrition_information:RecipeNutritionInformation = \
        get_nutrition_from_spoonacular(recipe_name)
```

이제 의존할 수 있는 데이터 타입이 명확해졌다. API가 변경되면 개발자는 모든 TypedDict 클래스를 업데이트하고 타입 체커가 부적합을 발견하게 할 수 있다. 타입 체커는 이제 여러분의 딕셔너리를 완전히 이해하고 코드를 읽는 사람들은 외부 검색 없이 결과를 추론할 수 있다.

또한 이런 TypedDict 컬렉션은 필요에 따라 임의로 복잡성을 조절할 수 있다. 여기에서는 재사용을 목적으로 TypedDict 인스턴스를 중첩했지만 API가 제공할 수 있는 가능성을 반영하고자 사용자 지정 타입인 Union과 Optional을 포함시킬 수 있다. 주로 API를 언급했지만 이런 메리트들은 JSON이나 YAML을 읽어 들일 때와 같은 모든 이종 딕셔너리에 적용될 수 있다는 것을 기억하라.

TypedDict는 타입 체커를 위해서만 존재한다. 코드 실행에는 아무 영향이 없으며 실행할 때에는 그냥 딕셔너리로 취급된다.

지금까지 내장 컬렉션 타입(동종 컬렉션인 리스트, 세트, 딕셔너리, 이종 컬렉션인 튜플, TypedDict)을 어떻게 다루는지 설명했다. 이런 타입들이 여러분의 의도와는 전혀 다른 동작을 한다면 어떻게 할까? 사용하기 쉬운 새로운 컬렉션을 만들고 싶다면 어떨까? 이를 위해 사용자 정의 도구 세트가 필요하다.

사용자 정의 컬렉션 생성

새로운 컬렉션을 만들 때 자신에게 한번 물어보라. "다른 컬렉션 타입에서 지금껏 표현되지 않았던 것을 표현하려 하는가? 또는 새로운 동작을 위해 기존 컬렉션을 수정하려고 하는가?" 이 질문의 답에 따라 적용해야 할 방법이 달라진다.

새로운 표현을 위한 컬렉션 타입을 만든다면 제네릭generic을 만날 때다.

제네릭

제네릭 타입generic type은 여러분이 무슨 타입을 쓰든지 상관하지 않겠다는 것을 가리킨다. 하지만 부적절한 경우 사용자가 타입을 섞어버리는 것을 막아주는 데 도움이 된다.

리스트 순서를 거꾸로 만드는 함수를 생각해보자.

```
def reverse(coll: list) -> list:
    return coll[::-1]
```

반환되는 리스트가 입력받은 리스트와 동일한 타입이라는 것을 어떻게 표현할 수 있을까? 이를 위해 파이썬에서 제공하는 TypeVar라는 제네릭을 사용한다.

```
from typing import TypeVar
T = TypeVar('T')
def reverse(coll: list[T]) -> list[T]:
    return coll[::-1]
```

이 코드는 타입 T에 대해 설명한다. reverse 함수는 타입 T의 항목들을 리스트로 받고 타입 T 항목의 리스트를 반환한다. 이렇게 되면 타입을 섞을 수 없다. 동일한 TypeVar를 쓰지 않는다면 정수형 리스트는 절대로 문자열 리스트가 될 수 없다.

이런 유형의 패턴을 사용해 전체 클래스를 정의할 수 있다. 내가 요리책 추천 서비스를 이 요리책 앱에 통합시키고 싶다고 가정해보자. 나는 요리책이나 레시피를 이용자 평가 기반으로 추천하고 싶다. 이를 위해 각 평가 정보들을 **그래프**graph에 저장하려 한다. 그래프란 **노드**nodes와 이를 추적할 수 있는 **에지**edge(노드 간의 연관관계)로 구성된 일련의 엔티티 데이터 구조다. 하지만 요리책 그래프와 레시피 그래프의 코드를 분리하고 싶지는 않다. 따라서 제네릭 타입에 대해 사용할 수 있는 Graph를 정의한다.

```
from collections import defaultdict
from typing import Generic, TypeVar

Node = TypeVar("Node")
Edge = TypeVar("Edge")

# 방향 그래프(directed graph)

class Graph(Generic[Node, Edge]):
    def __init__(self):
        self.edges: dict[Node, list[Edge]] = defaultdict(list)

        def add_relation(self, node: Node, to: Edge):
            self.edges[node].append(to)
        def get_relations(self, node: Node) -> list[Edge]:
            return self.edges[node]
```

이 코드를 통해 모든 종류의 그래프를 정의할 수 있고 타입 체크도 성공적으로 통과시킬 수 있다.[2]

```
cookbooks: Graph[Cookbook, Cookbook] = Graph()
recipes: Graph[Recipe, Recipe] = Graph()

cookbook_recipes: Graph[Cookbook, Recipe] = Graph()
recipes.add_relation(Recipe('Pasta Bolognese'),
                     Recipe('Pasta with Sausage and Basil'))
cookbook_recipes.add_relation(Cookbook('The Food Lab'),
                              Recipe('Pasta Bolognese'))
```

2. 코드는 https://github.com/pviafore/RobustPython/blob/master/code_examples/chapter5/graph.py를 참조하기 바란다. 단, 이 코드에서는 Cookbook이 Restaurant로 바뀌었다. – 옮긴이

반면 다음과 같은 코드는 타입 체커에서 오류를 뱉어낸다.

```
cookbooks.add_relation(Recipe('Cheeseburger'), Recipe('Hamburger'))
```

```
code_examples/chapter5/invalid/graph.py:25:
    error: Argument 1 to "add_relation" of "Graph" has
        incompatible type "Recipe"; expected "Cookbook"
```

제네릭 타입의 사용은 타입의 생명 주기 동안 일관성을 유지하는 데 도움을 줄 수 있다. 또한 코드베이스 내에서 코드 중복의 양을 줄여 인지적인 부담과 버그의 수를 줄여준다.

제네릭의 다른 용도

제네릭이 컬렉션에 자주 쓰이지만 다른 타입에도 이를 사용할 수 있다. 예를 들어 API 오류 처리를 단순화시키려 한다고 가정하자. 여러분은 이미 코드에서 반환 타입으로 Union을 썼고 오류 타입은 다음과 같이 처리했다.

```
def get_nutrition_info(recipe: str) -> Union[NutritionInfo, APIError]:
    # ...
def get_ingredients(recipe: str) -> Union[list[Ingredient], APIError]:
    #...
def get_restaurants_serving(recipe: str) -> Union[list[Restaurant], APIError]:
    # ...
```

하지만 이는 불필요하게 중복된 코드다. 매번 Union[X, APIError]로 특정해야 하며 여기서 바뀌는 것은 X뿐이다. 클래스의 오류 응답(APIError)을 바꾸고 싶다면 어떨까? 또는 오류를 분리해 다른 타입으로 처리하고 싶다면? 제네릭은 이 타입들을 복제 없이 처리하게 해준다.

```
T = TypeVar("T")
APIResponse = Union[T, APIError]

def get_nutrition_info(recipe: str) -> APIResponse[NutritionInfo]:
    # ...
def get_ingredients(recipe: str) -> APIResponse[list[Ingredient]]:
    #...
def get_restaurants_serving(recipe: str) -> APIResponse[list[Restaurant]]:
    # ...
```

이제 모든 API 오류 컨트롤을 단일 영역에서 하게 됐다. API 오류 처리를 바꾸고 싶다면 바꿔야 하는 모든 영역을 타입 체커로 찾아낼 수 있다.

기존 타입의 변경

제네릭은 자신만의 컬렉션 타입을 만들 때 유용하다. 하지만 딕셔너리나 리스트와 같은 기존 컬렉션 타입의 동작만을 조금 바꿔 보기를 원한다면 어떻게 할 것인가? 컬렉션의 의미를 모두 재작성하는 것은 지루하고 오류 발생 여지도 많다. 다행히도 이를 위한 메서드가 있다. 다시 요리책 앱으로 돌아가 보자. 영양 정보를 처리하는 코드를 작성했고 이제 모든 영양 정보를 딕셔너리에 저장하려 한다.

하지만 문제가 있다. 동일한 재료를 지역에 따라 여러 이름으로 부른다는 점이다. 샐러드에서 흔히 볼 수 있는 짙은 녹색 잎을 미국인 요리사는 '아루굴라arugular'라고 부르며, 유럽 요리사는 '로켓rocket'이라 부른다. 이는 심지어 영어 이외의 언어로 된 이름은 다루지도 않는다. 이를 해결하고자 다음과 같이 별칭을 자동으로 처리하는 딕셔너리와 비슷한 객체를 만들려한다.

```
>>> nutrition = NutritionalInformation()
>>> nutrition["arugula"] = get_nutrition_information("arugula")
>>> print(nutrition["rocket"]) # arugula와 rocket은 같은 대상이다.
{
    "name": "arugula",
    "calories_per_serving": 5,
    # ... 생략 ...
}
```

그럼 NutritionalInformation을 어떻게 딕셔너리처럼 작동하게 코드를 만들까?

많은 개발자는 본능적으로 하위 클래스의 딕셔너리를 생각할 것이다. 하지만 하위 클래스를 잘 몰라도 걱정할 필요는 없으며, 자세한 것은 12장에서 다룬다. 지금은 "내 하위 클래스를 상위 클래스와 똑같이 동작하게 만들겠다."로 하위 클래스를 다루는 것에 집중하자. 하지만 하위 클래스가 항상 여러분이 원하는 대로 있지는 않다는 것을 곧 알게 될 것이다. 다음 코드를 한번 살펴보자.

```
class NutritionalInformation(dict): ❶
    def __getitem__(self, key): ❷
        try:
            return super().__getitem__(key) ❸
        except KeyError:
            pass
        for alias in get_aliases(key):
            try: ❹
                return super().__getitem__(alias)
            except KeyError:
                pass
        raise KeyError(f"Could not find {key} or any of its aliases") ❺
```

❶ (dict) 구문은 현재 클래스가 딕셔너리의 하위 클래스임을 가리킨다.

❷ __getitem__ 여러분이 딕셔너리 키의 체크를 위해 브래킷을 사용할 때 호출되는 부분이다. 예를 들어 (nutrition["rocket"])은 __getitem__(nutrition, "rocket")을 호출한다.

❸ 키를 찾으면 상위 딕셔너리의 키를 체크한다.

❹ 모든 별칭이 딕셔너리 내에 있는지 체크한다.

❺ 전달된 내용 또는 해당 별칭과 함께 키를 찾지 못하면 KeyError를 발생시킨다.

여기서 __getitem__ 함수를 오버라이딩했고 잘 동작한다.[3]

위 코드에서 nutrition["rocket"]으로 접근하면 nutrition["arugula"]와 동일한 결과를 얻는다. 놀랍지 않은가? 여러분은 바로 프로덕션으로 배포하고 호출해볼 것이다.

하지만('하지만'은 언제나 존재한다) 시간이 지나면서 개발자들은 어떤 딕셔너리에서는 이게 동작하지 않는다고 보고한다. 여러분은 이제 디버깅을 해야 한다. 레이스 컨디션race condition, 스레딩, API의 사용 형태, 또는 기타 비결정성을 조사하고 잠재적인 버그는 전혀 없음을 깨닫는다. 결국 다른 개발자와 함께 앉아 이 코드가 어떻게 동작하는지를 볼 수 있는 시간을 갖게 된다.

터미널 앞에 앉아 확인하는 것은 다음과 같은 출력이다.

```
# arugula is the same as rocket
>>> nutrition = NutritionalInformation()
>>> nutrition["arugula"] = get_nutrition_information("arugula")
>>> print(nutrition.get("rocket", "No Ingredient Found"))
```

3. 코드는 https://github.com/pviafore/RobustPython/blob/master/code_examples/chapter5/overriding_dict.py를 참조하기 바란다. – 옮긴이

```
"No Ingredient Found"
```

딕셔너리에서 get 함수는 키로 값을 찾아주며 키가 없으면 두 번째 파라미터를 반환한다(이 경우는 "No Ingredient Found"). 여기에 문제가 있다. 상속을 받고 메서드를 오버라이딩할 때 이 메서드들이 딕셔너리 관련 다른 모든 메서드에서 호출된다는 보장이 없다. 내장 컬렉션 타입들은 성능을 생각해 만들어졌으며 많은 메서드가 속도를 위해 인라인 코드를 사용한다. 이는 __getitem__과 같이 하나의 메서드를 오버라이딩을 해도 모든 딕셔너리 메서드에서 사용되지 않을 것이다. 이는 1장에서 언급한 '최소 놀람의 원칙Law of Least Surprise'을 위배한다.

메서드만 추가할 경우 내장 컬렉션에서 하위 클래스를 사용하는 것은 괜찮지만 나중에 수정하면 이와 같은 실수가 발생할 수 있으므로 사용자 정의 컬렉션을 구축하는 방법을 사용하는 것이 좋다.

따라서 dict의 오버라이딩은 하지 않기로 하자. 대신 collections 모듈로부터의 타입을 쓸 것이다. 이 경우에는 collections.UserDict라는 쓰기 쉬운 타입이 있다. UserDict는 내가 필요한 케이스에 안성맞춤인데, UserDict로부터 상속받을 수 있으며 키 메서드를 오버라이딩해 내가 원하는 동작을 얻을 수 있다.

```
from collections import UserDict
class NutritionalInformation(UserDict):
    def __getitem__(self, key):
        try:
            return self.data[key]
        except KeyError:
            pass
        for alias in get_aliases(key):
            try:
                return self.data[alias]
```

```python
            except KeyError:
                pass
        raise KeyError(f"Could not find {key} or any of its aliases")
```

이러면 여러분의 유스 케이스에 딱 맞을 것이다. dict 대신 UserDict로부터 상속을 받았고 딕셔너리에 접근하고자 self.data를 사용했다.

```python
# arugula is the same as rocket
>>> print(nutrition.get("rocket", "No Ingredient Found"))
{
    "name": "arugula",
    "calories_per_serving": 5,
    # ......
}
```

이제 arugula에 대한 영양 정보를 받을 수 있다.

UserDict만 오버라이딩할 수 있는 타입이 아니다. 컬렉션 모델에 UserString과 UserList도 있다. 딕셔너리, 문자열, 리스트를 변경하고 싶을 때 언제라도 이 컬렉션을 쓸 수 있다.

이 클래스들로부터의 상속은 성능에 대한 비용을 발생시킨다. 내장 컬렉션들은 성능을 위해 몇 가지 가정을 갖고 있다. UserDict, UserString, UserList 메서드는 인라인 될 수 없는데, 이는 오버라이드 가능성 때문이다. 성능의 요구 사항이 있는 코드에서 사용하려면 벤치마크 및 결과를 측정해 잠재적 문제를 찾아내기 바란다.

지금까지는 딕셔너리, 리스트, 문자열을 얘기했다. 하지만 내장 타입 중 제일 큰 것을 언급하지 않았는데, 바로 세트sets다. collection 모듈에서는 UserSet이 없으며, collection에서 좀 더 다른 추상화 방법을 선택해야 한다. 좀 더 구체적으로 말하면 추상화 기반 클래스, collection.abc가 필요하다.

ABC처럼 쉽게

collections.abc 모듈의 추상화 기반 클래스ABC, Abstract Based Classes는 사용자 정의 컬렉션을 생성하기 위한 오버라이딩을 할 수 있게 만들어주는 또 다른 클래스 그룹을 제공한다. 추상화 기반 클래스는 하위 클래스를 위한 의도며 세부 함수를 구현하려면 하위 클래스가 필요하다. collections.abc의 경우 이러한 추상화 기반 클래스들은 모두 사용자 정의 컬렉션에 중심화돼 있다.

사용자 지정 컬렉션을 만들려면 에뮬레이션할 유형에 따라 특정 함수를 재정의해야 한다. 이러한 필수 함수를 구현하면 추상화 기반 클래스는 다른 함수를 자동으로 채운다. collections.abc 모듈의 문서[4]에서 구현하는 데 필요한 기능의 전체 목록을 볼 수 있다.

User* 클래스와는 다르게 collection.abc에는 self.data와 같은 내장 저장소가 없다. 여러분이 사용자 저장소를 제공해야 한다.

컬렉션에는 UserSet이 어디에도 없으므로 collections.abc.Set를 살펴보자. 나는 자동으로 재료의 별칭(rocket과 argular처럼)을 처리하는 사용자 정의 세트를 만들 것이다. 사용자 정의 세트를 생성하고자 collections.abc.Set에서 요구하는 세 가지 메서드를 수행해야 한다.

__contains__

멤버십 체크를 위한 부분: "arugula" in ingredients

__iter__

이터레이팅을 위한 부분: ingredient in ingredients

---

4. https://docs.python.org/3/library/collections.abc.html#module-collections.abc – 옮긴이

__len__

길이 체크를 위한 부분: len(ingredients)

이 세 개의 메서드가 정의되면 관계 연산, 등가 연산, 집합 연산(합집합, 교차, 차이, 분리)과 같은 메서드만 동작한다. 이것이 collections.abc의 장점이다. 몇 가지 메서드만 정의하면 나머지는 저절로 따라온다. 다음은 그 예시 코드다.[5]

```
import collections.abc
class AliasedIngredients(collections.abc.Set):
    def __init__(self, ingredients: set[str]):
            self.ingredients = ingredients

    def __contains__(self, value: str):
        return value in self.ingredients or any(alias in self.ingredients
                                                for alias in get_aliases(value))

    def __iter__(self):
        return iter(self.ingredients)

    def __len__(self):
        return len(self.ingredients)

>>> ingredients = AliasedIngredients({'arugula', 'eggplant', 'pepper'})
>>> for ingredient in ingredients:
>>>     print(ingredient)
'arugula'
'eggplant'
'pepper'

>>> print(len(ingredients))
3
```

5. 코드는 https://github.com/pviafore/RobustPython/blob/master/code_examples/chapter5/abc.py를 참조하기 바란다. – 옮긴이

```
>>> print('arugula' in ingredients)
True

>>> print('rocket' in ingredients)
True

>>> list(ingredients | AliasedIngredients({'garlic'}))
['pepper', 'arugula', 'eggplant', 'garlic']
```

collections.abc의 장점은 이 뿐만이 아니다. 타입 어노테이션에서 이를 사용하면 더 제네릭한 코드를 작성할 수 있다. 2장에서의 코드를 다시 소환해보자.

```
def print_items(items):
    for item in items:
        print(item)

print_items([1,2,3])
print_items({4, 5, 6})
print_items({"A": 1, "B": 2, "C": 3})
```

나는 덕 타입이 코드의 견고성에 어떻게 장점과 단점이 될 수 있는지 얘기했었다. 많은 타입을 받을 수 있는 단일 함수를 작성할 수 있다는 것은 놀랍지만 여기에는 작성 의도의 전달이라는 해결해야 할 문제가 있다. 다행히도 타입 힌트를 제공하고자 collections.abc를 쓸 수 있다.

```
def print_items(items: collections.abc.Iterable):
    for item in items:
        print(item)
```

이 경우에 아이템들은 Iterable 추상화 기반 클래스를 통해 이터레이팅이 될 수 있다고 가리킨다. 파라미터가 __iter__를 지원하는 한(대부분 컬렉션들이 지원한다) 이 코드는 타입 체크를 통과한다.

파이썬 3.9에서는 25개의 서로 다른 추상화 기반 클래스를 제공한다. 파이썬 문서(https://docs.python.org/3/library/collections.abc.html#module-collections.abc)에서 이를 확인하기 바란다.

마치며

컬렉션 없이 파이썬을 깊이 있게 쓰는 것은 불가능하다. 리스트, 딕셔너리, 세트는 여러분이 앞으로의 담당자에게 어떤 컬렉션 타입으로 작업하고 있는지 힌트를 제공해야 한다. 여러분의 컬렉션이 동종 타입인지 이종 타입인지, 미래의 담당자에게 어떤 것을 전달해야 할지 고려해야 한다. 이종 타입의 컬렉션을 사용할 경우에는 다른 개발자들에게 추론을 할 수 있도록 `TypeDict`와 같은 충분한 정보를 줘야 한다. 다른 개발자들의 추론을 도와주는 기술을 익힌다면 여러분의 코드베이스는 좀 더 높은 이해도를 갖게 된다.

항상 새로운 컬렉션을 생성할 때 다음과 같은 옵션을 생각하라.

- 메서드 추가와 같이 타입을 확장하기만 한다면 리스트나 딕셔너리 같은 컬렉션으로부터 직접 상속받아 쓸 수 있다. 하지만 사용자가 내장 메서드를 오버라이딩해 사용하면 파이썬에서는 예상치 못한 동작을 만날 수도 있음을 알고 있어야 한다.
- 리스트, 딕셔너리, 문자열 등에서 작은 부분만 변경할 거라면 `collections.UserList`, `collections.UserDict`, `collections.UserString`을 각각 사용하라. 각 타입의 저장소는 `self.data`로 접근함을 기억하라.
- 그 외 컬렉션의 인터페이스로 더 복잡한 클래스를 작성하려면 `collections.abc`를 사용하라. 여기서는 클래스에서 사용될 자체 데이터 저장소를 제

공해야 하며 모든 필요 메서드를 구현해야 한다. 하지만 한 번 해 놓으면 여기에서 마음껏 커스터마이징할 수 있다.

토론하기

여러분의 코드베이스 내 컬렉션 및 제네릭의 사용을 살펴보고 얼마나 많은 정보가 향후의 개발자들에게 전달될 수 있을지 평가해보라. 코드베이스에 얼마나 많은 사용자 정의 타입이 존재하는가? 코드를 처음 보는 개발자들은 타입 시그니처 및 이름을 보고 뭐라 말할 수 있겠는가? 좀 더 일반적으로 정의될 수 있었던 컬렉션들이 있는가? 제네릭을 사용하는 다른 타입들은 어떤가?

이제 타입 어노테이션은 타입 체커의 도움 없이 이점을 최대로 활용할 수 없다. 6장에서는 타입 체커에 대해 알아본다. 타입 체커를 효과적으로 구성하고, 리포트를 생성하고 다른 타입 체커 도구와 비교하는 방법을 살펴본다. 도구를 많이 알수록 효과적으로 사용할 수 있으며 사용자 정의 타입 체커를 만들면 더 효과적이다.

6장

타입 체커의 커스터마이징

타입 체커는 코드베이스에 견고성을 부여하는 데 최고의 도구다. mypy의 개발 리드인 주카 래토살로Jukka Lehtosalo는 타입 체커를 다음과 같이 멋지게 정의했다.

> 본질적으로 타입 체커는 검증된 문서를 제공한다.[1]

타입 어노테이션은 코드베이스에 (기술적) 문서를 제공하며 다른 개발자들로 하여금 여러분의 의도를 쉽게 추론하게 한다. 타입 체커는 어노테이션을 사용해 동작과 문서가 일치하는지 체크한다.

이처럼 타입 체커는 중요하다. 공자가 말하길 "일을 잘하고 싶은 장인은 먼저 도구를 잘 갈아놔야 한다."고 했다.[2] 6장에서는 도구를 어떻게 갈아놔야 하는지에 대한 내용을 다룬다. 훌륭한 코딩 기술은 오래갈 수 있지만 여러분을 한 단계 높은 수준으로 올려주는 것은 사용하는 도구들이다. 코드 편집기, 컴파일러, 운영체제에 대한 공부를 게을리하면 안 된다. 나는 여러분의 도구에서 최적의 성과를 끌어내기 위한 사항들을 알려줄 것이다.

1. Jukka Lehtosalo. "Our Journey to Type Checking 4 Million Lines of Python." Dropbox.Tech (blog). Dropbox, September 5, 2019. https://dropbox.tech/application/our-journey-to-type-checking-4-million-lines-of-python
2. Confucius and Arthur Waley. The Analects of Confucius. New York, NY: Random House, 1938.

타입 체커의 설정

이제 파이썬에서 가장 많이 쓰이는 타입 체커인 mypy를 살펴보자. PyCharm 같은 IDE에서 타입 체커를 실행하면 기본적으로 mypy가 수행된다(물론 많은 IDE 에서는 기본 타입 체커 도구의 변경이 가능하다). mypy(또는 기본 타입 체커 도구가 무엇이든)의 설정을 한 번 해놓으면 IDE는 항상 해당 설정을 사용한다.

mypy는 타입 체커의 엄격함strictness 또는 리포트의 양을 조정할 수 있는 몇 가지 옵션을 제공한다. 타입 체커의 엄격성이 높을수록 여러분은 더 많은 타입 어노테이션을 작성해야 하며 이는 아무래도 품질 있는 문서 생성 및 버그의 감소로 이어질 것이다. 하지만 타입 체커를 너무 엄격하게 운용하면 코드 개발에 있어서 넘어야 할 허들은 상당히 높아질 것이며 변경 시 많은 비용이 발생할 것이다. mypy는 설정 옵션으로 이러한 엄격함을 조절할 수 있다. 나는 여기서 여러 가지 다른 옵션을 살펴볼 것이며 여러분은 그중 자신에게 맞는 높이의 허들을 결정할 수 있다.

먼저 mypy를 아직도 설치하지 않았다면 설치하기 바란다. 가장 편한 방법은 커맨드라인에서 `pip`로 설치하는 것이다.

```
pip install mypy
```

mypy를 설치했으면 3가지 방법으로 설정을 조정할 수 있다.

커맨드라인

mypy를 커맨드라인에서 실행시키면 다양한 옵션으로 동작을 제어할 수 있다. 이는 코드베이스를 처음 체크할 때 유용하다.

인라인 설정

대상 코드 파일의 제일 상단에 원하는 설정을 정의할 수도 있다. 예를 들어

mypy: disallow-any-generics를 여러분의 파일 제일 상단에 작성하면 mypy에게 Any로 어노테이션된 모든 제네릭 타입을 찾으면 오류를 출력하게 알려준다.

설정 파일

mypy를 실행할 때마다 동일한 옵션을 반복적으로 주기 귀찮으면 설정 파일을 사용할 수도 있다. 이는 팀 단위로 동일한 설정을 써야 할 때 유용하다. 이 파일은 보통 코드와 함께 버전 컨트롤에 저장된다.

mypy의 설정

mypy를 실행하면 여러분의 현재 디렉터리에 mypy.ini라는 이름의 설정 파일이 있는지 찾는다. 이 파일은 여러분의 프로젝트에서 지켜야 할 옵션들을 정의하고 있다. 어떤 옵션은 글로벌 옵션으로 모든 파일에서 지켜야 할 것이고 어떤 옵션은 일부 모듈에서만 적용된다. mypy.ini의 샘플은 다음과 같다.

```
# Global options:
[mypy]
python_version = 3.9
warn_return_any = True

# Per-module options:
[mypy-mycode.foo.*]
disallow_untyped_defs = True

[mypy-mycode.bar]
warn_return_any = False

[mypy-somelibrary]
ignore_missing_imports = True
```

설정 파일이 다른 위치에 존재한다면 --config-file 옵션으로 설정 파일의 위치를 설정할 수 있다. 또한 mypy는 여러 프로젝트에 동일한 설정을 원하는 경우 로컬 설정 파일을 찾을 수 없으면 특정 홈 디렉터리에서 찾으려 할 것이다. 더 자세한 정보는 mypy 문서(https://mypy.readthedocs.io/en/stable/config_file.html#the-mypy-configuration-file)를 참조하기 바란다.

설정 파일은 이 이상 다루지는 않겠다. 내가 얘기하는 대부분의 옵션은 설정 파일 및 커맨드라인에서 모두 동작하며, 설명의 단순화를 위해 mypy를 수행할 때 커맨드라인으로 수행하겠다.

다음 페이지에서는 타입 체커의 다양한 구성을 다루지만 타입 체커의 모든 구성 하나하나를 전부 볼 필요는 없다. 대부분 타입 체커는 많은 기능을 제공한다. 하지만 타입 체커의 오류 발견 가능성의 개선을 위해서는 다음 옵션들을 참고하기 바란다.

동적 타입의 동작 캐치

앞에서 언급했듯이 파이썬의 동작 타입 속성은 오랫동안 코드베이스의 유지 보수를 괴롭혀왔다. 값들은 제약 없이 언제나 다른 타입의 값들로 바뀔 수 있다. 이런 변화가 발생하면 변수는 궁극적으로 Any 타입이 된다. Any 타입은 해당 변수의 타입에 대한 가정이 없다는 것을 의미하며 이는 추론을 까다롭게 만든다. 여러분의 타입 체커는 오류를 예방하는 데 별로 도움이 되지 않을 것이고 미래의 개발자들에게 어떤 것도 전달하지 않을 것이다.

mypy는 Any 타입에 적용할 수 있는 옵션 세트들을 제공한다.

예를 들어 --disallow-any-expr 옵션을 설정해 Any 타입이 있는 표현식[expression]에 적용할 수 있다. 이 플래그가 있다면 다음 코드는 오류를 뱉어낼 것이다.

```
from typing import Any
```

```
x: Any = 1
y = x + 1

test.py:4: error: Expression has type "Any"
Found 1 error in 1 file (checked 1 source file)
```

타입 선언(컬렉션과 같은)에서 또 다른 Any를 제약하는 옵션은 `--disallow-any-generics`다. 이는 제네릭을 사용하는 모든 것(컬렉션 타입과 같은)에서의 Any 사용을 캐치한다. 이 플래그가 있으면 다음 코드는 타입 체커에서 오류를 뱉어낼 것이다.

```
x: list = [1,2,3,4]
```

이를 사용하려면 `list[int]`를 명시적으로 선언해야 한다.

mypy 동적 타입 문서(https://mypy.readthedocs.io/en/stable/config_file.html#disallow-dynamic-typing)에 여타 Any의 사용을 제어하는 방법들이 나와 있으니 참조하기 바란다.

하지만 Any에 너무 광범위하게 제약을 걸어버릴 위험에 주의하라. Any를 오류 없이 쓸 수 있는 사용 케이스가 있다. Any는 타입이 어떤 것인지 상관없을 때 사용해야 하며 타입의 확인은 호출자에 달려있다. 이의 주요 예로서 유형이 다른 키-값 저장소(일반적인 캐시)가 있다.

타입의 요구

표현식은 타입 어노테이션이 없으면 **타입 되지 않는다**untyped. 이런 경우 다른 타입으로 추론할 수 없다면 mypy는 표현식의 결과를 Any 타입처럼 처리한다. 그런데 Any를 허용하지 않은 앞의 옵션들(`--disallow-any-generics` 또는 `--disallow-`

any-expr)은 타입되지 않은 함수들이 어디 있는지 캐치하지 못할 것이다. 이를 위해 타입 되지 않은 함수의 체크를 위한 플래그가 따로 있다.

다음 코드는 --disallow-untyped-defs 옵션이 설정되지 않으면 오류를 뱉어내지 않는다.

```
def plus_four(x):
    return x + 4
```

이 옵션이 설정되면 다음과 같은 오류를 뱉어낸다.

```
test.py:4: error: Function is missing a type annotation
```

이런 오류까지 신경을 쓰고 싶지 않다면 파라미터-반환 형태의 함수만 허용하는 --disallow-incomplete-defs나 타입 어노테이션된 함수에서 어노테이션이 안 된 함수를 호출할 때 오류를 뱉어내는 --disallow-untyped-calls를 고려해 보기 바란다. 함수 관련 타입 지정 관련 옵션을 더 자세히 알고 싶으면 mypy 문서(https://mypy.readthedocs.io/en/stable/command_line.html#untyped-definitions-and-calls)를 참조하라.

None/Optional의 처리

4장에서는 None의 사용으로 인해 '십억 달러짜리 실수'가 얼마나 쉽게 만들어지는지 이미 살펴봤다. 여러분이 다른 활성화한 옵션이 없다면 --strict-optional이 활성화돼 있는지 확인해 이 엄청난 실수를 캐치해야 한다. 여러분은 자신이 쓰고 있는 None이 잠재 버그가 되기를 원치 않을 것이다.

--strict-optional을 사용하면 여러분은 명시적으로 is None을 수행해야 한다.

그렇지 않으면 타입 체커는 오류를 뱉어낸다.

--strict-optional이 설정됐다면(디폴트로 설정됐는지 여부는 mypy의 버전에 따라 다르다. 확인해보라) 다음 코드에 대해 오류를 뱉어낼 것이다.

```
from typing import Optional
x: Optional[int] = None
print(x + 5)

test.py:3: error: Unsupported operand types for + ("None" and "int")
test.py:3: note: Left operand is of type "Optional[int]"
```

또한 mypy는 None 값을 Optional로 암시적으로 취급한다는 것에 주목할 필요가 있다. 코드를 더 명확하게 표현하려면 이 옵션을 꺼 놓는 것을 추천한다.[3] 예를 들어 다음과 같다.

```
def foo(x: int = None) -> None:
    print(x)
```

None은 여기서 유효한 값이기 때문에 파라미터 x는 묵시적으로 Optional[int]로 변환된다. 여기서 x에 대해 어떠한 정수 연산을 하려 하면 타입 체커는 여기에 오류를 지적할 것이다. 하지만 x 값이 None이 될 수 있다는 것을 알리려면 이것이 더 낫다(미래의 코드 독자를 위해).[4]

Optional의 명시적 특정을 위한 옵션으로 --no-implicit-optional을 설정할 수도 있다. 위 코드를 이 옵션을 설정해 수행하면 다음과 같은 오류가 떨어진다.

---

3. --no-strict-optional 플래그를 주고 수행한다. – 옮긴이

4. 그래서 저자는 --strict-optional을 꺼놓는 것을 추천했는지도 모르겠다. – 옮긴이

```
test.py:1: error: Incompatible default for argument "x" (default has type
"None", argument has type "int")
```

mypy 리포트

엄청난 코드의 숲 한가운데서 타입 체커가 오류를 뱉어내고 주위에는 이에 대한 어떤 단서도 보이지 않는다면 어떻게 mypy가 여러분의 파일들을 실제로 체크하고 제대로 오류를 잡았는지 확신할 수 있을까? mypy의 내장 리포트 기능을 사용해 결과를 시각화해보라.

먼저 mypy에 `--html-report` 옵션을 주면 HTML 리포트로 얼마나 많은 줄이 mypy에 의해 체크됐는지 알 수 있다. 이는 그림 6-1과 유사한 HTML 파일을 생성한다.

mypy.sharedparse	0.00% imprecise	114 LOC
mypy.sitepkgs	3.13% imprecise	32 LOC
mypy.solve	3.90% imprecise	77 LOC
mypy.split_namespace	38.24% imprecise	34 LOC
mypy.state	0.00% imprecise	18 LOC

그림 6-1 mypy 소스코드에 대한 mypy의 HTML 리포트

HTML이 아닌 일반 텍스트 형태를 원한다면 `--linecount-report`를 대신 쓰면 된다.

또한 mypy는 명시적 `Any` 표현식을 줄별로 여러분이 무엇을 하고 있는지 이해할 수 있게 추적해준다. `--any-exprs-report` 옵션을 사용하면 mypy는 모듈별로

얼마나 많은 Any가 사용됐는지를 계산해 통계 텍스트 파일을 만들어준다. 이 기능은 코드베이스에서 타입 어노테이션이 얼마나 명시적인지를 확인하는 데 매우 유용하다. 다음은 mypy 코드베이스에서 --any-exprs-report를 수행한 결과다.

```
                 Name   Anys    Exprs   Coverage
-------------------------------------------------
        mypy.__main__      0       29    100.00%
             mypy.api      0       57    100.00%
       mypy.applytype      0      169    100.00%
          mypy.argmap      0      394    100.00%
          mypy.binder      0      817    100.00%
      mypy.bogus_type      0       10    100.00%
           mypy.build     97     6257     98.45%
         mypy.checker     10    12914     99.92%
       mypy.checkexpr     18    10646     99.83%
     mypy.checkmember      6     2274     99.74%
  mypy.checkstrformat     53     2271     97.67%
    mypy.config_parser     16      737     97.83%
```

결과를 코드에서 읽어 들이려면 JUnit 포맷의 XML 파일로 생성하는 --junit-xml 옵션도 있으며, 이 포맷은 지속적인 통합CI, Continuous Integration 시스템에서 시스템 빌드 결과 리포트의 일부로 읽어 들일 수 있다. 더 자세한 리포트 옵션들은 mypy의 리포트 생성 문서(https://mypy.readthedocs.io/en/stable/command_line.html#report-generation)를 참조하기 바란다.

mypy를 빠르게

mypy에 대한 가장 큰 불만은 대규모 코드베이스 작업 시에 걸리는 시간이다. 기본적으로 mypy는 파일을 점진적으로 체크한다. 다시 말하면 mypy는 이전의 타입 체크 결과에서 변경된 부분만 체크하고자 캐시(일반적으로 mypy_cache 폴더를 사용하며 설정에서 바꿀 수 있다)를 사용한다는 의미다. 캐시의 사용은 mypy의 수행 속도를 빠르게 하지만 코드베이스가 커질수록 속도가 떨어지는 것은 어쩔 수 없는 부분이다. 이는 빠른 피드백을 요구하는 개발 주기에서는 나쁜 영향을 준다. 도구의 유용한 피드백이 느릴수록 개발자는 도구를 실행하는 빈도가 줄어들어 목적을 잃어버리게 된다. 타입 체커의 속도가 빨라 개발자들이 거의 실시간으로 타입 오류를 확인하는 것은 분명 모두에게 이익이 될 것이다.

mypy를 빠르게 하려면 여러분은 **원격 캐시**remote cache를 생각할지도 모르겠다. 원격 캐시는 여러분의 팀 전체가 공동의 캐시 공간을 둬서 mypy의 타입 체크 시에 접근 가능하게 만든 것이다. 이렇게 하면 여러분의 버전 관리 시스템에서 특정 커밋 ID를 기반으로 동작해 타입 체커 정보를 공유하게 된다. 원격 캐시의 구축은 이 책의 범위를 벗어나기 때문에 자세한 설명은 하지 않겠다. 하지만 mypy 공식 문서에 원격 캐시 문서(https://mypy.readthedocs.io/en/stable/additional_features.html#remote-cache)가 제공되니 참고하기 바란다.

mypy를 데몬 모드로 수행하는 것도 고려할 수 있다. 데몬 모드는 mypy가 독립적인 프로세스로 수행을 하면서 이전 mypy의 상태를 파일시스템(또는 네트워크 링크)이 아닌 메모리에 저장한다. mypy의 데몬 모드는 `dmypy run -- mypy-flags [mypy-files]`로 띄울 수 있다. 한 번 데몬이 실행되면 동일한 명령으로 다시 파일을 빠르게 확인할 수 있다.

예를 들어 mypy의 소스코드에 대해 mypy를 실행했다고 하자. 첫 실행에서 23초가 걸렸다. 그다음 실행에서는 16초에서 18초 사이가 걸렸다. 이것은 **기술적으로는** 빨라졌지만 나는 빠르다고 생각하지 않는다. mypy 데몬을 사용하면 다음 실행은 0.5초 이내로 걸린다. 이렇게 실시간으로 결과를 볼 수 있다면 자주 타입 체커를 실행할 수 있을 것이다. `dmypy`에 대한 자세한 내용은 mypy 데몬 모드 문서(https://mypy.readthedocs.io/en/stable/mypy_daemon.html#mypy-daemon)를 참고하기 바란다.

기타 타입 체커

mypy는 유연하면서도 풍부한 옵션을 제공하며 상황에 필요한 타입 체킹을 제공한다. 하지만 항상 여러분이 원하는 상황을 커버할 수 있는 것은 아닐 것이다. 타입 체커는 mypy만 있는 것이 아니며 두 가지 타입 체커를 더 소개한다. 하나는 Pyre(페이스북 제작)이고 또 하나는 Pyright(마이크로소프트 제작)다.

Pyre

Pyre는 pip로 설치할 수 있다.

```
pip install pyre-check
```

Pyre는 mypy의 데몬 모드와 유사하게 동작한다. 분리된 프로세스가 돌며 이로부터 타입 체크의 결과를 받는다. 코드에 대한 타입 체킹을 하려면 Pyre를 여러분의 프로젝트 디렉터리에 설정한 다음(pyre init 명령으로 수행한다) pyre 명령으로 데몬을 띄우면 된다. 그 이후 결과 확인 등은 mypy와 매우 흡사하다. 다만 두 가지 정도 특이한 기능이 있는데, 바로 코드베이스 쿼리와 파이썬 통계 분석Pysa, Python Static Analyzer 프레임워크다.

코드베이스 쿼리

pyre 데몬을 띄웠다면 코드베이스를 검사하기 위한 많은 쿼리를 사용할 수 있다. 지원되는 모든 쿼리에 대해 여기서는 mypy 코드베이스로 예를 보여줄 것이다.

예를 들어 코드베이스 내에 있는 모든 클래스의 속성을 다음과 같이 확인할 수 있다.

```
pyre query "attributes(mypy.errors.CompileError)" ❶
{
    "response": {
        "attributes": [
            {
                "name": "__init__", ❷
                "annotation": "BoundMethod[
                                    typing.Callable(
                                        mypy.errors.CompileError.__init__)
                                [[Named(self, mypy.errors.CompileError),
                                    Named(messages, typing.list[str]),
                                    Named(use_stdout, bool, default),
                                    Named(module_with_blocker,
                                    typing.Optional[str], default)], None],
                                    mypy.errors.CompileError]",
                "kind": "regular",
                "final": false
            },
            {
                "name": "messages", ❸
                "annotation": "typing.list[str]",
                "kind": "regular",
                "final": false
            },
            {
                "name": "module_with_blocker", ❹
                "annotation": "typing.Optional[str]",
                "kind": "regular",
                "final": false
            },
            {
                "name": "use_stdout", ❺
                "annotation": "bool",
                "kind": "regular",
                "final": false
```

```
            }
        ]
    }
}
```

❶ 속성을 불러오는 Pyre 쿼리

❷ 생성자 기술

❸ 메시지에 대한 문자열 리스트

❹ 블로커[blocker] 모듈을 기술하는 `Optional` 문자열

❺ 화면에 출력을 지정하는 플래그

클래스의 특성에 대해 알아낼 수 있는 이 모든 정보를 보라. 도구가 어떻게 속성들을 바라보는지 이해하기 위한 타입 어노테이션을 볼 수 있다. 이 정보로 클래스를 간편하게 파악할 수 있다.

또 다른 쿼리는 모든 함수에 적용되는 `callees`다.

```
pyre query "callees(mypy.errors.remove_path_prefix)"
{
    "response": {
        "callees": [
            {
                "kind": "function", ❶
                "target": "len"
            },
            {
                "kind": "method", ❷
                "is_optional_class_attribute": false,
                "direct_target": "str.__getitem__",
```

```
                "class_name": "str",
                "dispatch": "dynamic"
            },
            {
                "kind": "method", ❸
                "is_optional_class_attribute": false,
                "direct_target": "str.startswith",
                "class_name": "str",
                "dispatch": "dynamic"
            },
            {
                "kind": "method", ❹
                "is_optional_class_attribute": false,
                "direct_target": "slice.__init__",
                "class_name": "slice",
                "dispatch": "static"
            }
        ]
    }
}
```

❶ length 함수를 호출한다.

❷ string.getitem 함수를 호출한다(예를 들어 str[0]).

❸ 문자열에서 startswith 함수를 호출한다.

❹ 리스트 슬라이스를 초기화한다(예를 들어 str[3:8]).

작업을 하려면 이 모든 정보를 저장해야 하며 이렇게 정보에 대한 질의(쿼리)를 할 수 있다는 것은 큰 이점이다. 이 정보의 활용법으로 별도의 책 한 권을 쓸 수도 있지만 지금은 Pyre의 쿼리 문서(https://pyre-check.org/docs/querying-pyre/)의 참조로 대체한다. 여기에서는 클래스의 계층 구조, 그래프 호출 등의 다른 쿼리들에 대한 내용이 있으며 이를 통해 여러분의 코드베이스의 파악을 쉽게 하거나 코드베이스의 이해를 높이기 위한 다른 새로운 도구를 사용할 수도 있다(그리고 임시 의존성(이는 3부에서 다룬다)과 같이 타입 체커가 잡을 수 없는 다른 종류의 오류를 잡는다).

파이썬 정적 분석(Pysa)

Pysa(피사의 사탑에서의 '피사'와 발음이 같다)는 Pyre에 내장된 정적 코드 분석기다. Pysa는 타입의 보안 정적 분석에 특화됐으며 이를 **오염 분석**[taint analysis]이라고 한다. 오염 분석은 사용자 제공 입력과 같이 잠재적으로 오염된 데이터를 추적하는 것이다. 오염된 데이터는 데이터 사이클 전반에서 추적되며 Pyre는 오염된 데이터가 안전하지 않은 방식으로 시스템에 전파되지 않게 한다.

단순한 보안 결함을 캐치하고자 프로세스를 한 번 타고 들어가 보자(다음은 Pyre 문서(https://pyre-check.org/docs/pysa-running/) 내의 예제에서 변형한 것이다). 사용자가 파일시스템에 새로운 레시피를 생성한다고 가정하자.

```
import os

def create_recipe():
    recipe = input("Enter in recipe")
    create_recipe_on_disk(recipe)

def create_recipe_on_disk(recipe):
    command = "touch ~/food_data/{}.json".format(recipe)
    return os.system(command)
```

코드 자체는 나쁘지 않아 보인다. 사용자는 `carrots`를 넣어 ~/food_data/carrots.json 파일을 만들 수 있다. 그런데 사용자가 `carrots; ls ~;`를 입력하면 어떻게 될까? 그러면 홈 디렉터리 전체를 출력할 것이다(이는 `touch ~/food_data/carrots; ls ~;.json`과 같은 커맨드가 된다). 이런 입력값에 기반을 두고 악의적인 사용자가 임의의 커맨드를 여러분의 서버에 날릴 수 있다(우리는 이를 원격 코드 실행[RCE, Remote Code Execution]이라 부른다). 이는 엄청난 보안 위험을 초래한다.

Pysa는 이러한 부분을 체크하는 도구를 제공한다. 나는 input()으로부터 오는 모든 것을 오염된 데이터(이를 테인트 소스[taint source]라고 한다)로 특정할 수 있으며 os.system으로(이를 테인트 싱크[taint sink]라 한다) 가는 모든 것은 오염되면 안 된다. 이런 정보로 테인트 모델[taint model]을 세워야 하며 이는 잠재적인 보안 취약점을 찾아내는 규칙의 집합이 된다. 먼저 taint.config 파일을 작성한다.

```
{
    sources: [
        {
            name: "UserControlled", ❶
            comment: "use to annotate user input"
        }
    ],
    sinks: [
        {
            name: "RemoteCodeExecution", ❷
            comment: "use to annotate execution of code"
        }
    ],

    features: [],

    rules: [
        {
            name: "Possible shell injection", ❸
            code: 5001,
            sources: [ "UserControlled" ],
            sinks: [ "RemoteCodeExecution" ],
            message_format: "Data from [{$sources}] source(s) may reach " +
                            "[{$sinks}] sink(s)"
        }
```

```
    ]
}
```

❶ 사용자 제어 입력에 대한 어노테이션을 정의한다.

❷ RCE 결함에 대한 어노테이션을 정의한다.

❸ 테인트 소스인 UserControlled의 오염된 데이터가 RemoteCodeExecution으로 끝나는 경우를 만드는 규칙들을 생성한다.

여기서부터 테인트 모델을 정의해 이 소스들은 오염됐다는 것을 어노테이팅해야 한다.

```
# stubs/taint/general.pysa
# model for raw_input
def input(__prompt = ...) -> TaintSource[UserControlled]: ...

# model for os.system
def os.system(command: TaintSink[RemoteCodeExecution]): ...
```

이 코드 조각은 타입 어노테이션을 통해 Pysa에게 테인트 소스가 어디에 있으며 테인트 싱크가 어디에 있는지를 알려준다.

마지막으로 Pyre에게 .pyre_configuration를 수정해 여러분의 디렉터리에 추가해서 오염된 정보를 찾으라고 해야 한다.

```
"source_directories": ["."],
"taint_models_path": ["stubs/taint"]
```

이제 pyre analyze를 수행하면 Pysa는 다음과 같은 오류를 발생시킬 것이다.

```
[
    {
        "line": 9,
        "column": 26,
        "stop_line": 9,
        "stop_column": 32,
        "path": "insecure.py",
        "code": 5001,
        "name": "Possible shell injection",
        "description":
            "Possible shell injection [5001]: " +
            "Data from [UserControlled] source(s) may reach " +
            "[RemoteCodeExecution] sink(s)",
        "long_description":
            "Possible shell injection [5001]: " +
            "Data from [UserControlled] source(s) may reach " +
            "[RemoteCodeExecution] sink(s)",
        "concise_description":
            "Possible shell injection [5001]: " +
            "Data from [UserControlled] source(s) may reach " + "
            "[RemoteCodeExecution] sink(s)",
        "inference": null,
        "define": "insecure.create_recipe"
    }
]
```

이 오류를 수정하려면 이 데이터 플로를 불가능하게 만들거나 오염된 데이터를 세니타이저sanitizer 함수에 통과시켜야 한다. 세니타이저 함수는 미심쩍은 데이터를 받아 조사하고 수정해 믿을 수 있는 데이터로 만든다. Pysa는 데코레이션 `@sanitize`를 사용해 세니타이즈 함수를 정의한다.[5]

이것은 간단한 예제며 Pysa는 더 복잡한 문제(예, SQL 인젝션 및 쿠키cookie의 잘못된

5. 세니타이즈 함수에 대한 자세한 것은 https://pyre-check.org/docs/pysa-basics/#sanitizers를 참조하기 바란다.

관리)를 캐치하고자 코드베이스에 어노테이팅을 할 수 있게 해준다. Pysa의 모든 기능을 확인하려면(내장된 일반적인 보안 결함 체크 포함) 전체 문서(https://pyre-check.org/docs/pysa-basics/)를 확인하라.[6]

Pyright

Pyright(https://github.com/microsoft/pyright)는 마이크로소프트에서 만든 타입 체커며 내가 지금까지 본 것 중 가장 유연한 타입 체커다. 지금 자신이 쓰고 있는 타입 체커에서 더 다양한 제어를 하고 싶으면 Pyright 설정 문서(https://github.com/microsoft/pyright/blob/main/docs/configuration.md)를 보고 여러분이 원하는 것이 있는지 체크해보기 바란다. 또한 Pyright는 놀라운 기능이 있으니 바로 VS Code와의 결합이다.

VS Code는 마이크로소프트에서 만든 가장 널리 쓰이는 코드 에디터다. 마이크로소프트는 두 도구(VS Code 및 Pyright)의 소유권을 활용해 Pylance(https://marketplace.visualstudio.com/items?itemName=ms-python.vscode-pylance)라는 VS Code의 확장 플러그인을 만들었으며 VS Code의 확장 브라우저에서 다운받아 설치할 수 있다. Pylance는 Pyright 기반으로 운용되며 타입 어노테이션을 사용해 더 나은 코드 편집 경험을 제공한다. 앞에서 IDE에서의 자동 완성 기능이 타입 어노테이션의 이점이라고 했는데, Pylance는 이를 뛰어넘는다. Pylance는 다음과 같은 기능을 제공한다.

- 여러분의 타입에 따른 `import`의 자동 삽입
- 시그니처에 따른 전체 타입 어노테이션의 툴팁 제공
- 레퍼런스 검색 또는 호출 그래프 탐색과 같은 코드베이스 탐색

6. 예제 코드는 https://github.com/pviafore/RobustPython/tree/master/code_examples/chapter6 을 참조하라. – 옮긴이

- 실시간 진단 체크

위 항목들은 내가 최근에 확인한 Pylance/Pyright의 기능들이다. Pylance는 전체 작업 공간에서 진단을 항시 실행할 수 있게 한다. 이는 여러분이 파일을 편집할 때마다 pyright가 여러분의 작업 공간 전반에 걸쳐 실행돼(게다가 실행 속도도 빠르다) 여러분의 코드에서 추가적으로 문제가 되는 부분이 있는지를 찾을 것이다. 수행을 위해 별도의 수동 실행이 필요 없다. 리팩토링을 자주 하는 스타일의 누군가에게 이 툴은 문제가 되는 부분들을 조기에 찾는 데 훌륭한 도구가 될 것이다. 여러분은 오류를 실시간으로 찾기를 원한다는 사실을 기억하라.

mypy의 소스코드를 가져와 Pylance를 구동시켜 워크플레이스를 진단 모드로 맞춰보자. 소스에서 19번째 줄을 sequence에서 tuple로 타입 하나를 바꿔 Pylance가 어떻게 반응하는지 살펴보자. 변경한 코드는 그림 6-2와 같다.

화면 아래의 'Problems'라는 부분을 주목하자. 현재 화면은 지금 편집 중인 함수를 임포트해 사용하는 다른 파일의 이슈를 보여준다. 이 오류를 확인하고자 수동으로 타입 체커를 돌리거나 지속적인 통합[CI] 프로세스가 구동될 때까지 기다릴 필요가 없다. 편집기에서 바로 오류를 보여준다. 이렇게 도구가 조기에 오류를 보여주지 않는다면 앞으로 어떤 일이 벌어질지 누가 알겠는가?

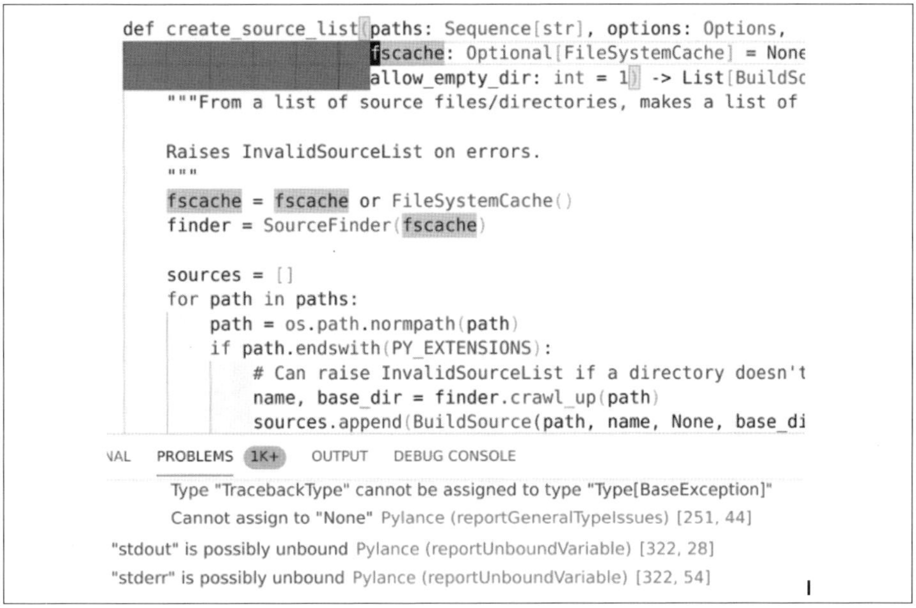

```
def create_source_list(paths: Sequence[str], options: Options,
                       fscache: Optional[FileSystemCache] = None
                       allow_empty_dir: int = 1) -> List[BuildSc
    """From a list of source files/directories, makes a list of

    Raises InvalidSourceList on errors.
    """
    fscache = fscache or FileSystemCache()
    finder = SourceFinder(fscache)

    sources = []
    for path in paths:
        path = os.path.normpath(path)
        if path.endswith(PY_EXTENSIONS):
            # Can raise InvalidSourceList if a directory doesn't
            name, base_dir = finder.crawl_up(path)
            sources.append(BuildSource(path, name, None, base_di
```

```
NAL    PROBLEMS  1K+    OUTPUT    DEBUG CONSOLE
    Type "TracebackType" cannot be assigned to type "Type[BaseException]"
    Cannot assign to "None" Pylance (reportGeneralTypeIssues) [251, 44]
"stdout" is possibly unbound Pylance (reportUnboundVariable) [322, 28]
"stderr" is possibly unbound Pylance (reportUnboundVariable) [322, 54]
```

그림 6-2 편집 전에 VS Code에서 보여주는 오류 메시지

마치며

파이썬 타입 체커는 다양한 옵션을 제공하며 도구를 최대한 활용하려면 고급 구성에 대해 잘 알아야 하며 심각도 옵션 및 리포트를 제어하거나 다른 타입 체커를 통해 이점을 얻을 수도 있다. 도구와 옵션을 평가할 때 타입 체커의 엄격 모드를 얼마나 원하는지 자문해보라. 탐지할 수 있는 오류의 범위를 늘리려면 코드베이스가 이를 준수하는 데 시간과 노력을 들여야 한다. 하지만 여러분의 코드가 더 많은 정보를 제공할수록 코드의 수명 동안 견고성은 더 높아진다.

7장에서는 타입 체킹과 관련해 얻는 이익과 들어간 비용의 트레이드오프를 어떻게 평가하는지 알아본다. 그리고 타입 체킹을 위한 중요 영역을 어떻게 정의하는지와 이에 따른 어려움을 어떻게 완화하는지에 대한 전략도 살펴본다.

7장

실용적 타입 체킹

많은 개발자가 결국 그린 필드 프로젝트green-field project를 수행하길 꿈꾼다. 그린 필드 프로젝트란 새롭게 브랜드를 만들고 깨끗한 베이스에서 코드 아키텍처, 설계 모듈을 세우는 프로젝트를 의미한다. 하지만 대부분 프로젝트는 곧 브라운 필드 프로젝트brown-field project 또는 레거시 코드가 돼 버린다. 이런 프로젝트들은 내부적으로 많은 경험이 축적돼 있으며 대부분의 아키텍처와 설계는 확정된 상태다. 이런 상황에서의 대대적 변경은 실제 사용자들에게 큰 영향을 준다. 브라운 필드라는 용어는 종종 경멸적인 것으로 느껴지는데, 특히 여러분이 진흙을 헤치고 나가는 것처럼 느껴질 때 그렇다.

하지만 모든 브라운 필드 프로젝트가 처벌받아야 할 것은 아니다. 『Working Effectively With Legacy Code』[1]의 저자인 마이클 페더스Michael Feathers는 다음과 같이 말했다.

> 잘 정비된 시스템에서는 변경 방법을 알아내는 데 시간이 걸릴 수 있지만 일단 방법을 알아내면 대개 변경이 쉬운 것들이어서 시스템에 대해 훨씬 더 편안함을 느낄 수 있다. 레거시 시스템에서는 무엇을 해야 할지 파악하는 데 오랜 시간이 걸릴 수 있으며 변경도 어렵다.

1. 한국어판은 『레거시 코드 활용 전략』(에이콘, 2018)이다. – 옮긴이

페더스는 레거시 코드를 '테스트가 없는 코드'로 정의한다. 나는 좀 더 다른 정의로서 '레거시 코드는 단지 작성한 개발자와 더 이상 논의할 수 없는 상태의 코드'라고 말하고 싶다. 별도의 커뮤니케이션 대신 여러분은 의도를 설명하고자 코드베이스 자체를 이용한다. 코드베이스가 깔끔하게 의도를 전달한다면 작업하기 쉽게 잘 만들어진 시스템이다. 이렇게 만드는 것은 다소 시간이 걸릴지도 모르지만 한 번 해두면 기능을 추가하고 시스템을 발전시킬 수 있다. 하지만 코드베이스가 이해하기 어렵다면 힘든 싸움을 해야 한다. 코드의 유지 보수가 어려워졌기 때문이다. 이것이 코드의 견고성이 중요한 이유다. 견고한 코드의 작성은 코드의 유지 보수성을 올려주므로 그린 필드에서 브라운 필드로의 전환이 쉬워진다.

지금까지 여기서 보여준 대부분의 타입 어노테이션 전략은 새로운 프로젝트에서 적용하기 쉬운 것들이며 이미 성숙한 프로젝트에서 적용하려면 어렵게 느껴진다. 하지만 불가능한 것은 아니며 비용이 많이 들어갈 뿐이다. 이것이 엔지니어링의 핵심이며 트레이드오프의 현명한 선택이 필요하다.

트레이드오프

우리가 하는 모든 판단에는 트레이드오프Trade-off가 적용된다. 많은 개발자가 알고리듬에서 고전적인 시간과 공간의 트레이드오프에 초점을 맞추고 있다. 이외에도 때로는 보이지 않는 품질을 포함하는 다른 트레이드오프가 많이 존재한다. 나는 이미 이 책의 1부에서 타입 체커의 이점을 광범위하게 다뤘다.

- 타입 체커는 커뮤니케이션을 늘리고 버그 발생 요인을 줄여준다.
- 타입 체커는 변경에 대한 안전망을 제공하고 코드베이스의 견고성을 높여준다.

- 타입 체커는 기능에 대한 전달을 더 빠르게 만든다.

그러면 이를 위한 비용은? 타입 어노테이션을 적용하는 것은 공짜가 아니다. 코드베이스가 커질수록 상황은 (비용 때문에) 더 악화될 수 있다. 다음은 비용의 예다.

- 타입 체크 도구의 구입이 필요하다. 이는 도입하려는 조직에 따라 설득을 하는 데 시간이 걸릴 수 있다.
- 일단 구매를 했으면 초기 도입 비용이 발생한다. 개발자들은 바로 이를 써서 밤새 어노테이팅을 하지 않으며 도구에 적응하기까지 시간이 걸린다. 전체 적용하기 전에 일부를 테스트할 시간도 필요하다.
- 도구화[2]하는 데에도 노력과 시간이 필요하다. 일부 방식에 대한 중앙 집중식 점검이 필요하며, 개발자들은 워크플로의 일부로서 도구화를 하는 데 익숙해져야 한다.
- 코드에 타입 어노테이션하는 데도 시간이 소요된다.
- 체크된 타입 어노테이션이 증가될수록 개발자들은 타입 체커의 느려지는 속도에 적응해야 한다. 이는 타입을 고민할 때 생각보다 인지적인 부하로 다가온다.

개발자의 시간 비용은 비싸며 개발자들이 할 수 있는 모든 것에 이 시간을 활용할 수 있다. 앞에서 말했듯이 타입 어노테이션은 공짜가 아니다. 게다가 대형 코드베이스에서는 타입 체킹의 이점이 반감될 수 있다. 이 문제는 근본적으로 닭이 먼저냐 달걀이 먼저냐의 난제다. 코드베이스에 충분한 타입이 적용돼 있어야 타입 어노테이팅의 이점을 얻을 수 있다. 하지만 이런 이점을 먼저 경험하지 못하면 구매 설득에 어려움을 겪는다. 이 상황을 모델로 표현하면 다음과 같다.

2. 원문은 Tooling이며 여러분이 자주 쓰는 도구로 만드는 것을 의미한다. – 옮긴이

$$가치 = (전체\ 이익) - (전체\ 비용)$$

비용과 이익은 다음 곡선을 따를 것이다(그림 7-1). 이는 선형 함수는 아니다.

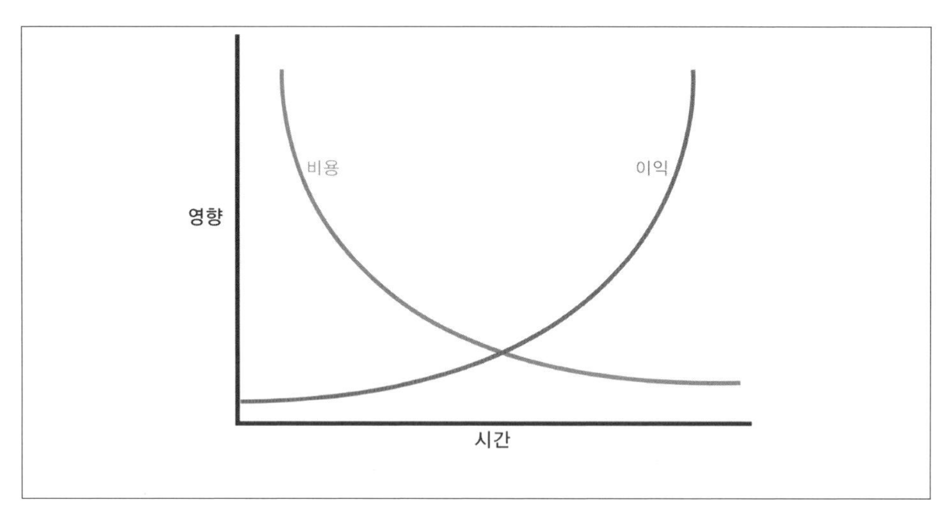

그림 7-1 시간에 따른 비용과 이익 곡선

코드베이스의 크기가 빠진 이유는 코드베이스의 크기에 따라 스케일이 변경되지만 모양은 동일하기 때문에 일부러 제외했다. 처음에는 비용이 높지만 적용이 증가함에 따라 비용은 점점 감소한다. 이익은 낮은 수준에서 출발하지만 코드베이스의 어노테이션이 증가함에 따라 더 많은 가치를 발견할 수 있다. 이 두 곡선이 만나는 점이 손익 분기점이다. 가치를 최대화하려면 가급적 이 점에 빨리 도달하게 해야 한다.

더 빠른 손익 분기

타입 어노테이션의 이익을 극대화하려면 가치를 일찍 얻거나 아니면 초기 비용을 다운시켜야 한다. 두 곡선이 만나는 이 손익 분기점부터 여러분이 들인 노력에 대해 받은 가치로 그 결과가 되돌아오며, 이 점에 가급적 빨리 도달하도록 타입 어노테이션이 긍정적인 영향을 주게 해야 한다. 이를 위한 몇 가지 전략이 있다.

취약점 찾기

가치를 생성하기 위한 가장 좋은 방법은 현재 여러분을 괴롭히는 취약점을 줄이는 것이다. 다음 질문들을 한 번 생각해보라. 프로세스 중 어디에서 시간의 정체가 발생하는가? 어디에서 돈이 새고 있는가? 실패한 테스트와 고객이 보낸 버그들을 뒤져보자. 이런 오류 케이스들은 비용을 발생시키며 이때에는 근본 원인 분석root cause analysis을 해야 한다. 근본 원인이 타입 어노테이션으로 해결될 문제라면 타입 어노테이션을 적용할 확실한 케이스를 찾은 것이다. 다음은 주의해야 할 버그의 종류다.

- None 관련 발생 오류
- 함수의 변수에 잘못된 타입으로 접근하려는 시도와 같은 유효하지 않은 속성 접근
- 정수형을 문자형으로, 바이트를 문자열로, 리스트를 튜플로 변환하려는 타입 변환 관련 오류

또한 코드베이스에서 작업을 해야 하는 사람들과 대화를 하면서 끊임없는 혼란의 원인이 되는 부분을 뿌리 뽑아라. 오늘 개발자들이 코드베이스의 특정 부분에서 어려움을 겪고 있다면 미래의 개발자들 역시 이 부분 때문에 어려움을 겪을 가능성이 크다.

제품 관리자, QA, 기술 지원자 등과 같이 여러분의 코드베이스에 직접적으로 작업하지 않는 사람들과도 소통하는 것을 잊지 말아라. 이들은 여러분이 코드베이스를 바라보는 관점에서와는 다른 관점으로 바라보면서 미처 발견하지 못한 취약 부분을 발견할 수도 있다. 이러한 비용들을 시간 및 돈과 같은 특정 관점으

로 환산해보라. 이런 활동은 타입 어노테이션의 중요도를 평가하는 데 매우 유용할 것이다.

전략적으로 대상 코드를 잡아라

개발 과정에서 여러분은 가급적 가치를 빨리 발견하는 데 집중할 것이다. 대형 코드베이스에서 타입 어노테이션이 하룻밤에 전부 완료되는 건 아니다. 그 대신 타입 어노테이션을 해야 할 대상의 전략적 영역을 특정하는 것이 필요하다. 타입 어노테이션의 장점은 상당히 선택적이라는 점이다. 전략적 영역의 타입 체크만으로 엄청난 노력을 들이지 않고도 가치를 바로 얻을 수 있다. 코드의 타입 어노테이팅을 적용하기 위한 몇 가지 전략을 소개한다.

새로운 코드만 타입 어노테이팅

어노테이션이 안 된 코드는 그대로 두고 다음 두 가지 규칙에 따라 어노테이션을 하는 것을 고려해보라.

- 새로 작성된 모든 코드는 어노테이팅한다.
- 변경된 모든 기존 코드는 어노테이팅한다.

시간이 지나면서 오랫동안 변경되지 않은 코드를 제외한 모든 코드에 타입 어노테이션을 작성한다. 변경되지 않은 코드는 비교적 안정적이며 사람들이 자주 볼 일이 없을 수도 있다. 여기에 어노테이팅을 하면 그다지 이점이 많지 않을 수 있다.

상향 어노테이팅

여러분의 코드베이스는 공통 영역을 기반으로 해서 작성됐을 것이다. 이 기반은 코어 라이브러리들이며 세워진 모든 것에 대한 기본 유틸리티 역할을 한다. 코드베이스 중 이러한 부분에 어노테이팅을 하면 깊이보다는 폭에 대한 이점을 얻을 수 있다. 다른 많은 코드가 이 기초 위에 있기 때문에 이 코드들 모두 타입 체킹의 혜택을 누릴 것이다. 새로 작성되는 코드도 이런 유틸리티에 의존하는 경우가 많으므로 새로운 코드의 추가 보호막 역할도 한다.

매출과 직결되는 부분을 어노테이팅

일부 코드베이스에서는 코어 비즈니스 로직과 비즈니스 지원 로직이 명확히 구분되는 경우가 있다. 비즈니스 로직은 가치 제공을 책임지는 핵심 시스템 영역이다. 이 영역은 여행사의 핵심 예약 시스템, 레스토랑의 주문 시스템 및 미디어 서비스의 추천 시스템일 수 있다. 나머지 영역(로깅, 메시징, 데이터베이스 드라이버, 사용자 인터페이스)은 모두 비즈니스를 지원하기 위한 것들이다. 비즈니스 로직에 어노테이팅을 해 코드베이스의 핵심 영역을 보호할 수 있으며 이 영역은 수명이 긴 경우가 많기 때문에 오래 지속되는 가치를 쉽게 얻을 수 있다.

빈번히 변경이 일어나는 부분을 어노테이팅

코드베이스의 어떤 부분은 다른 부분보다 변경이 더 자주 일어나는 경우가 있다. 코드의 일부가 변경될 때마다 여러분은 어떻게 보면 잘못된 가정으로 인한 버그 발생의 위험을 안고 가는 것이다. 견고한 코드의 핵심은 오류 발생 가능성을 줄이는 것이다. 그렇다면 자주 변경되는 코드보다 오류 발생 가능성이 더 높은 곳은 없지 않겠는가? 버전 컨트롤에서 다양한 다른 커밋이 발생한 코드를 찾거나 일정 기간 동안 변경된 줄이 가장 많은 파일을 분석하라. 또한 커밋이 가장 많은 파일도 살펴보라. 이 영역이 소통을 목적으로 타입 어노테이션을 강화할 수 있는 곳이다.

복잡도가 높은 곳을 어노테이팅

여러분이 복잡한 코드를 만나게 되면 이해하는 데 시간이 좀 걸릴 것이다. 코드를 이해한 다음 여러분이 할 수 있는 일은 다음 개발자를 위해 코드의 복잡도를 낮추는 것이다. 코드의 리팩토링, 네이밍 개선, 주석 달기 등은 모두 이해도를 높이기 위한 좋은 방법이다. 하지만 타입 어노테이션을 추가하는 것도 고려하라. 타입 어노테이션은 어떤 타입이 사용되는지, 어떻게 호출하는지, 반환값을 어떻게 처리하는지 코드를 읽는 개발자들의 이해를 높여준다. 타입 어노테이션은 복잡한 코드에 대한 도큐먼트와 같은 역할을 한다.

토론하기

앞 전략 중에서 여러분의 코드베이스에 맞는 것은 어떤 것인가? 이 전략을 선택한 이유는? 이 전략을 수행하려면 어느 정도의 비용이 들어갈까?

도구화에 의존하기

컴퓨터가 잘하는 영역이 있고 사람이 잘하는 영역이 있다. 이 절에서는 전자에 대한 것이다. 타입 어노테이션을 도입할 때 여러분을 도와줄 놀라운 자동화 도구가 몇 가지 있다. 먼저 가장 많이 쓰이는 도구인 mypy부터 살펴보자.

mypy의 설정은 6장에서 자세히 알아봤다. 하지만 타입 체킹의 도입에 도움이 될 수 있는 몇 가지 옵션이 더 있다. mypy를 처음 적용했을 때 만나는 큰 문제 중 하나는 대규모 코드베이스에서 적용한 후에 mypy가 뱉어내는 많은 오류의 개수다. 이러한 상황에서 여러분이 범할 수 있는 큰 실수는 수백 개 또는 수천 개의 오류를 계속 켜두면서 개발자들이 조금씩 줄여주기를 바라는 것이다.

이런 형태의 오류들은 빨리 고쳐질 수 없다. 게다가 이런 오류들을 켜놓은 상태에서 새로운 오류를 감지하는 것은 거의 불가능하기 때문에 타입 체커의 이점을 누릴 수 없다. 새로운 이슈는 다른 수많은 이슈에 묻혀 사라질 것이다.

mypy에서는 특정 종류의 오류나 모듈을 무시하도록 설정할 수 있다. 다음은 mypy의 샘플 설정이다. 여기서는 전역적으로 Any가 반환되면 경고를 주게 돼 있고 이런 설정은 모듈별로 적용된다.

```
# Global options:

[mypy]
python_version = 3.9
warn_return_any = True
# Per-module options:

[mypy-mycode.foo.*]
disallow_untyped_defs = True

[mypy-mycode.bar]
warn_return_any = False

[mypy-somelibrary]
ignore_missing_imports = True
```

이 포맷을 사용해 타입 체커가 트래킹해야 할 오류들을 고를 수 있다. 새로운 오류를 고치는 데 초점을 맞추면서 기존 오류들은 모두 숨길 수 있다. 어떤 오류를 무시할지 최대한 구체적으로 정하라. 코드와 관련 없는 부분에서 발생하는 신규 오류를 감추면 안 된다.

간단하게 말하면 mypy는 코드에서 # type: ignore가 붙은 줄은 무시할 것이다.

```
# typechecks는 아래 줄을 그냥 통과시킨다.
a: int = "not an int" # type: ignore
```

`# type: ignore`는 여러분의 게으름에 대한 변명이 될 수 없다. 새로운 코드 작성 시에는 이를 쓰지 않도록 하자. 계속 수정하라.

타입 어노테이션 적용의 첫 번째 목표는 여러분의 코드를 타입 체커가 오류 없이 수행을 마치는 것이다. 오류가 있다면 어노테이션에 맞게 수정하거나(추천), 모든 오류가 바로 수정될 수 없음을 인정하거나, 무시할 수 있다.

시간이 지남에 따라 무시하고 넘어가는 부분의 수가 줄어들게 해야 한다. 이는 `# type: ignore`의 개수를 카운팅하거나 설정 파일의 섹션 수를 카운팅하면 된다. 어떤 일이 있어도 가능한 한 무시하는 개수를 적게 가져가라(물론 합리적인 제한 내에서 해야 하며 이에 따른 반환 감소 법칙은 있다).

또한 mypy 설정에서 `warn_unused_ignores` 플래그를 활성화하는 것을 추천한다. 이는 더 이상 사용되지 않은 체크를 무시하도록 하는 지시에 대해 경고를 출력한다.

사실 mypy 같은 타입 체커는 실제 코드베이스의 어노테이팅에 큰 도움이 되지 않는다. 이는 단지 시작점일 뿐이며 실제로 어노테이팅 도구화에 도움이 되려면 자동으로 어노테이션을 해주는 도구가 필요하다.

MonkeyType

MonkeyType[3]은 파이썬 코드에 자동으로 어노테이팅을 해주는 도구다. 이런 도구들은 대규모 코드베이스에서 타입 체크할 때 많은 노력을 줄여준다.

설치는 `pip`로 할 수 있다.

3. https://github.com/Instagram/MonkeyType – 옮긴이

```
pip install monkeytype
```

여러분의 코드베이스가 매번 음식을 완벽하게 조리하는 로봇 팔을 조작하는 기능을 갖고 있다고 가정하자. 이 로봇으로 여러분의 가족이 좋아하는 메뉴를 만들려고 한다. 메뉴는 이탈리안 소시지를 곁들인 파스타다.

```
# Pasta with Sausage Automated Maker ❶
italian_sausage = Ingredient('Italian Sausage', 4, 'links')
olive_oil = Ingredient('Olive Oil', 1, 'tablespoon')
plum_tomato = Ingredient('Plum Tomato', 6, '')
garlic = Ingredient('Garlic', 4, 'cloves')
black_pepper = Ingredient('Black Pepper', 2, 'teaspoons')
basil = Ingredient('Basil Leaves', 1, 'cup')
pasta = Ingredient('Rigatoni', 1, 'pound')
salt = Ingredient('Salt', 1, 'tablespoon')
water = Ingredient('Water', 6, 'quarts')
cheese = Ingredient('Pecorino Romano', 2, "ounces")
pasta_with_sausage = Recipe(6, [italian_sausage,
                                olive_oil,
                                plum_tomato,
                                garlic,
                                black_pepper,
                                pasta,
                                salt,
                                water,
                                cheese,
                                basil])

def make_pasta_with_sausage(servings): ❷
    sauté_pan = Receptacle('Sauté Pan')
    pasta_pot = Receptacle('Stock Pot')
    adjusted_recipe = adjust_recipe(pasta_with_sausage, servings)
```

```
print("Prepping ingredients") ❸

adjusted_tomatoes = adjusted_recipe.get_ingredient('Plum Tomato')
adjusted_garlic = adjusted_recipe.get_ingredient('Garlic')
adjusted_cheese = adjusted_recipe.get_ingredient('Pecorino Romano')
adjusted_basil = adjusted_recipe.get_ingredient('Basil Leaves')

garlic_and_tomatoes = recipe_maker.dice(adjusted_tomatoes,
                                        adjusted_garlic)
grated_cheese = recipe_maker.grate(adjusted_cheese)
sliced_basil = recipe_maker.chiffonade(adjusted_basil)

print("Cooking Pasta") ❹
pasta_pot.add(adjusted_recipe.get_ingredient('Water'))
pasta_pot.add(adjusted_recipe.get_ingredient('Salt'))
recipe_maker.put_receptacle_on_stovetop(pasta_pot, heat_level=10)

pasta_pot.add(adjusted_recipe.get_ingredient('Rigatoni'))
recipe_maker.set_stir_mode(pasta_pot, ('every minute'))

print("Cooking Sausage")
sauté_pan.add(adjusted_recipe.get_ingredient('Olive Oil'))
heat_level = recipe_maker.HeatLevel.MEDIUM
recipe_maker.put_receptacle_on_stovetop(sauté_pan, heat_level)
sauté_pan.add(adjusted_recipe.get_ingredient('Italian Sausage'))
recipe_maker.brown_on_all_sides('Italian Sausage')
cooked_sausage = sauté_pan.remove_ingredients(to_ignore=['Olive Oil'])

sliced_sausage = recipe_maker.slice(cooked_sausage, thickness_in_inches=.25)

print("Making Sauce") sauté_pan.add(garlic_and_tomatoes)
recipe_maker.set_stir_mode(sauté_pan, ('every minute'))
while recipe_maker.is_not_cooked('Rigatoni'):
    time.sleep(30)
cooked_pasta = pasta_pot.remove_ingredients(to_ignore=['Water', 'Salt'])

sauté_pan.add(sliced_sausage)
```

```
    while recipe_maker.is_not_cooked('Italian Sausage'):
        time.sleep(30)

    print("Mixing ingredients together")
    sauté_pan.add(sliced_basil)
    sauté_pan.add(cooked_pasta)
    recipe_maker.set_stir_mode(sauté_pan, "once")

    print("Serving") ❺
    dishes = recipe_maker.divide(sauté_pan, servings)

    recipe_maker.garnish(dishes, grated_cheese)
    return dishes
```

❶ 모든 식재료의 정의

❷ 소시지를 곁들인 파스타를 만드는 함수

❸ 사전 준비 인스트럭션

❹ 쿠킹 인스트럭션

❺ 서빙 인스트럭션

여기서는 공간을 절약하고자 헬퍼 함수들을 제외시켰다. 하지만 이 함수들이 내가 뭘 하려는지 여러분에게 의미 전달은 가능할 것이다. 이 코드의 전체 버전은 이 책에 따른 코드 깃허브 저장소[4]를 참조하기 바란다.

이 예제에서는 타입 어노테이션이 전혀 적용돼 있지 않다. 이를 일일이 수작업으로 어노테이션을 하고 싶지는 않으며 MonkeyType을 사용해 자동으로 수행해 볼 것이다. 타입 어노테이션의 편의를 위해 **스텁 파일**Stub file을 하나 생성할 것이다. 스텁 파일이란 나중에 적재될 큰 프로그램을 대체하고자 임시로 만드는 작

4. https://github.com/pviafore/RobustPython/blob/master/code_examples/chapter7/pasta_with_sausage.py – 옮긴이

은 함수 시그니처들이 있는 파일을 의미한다.

스텁 파일들을 생성하려면 코드를 수행하야 한다. 이는 중요한 사항이며 MonkeyType은 여러분이 처음 실행하는 파일에만 어노테이팅을 할 것이다. 실행은 다음과 같이 한다.

```
monkeytype run code_examples/chapter7/main.py
```

MonkeyType을 수행하면 자동으로 SQLite 데이터베이스를 생성한다. 여기에 대상 프로그램을 수행할 때 발생하는 모든 함수 호출을 저장하며, 이 데이터베이스를 채우려면 가능한 한 많은 부분을 실행해야 한다. 단위 테스트, 통합 테스트, 테스트 프로그램 모두 이 데이터베이스를 채우는 데 기여한다.[5]

MonkeyType은 sys.setprofile을 이용해 여러분의 코드를 실행시키므로 코드 커버리지 및 프로파일링 프로그램 같은 검사 프로그램을 동시에 수행시킬 수 없다. 검사 기능이 있는 모든 도구는 분리해 실행시켜라.

여러분이 코드의 충분한 경로들을 수행했다고 판단되면 다음과 같이 스텁 파일을 생성할 수 있다.

```
monkeytype stub code_examples.chapter7.pasta_with_sausage
```

이 특정 모듈에 대해 생성되는 스텁 파일은 다음과 같을 것이다.

```
from automated_recipe_maker import (
```

5. 이 명령을 실행하면 *.sqlite3 파일이 생성되며 monkeytype run을 실행할 때마다 수행 시간으로 계속 데이터가 쌓이게 된다. – 옮긴이

```
    Dish,
    Ingredient,
)

from typing import List

def adjust_recipe(recipe: Recipe, servings: int) -> Recipe: ...

def make_pasta_with_sausage(servings: int) -> List[Dish]: ...

class Receptacle:
    def __init__(self, name: str) -> None: ...
    def add(self, ingredient: Ingredient) -> None: ...
    def remove_ingredients(self, to_ignore: List[str] = ...) -> Ingredient: ...

class Recipe:
    def __init__(self, servings: int, ingredients: List[Ingredient]) -> None: ...
    def clear_ingredients(self) -> None: ...
    def get_ingredient(self, name: str) -> Ingredient: ...
```

출력 코드를 보면 모든 것이 어노테이팅돼 있지는 않다. 하지만 코드베이스에서 어노테이팅을 하기에는 좋은 출발점을 제공한다. 이런 도구의 결과에 만족한다면 monkeytype apply [module-name]으로 파일에 반영할 수 있다.[6] 한 번 어노테이션이 생성되면 코드베이스 내의 모든 Union의 사용을 찾는다. Union은 코드 수행의 일부로서 함수가 하나 이상의 타입이 전달됨을 알려준다. 이는 **코드 스멜** code smell이며 이게 (아직) 틀리지 않았다면 정말 우스꽝스러운 것이다. 이 경우 Union은 유지 보수가 불가능한 코드임을 의미하며, 여러분의 코드는 다양한 타입을 전달받지만 아직 이를 처리할 준비는 돼 있지 않음을 의미할 수도 있다. 파라미터로서 잘못된 타입이 전달되면 가정이 이 과정에서 무효화됐다는 신호일 수 있다.

---

6. 이 예제의 경우는 monkeytype apply code_examples.chapter7.pasta_with_sausage가 된다. 명령을 실행하면 pasta_with_sausage.py 파일에 바로 반영된다. – 옮긴이

예를 들어 recipe_maker의 스텁에는 다음과 같이 함수 하나에 유니온이 포함돼 있다.[7]

```
def put_receptacle_on_stovetop(
    receptacle: Receptacle,
    heat_level: Union[HeatLevel, int]
) -> None: ...
```

일부 경우에 파라미터 heat_level은 HeatLevel을 받고 그 외의 경우는 정수형을 받는다. 다시 레시피(pasta_with_sausage.py)로 돌아와 이를 호출하는 코드를 확인하자.

```
recipe_maker.put_receptacle_on_stovetop(pasta_pot, heat_level=10) # ...
heat_level = recipe_maker.HeatLevel.MEDIUM
recipe_maker.put_receptacle_on_stovetop(saut?_pan, heat_level)
```

이것이 오류인지 아닌지는 함수의 구현에 따라 다르다. 이 경우에는 일관성을 유지하고자 정수형 사용을 Enum 사용으로 변경한다. 여러분의 코드베이스에서 허용할 수 있는 항목과 허용되지 않는 항목을 결정해야 한다.

Pytype

MonkeyType의 문제 중 하나는 런타임 시에만 타입 어노테이팅이 가능하다는 점이다. 대상 코드가 수행 불가능한 브랜치에 있다면 MonkeyType은 그렇게 큰 도움이 되지 못할 것이다. 다행히도 이를 채워줄 도구가 있으니 바로 구글에서 제작한 Pytype(https://github.com/google/pytype)이다. Pytype은 정적 분석을 통해 타입 어노테이션을 진행한다. 정적 분석이기 때문에 직접 코드를 수행할 필요가 없다.

7. monkeytype stub automated_recipe_maker로 확인할 수 있다. – 옮긴이

Pytype은 pip로 설치한다.

```
pip install pytype
```

Pytype은 폴더를 대상으로 수행한다(예를 들어 code_examples/chapter7).

```
pytype code_example/chapter7
```

수행하면 .pytype 폴더에 .pyi 파일들이 생성된다. 이는 MonkeyType의 스텁 파일과 유사하다. 이 파일에는 여러분이 소스 파일에 복사해 반영할 수 있는 어노테이션된 함수와 변수들이 있다.

Pytype은 다른 재미있는 이점이 있다. Pytype은 단지 타입 어노테이터만이 아니며 이는 완전한 린터[linter]이면서 타입 체커다. mypy, Pyright, Pyre 등의 타입 체커와는 다른 타입 체킹 철학을 갖고 있다.

Pytype은 타입 체킹을 위해 추론을 사용할 것이다. 이는 타입 어노테이션이 없어도 여러분 코드의 타입 체크를 한다는 얘기다. 이는 코드베이스 전체의 타입을 작성하지 않고도 타입 체커의 효과를 얻을 수 있는 방법이다.

또한 Pytype은 (코드의) 수명주기 중에 변경되는 타입 변경에 좀 더 관대하며 이는 파이썬의 동적 타입 특성을 지지하는 사람들에게는 큰 이익이다. 코드가 계속 살아 있는 한 Pytype은 행복 자체다. 예를 들어 다음 코드를 보자.

```
# Run in Python 3.6
def get_pasta_dish_ingredients(ingredients: list[Ingredient] ) -> list[str]:
    names = ingredients
    # make sure there is water to boil the pasta in
    if does_not_contain_water(ingredients)
```

```python
        names.append("water")

    return [str(i) for i in names]
```

이 경우 names는 리스트 Ingredients로 시작되며, 식재료 중에 물이 빠져 있어 이 '물'을 리스트에 추가한다. 이 시점에서 리스트는 유형이 다른 종류이며 문자열과 식재료가 혼재돼 있다. names를 list[Ingredient]로 어노테이팅하면 mypy는 오류를 뱉어낼 것이다. 이런 부분들은 빨간 플래그를 표시하는 데 유형이 다른 컬렉션은 좋은 타입 어노테이션이 없다면 추론하기가 어렵다. 하지만 다음 줄에서는 mypy와 나의 이의 제기를 둘 다 무색하게 만든다. 반환될 때 모든 항목이 문자열로 반환되며, 이는 예상 반환 타입 어노테이션을 충족한다. Pytype은 이를 탐지하고 이 코드에 문제가 없는 것으로 간주할 만큼 지능적이다.

Pytype의 관대하다는 특성과 타입 체크의 접근 방식은 기존 코드베이스에 적용하는 데 심적인 부담을 줄여준다. 가치를 확인하고자 타입 어노테이션을 할 필요가 없으며, 이는 적은 노력으로 타입 체커의 모든 이점을 얻을 수 있음을 의미한다. 가성비가 뛰어난 것이다.

하지만 이 경우 Pytype은 양날의 검이다. Pytype에 전적으로 의존하지 말기 바란다. 여러분은 여전히 타입 어노테이션이 필요하다. Pytype을 사용한다면 여러분은 타입 어노테이션이 필요 없다고 생각하기 쉽다. 하지만 타입 어노테이션의 작성에는 두 가지 이유가 있는데, 하나는 타입 어노테이션이 주는 문서화의 장점이며 이는 코드의 가독성을 증대시킨다. 또 하나는 타입 어노테이션이 존재한다면 Pytype은 좀 더 현명한 판단을 하게 할 것이다.

마치며

타입 어노테이션은 매우 유용하지만 비용이 드는 것은 부인할 수 없다. 코드베이스가 클수록 실제 타입 어노테이션을 도입하는 비용은 높아진다. 모든 코드베이스는 전부 다르며 특정 시나리오에 대한 타입 어노테이션의 비용을 평가해야 한다. 타입 어노테이션의 비용이 너무 높으면 다음 세 가지 전략을 고려해 장애물을 뛰어넘기 바란다.

취약점 찾기

타입 어노테이션을 통해 전체 클래스에 있는 깨진 테스트, 불분명한 코드와 같은 취약점을 제거할 수 있다면 시간과 돈을 절약하는 것이다. 가장 큰 피해를 입은 영역을 목표로 하고 이러한 고통을 줄임으로써 개발자가 시간이 지남에 따라 가치를 쉽게 전달할 수 있게 된다(이는 유지 관리가 가능한 코드의 확실한 신호가 된다).

전략적으로 코드 대상 잡기

여러분의 영역을 현명하게 선택하라. 대규모 코드베이스에서는 코드에서 모든 의미 있는 부분들에 어노테이팅을 하는 것은 불가능하다. 대신 큰 효과를 볼만한 더 작은 영역에 집중하라.

도구화에 의존하라

mypy를 사용해 적용할 파일을 선별하라(그리고 시간이 지남에 따라 미적용된 부분들이 줄어듦을 확인하라). MonkeyType이나 Pytype과 같은 타입 어노테이션을 빠르게 자동으로 해주는 도구를 사용하라. Pytype의 경우는 단순한 타입 체커로 여기면 안 되는데, 이는 최소한의 설정으로 코드에 잠복해있는 버그들을 찾아주기 때문이다.

이제 1부를 정리할 시간이다. 1부에서는 오직 타입 어노테이션 및 타입 체킹에 초점을 맞췄다. 여러분은 지금까지 다룬 전략과 도구를 자유롭게 조합할 수 있다. 타입 어노테이션을 너무 엄격하게 적용할 경우 표현성을 제한할 수 있으므로 모든 곳에 어노테이팅을 할 필요는 없다. 하지만 코드를 명확하게 하고 버그가 발생하는 조건을 더 어렵게 만들고자 노력해야 하며 시간이 지남에 따라 이의 중간점을 찾을 것이다. 그러나 파이썬의 타입과 어떻게 이 타입들을 다른 개발자에게 전달할지는 고민을 시작해야 한다. 목표는 유지 보수가 가능한 코드베이스임을 기억하라. 사람들은 코드만으로도 가능한 한 많이 여러분의 의도를 이해할 필요가 있다.

2부에서는 사용자 정의 타입을 만드는 것에 초점을 맞추려 한다. 자신만의 컬렉션 타입을 만들 때 이를 조금은 경험했겠지만 여기서 더 깊이 들어갈 것이다. 열거형enumerations과 데이터 클래스 및 클래스에 대해 알아보고 그중 하나를 선택해야 하는 이유도 알아본다. 또한 API 및 하위 클래스 타입을 만들고 데이터를 모델링 하는 방법을 알아본다. 그리고 코드베이스에서 가독성을 향상시킬 수 있는 사전을 계속 만드는 것도 살펴본다.

2부

사용자 정의 타입

2부에 온 여러분을 환영한다. 2부에서는 **사용자 정의 타입**을 알아본다. 사용자 정의 타입은 여러분이 개발자로서 스스로 생성한 타입을 말한다. 1부에서는 파이썬이 제공하는 타입에 주로 초점을 맞췄다. 하지만 이 타입들은 일반적인 경우를 위해 만들어진 것이며 여러분이 운영 중인 특정 도메인에 대한 정보를 타입들이 제공하지 않는다. 반면 사용자 정의 타입은 코드베이스 내의 도메인 개념을 전달하는 도선의 역할을 한다.

도메인을 표현하려면 타입을 구축해야 하며 파이썬에서는 이를 위해 몇 가지 방법을 제공한다. 방법을 고를 때 신중해야 한다. 2부에서는 세 가지 사용자 정의 타입을 살펴본다.

열거형(Enums)

열거형Enumerations은 제약된 값들의 집합을 나타낸다.

데이터 클래스

데이터 클래스는 서로 다른 개념[1] 간의 관계를 나타낸다.

1. 여기서 개념의 의미는 상당히 포괄적으로 클래스 인스턴스, 변수 등이 될 수 있다. – 옮긴이

클래스

클래스는 서로 다른 개념 간의 관계를 나타내며 불변성을 보존해야 한다.

이런 타입들을 자연스럽게 사용하는 것과 서로 어떻게 연관되는지를 알아보며, 2부의 마지막에서는 도메인 데이터를 좀 더 자연스럽게 모델링하는 방법을 살펴본다. 타입을 설계할 때 내리는 결정들은 매우 중요하다. 사용자 정의 타입의 원리를 정확히 배운다면 미래의 개발자들과 좀 더 효과적인 커뮤니케이션을 할 수 있다.

8장

사용자 정의 타입: 열거형

8장에서는 사용자 정의 타입이란 무엇인지 알아보고 가장 간단한 사용자 정의 데이터 타입인 열거형enumerations 타입을 알아본다. 또한 프로그래밍 오류로부터 코드를 보호할 열거형을 어떻게 생성할지 살펴본다. 그런 다음 여러분의 아이디어를 더 명확하게 전달하도록 해줄 심화 기능을 들여다본다. 이 심화 기능에는 별칭 생성, 고유 열거형 생성, 자동 생성 값 제공 등이 있다.

사용자 정의 타입

사용자 정의 타입에서의 사용자는 개발자를 의미한다. 사용자 정의 타입에서는 어떤 데이터가 어떤 타입과 연관이 되는지, 무슨 동작이 여러분의 타입과 연동되는지 정의한다. 이 각각의 타입들은 단일 개념으로 한정돼야 한다. 이는 다른 개발자들이 코드베이스에서의 멘탈 모델을 세우는 데 도움이 될 것이다.

예를 들어 지금 레스토랑의 포스POS, Point Of Sale 시스템을 작성 중이라면 코드베이스로 레스토랑 도메인에 대한 개념을 접할 것이며, 레스토랑, 메뉴 아이템, 세금 계산과 같은 개념은 자연스럽게 모두 코드 내에서 표현돼야 한다. 여러분이 이런 개념 대신 리스트, 딕셔너리, 튜플을 사용한다면 코드를 읽는 사람은 변수들의 의미를 항상 염두에 둬야 하는 수고를 하게 된다.

단순히 세금을 계산하는 함수가 다음과 같다고 생각해보자. 여러분은 두 함수 중 어떤 함수를 사용하고 싶은가?

```
def calculate_total_with_tax(restaurant: tuple[str, str, str, int],
                             subtotal: float) -> float:
    return subtotal * (1 + tax_lookup[restaurant[2]])


def calculate_total_with_tax(restaurant: Restaurant,
                             subtotal: decimal.Decimal) -> decimal.Decimal:
    return subtotal * (1 + tax_lookup[restaurant.zip_code])
```

사용자 타입인 Restaurant를 사용함으로써 코드를 읽는 사람들에게 코드의 동작에 대한 중요 정보를 제공한다. 이것이 단순할지 모르지만 도메인 개념을 세우는 데 놀라운 힘이 된다. 『도메인 주도 설계Domain-Driven-Design』(위키북스, 2011)의 저자인 에릭 에반스Eric Evans는 "소프트웨어의 심장은 사용자의 도메인 문제를 해결하는 것이다"[1]라고 했다. 도메인 문제를 해결하는 것이 소프트웨어의 심장이라면 도메인 특화 추상화domain-specific abstraction는 혈관에 해당한다. 이것들은 지원 시스템이며 여러분의 코드베이스를 관통하는 네트워크이며 코드의 생명을 유지시킨다. 훌륭한 도메인 연관 타입을 세움으로써 좀 더 건강한 시스템을 구축할 수 있다.

가장 읽기 쉬운 코드베이스를 통해 여러분이 일상적으로 접하는 개념을 가장 쉽게 추론할 수 있다. 코드베이스를 처음 보는 이들은 핵심 비즈니스 개념을 이해하고 있다면 이미 유리한 위치에 있는 것이다. 1부에서 어노테이션을 통해

1. Eric Evans. Domain-Driven Design: Tackling Complexity in the Heart of Software. Upper Saddle River, NJ: Addison-Wesley Professional, 2003.

의도를 전달하는 것에 집중했었다면 2부에서는 공유 세트 구축 및 코드베이스에서 작업하는 모든 개발자가 이 세트를 활용할 수 있게 해서 커뮤니케이션을 강화하는 데 초점을 맞출 것이다.

도메인 개념을 타입에 매핑하기 위한 첫 번째 테크닉은 파이썬의 열거형 타입인 Enum이다.

열거형

어떤 경우 여러분은 개발자들이 리스트에서 어떤 값 하나를 선택하기를 원할 것이다. 예를 들어 신호등의 색깔이나 웹 서비스의 가격 플랜, HTTP 메서드와 같은 관계의 타입들이 있을 것이다. 이런 관계들을 파이썬에서 표현하려면 열거형enumerations을 사용해야 한다. 열거형은 값들의 리스트를 나타내기 위한 구조며 여기서 개발자들은 원하는 값을 선택할 수 있다. 파이썬 3.4부터 이 열거형을 지원하기 시작했다.

열거형이 왜 특별한지를 보여주고자 바게뜨baguettes부터 베네beignets까지 가정배달을 제공하는 프랑스 요리 애플리케이션을 개발한다고 가정해보자. 배고픈 사용자가 메뉴 하나를 고르면 모든 식재료 및 요리 가이드가 택배로 전달된다.

이 앱의 가장 뛰어난 점은 사용자화다. 사용자는 원하는 고기, 사이드 재료, 소스 등을 직접 고를 수 있다. 프랑스 요리의 핵심은 바로 마더 소스mother source다. 이 다섯 가지 기본 소스는 다른 모든 소스의 주춧돌이 되며, 우리는 이 소스를 조합해 만든 다른 소스들을 프로그램에 재료로 추가할 것이다(이를 우리는 도터 소스daughter source라고 한다). 이런 방식으로 사용자들은 음식을 주문할 때 어떻게 프랜치 소스가 분류되는지 알 수 있다.

마더 소스를 파이썬의 튜플로 다음과 같이 표현해보자.

```
# Note: use UPPER_CASE variable names to denote constant/immutable values
MOTHER_SAUCES = ("B?chamel", "Velouté", "Espagnole", "Tomato", "Hollandaise")
```

이 튜플이 갖는 의미를 생각해보자.

- 이 컬렉션은 수정이 안 된다(불변이다).
- 이 컬렉션의 이터레이션을 통해 모든 소스를 얻을 수 있다.
- 정적 인덱스를 통해 특정 소스를 얻을 수 있다.

불변성과 검색 속성은 애플리케이션에서 아주 중요한 역할을 한다. 나는 이 마더 소스 목록이 런타임 시에 추가되거나 삭제되는 일(이는 요리의 신성모독이다)은 없었으면 한다. 튜플을 썼다는 것은 이 목록이 변경될 일이 없다는 것을 의미한다. 검색은 이 소스 중 하나를 고를 수 있다는 것을 의미한다. 요소를 참조해야 할 때마다 정적 인덱스를 사용해 접근할 수 있다.

```
MOTHER_SAUCES[2]
```

그런데 이는 의도를 전달하는 측면에서는 전혀 기능을 못하는 것이다. 개발자가 이 코드를 볼 때마다 [2]는 'Espagnole'이라는 것을 염두에 둬야 할 필요가 있다. 매번 코드를 볼 때마다 참조를 해야 한다면 이는 시간 낭비며, 이 때문에 코드가 깨지고 버그가 발생할 수 있다. 누군가가 알파벳순으로 재정렬을 한다면 인덱스 번호는 바뀔 것이다. 이런 정적 인덱싱은 코드의 견고성에 전혀 도움을 주지 못한다.

이를 해결하고자 각각에 별칭을 우선 부여할 것이다.

```
BÉCHAMEL = "Béchamel"
```

```
VELOUTÉ = "Velouté"
ESPAGNOLE = "Espagnole"
TOMATO = "Tomato"
HOLLANDAISE = "Hollandaise"
MOTHER_SAUCES = (BÉCHAMEL, VELOUTÉ, ESPAGNOLE, TOMATO, HOLLANDAISE)
```

코드가 좀 더 추가됐지만 아직은 튜플에 인덱싱을 하기는 쉽지 않다. 게다가 코드를 호출할 때 아직 지체 효과lingering issue가 있다.

도터 소스는 다음과 같이 만들 수 있을 것 같다.

```
def create_daughter_sauce(mother_sauce: str,
                          extra_ingredients: list[str]):
    # ...
```

자, 잠시 멈추고 이 함수가 미래의 개발자에게 무엇을 전달하는지를 생각해보자. 여기서는 여러분의 첫 인상을 물어보고자 의도적으로 수행 부분을 넣지 않았다. 이 함수 선언은 개발자가 처음 맞닥뜨리는 부분일 것이다. 함수 선언만 보면 의도된 바를 잘 전달할까?

미래의 개발자들은 다음과 같은 코드를 만날 것이다.

```
create_daughter_sauce(MOTHER_SAUCES[0], ["Onions"]) # 도움이 되는가?
create_daughter_sauce(BÉCHAMEL, ["Onions"]) # 이게 더 낫다.
```

또는 다음과 같은 코드를 만날 것이다.

```
create_daughter_sauce("Hollandaise", ["Horseradish"])
create_daughter_sauce("Veloute", ["Mustard"])
```

```
# 뭔가 잘못된 경우
create_daughter_sauce("Alabama White BBQ Sauce", [])
```

여기에 문제의 핵심이 있는데, 정상 경로happy path인 경우에는 사전에 정의된 변수들을 사용한다. 하지만 누군가가 실수로 잘못된 소스(무엇보다 create_daughter_sauce가 문자열을 파라미터로 받는다. 문제는 문자열이면 어떤 것도 상관없다는 것이다)를 파라미터로 전달하면 여러분은 예상치 못한 결과를 보게 될 것이다. 나는 항상 몇 개월(또는 몇 년) 후를 바라보는 개발자들에 대해 얘기하고 있다는 점을 기억하라. 이들은 이 코드베이스에 익숙해지기도 전에 기능 추가를 요청받을 것이다. 이 코드는 문자열 타입을 선택함으로써 잘못된 결과를 도출할 가능성을 만들어버렸다.

사소하고 정직한 오류도 파장을 일으킨다. 위 코드 중 Velouté에서 'e'의 액센트를 빼버린 것을 찾았는가? 프로덕션에서 즐거운 디버깅되기 바란다.

문자열 대신에 여러분은 매우 구체적이고 제한된 값의 집합을 특정 위치에서 사용하는 방법을 원할 것이다. 여러분은 아직 '열거형' 절에 있고 아직 나는 모든 것을 다 보여주지 않았다. 여러분은 이에 대한 해결책이 무엇인지 추측할 수 있으리라 확신한다.

Enum

다음은 파이썬 열거형 Enum의 사용 예다.

```
from enum import Enum
class MotherSauce(Enum):
```

```
    BÉCHAMEL = "Béchamel"
    VELOUTÉ = "Velouté"
    ESPAGNOLE = "Espagnole"
    TOMATO = "Tomato"
    HOLLANDAISE = "Hollandaise"
```

인스턴스를 특정하는 방법은 다음과 같다.

```
MotherSauce.BÉCHAMEL
MotherSauce.HOLLANDAISE
```

이는 이상적인 문자형 별칭에 가까우며 몇 가지 이점이 있다.

먼저 MotherSauce에 맞지 않은 값을 실수로도 전달할 수 없다.

```
>>>MotherSauce("Hollandaise") # OKAY

>>>MotherSauce("Alabama White BBQ Sauce")
...
ValueError: 'Alabama White BBQ Sauce' is not a valid MotherSauce
```

즉각적으로 오류 메시지가 발생하면서 오류 발생을 제한시킬 수 있다(잘못된 소스든 오타든 모두).

다음으로 여러분이 모든 열거형의 값을 출력하고 싶었다면 그냥 열거형을 이터레이션시키면 된다(분리된 리스트를 만들 필요가 없다).

```
>>>for option_number, sauce in enumerate(MotherSauce, start=1):
>>>     print(f"Option {option_number}: {sauce.value}")

Option 1: Bechamel
```

```
Option 2: Veloute
Option 3: Espagnole
Option 4: Tomato
Option 5: Hollandaise
```

끝으로 Enum을 사용해 함수에서 여러분의 의도를 전달할 수 있다.

```
def create_daughter_sauce(mother_sauce: MotherSauce,
                          extra_ingredients: list[str]):
    # ....
```

이는 함수를 보고 있는 모든 개발자에게 기존 문자열이 아닌 MotherSauce 열거형을 함수에 전달해야 함을 알려준다. 이렇게 하면 오타나 잘못된 값으로 인한 오류 발생이 어려워진다(사실 사용자는 의도한다면 잘못된 값을 억지로 전달할 수 있다. 하지만 잠재 오류 발생이 아닌 즉각적인 오류 발생으로 대응이 훨씬 쉬워진다. 오류 캐치는 1부에서 다뤘다).

토론하기

Enum으로부터 코드베이스 내의 어떤 데이터 세트가 이점을 받는가? 개발자들이 타입은 맞지만 잘못된 값을 전달할 만한 코드 영역이 있는가? 열거형을 통해 여러분의 코드베이스 중 어디를 개선시킬 만한지 살펴보자.

사용하지 말아야 할 때

열거형은 정적 선택 항목을 사용자에게 전달하는 데 유용하다. 여러분의 선택이 런타임 시 결정되는 때에는 사용하지 않는 것이 좋은데, 이는 커뮤니케이션 의도와 도구 관련 장점을 잃어버리기 때문이다(코드를 읽는 입장에서는 모든 실행 시에 변경될 수 있는 변수들의 값은 알기 어렵다). 여러분이 이런 상황이라면 런타임 시에 변경될 수 있는 두 값들의 매핑을 제공하는 딕셔너리의 사용을 추천한다.

다만 사용자가 선택할 수 있는 값을 제한할 필요가 있다면 멤버십 체크를 수행해야 한다.

고급 사용법

열거형의 기본을 마스터했다면 사용 형태를 좀 더 심화시켜 세련되게 할 수 있다. 명확한 타입을 사용할수록 더 명확한 정보를 전달할 수 있다.

자동 변수

어떤 열거형에 대해서는 어떤 값이 여기에 매여 있는지 상관없다는 것을 명시적으로 표현하고 싶을 때가 있다. 이는 사용자들이 변수들에 의존하면 안 된다는 것을 의미한다. 이를 위해 auto() 함수를 사용할 수 있다.

```
from enum import auto, Enum
class MotherSauce(Enum):
    BÉCHAMEL = auto()
    VELOUTÉ = auto()
    ESPAGNOLE = auto()
    TOMATO = auto()
    HOLLANDAISE = auto()

>>>list(MotherSauce)
[<MotherSauce.BÉCHAMEL: 1>, <MotherSauce.VELOUTÉ: 2>,
<MotherSauce.ESPAGNOLE: 3>,
<MotherSauce.TOMATO: 4>, <MotherSauce.HOLLANDAISE: 5>]
```

디폴트로 auto()는 단순하게 값을 (1, 2, 3, 4, 5...)로 증가시키면서 할당한다. 이를 변경하고 싶다면 _generate_next_value_() 함수를 실행해야 한다.

```
from enum import auto, Enum
class MotherSauce(Enum):
    def _generate_next_value_(name, start, count, last_values):
        return name.capitalize()

    BÉCHAMEL = auto()
    VELOUTÉ = auto()
    ESPAGNOLE = auto()
    TOMATO = auto()
    HOLLANDAISE = auto()

>>>list(MotherSauce)
[<MotherSauce.BÉCHAMEL: 'Béchamel'>, <MotherSauce.VELOUTÉ: 'Velouté'>,
<MotherSauce.ESPAGNOLE: 'Espagnole'>, <MotherSauce.TOMATO: 'Tomato'>,
<MotherSauce.HOLLANDAISE: 'Hollandaise'>]
```

매우 드물게 값이 있는 열거형 바로 안에서 이렇게 정의된 _generate_next_value_를 볼 수 있다. auto가 값에 상관이 없다는 것을 가리키는 데 사용된다면 _generate_next_value_는 auto에 대해 특정된 값이 필요하다는 것을 가리킨다. 뭔가 모순인 느낌이다. 이것이 _generate_next_value_가 Enum 베이스 클래스에 속한 이유인데, 이 클래스는 하위 타입이어야 하며 값을 포함하지 않는다. 다음에 볼 Flag 클래스는 베이스 클래스의 좋은 예다.

Enum과 Literal

파이썬의 Literal(파이썬 3.8에서 도입됨)은 자동 값 설정 옵션의 Enum과 비슷한 이점을 많이 갖고 있다(여기에 _generate_next_value_는 없다고 가정하자). 두 경우 모두 특정 값으로 변수들을 제한한다.

타입 체커 관점에서 보면 둘의 차이는 거의 없다.

Literal의 경우는 다음과 같다.

```
sauce: Literal['Béchamel', 'Velouté', 'Espagnole',
        'Tomato', 'Hollandaise'] = 'Hollandaise'
```

Enum의 경우는 다음과 같다.

```
sauce: MotherSauce = MotherSauce.HOLLANDAISE
```

간단한 제약을 생각한다면 먼저 Literal을 고려하라. 하지만 이터레이팅이나 런타입 체크, 이름과 값의 매핑 시 서로 다른 값들이 매핑되는 경우에는 Enum을 사용한다.

플래그

이제 Enum에서 마더 소스를 표현했다면 이 소스로 요리를 서빙할 준비가 됐는지 결정해야 한다. 하지만 시작하기에 앞서 고객들이 특정 식재료에 알레르기가 있는지 우려가 되는 상황이다. 이를 위해 각 요리들에 대해 알레르기 정보를 표시하기로 결정한다. 새롭게 발견한 auto()의 지식을 갖고 열거형 Allergen을 사용한다면 아주 쉬울 것 같다.

```
from enum import auto, Enum
from typing import Set
class Allergen(Enum):
    FISH = auto()
    SHELLFISH = auto()
    TREE_NUTS = auto()
    PEANUTS = auto()
    GLUTEN = auto()
```

```
    SOY = auto()
    DAIRY = auto()
```

레시피는 다음과 같이 알레르겐을 추적할 수 있다.

```
allergens: Set[Allergen] = {Allergen.FISH, Allergen.SOY}
```

이는 코드를 읽는 사람에게 알레르겐 컬렉션은 고유하며, 알레르겐이 없거나 하나이거나 여러 개가 있을 수 있음을 알려준다. 이는 분명 여러분이 원하는 그대로일 것이다. 하지만 시스템 내에 있는 모든 알레르겐 정보가 필요한 경우라면 어떻게 해야 할까? 나는 모든 개발자가 세트의 사용법을 기억하게 하고 싶지는 않다(리스트나 딕셔너리의 사용만으로 오류를 유발할 수 있다). 전체적으로 고유한 열거형 값들을 그루핑할 방법이 필요하다.

enum 모듈은 사용하기 간편한 클래스인 Flag를 제공한다.

```
from enum import Flag, auto
class Allergen(Flag):
    FISH = auto()
    SHELLFISH = auto()
    TREE_NUTS = auto()
    PEANUTS = auto()
    GLUTEN = auto()
    SOY = auto()
    DAIRY = auto()
```

이는 여러분에게 알레르겐의 조합 또는 특정 알레르겐의 존재를 체크하기 위한 비트 연산 기능을 제공한다.

```
>>>allergens = Allergen.FISH | Allergen.SHELLFISH
>>>allergens
<Allergen.SHELLFISH|FISH: 3>

>>>if allergens & Allergen.FISH:
>>>     print("This recipe contains fish.")
This recipe contains fish.
```

이는 여러분이 선택한 값(예를 들어 멀티드롭다운 또는 비트마스크를 통해 설정된 값)을 나타내는 경우에 유용하다. 하지만 여기에는 몇 가지 제한이 있다. 값들은 비트 연산을 지원해야 한다(|, & 등). 문자열은 이를 지원하지 않은 대표적인 타입인 반면 정수형은 지원한다. 더욱이 비트 연산이 수행될 때 값들은 중첩될 수 없다. 예를 들어 Enum에 1부터 4까지의 값을 사용할 수 없다. 4는 비트 'and' 연산의 경우 1 and 4, 2 and 4의 결과가 모두 4라서 여러분이 원치 않는 상황이 벌어질 수 있기 때문이다. auto()는 이런 상황을 발생시키지 않는데, Flag의 _generate_next_value_ 함수는 2씩 증가시켜주기 때문이다.

```
class Allergen(Flag):
    FISH = auto()
    SHELLFISH = auto()
    TREE_NUTS = auto()
    PEANUTS = auto()
    GLUTEN = auto()
    SOY = auto()
    DAIRY = auto()
    SEAFOOD = FISH | SHELLFISH
    ALL_NUTS = TREE_NUTS | PEANUTS
```

플래그를 사용하면 구체적인 상황에서 의미하는 바를 표현할 수 있지만 값을 더 잘 제어하고 싶거나 비트 연산을 지원하지 않는 값을 열거하는 경우에는 플래그 없는 Enum을 사용한다.

마지막으로 여러분은 앞 코드의 SEAFOOD나 ALL_NUTS처럼 내장된 다중 열거형 선택에 대한 여러분만의 별칭을 자유롭게 만들 수 있다.

정수형 변환

열거형의 특수한 케이스로 IntEnum과 IntFlag라는 것이 더 있으며 이들은 각각 Enum과 Flag에 대응되지만 비교를 위해 원시 정수로의 성능 저하를 허용한다. 나는 이의 사용을 그렇게 추천하지 않으며 그 이유를 이해하는 것이 중요하다. 먼저 이들이 해결하고자 하는 문제를 살펴보자.

프랑스 요리에서 일부 재료의 계량은 요리 성공에 꼭 필요한 것이다. 따라서 계량 부분이 제대로 다뤄졌는지 확인할 필요가 있다. 단위를 생성하고 영국식 액체 측정 단위(국제적으로 작업하려는 경우)를 열거형으로 만들지만 열거형을 정수형과 비교할 수 없다는 사실에 당황할 것이다.

다음 코드는 동작하지 않는다.

```
class ImperialLiquidMeasure(Enum):
    CUP=8
    PINT = 16
    QUART = 32
    GALLON = 128

>>>ImperialLiquidMeasure.CUP == 8
False
```

하지만 IntEnum으로부터 상속을 받으면 동작한다.

```
class ImperialLiquidMeasure(IntEnum):
    CUP=8
    PINT = 16
    QUART = 32
    GALLON = 128

>>>ImperialLiquidMeasure.CUP == 8
True
```

IntFlag도 비슷한 방식으로 동작한다. 이를 시스템 간 또는 하드웨어 간에 운영하면서 비교하면 더 자세한 것을 알 수 있을 것이다. IntEnum을 쓰지 않으려면 다음과 같이 하면 된다.

```
>>>ImperialLiquidMeasure.CUP.value == 8
True
```

IntEnum을 사용하는 장점은 종종 이 타입이 더 약한 타입이라는 단점을 능가하지는 못한다. 임시방편으로는 묵시적으로 이를 정수로 변환해버리면 클래스의 진짜 의도가 가려져 버린다. 묵시적 정수형의 형 변환이 일어나므로 그렇지 않기를 바라는 상황에서 복사 및 붙여넣기 오류를 발생시킬 수 있을 것이다(우리는 항상 그래왔지 않는가?).

다음 클래스를 살펴보자.

```
class Kitchenware(IntEnum):
    # Note to future programmers: these numbers are customer-defined
    # and apt to change
    PLATE = 7
    CUP=8
    UTENSILS = 9
```

누군가가 실수로 다음 코드를 수행했다고 가정해보자.

```
def pour_liquid(volume: ImperialLiquidMeasure):
    if volume == Kitchenware.CUP:
        pour_into_smaller_vessel()
    else:
        pour_into_larger_vessel()
```

이 코드가 프로덕션 서버로 가면 아무 예외도 발생하지 않고 정상적으로 동작할 것이며 모든 테스트는 통과할 것이다. 하지만 Kitchenware 열거형이 변경되면(예를 들어 BOWL이 8로 추가되며 CUP이 10으로 변경된다면) 이 코드는 완전히 예상과는 다른 동작을 할 것이다. Kitchenware.CUP은 더 이상 ImperialLiquidMeasure.CUP과 같지 않기 때문이며(사실 이 둘이 대응돼야 할 이유는 없다), 작은 용기 대신에 큰 용기를 써 버리면 오버플로가 발생한다(이는 컴퓨터 정수의 오버플로가 아닌 진짜 그릇의 오버플로다).

이는 견고하지 못한 코드가 코드베이스의 수명에서 한참 뒤에 문제가 될 수 있는 미묘한 실수로 어떻게 이어지는지를 보여주는 교과서적인 예다. 이는 퀵 픽스로 대응할 수 있지만 버그는 실제 비용을 발생시킨다. 테스트의 실패(혹은 고객이 잘못된 용기를 사용하는 것에 대해 불평을 하는 경우) 시에 누군가는 소스코드를 들여다보며 버그를 찾아 고친 다음 어떻게 이런 일이 있어날 수 있었는지 커피 한잔을 마시면서 고민해야 한다. 모든 것은 누군가가 귀찮아서 .value를 반복해서 쓸 필요가 없는 IntEnum을 썼기 때문이다. 그러므로 미래의 유지 관리자들을 위해 레거시 목적으로 꼭 필요한 경우가 아니라면 IntEnum을 쓰지 않기를 바란다.[2]

2. 이 문제는 class ImperialLiquidMeasure가 Enum을 상속했다는 것을 전제로 성립한다. - 옮긴이

고유성

열거형의 훌륭한 사양 중 하나는 바로 값의 별칭alias이 가능하다는 것이다. MotherSauce 열거형을 다시 들여다보자. 아마도 프랑스어 키보드에서 개발된 이 코드베이스는 자판 배열이 모음에 악센트 표시를 추가하기 어려운 미국 키보드에 적합해야 할 것이며, 프랑스 철자를 영어화하기 위한 작업은 많은 개발자에게는 어려움을 줄 것이다. 이런 국제화 문제를 피하고자 나는 여기 일부 소스sauce에 별칭을 붙일 것이다.

```
from enum import Enum
class MotherSauce(Enum):
    BÉCHAMEL = "Béchamel"
    BECHAMEL = "Béchamel"
    VELOUTÉ = "Velouté"
    VELOUTE = "Velouté"
    ESPAGNOLE = "Espagnole"
    TOMATO = "Tomato"
    HOLLANDAISE = "Hollandaise"
```

이로써 모든 개발자로부터 환호가 들리기 시작한다. 열거형은 기본적으로 이런 종류의 동작을 허용하며 키가 중복되지 않는 한 값의 중복이 가능하다.

하지만 값에 고유성uniqueness을 부여해야 하는 경우가 있다. 어떤 경우는 일정한 수치에 얽매여야 하는 경우도 있을 것이며, 값이 사용자에게 보여야 할 문자열과 뒤섞여 엉망이 될 수도 있을 것이다. 어떤 경우든 Enum에서 고유성을 보장하고 싶으면 @unique 데코레이트를 붙이기만 하면 된다.[3]

3. 별칭을 붙이면 ValueError가 발생한다. — 옮긴이

```
from enum import Enum, unique
@unique
class MotherSauce(Enum):
    BÉCHAMEL = "Béchamel"
    VELOUTÉ = "Velouté"
    ESPAGNOLE = "Espagnole"
    TOMATO = "Tomato"
    HOLLANDAISE = "Hollandaise"
```

내 경험으로는 별칭을 생성하는 경우가 고유성을 설정하는 경우보다 더 많은 것 같다. 따라서 나는 열거형의 고유성을 설정하지 않고 우선 시작하며, 필요시에만 @unique 데코레이터를 붙여 고유성을 설정한다.

마치며

열거형은 간단하지만 뛰어난 커뮤니케이션의 효과는 자주 간과되고 있다. 정적 컬렉션으로부터 하나의 값을 표현하고 싶을 때 열거형은 사용자 타입화로 가야 한다. 이를 정의하는 것은 어렵지 않다. 사용자화는 이터레이션, 비트 연산(이 경우에는 Flag 열거형이어야 함), 고유성의 제어 등 풍부한 기능을 제공한다.

단, 다음의 핵심 제약 사항은 기억하기 바란다.

- 열거형은 런타임 시에 변경되는 동적 키-값 매핑을 의미하진 않는다. 이를 위해선 딕셔너리를 사용하라.
- Flag 열거형은 오버래핑이 되지 않는 비트 연산을 지원하는 값에만 사용된다.
- 시스템의 상호운영성에 필요한 경우가 아니라면 IntEnum 및 intFlag의 사용을 피하라.

9장에서는 또 다른 사용자 정의 타입인 `dataclass`를 다룬다. 열거형이 한 변수의 값 집합에 대한 관계를 지정하는 데 유용하지만 데이터 클래스는 여러 변수 간의 관계를 정의한다.

9장

사용자 정의 타입: 데이터 클래스

데이터 클래스는 연관 데이터의 그룹화를 지원하는 사용자 정의 타입이다. 정수형이나 문자열, 열거형 같은 타입들은 스칼라scalar며 이들은 하나의 값만을 표현한다. 리스트나 세트, 딕셔너리는 유형이 같은 컬렉션이다. 하지만 여러 데이터 필드를 단일 데이터 타입으로 변형할 필요가 있다. 이때 딕셔너리와 튜플이 좋기는 한데 몇 가지 이슈가 있다. 가독성이 까다로운데, 런타임 시 딕셔너리나 튜플에 무엇이 들어있는지 알기가 어렵기 때문이다. 이는 코드를 읽거나 리뷰를 하는 데 있어 추론에 장애가 되며 견고성에 큰 타격을 준다.

데이터가 이해하기 어렵다면 읽는 사람은 잘못된 가정을 하게 될 것이며 이로 인해 잠재된 버그를 쉽게 발견하기 어려워진다. 데이터 클래스는 데이터를 좀 더 읽고 이해하기 쉽게 만들어주며 타입 체커들도 데이터 클래스 쪽을 더 잘 컨트롤할 수 있다.

데이터 클래스의 동작

데이터 클래스는 변수들의 동종 컬렉션을 표현하며 모두 **복합 타입**Composite type으로 만들어진다. 복합 타입은 여러 값으로 구성돼 있으며 논리적 그룹화 또는 연관관계의 종류를 나타내야 한다. 예를 들어 Fraction은 복합 타입의 좋은 예다. 여기에는 numerator와 denominator라는 두 개의 스칼라 값이 존재한다.

```
from fraction import Fraction
Fraction(numerator = 3, denominator = 5)
```

이 Fraction은 numerator와 denominator 간의 관계를 나타낸다. numerator와 denominator는 서로 독립적이며 한 쪽이 바뀌어도 다른 쪽에 영향을 주지 않는다. 하지만 이들을 하나의 타입으로 묶는다면 그룹화돼 하나의 논리적인 개념concept을 생성한다.

데이터 클래스는 이런 개념을 쉽게 만들어준다. dataclass로 fraction을 나타내면 다음과 같다.

```
from dataclasses import dataclass
@dataclass
class MyFraction:
    numerator: int = 0
    denominator: int = 1
```

간단하지 않은가? @dataclass를 클래스 정의 앞에 붙이기만 하면 된다. 이를 데코레이터라고 한다. 데코레이터는 17장에서 자세히 다루겠지만 지금은 그냥 @dataclass를 클래스 앞에 붙이면 저절로 dataclass가 된다고만 알아두자. 클래스에 데코레이터를 붙이게 되면 관계로 나타내고자 하는 모든 필드를 리스팅해야 한다. 파이썬이 해당 데이터 클래스의 멤버로 인식하려면 기본값 또는 타입을 제공해야 한다. 앞의 경우에서 나는 둘 다 제공하고 있다.

이와 같은 관계를 구축해 코드베이스에 공유 자료 집합shared vocabulary을 추가한다. 개발자가 각 필드를 개별적으로 수행해야 할 필요 없이 재사용할 수 있는 그룹화를 제공한다. 데이터 클래스는 여러분에게 명시적으로 타입을 필드에의 할당을 강제하고 있어 유지 보수자 간 타입 관련 혼동을 줄여준다.

데이터 클래스와 다른 사용자 정의 타입은 dataclass 안에서 중첩될 수 있다. 지금 자동화된 스프 제조기를 만든다고 해보자. 나는 스프의 재료들을 그룹화할 필요가 있다. 이를 위해 dataclass를 다음과 같이 사용할 것이다.

```
import datetime
from dataclasses import dataclass
from enum import auto, Enum

class ImperialMeasure(Enum): ❶
    TEASPOON = auto()
    TABLESPOON = auto()
    CUP = auto()

class Broth(Enum): ❷
    VEGETABLE = auto()
    CHICKEN = auto()
    BEEF = auto()
    FISH = auto()

@dataclass(frozen=True) ❸
# Ingredients added into the broth
class Ingredient:
    name: str
    amount: float = 1
    units: ImperialMeasure = ImperialMeasure.CUP

@dataclass
class Recipe: ❹
    aromatics: set[Ingredient]
    broth: Broth
    vegetables: set[Ingredient]
    meats: set[Ingredient]
```

```
    starches: set[Ingredient]
    garnishes: set[Ingredient]
    time_to_cook: datetime.timedelta
```

❶ 서로 다른 액량 크기의 열거형

❷ 스프에 사용되는 육수의 열거형

❸ 스프에 들어갈 개별 식재료를 나타내는 dataclass다. 여기서 frozen=True는 데이터 클래스의 특수한 속성으로 이 데이터 클래스는 변경 불가를 의미한다(이는 나중에 다룬다). 이를 슈퍼마켓의 냉동고에서 꺼낸 식재료라고 오인하지 않기 바란다.

❹ 스프의 레시피를 나타내는 dataclass

이제 다중 사용자 정의 타입(ImperialMeasure, broth, Ingredient)을 하나의 복합 타입인 Recipe로 묶을 수 있게 됐다. 이 Recipe로부터 여러분은 여러 개의 개념을 참고할 수 있다.

- 스프 레시피는 그룹화된 정보의 집합이다. 그룹화의 기준은 식재료(특정 카테고리로 분류된), 사용된 육수, 조리 시간이다.
- 레시피에 필요한 각 식재료 데이터는 이름과 필요한 양으로 구성돼 있다.
- 육수와 액량 정보를 나타낼 열거형이 있다. 이 둘은 자체적으로 관계는 없지만 코드를 읽는 사람들에게는 연관성을 전달한다.
- 식재료 그룹화는 튜플이 아닌 세트다. 이는 사용자가 변경할 수 있지만 중복은 허용되지 않는다는 의미다.

dataclass를 생성하려면 다음과 같이 한다.

```
pepper = Ingredient("Pepper", 1, ImperialMeasure.TABLESPOON)
garlic = Ingredient("Garlic", 2, ImperialMeasure.TEASPOON)
carrots = Ingredient("Carrots", .25, ImperialMeasure.CUP)
celery = Ingredient("Celery", .25, ImperialMeasure.CUP)
onions = Ingredient("Onions", .25, ImperialMeasure.CUP)
parsley = Ingredient("Parsley", 2, ImperialMeasure.TABLESPOON)
noodles = Ingredient("Noodles", 1.5, ImperialMeasure.CUP)
chicken = Ingredient("Chicken", 1.5, ImperialMeasure.CUP)

chicken_noodle_soup = Recipe(
    aromatics={pepper, garlic},
    broth=Broth.CHICKEN,
    vegetables={celery, onions, carrots},
    meats={chicken},
    starches={noodles},
    garnishes={parsley},
    time_to_cook=datetime.timedelta(minutes=60))
```

다음과 같이 개별 필드의 값을 얻어오거나 설정할 수 있다.

```
chicken_noodle_soup.broth
>>> Broth.CHICKEN
chicken_noodle_soup.garnishes.add(pepper)
```

그림 9-1은 dataclass가 어떻게 구축됐는지를 보여준다.

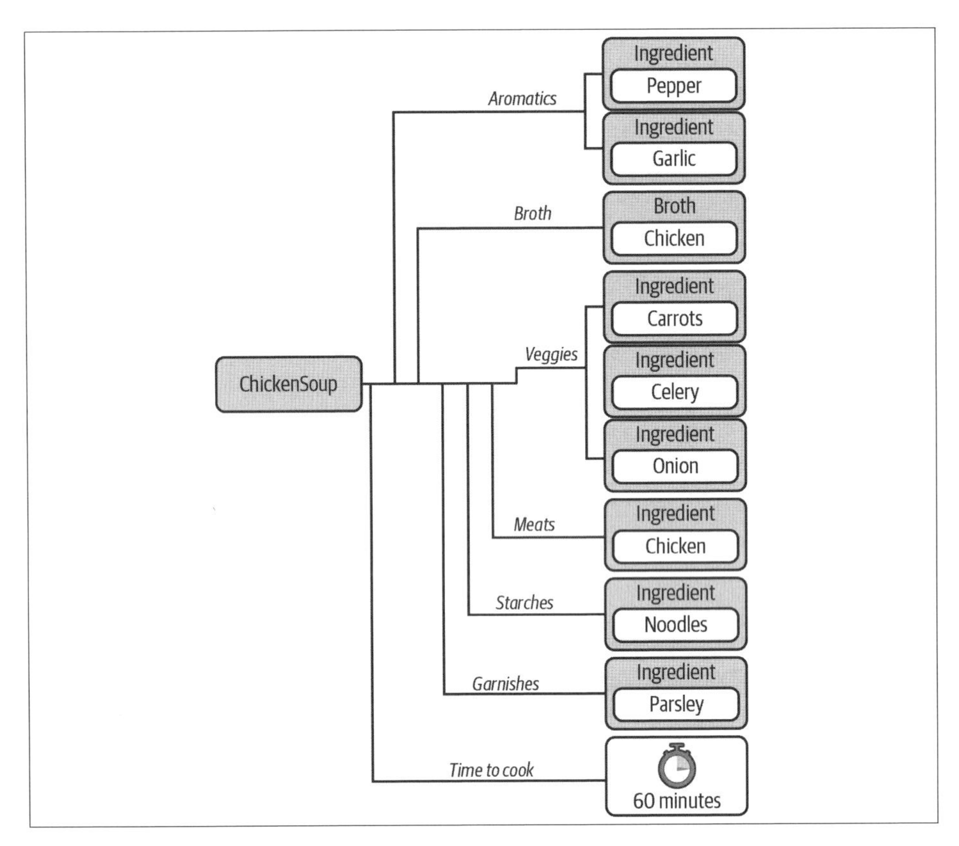

그림 9-1 dataclass의 구조

타입의 사용을 통해 레시피를 구성하는 것이 무엇인지 투명하게 보이게 했으며 사용자들은 이제 필드들을 빼 먹을 수 없게 됐다. 복합 타입의 생성은 코드베이스에서의 관계들을 표현하기 위한 최적의 방법 중 하나다.

지금까지는 database에 필드만을 기술했다. 하지만 필드뿐만 아니라 메서드의 형태로 동작들도 추가할 수 있다. 채식주의자들을 위해 육수가 아닌 채수로 스프를 만든다고 가정해보자. 그리고 모든 식재료 목록을 확인해 육류가 들어있지는 않은지 확인하려고 한다.

메서드를 dataclass에 아래처럼 직접 추가할 수 있다.

```python
@dataclass
class Recipe:
    aromatics: set[Ingredient]
    broth: Broth
    vegetables: set[Ingredient]
    meats: set[Ingredient]
    starches: set[Ingredient]
    garnishes: set[ingredient]
    time_to_cook: datetime.timedelta

    def make_vegetarian(self):
        self.meats.clear()
        self.broth = Broth.VEGETABLE

    def get_ingredient_names(self):
        ingredients = (self.aromatics |
                       self.vegetables |
                       self.meats |
                       self.starches |
                       self.garnishes)

        return ({i.name for i in ingredients} |
                {self.broth.name.capitalize() + " broth"})
```

이는 딕셔너리나 튜플에 비해 상당히 개선됐다. dataclass에 바로 함수형을 추가함으로써 재사용성이 증대됐다. 사용자가 모든 식재료 목록을 확인하려고 할 때나 채식 레시피를 만들려 할 때 별도로 기억을 끄집어내 확인할 필요가 없어졌다. 그냥 함수만 호출하면 된다. 다음은 이 함수의 호출 예다.

```python
from copy import deepcopy
# make a deep copy so that changing one soup
# does not change the original
noodle_soup = deepcopy(chicken_noodle_soup)
```

```
noodle_soup.make_vegetarian()
noodle_soup.get_ingredient_names()
>>> {'Garlic', 'Pepper', 'Carrots', 'Celery', 'Onions',
    'Noodles', 'Parsley', 'Vegetable Broth'}
```

사용법

데이터 클래스는 작업의 편의를 위해 몇 가지 내장 함수를 갖고 있다. 여러분은 데이터 클래스의 구축이 어렵지 않다는 것을 이미 살펴봤다. 그 외에 무엇을 더 할 수 있을까?

문자열 변환

여러분의 객체를 비형식적informal 문자열, 공식적인official 문자열 표현으로 각각 변환하는 __str__ 및 __repr__ 메서드가 있다.[1] 메서드의 앞뒤가 두 개의 언더스코어로 둘러싸인 것을 주목하라. 이를 **매직 메서드**라고 부른다. 이는 11장에서 자세히 다룬다. 하지만 지금은 str()이나 repr()이 호출될 때 수행되는 함수 정도로 알아두자. 데이터 클래스는 디폴트로 이 함수들을 정의한다.

```
# 다음 구문은 repr()과 str()이 함께 반환된다.
str(chicken_noodle_soup)
>>> Recipe(
    aromatics={
        Ingredient(name='Pepper', amount=1,  units=<ImperialMeasure.
```

1. 비형식적 문자열은 객체를 출력할 때 유용하며 공식적인 문자열은 객체에 대한 모든 정보를 재생산해서 재구축할 수 있게 한다.

```
    TABLESPOON: 2>),
        Ingredient(name='Garlic', amount=2, units=<ImperialMeasure.
    TEASPOON: 1>)},
    broth=<Broth.CHICKEN: 2>,
    vegetables={
        Ingredient(name='Celery', amount=0.25, units=<ImperialMeasure.CUP: 3>),
        Ingredient(name='Onions', amount=0.25, units=<ImperialMeasure.CUP: 3>),
        Ingredient(name='Carrots', amount=0.25, units=<ImperialMeasure.CUP: 3>)},
    meats={
        Ingredient(name='Chicken', amount=1.5, units=<ImperialMeasure.CUP: 3>)},
    starches={
        Ingredient(name='Noodles', amount=1.5, units=<ImperialMeasure.CUP: 3>)},
    garnishes={
        Ingredient(name='Parsley', amount=2,
                   units=<ImperialMeasure.TABLESPOON: 2>)},
    time_to_cook=datetime.timedelta(seconds=3600)
)
```

좀 길지만 이는 <__main__.Recipe object at 0x7fef44240730>과 같은 다른 사용자 정의 타입의 문자열 기본 변환처럼 못 볼 정도는 아니다.

등가 비교

두 데이터 클래스 간 등가 비교(==, != 등)를 하기 원한다면 dataclass에서 eq=True 설정으로 가능하다.

```
@dataclass(eq=True)
class Recipe:
# ...

chicken_noodle_soup == noodle_soup
>>> False
```

```
noodle_soup == deepcopy(noodle_soup)
>>> True
```

디폴트로 등가 비교는 dataclass 간 두 인스턴스 사이의 필드들을 비교한다. 파이썬은 등가 비교를 수행할 때 __eq__라는 함수를 기계적으로 수행한다. 등가 비교에 대해 다른 디폴트를 원하면 사용자 정의 __eq__를 작성해 만들 수 있다.

관계 비교

건강에 신경 쓰는 사람들을 위해 스프 앱에 영양 정보를 표시하려고 한다. 스프의 영양 정보는 칼로리 수치나 탄수화물 수치 등 다양한 축으로 분류가 되면 좋을 것 같다.

```
nutritionals = [NutritionInformation(calories=100, fat=1,carbohydrates=3),
                NutritionInformation(calories=50, fat=6, carbohydrates=4),
                NutritionInformation(calories=125, fat=12, carbohydrates=3)]
```

디폴트로 데이터 클래스는 관계 비교 연산(<, >, <=, >=)을 지원하지 않는다. 따라서 이 정보들을 정렬할 수 없다.

```
>>> sorted(nutritionals)
TypeError: '<' not supported between instances of
           'NutritionInformation' and 'NutritionInformation'
```

디폴트로 관계 비교 연산 및 정렬을 가능하게 하려면 dataclass 정의에서 eq=True 및 order=True로 설정해야 한다. 생성된 비교 함수는 각 필드를 통해 필드가 정의된 순서로 비교할 것이다.

```
@dataclass(eq=True, order=True)
class NutritionInformation:
    calories: int
    fat: int
    carbohydrates: int

nutritionals = [NutritionInformation(calories=100, fat=1, carbohydrates=3),
                NutritionInformation(calories=50, fat=6, carbohydrates=4),
                NutritionInformation(calories=125, fat=12, carbohydrates=3)]

>>> sorted(nutritionals)
    [NutritionInformation(calories=50, fat=6, carbohydrates=4),
     NutritionInformation(calories=100, fat=1, carbohydrates=3),
     NutritionInformation(calories=125, fat=12, carbohydrates=3)]
```

비교가 되는 기본 방법을 제어하고 싶다면 dataclass에서 여러분만의 __le__, __lt__, __gt__, __ge__ 함수를 작성하면 된다. 이는 각각 <=, <, >, >= 에 대응된다. 예를 들어 NutritionInformation을 지방fat을 우선으로 정렬하기를 원했다면 디폴트로 다음은 탄수화물carbohydrates, 그다음은 칼로리calories 순으로 정렬된다.

```
@dataclass(eq=True)
class NutritionInformation:
    calories: int
    fat: int
    carbohydrates: int

    def __lt__(self, rhs) -> bool:
        return ((self.fat, self.carbohydrates, self.calories) <
            (rhs.fat, rhs.carbohydrates, rhs.calories))

    def __le__(self, rhs) -> bool:
        return self < rhs or self == rhs

    def __gt__(self, rhs) -> bool:
```

```
        return not self <= rhs

    def __ge__(self, rhs) -> bool:
        return not self < rhs
```

(코드를 아래로 바꿔 줍니다)

```
nutritionals = [NutritionInformation(calories=100, fat=8, carbohydrates=3),
                NutritionInformation(calories=50, fat=6, carbohydrates=4),
                NutritionInformation(calories=125, fat=12, carbohydrates=3)]

>>> sorted(nutritionals)
    [NutritionInformation(calories=50, fat=6, carbohydrates=4),
     NutritionInformation(calories=100, fat=8, carbohydrates=3),
     NutritionInformation(calories=125, fat=12, carbohydrates=3)]
```

비교 함수를 오버라이딩한다면 order=True 설정을 하면 안 된다. 이는 ValueError를 발생시킨다.

불변성

때로는 변경되면 안 되는 dataclass를 전달해야 할 때가 있다. 이런 경우 dataclass를 frozen으로 설정시키거나 변경 불가가 돼야 한다. dataclass의 상태를 변경할 때마다 발생할 수 있는 오류 종류는 다음과 같다.

- 호출자가 필드 값이 바뀌었다는 것을 알지 못하는 경우며 보통 이런 경우에 호출자들은 필드가 바뀌지 않을 것이라는 잘못된 가정을 하기 때문이다.
- 단일 필드를 잘못된 값으로 설정하면 다른 필드의 설정 방법과 호환되지 않을 수 있다.

- 필드를 수정하는 다중 스레드가 있다면 데이터의 레이스 컨디션Race condition에 의한 오류 발생 위험이 있다. 이는 상호관계에 있어 수정 순서를 보장할 수 없다.

이런 모든 오류는 dataclass가 frozen으로 설정돼 있다면 발생하지 않는다. 이를 설정하는 방법은 dataclass 데코레이터에 frozen=True를 추가하면 된다.

```
@dataclass(frozen=True)
class Recipe:
    aromatics: Set[Ingredient]
    broth: Broth
    vegetables: Set[Ingredient]
    meats: Set[Ingredient]
    starches: Set[Ingredient]
    garnishes: Set[Ingredient]
    time_to_cook: datetime.timedelta
```

dataclass를 세트 내에서 또는 딕셔너리의 키로 사용하기를 원한다면 해시가 가능hashable해야 한다. 다시 말하면 객체를 받아 해시 값으로 변환시키는 __hash__ 함수를 정의해야 한다.[2] dataclass를 동결시키면 여러분이 명시적으로 동일성 검사를 불가능하게 하지 않는 한 자동으로 해시 가능 상태가 되며 모든 필드가 해시 가능하다.

하지만 불변성에는 두 가지 주의 사항이 있다. 첫째, 불변성이라고 하면 dataclass 내 필드의 불변성을 의미하는 것이지 dataclass 자체가 갖고 있는 값의 불변성을 의미하는 것은 아니다. 다음 코드를 예로 들어보자.

2. 해싱은 어려운 주제며 이 책의 범위를 벗어난다. hash는 파이썬 공식 문서(https://docs.python.org/3/library/functions.html#hash)를 참조하라.

```
# frozen이 true로 설정됐기 때문에 Recipe는 불변속성으로 가정한다.
soup = Recipe(
    aromatics={pepper, garlic},
    broth=Broth.CHICKEN,
    vegetables={celery, onions, carrots},
    meats={chicken},
    starches={noodles},
    garnishes={parsley},
    time_to_cook=datetime.timedelta(minutes=60))

# 오류 발생
soup.broth = Broth.VEGETABLE

# 아래는 오류가 아니다.
soup = Recipe(
    aromatics=set(),
    broth=Broth.CHICKEN,
    vegetables=set(),
    meats=set(),
    starches=set(),
    garnishes=set(),
    time_to_cook=datetime.timedelta(seconds=3600))
)
```

타입 체커에서 값의 변경도 오류로 처리하기를 원한다면 변수들을 `Final`로 어노테이팅을 하면 된다(자세한 사항은 4장의 `Final`을 다시 보라).

둘째, frozen dataclass는 멤버들의 설정을 막을 뿐이다. 멤버들이 변경 가능하다면 이 멤버들에 대한 메서드를 호출해 이들의 값을 변경할 수 있다. frozen dataclass는 이들의 속성에까지 불변성을 확장시키지 않는다.

예를 들어 다음 코드는 전혀 문제가 없다.

```
    soup.aromatics.add(Ingredient("Garlic"))
```

위 코드가 frozen dataclass의 aromatics 필드를 수정하고 있지만 오류는 발생하지 않는다. frozen dataclass를 사용할 때 모든 멤버(정수형, 문자열 또는 다른 frozen dataclass들)를 불변하게 설정해 이와 같은 함정에 빠지지 말자.

다른 타입과의 비교

데이터 클래스는 상대적으로 최근(파이썬 3.7부터 적용)에 나온 개념이며, 많은 레거시 코드는 아직 데이터 클래스를 적용하고 있지 않다. 데이터 클래스의 도입을 판단하려면 데이터 클래스가 다른 구조와 관련해 어디에서 빛을 발하는지 이해해야 한다.

데이터 클래스와 딕셔너리

5장에서 살펴봤듯이 딕셔너리는 키와 값을 매핑하는 데 최적의 선택이다. 하지만 이는 유형이 동일해야 한다는 조건이 있다(키의 타입이 같아야 하고 모든 값도 타입이 같아야 함). 유형이 동일한 데이터를 사용할 때 딕셔너리는 사람이 추론하기에는 상당히 어렵다. 또한 타입 체커도 딕셔너리의 오류에 대한 체크를 잘 모른다.

반면 데이터 클래스는 태생부터 유형이 다른 데이터를 위한 것이다. 코드를 읽는 사람들은 타입에 존재하는 정확한 필드를 알 수 있고 타입 체커는 정확한 사용을 체크할 수 있다. 유형이 다른 데이터를 갖고 있다면 딕셔너리 대신 데이터 클래스를 사용하라.

데이터 클래스와 TypedDict

5장에서 TypedDict를 살펴봤는데, TypedDict는 유형이 다른 데이터를 저장하는 또 다른 방법이며 코드를 읽는 사람이나 타입 체커나 모두 이해할 수 있다. 얼핏 보기에 TypedDict와 데이터 클래스는 상당히 유사한 문제를 해결하며 어느 것이 더 낫다는 결정은 하기가 어렵다. 내가 세운 원칙은 dataclass를 기본으로 사용하는 것인데, 함수를 내부에서 사용할 수 있고 불변성, 호환성, 등가 비교, 다른 연산 등을 제어할 수 있기 때문이다. 하지만 이미 딕셔너리로 작업을 하고 있고 (JSON으로 작업을 하는 경우) dataclass의 장점이 필요하지 않은 경우에는 TypedDict로 가는 것이 맞다.

데이터 클래스와 namedtuple

namedtuple은 컬렉션 모듈에서 튜플 비슷한 역할을 하는 컬렉션 타입이다. 튜플과의 차이점은 튜플에 네이밍을 할 수 있다는 점이다.

```
>>> from collections import namedtuple
>>> NutritionInformation = namedtuple('NutritionInformation',
                                      ['calories', 'fat', 'carbohydrates'])
>>> nutrition = NutritionInformation(calories=100, fat=5, carbohydrates=10)
>>> print(nutrition.calories)

100
```

namedtuple은 튜플을 더 읽기 쉽게 만드는 데 도움이 되며 dataclass를 사용해도 같은 장점을 얻는다. 나는 거의 항상 dataclass를 namedtuple 대신 사용한다. dataclass는 namedtuple처럼 네이밍된 필드를 제공하면서 다음과 같은 장점을 제공한다.

- 파라미터의 명시적 타입 어노테이팅을 한다.
- 불변성, 호환성, 동일성 검사를 제어한다.
- 타입에서 함수 정의를 용이하게 한다.

보통 내 경우에는 파이썬 3.6 이하의 버전으로 작업할 때만 namedtuple을 사용한다.

토론하기

코드베이스에서 유형이 다른 데이터를 표현하고자 여러분은 어떤 타입을 사용하는가? 딕셔너리를 사용한다면 딕셔너리 내의 모든 키-값 쌍을 개발자들이 파악하기에 얼마나 용이한가? 튜플을 사용한다면 각 개별 필드들의 의미를 개발자들이 파악하기에 얼마나 용이한가?

마치며

데이터 클래스는 파이썬 3.7에서 처음 소개됐다. 소개됐을 때 게임 체인저로 주목을 받았는데, 유형이 다른 타입들을 간결하게 정의할 수 있기 때문이다. 코드를 개발하면서 나는 점점 더 데이터 클래스를 많이 사용하게 됐다. 여러분이 유형이 다른 딕셔너리나 namedtuple을 만날 때 데이터 클래스를 사용하는 것이 더 적합하다. 추가 정보는 dataclass 공식 문서(https://docs.python.org/3/library/ataclasses.html)를 참조하기 바란다.

하지만 데이터 클래스가 훌륭한 만큼 보편적으로 사용돼서는 안 된다. 데이터 클래스의 핵심은 개념 관계의 표현이지만 클래스 내의 멤버가 서로 독립적일 때만 적절하다. 다른 멤버에 따라 제약이 걸리는 멤버가 있다면 데이터 클래스는 코드에 대한 추론을 더 어렵게 만들 것이다. 이런 경우에는 좀 더 무거운 것에 손을 뻗어야 한다. 10장에서는 '클래스'로 이런 경우를 어떻게 다루는지 살펴본다.

10장

사용자 정의 타입: 클래스

클래스[Class]는 이 책에서 다루는 마지막 사용자 정의 타입이다. 많은 개발자가 비교적 일찍 클래스를 배우는데, 이는 약이면서도 독이 된다. 클래스는 많은 코드베이스와 프레임워크에서 쓰이므로 일찍 접하면 클래스 설계에 능통하다는 이익을 얻을 수 있다. 하지만 너무 일찍 배운다면 언제 사용해야 하는지, 더 중요한 것은 언제 사용하지 말아야 하는지에 대한 뉘앙스를 놓치게 된다.

여러분의 클래스 사용을 되돌아보라. 해당 데이터를 `dataclass`로 나타낼 수 있는가? 나는 지금까지 여기저기에서 클래스를 사용하지 말아야 할 곳에 사용해 유지 보수성을 저해시킨 많은 코드베이스를 봐왔다.

하지만 이의 반대 경우인 클래스를 전혀 사용하지 않은 경우도 봤다. 이 역시 유지 보수성에 영향을 끼치며 코드에서의 가정 및 데이터의 정합성을 깨버린다. 파이썬에서는 균형을 유지하게 노력해야 한다. 클래스는 코드베이스의 한 부분을 차지하며, 이에 대한 강점과 약점을 인식하는 것이 중요하다. 이제 정말로 선입견을 버리고 클래스가 어떻게 더 견고한 코드를 만드는 데 도움이 되는지 알아보자.[1]

1. 여기에서 서브클래싱, 서브타이핑(또는 하위 타이핑)에 대한 정의를 짚고 넘어가야 한다. 서브타이핑은 정의돼 있는 인터페이스를 구현하는 것(예, `Integer a = new Integer(7);`)이며 서브클래싱은 상속을 하는 것(예, `Protocol` 클래스의 상속 시 `class A(Protocol): ....`로 상속)을 의미한다. – 옮긴이

클래스 해부

클래스는 서로 연관된 데이터를 그룹화하는 또 다른 방식이다. 클래스는 수십 년 동안 객체지향 패러다임의 역사를 갖고 있으며 얼핏 보면 여러분이 데이터 클래스에 대해 배운 것과 다르지 않다. 사실은 dataclass에서처럼 클래스를 작성할 수 있다.

```
class Person:
    name: str = ""
    years_experience: int = 0
    address: str = ""

pat = Person()
pat.name = "Pat"
print(f"Hello {pat.name}")
```

위 코드를 보면 dict나 dataclass로 쉽게 작성할 수 있다.

```
pat = {
    "name": "",
    "years_experience": 0,
    "address": ""
}

@dataclass
class Person():
    name: str = ""
    years_experience: int = 0
    address: str = ""
```

9장에서는 기본 딕셔너리에 비해 데이터 클래스가 어떤 장점이 있는지 배웠으며, 클래스도 많은 같은 장점을 제공한다고 했다. 하지만 왜 데이터 클래스 대신 클래스를 사용하는지 궁금할 것이다.

사실 데이터 클래스의 유연성과 편의성을 고려할 때 클래스가 열등감을 느낄 수 있다. 클래스에서는 frozen이나 ordered와 같은 화려한 기능이 없다. 내장된 문자열 메서드도 없다. 데이터 클래스처럼 말끔하게 Person을 초기화할 수도 없다.

다음 코드처럼 객체를 만들었다.

```
pat = Person("Pat", 13, "123 Fake St.")
```

하지만 위 코드를 수행하면 오류를 만날 것이다.

```
TypeError: Person() takes no arguments
```

혼란스럽긴 하지만 이것은 의도적인 것이다. 여러분은 생성자[Constructor]라는 특수 메서드를 통해 클래스가 어떻게 구성됐는지를 명시적으로 정의해야 한다. 이런 부분은 데이터 클래스에 비해 단점으로 보이지만 클래스 내의 필드들에 대한 미세한 제어를 가능하게 한다. 다음 몇 개의 절은 이를 통해 어떤 장점을 얻을 수 있는지 알아본다. 먼저 클래스가 제공하는 생성자를 살펴보자.

생성자

생성자는 클래스를 어떻게 초기화하는지 기술하며 __init__ 함수로 정의한다.

```
class Person:
    def __init__(self,
                 name: str,
```

```
                 years_experience: int,
                 address: str):
        self.name = name
        self.years_experience = years_experience
        self.address = address

pat = Person("Pat", 13, "123 Fake st")
```

클래스를 살짝 바꾼 것에 주목하라. dataclass에서처럼 변수들을 정의한 대신 모든 변수를 생성자에서 정의했다. 생성자는 클래스가 초기화될 때 호출되는 특수 메서드로, 사용자 데이터 타입을 정의하기 위한 파라미터 및 특수 파라미터인 self를 받는다. 이 파라미터의 이름은 정해지지 않았지만 경험적으로 그냥 self라고 부르는 것 같다. 클래스를 인스턴스화할 때마다 self는 특정 인스턴스를 참조하는데, 동일한 클래스라도 하나의 인스턴스의 속성은 다른 인스턴스의 속성과 충돌하는 일은 없다.

그러면 왜 클래스를 사용할까? 딕셔너리나 데이터 클래스는 상대적으로 클래스보다 간단하며 의례적인 작업이 덜 수반된다. 앞에서 보여준 Person 객체와 같은 것에 대해서는 이 말에 동의한다. 하지만 클래스는 딕셔너리나 데이터 클래스가 전달할 수 없는 키 값 하나를 전달하는데, 이 값이 바로 불변 속성[invariant]이다.

불변 속성

불변 속성이란 해당 엔티티의 수명주기 동안 변하지 않는 엔티티 속성을 의미하며, 불변 속성은 코드에 대해 항상 참인 개념이다. 코드를 읽는 사람이나 작성자는 코드에 대해 추론을 하고 이 추론에 의존하면서 작업을 할 것이며, 불변 속성은 코드베이스를 이해하는 데 기초를 제공한다. 다음은 불변 속성의 예시들이다.

- 모든 직원은 고유 ID를 가진다. ID는 중복될 수 없다.
- 게임에서 적들은 자신의 체력이 0 이상일 때만 행동을 취할 수 있다.
- 원의 반지름은 항상 양수다.
- 피자는 항상 소스 위에 치즈가 얹어진다.

불변 속성은 객체의 수정 불가 속성을 전달한다. 이 속성들은 수학적인 특성이 될 수도 있고, 비즈니스 규칙이 될 수도 있고, 조정에 대한 보증이 될 수도 있고, 그 외에 여러분이 참True으로 묶어두고 싶은 무언가가 될 수도 있다. 불변 속성은 실세계에서 미러링이란 있을 수 없다. 그리고 여러분의 시스템에서는 항상 참이어야 한다. 예를 들어 시카고 스타일 피자의 애호가들은 피자의 선택지가 여러 개인 것에 동의하지 않을 수 있다. 하지만 여러분의 시스템이 치즈 온 소스cheese on sauce 피자만 처리하는 경우에는 이를 불변 속성으로 처리해도 괜찮다. 불변 속성 역시 특정 엔티티만 참조한다. 여러분은 불변 속성의 범위, 즉 시스템 전체에 적용되는지 또는 특정 프로그램, 모듈, 클래스에만 적용되는지 여부를 결정할 수 있다. 10장에서는 클래스와 불변 속성을 **보존하는** 역할에 초점을 맞췄다.

그러면 클래스가 어떻게 불변 속성을 전달하는 데 도움이 될까? 먼저 생성자를 보자. 불변 속성을 만족하는지를 체크하는 안전망과 가정 설정들을 여기에 넣을 수 있으며, 이 지점부터 클래스의 사용자들은 클래스의 수명주기 동안 항상 '참'인 불변 속성에 의존할 수 있다. 어떻게 그렇게 되는지 살펴보자.

항상 최상의 피자를 제조하는 자동 피자 제조기를 생각해보자. 먼저 도우를 받아 둥그렇게 펴고 소스와 토핑을 얹은 후 오븐에 굽는다. 여기서 시스템에서 사용될 몇 가지 불변 속성을 정의해보자(이 불변 속성들은 일반적인 관점에서는 참이 아닐 수도 있으며 내가 만드는 시스템에서만 참이다).

일단 다음과 같이 목록화할 수 있을 것 같다.

- 소스는 토핑 위에 올라갈 수는 없다(치즈도 토핑의 한 종류라고 생각하자).
- 토핑은 치즈의 위 또는 아래에 올라갈 수 있다.
- 항상 단일 소스만 사용한다.
- 도우의 반지름은 항상 정수다.
- 도우의 반지름은 6인치에서 12인치(15~30cm) 사이다.

이들 중 어떤 것은 비즈니스의 이유일 수도 있고 또 어떤 것은 건강상의 이유일 수도 있고 또 어떤 것은 하드웨어의 제약 사항 때문일 수도 있다. 하지만 위 항목들은 피자의 수명주기 동안 참이라고 생각하자. 이 불변 속성들을 피자의 생성자를 통해 체크할 것이다.

```
from pizza.sauces import is_sauce
class PizzaSpecification:
    def __init__(self,
                 dough_radius_in_inches: int,
                 toppings: list[str]):
        assert 6 <= dough_radius_in_inches <= 12, \
            'Dough must be between 6 and 12 inches'
        sauces = [t for t in toppings if is_sauce(t)]
        assert len(sauces) < 2, \
            'Can only have at most one sauce'

        self.dough_radius_in_inches = dough_radius_in_inches
        sauce = sauces[:1]
        self.toppings = sauce + \
            [t for t in toppings if not is_sauce(t)]
```

이 불변 속성들의 확인 과정을 한번 분석해보자.

- dough_radius_in_inches는 정수형이다. 이는 호출자가 생성자에 실수형

/문자열/기타를 전달하는 것을 막을 수는 없지만(1부에서 사용된 것과 같은) 타입 체커와 함께 사용하면 잘못된 타입을 전달하는 것은 탐지할 수 있다. 여러분이 타입 체커를 사용하지 않는다면 대신 isinstance()(또는 이와 비슷한 것) 체크를 해야 할 것이다.

- 이 코드에서는 도우의 반지름이 6~12인치라고 가정한다. 이에 맞지 않으면 AssertionError가 발생한다(클래스의 생성을 막는다).
- 소스는 1개만 있다고 가정한다. 소스가 2개 이상이 되면 마찬가지로 AssertionError가 발생한다.
- 이 코드에서는 소스가 토핑 목록에서 제일 앞에 있다(이는 피자를 만들 때 토핑 순서를 의미할 것이다).
- 아직 여기서는 치즈를 기준으로 위에 올라갈 토핑, 아래에 깔아야 할 토핑을 정의하지 않았다는 것에 주목하자. 이는 구현한 기본 동작만으로 불변 속성을 만족시키기 때문이다. 하지만 여러분은 여전히 불변 속성을 호출자에 문서를 통해 전달하는 방식을 선택할 것이다.

가정 설정과 예외 발생

이 책 전반에 걸쳐 어떤 경우에는 가정 설정assertion을, 그 외의 경우에는 예외 발생exception을 사용할 것이다. 가정 설정이 실패할 경우에는 AssertionError가 발생하는데, 이는 예외 타입 중의 하나다. 가정 설정과 예외는 상호교환의 관계처럼 보일 수 있지만 나는 의도적으로 둘 중 하나만 선택하고 있다.

가정 설정은 런타임 시에 실행된다는 보장은 없다. 여러분의 코드가 배포됐을 때 가정 설정 수행 옵션을 꺼놓을 수 있기 때문이다. 이런 경우 개발자가 시스템을 망치지 않는다면 나는 항상 이 가정 부분을 true로 놓는다. 이는 개발 동안 발생하는 오류를 캐치하기 위한 의도이고 다른 개발자에게 가정 설정의 실패는 자신들에게 달려있다는 신호를 준다.

반면 예외 발생은 사용자 오류 및 악의적 사용자에 의해 이상 상황이 발생할 수 있다는 것을 개발자들에게 알려준다. 일어날 것 같지는 않은 것도 개발자들은 뭔가 잘못될 경우에 대해 예외를 잡을 준비가 돼 있어야 한다.

발생한 오류가 예외 처리에 걸리는 경우가 아니라면 나는 `Optional`이나 `Union`을 반환하는 것을 선택한다(자세한 사항은 4장을 참조하라). 그런데 이는 함수가 반환값이 있다는 경우에만 적용됨에 주의하라. 10장에 있는 생성자는 반환값이 없다. 따라서 `Optional`이나 `Union`을 사용하는 것은 부적절하다. 이런 경우에는 예외 처리를 통해 투명하게 처리할 수밖에 없는데, 타입 체커는 이런 경우에 큰 도움이 되지 못하기 때문이다.

깨진 불변 속성 피하기

클래스내 불변 속성이 깨질 것 같다면 절대 이 클래스는 구성하지 말아야 한다. 호출자가 불변 속성을 깨트리는 방식으로 객체를 구성할 경우 여러분의 선택지는 두 개가 있다.

예외 발생

이는 불변 속성이 깨지는 상황에서 객체가 생성되는 것을 막아준다. 앞의 코드에서 도우의 반지름이 적절한지, 소스는 하나만 썼는지를 체크하는 데 이를 사용했다.

데이터 마사지 Massage the data

데이터를 불변 속성에 적합하게 만든다. 앞의 코드에서 토핑 순서는 예외 처리를 할 수도 있었지만 대신 불변 속성에 맞게 데이터를 재배열했다.

예외 처리를 하고 싶지 않다면?

여러분이 예외 처리를 하고 싶지 않다면 대신에 클래스를 생성하는 함수를 사용할 수 있다(이는 팩토리 메서드로 알려져 있다). 클래스 앞에 언더스코어(_)를 붙임으로써 help()로 드러나는 것을 막을 수 있으며, 모듈 내에서 불변 속성과 클래스 초기화를 체크하는 함수를 생성한다. 이렇게 하면 불변 속성이 만족되지 않으면 None을 반환할 수 있다. None을 나타내고자 Optional 타입을 사용하라.

```
# Note to maintainers, only create this through create_pizza_spec function
class _PizzaSpecification:
    # ... snip class

def create_pizza_spec(dough_radius_in_inches: int,
                      toppings: list[str]) -> Optional[_PizzaSpecification]:
    try:
        return _PizzaSpecification()
    except:
        return None
```

원한다면 불변 속성들의 체크를 함수로 옮길 수 있지만 여기에서는 덜 불변적인 타입invarient-less type을 처리하고 있으며, 이런 경우는 데이터 클래스를 사용해야 한다. 여러분이 함수형 패러다임에 더 익숙하고 클래스 대부분을 변경 불가로 유지한다면 이런 방식은 문제가 되지는 않을 것이다.

불변 속성이 이익인 이유

클래스를 작성하고 불변 속성들을 맞추려면 많은 작업이 수반된다. 하지만 여러분이 데이터를 그룹화할 때마다 이런 불변 속성들을 분명히 염두에 두기를 권장한다. 다음 사항을 한번 자문해보라.

- 타입 시스템에서 미처 캐치하지 못한 어떤 형태(예를 들어 토핑의 순서)에 제약이 되는 데이터들이 있는가?
- 상호의존적인 필드들이 있는가?(예를 들어 하나의 필드의 변경은 다른 필드의 변경도 같이 동반돼야 하는 경우)
- 데이터에 필요한 보증이 있는가?

이 질문 중 하나라도 '예'라면 여러분은 보존하려는 불변 속성을 갖고 있는 것이며 클래스를 작성해야 한다. 클래스를 작성하고 불변 속성을 설정하기로 했다면 여러분은 다음을 수행하는 것이다.

1. 여러분은 DRY^{Don't Repeat Yourself} 원칙을 지키고 있다.[2] 객체 생성 전에 여러 가지 체크 사항들로 코드를 어지럽히는 대신 해당 체크 사항들을 한 곳으로 배치한다.
2. 여러분은 코드 열람자, 유지 관리 담당자, 호출자의 작업을 용이하게 하고자 작성자에게 더 많은 작업을 시키고 있다. 코드는 한 번 작성되면 작업하는 시간보다 오래 지속될 가능성이 높으며, 불변 속성을 제공해 여러분을 따라다니는 부담을 줄일 수 있다.
3. 여러분은 더 효과적으로 코드를 추론할 수 있게 된다. 미션 크리티컬^{mission-critical} 환경에서 에이다^{Ada}(https://www.adacore.com/about-ada)와 같은 언어나 형식 증명^{formal proofs}이 사용되는 것에는 이유가 있다. 개발자에게 편안함을 제공할 뿐더러 다른 개발자는 해당 코드를 어느 정도 신뢰할 수 있게 된다.

2. 앤드류 헌트, 데이비드 토머스의 『실용주의 프로그래머』(인사이트, 2022)에서 처음 소개됐다.

이 수행들은 버그를 줄이는 데 많은 기여를 한다. 여러분은 개발자가 객체를 잘못 생성하거나 필요한 체크를 건너뛰는 인적 리스크를 감수하지는 않지만 사람들이 생각할 수 있는 사용하기 쉬운 API를 만들어 개발자들이 여러분의 객체를 잘못 사용하는 위험을 줄이고 있다. 또한 여러분은 '최소 놀람의 원칙Law of Least surprise'을 지키려 할 것인데, 누군가가 여러분의 코드를 사용할 때 충격을 받지 않기를 원하기 때문이다("이게 클래스가 동작하는 방식이야?"라는 질문을 얼마나 많이 들었는가?). 불변 속성을 설정하고 이를 따름으로써 다른 이들이 충격을 받을 일이 줄어들 것이다.

하지만 딕셔너리만으로는 이를 할 수가 없다.

딕셔너리로 표현된 피자의 사양은 다음과 같다.

```
{
    "dough_radius_in_inches": 7
    "toppings": ["tomato sauce", "mozzarella", "pepperoni"]
}
```

사용자에게 이런 형태로 딕셔너리를 강제하게 하는 간단한 방법은 없으며, 매 실행 시마다 호출자가 정확히 알고 호출을 해줄 수밖에 없다(코드베이스가 커질수록 여기에 의존하는 것은 점점 어려워진다). 또한 사용자가 마음대로 딕셔너리를 수정해 불변 속성을 깨는 것을 막을 방법도 없다.

불변 속성 검사 후 딕셔너리를 만드는 메서드를 정의할 수 있고 불변 속성 검사 함수를 통해서만 딕셔너리를 변경할 수 있는 것도 사실이다. 또한 데이터 클래스에 생성자 및 불변성 체크 메서드를 작성할 수도 있다. 하지만 이런 것들을 쓰는 게 어렵다면 클래스를 사용하는 것은 어떤가? 미래의 유지 보수자에게 여러분의 선택이 어떤 의미로 전달될지 유념하라. 딕셔너리, 데이터 클래스, 클래스 중 하나를 선택할 때에는 신중해야 한다. 이 추상화들은 각각 구체적인 의미를 전달하며 여러분이 잘못된 선택을 한다면 유지 보수자에게 혼란을 줄 것이다.

불변 속성의 장점에 대해 아직 언급하지 않은 것이 있다. 이는 SOLID에서 'S'에 해당하는 것으로 단일 책임 원칙Single Responsibility Principle과 관련이 있다. 단일 책임 원칙은 "각 객체는 한 개의 이유로만 변경되려면 하나의 책임을 가져야 함"[3]을 의미한다. 문장은 간단하지만 실제로 하나의 이유를 어떻게 정확히 구분할지는 쉽지 않다. 나는 연관된 불변 속성들의 집합을 정의하고(피자 예제에서는 도우와 토핑이 된다) 연관된 불변 속성의 집합 단위로 클래스를 작성하는 방법을 추천한다. 이러한 불변 속성 중 하나와 직접적으로 연관되지 않는 메서드나 속성을 작성한다면 여러분의 클래스는 낮은 응집력을 가지며, 이는 클래스가 많은 책임을 갖고 있음을 의미한다.

SOLID 설계 원칙

SOLID 설계 원칙은 로버트 마틴Robert C. Martin이 2000년도 논문 「Design Principles and Design Pattern」(http://www.objectmentor.com/resources/articles/Principles_and_Patterns.pdf)에서 처음으로 언급했다. 이들은 다섯 가지 원칙으로 구성돼 있으며, 대규모 코드베이스 작업 시에 정말 유용하다. SOLID 패턴은 다음과 같다.

단일 책임 원칙 Single Responsibility Principle

코드의 재사용 및 통합의 원칙

개방-폐쇄 원칙 Open-Closed Principle

확장성의 원칙

리스코프 치환 원칙 Liskov Substitution Principle

하위 타입Subtyping에 대한 원칙

3. Robert C. Martin. "The Single Responsibility Principle." The Clean Code Blog (blog). May 8, 2014. https://oreil.ly/ZOMxb

인터페이스 분리의 원칙 Interface Segregation Principle

추상화에 관한 원칙

의존관계 역전 원칙 Dependency Inversion Principle

의존성의 디커플링에 대한 원칙

이 원칙 중 몇 가지는 이 책의 전반에 걸쳐 다룰 것이다. 이 원칙들은 '원칙' 임을 기억하라. 최대한 잘 판단해 적용하자.

토론하기

여러분의 코드베이스에서 가장 중요한 부분을 찾아보자. 거기에서 항상 참이어야 하는 불변 속성은 무엇인가. 개발자들이 이를 깨트리는 것을 막고자 얼마나 불변 속성들이 강제화 됐는가?

불변 속성을 통한 커뮤니케이션

불변 속성으로 커뮤니케이션을 효과적으로 하지 않으면 불변 속성의 장점을 깨닫기 어렵다. 불변 속성에 대해 모르면 아무도 이에 대한 추론을 할 수 없다. 그러면 어떻게 커뮤니케이션을 할까? 여러분은 먼저 커뮤니케이션의 상대방을 생각해야 한다. 커뮤니케이션의 상대는 크게 다음과 같이 두 가지로 나눌 수 있다.

클래스의 소비자

이들은 자신의 문제들을 해결하기 위한 도구를 찾고 있는 사람들이다. 이들은 문제를 디버깅하며 도움이 되는 클래스를 찾고자 노력한다.

미래의 클래스 유지 보수자

이들은 클래스를 수정 및 추가하는 작업을 수행하는 사람들이다. 이들이 모든 호출자가 의존하는 불변 속성들을 깨지 않도록 하는 것이 중요하다.

이 두 대상을 염두에 두면서 클래스를 설계해야 할 것이다.

클래스의 소비

첫째, 클래스의 소비자들은 보통 클래스의 소스코드를 보면서 어떻게 동작하는지, 자신의 요구 사항에 부합하는지 판단한다. 생성자에 가정 설정 구문을 삽입하는(또는 다른 예외를 발생시키고) 것은 사용자들에게 무엇이 가능하고 무엇이 불가능할지 알려주는 최상의 방법이다. 생성자는 일반적으로 개발자들이 처음 들여다보는 곳이다(무엇보다 클래스를 초기화하지 못하면 이들은 어떻게 클래스를 사용하는가). 여러분이 표현하지 못한 불변 속성들에 대해(존재는 하지만 표현만 안 한 것), API 레퍼런스의 형태로 사용된 이 속성들을 문서화하고 싶을 것이다. 코드에 문서화가 잘돼 있을수록 코드를 볼 때 이 표현하지 못한 속성들을 찾을 가능성은 높아진다.

사람들의 머릿속에 있는 지식들은 찾기도 어렵고 확장되기도 어렵다. 위키나 다른 문서 포털로 전달하는 방법도 있는데, 이는 자주 업데이트되는 대규모 아이디어에 더 적합하다. 코드 저장소의 README 파일은 이보다 더 나은 방법이긴 하지만 가장 좋은 방법은 클래스 자체에 주석을 달거나 문서화 문자열docstring을 작성하는 것이다.

```
class PizzaSpecification:
    """
    This class represents a Pizza Specification for use in
    Automated Pizza Machines.

    The pizza specification is defined by the size of the dough and
    the toppings. Dough should be a whole number between 6 and 12
    inches (inclusive). If anything else is passed in, an AssertionError
    is thrown. The machinery cannot handle less than 6 inches and the
```

```
    business case is too costly for more than 12 inches.

    Toppings may have at most one sauce, but you may pass in toppings
    in any order. If there is more than one sauce, an AssertionError is
    thrown. This is done based on our research telling us that
    consumers find two-sauced pizzas do not taste good.

    This class will make sure that sauce is always the first topping,
    regardless of order passed in.

    Toppings are allowed to go above and below cheese
    (the order of non-sauce toppings matters).
    """
    def __init__(...)
        # ... implementation goes here
```

나는 개발자로 일하는 동안 주석과는 애증의 관계였었다. 처음에는 모든 것에 주석을 달았는데, 당시 학교 교수님이 원했기 때문이다. 몇 년 뒤에 이 진자의 추는 너무 멀리 가버렸다. 나는 코드 자체가 스스로 자립할 수 있는 "코드는 스스로 문서화될 수 있어야 한다code shall be self-documenting." 주의의 열렬한 지지자가 됐다.[4] 그런데 주석은 시간이 지나면 내용이 바뀌어야 할 경우가 발생한다. 흔히 말하듯이 "잘못된 주석은 주석이 없는 것보다 더 나쁘다."의 상황이 만들어지는 것이다. 진자의 추는 이후 뒤로 후퇴했고 코드가 하는 일을 절대적으로 자체 문서화해야 한다는 것을 배웠다(이는 최소 놀람의 원칙에 대한 다른 스핀이다). 하지만 주석은 코드의 인간적인 본성에 도움이 된다. 대부분 사람들은 (주석을) 코드가 특정 동작을 하는 이유를 적고 있지만 때로는 모호할 때가 있다. 앞의 코드에서 불변 속성들을 문서화했으며(코드에 명시되지 않은 불변 속성을 포함) 비즈니스

4. "코드는 스스로 문서화될 수 있어야 한다."와 "코드가 하는 일을 절대적으로 자체 문서화를 해야 한다."의 차이는 주석(comments)과 문서화 문자열(docstring)의 차이로 생각하면 편할 것 같다. 전자가 주석이고 후자가 문서화 문자열(문서)이다. 주석은 코드 내에 산발적으로 존재하지만 문서화 문자열은 하나의 장소에 원하는 내용을 모아서 정리한다. – 옮긴이

상의 이유로 이를 백업한다. 이런 방식으로 소비자는 클래스가 의도한 유스 케이스에 적합한지 여부와 동시에 어떤 클래스가 사용되고, 사용되지 않았는지를 확인할 수 있다.

유지 보수자들은 어떻게?

여러분은 또 다른 대상인 미래의 유지 보수자들에게 조금은 다르게 대응해야 한다. 이건 좀 까다롭다. 제약 조건을 정의하는 데 주석은 도움을 주지만 우발적인 변화까지는 막을 수 없다. 불변 속성의 변경은 민감한 일이다. 사람들은 이 불변 속성들이 함수 정의나 타입 시스템에 드러나지 않더라도 의지할 것이기 때문이며, 누군가가 불변 속성을 변경하면 모든 클래스의 소비자들에게 영향을 줄 것이다(때로는 이런 변경이 불가항력일 경우가 있다. 하지만 비용을 생각하라).

이런 변경을 캐치하려면 우리의 오랜 안전망인 단위 테스트에 의존해야 한다. 단위 테스트unit test는 자동으로 여러분이 만든 클래스와 함수를 테스트해주는 코드다(단위 테스트의 자세한 사항은 21장을 참조하라). 여러분은 당연하게 자신의 의도와 불변 속성에 대해 단위 테스트를 작성해야 하지만 하나 더 고려해줬으면 하는 측면이 있으니 미래의 테스트 작성자가 언제 불변 속성이 깨졌는지 알 수 있게 도와주는 것이다. 나는 이를 컨텍스트 관리자의 도움을 받아 수행한다. 컨텍스트 관리자란 `with` 블록의 수행이 끝났을 때 강제로 수행되는 코드를 수행시키는 생성자를 의미한다(컨텍스트 관리자에 익숙하지 않으면 11장을 참조하라).

```
import contextlib
from pizza_specification import PizzaSpecification

@contextlib.contetxtmanager
def create_pizza_specification(dough_radius_in_inches: int,
                               toppings: list[str]):
    pizza_spec = PizzaSpecification(dough_radius_in_inches, toppings)
```

```
    yield pizza_spec
    assert 6 <= pizza_spec.dough_radius_in_inches <= 12
    sauces = [t for t in pizza_spec.toppings if is_sauce(t)]
    assert len(sauces) < 2
    if sauces:
        assert pizza_spec.toppings[0] == sauces[0]

    # check that we assert order of all non sauces
    # keep in mind, no invariant is specified that we can't add
    # toppings at a later date, so we only check against what was
    # passed in
    non_sauces = [t for t in pizza_spec.toppings if t not in sauces]
    expected_non_sauces = [t for t in toppings if t not in sauces]
    for expected, actual in zip(expected_non_sauces, non_sauces):
        assert expected == actual

def test_pizza_operations():
    with create_pizza_specification(8, ["Tomato Sauce", "Peppers"]) \
        as pizza_spec:

        # do something with pizza_spec
```

이와 같은 컨텍스트 관리자 사용의 큰 장점은 모든 불변 속성이 테스트 시점에서 모두 확인될 수 있다는 것이다. 이는 마치 중복이 돼 DRY 원칙을 정면으로 위배하는 것처럼 느껴지지만 이 경우에는 증명서 역할을 한다. 단위 테스트는 이중 입력 부기의 한 형태이며 한쪽이 잘못 변경됐을 때 오류를 찾아준다.

불변 속성의 체크로 처리 속도가 지연될까?

모든 불변 속성을 체크하는 것은 런타임 시 비용이 발생하며, 특히 앞의 피자 예제보다 복잡한 경우는 더더욱 그렇다. 모든 불변 속성의 체크는 사람에게는 이해하는 속도를 높여주지만 타이트한 반복 구문 내에서 객체가 여러

번 중복 생성되는 경우 개발자들은 코드 실행 성능에 유리한 조건이나 예외를 회피하기 원할 수도 있다. 여러분의 프로그램을 벤치마크한 결과가 기준에 미치지 못할 때 코드 프로파일링을 한 결과로 불변 속성 체크가 큰 원인이라면 다음과 같이 해보라.

클래스가 갖고 있는 불변 속성들의 문서화를 계속하되 명시적인 방법으로 불변 속성을 만족시키는 것은 클래스 자체가 아닌 호출자라는 것을 전달한다. 클래스는 합리성을 유지하도록 불변 속성들을 유지하려고 노력해야 하지만 여러분이 원하는 만큼 전제 조건을 체크할 수는 없다. 여러분은 의도적이고 본질적으로 유지 보수성을 희생할 수밖에 없다.

캡슐화와 불변 속성의 유지 보수

고백할 게 하나 있는데, 나는 앞 절에서 솔직하지 못했다. 매의 눈을 가진 독자라면 내 속임수를 알아차렸을 것이다.

다음 코드를 살펴보자.

```
pizza_spec = PizzaSpecification(dough_radius_in_inches=8,
                                toppings=['Olive Oil',
                                          'Garlic',
                                          'Sliced Roma Tomatoes',
                                          'Mozzarella'])
```

향후의 개발자가 불변 속성을 변경을 해도 이를 막는 장치가 없다.

```
pizza_spec.dough_radius_in_inches = 100 # 안 된다.
```

```
pizza_spec.toppings.append('Tomato Sauce') # 두 번째 소스가 추가됐다.
```

개발자가 불변 속성을 이런 식으로 무효화할 수 있다면 불변 속성의 의미는 없어질 것이다. 이제 살펴봐야 할 또 다른 개념이 있으니 바로 캡슐화[encapsulation]다.

캡슐화

캡슐화란 간단히 말해 하나의 엔티티에 대해 속성들과 그 속성들의 동작을 숨길 수 있는 능력이다. 실제로는 호출자에게 어떤 속성을 보여줄지를 결정하거나 어떻게 데이터 변경이나 접근을 제어할지를 결정하는 것을 의미한다. 이는 애플리케이션 프로그래밍 인터페이스[API, Application Programming Interface]로 수행된다.

API라면 대부분 사람은 REST나 SDK 등을 떠올릴 것이다. 하지만 모든 클래스는 자체 API를 갖고 있다. API는 클래스와의 상호작용을 위한 주춧돌이다. 모든 함수 호출, 모든 속성의 접근, 모든 초기화는 객체의 API에서 하는 주요 부분이다.

지금까지는 PizzaSpecification에서의 API에서 두 부분을 다뤘다. 하나는 초기화(생성자)며 또 하나는 속성의 접근이다. 생성자는 충분히 설명을 했기에 더 할 말은 없다. 생성자는 불변 속성의 검증으로 역할을 다했다. 이제 설명할 것은 나머지 API(이 클래스와 함께 묶고자 하는 작업)를 구체화할 때 이런 불변 속성들을 보전하는 방법이다.

데이터 접근의 보호

데이터 접근 문제를 얘기하려면 다시 앞의 얘기로 돌아가야 한다. API(우리의 클래스)가 불변 속성을 깨트리는 것을 어떻게 방지할까? 이 데이터는 private이어야 한다는 것을 알려주면 될 것이다.

프로그램 언어에서 주로 사용하는 접근 제어 단계는 다음과 같다.

public

API에서 public으로 선언된 부분은 누구나 접근할 수 있다.

Protected

API에서 protected로 선언된 부분은 하위 클래스(이에 대해서는 12장에서 자세히 다룬다)만이 접근할 수 있다.

Private

API에서 private으로 선언된 부분은 클래스 내에서만 접근할 수 있다.

public과 protected 속성은 여러분의 API에서 공개 부분을 구성하고 있으며, 사람들이 여러분의 클래스에 많이 의존하고 있는 부분이기 때문에 반드시 안정화 작업을 해야 한다. 하지만 일반적으로 private 속성 부분은 그대로 두고 있는데, 이 부분은 접근할 수 없다고 느끼게 해주기 때문이다. 이 private이 불변 속성을 보존할 수 있는 방법이다.

파이썬에서는 언더스코어(_)를 앞에 붙임으로써 개발자들에게 해당 속성은 protected임을 알려준다. private 속성과 메서드는 앞에 언더스코어 두 개(__)를 붙여 나타낸다(앞뒤에 모두 언더스코어 두 개를 붙이는 매직 메서드와는 구분됨을 주의하라. 매직 메서드는 11장에서 다룬다). 파이썬에서는 이런 접근 제어가 깨짐을 캐치할 수 있는 컴파일러가 없다. 다시 말하면 protected와 private 멤버들에 개발자들이 멋대로 접근해서 망쳐버릴 가능성을 막을 장치가 없다는 것이다. 이런 장치를 만드는 것은 파이썬과 같은 동적 타입 언어들의 구조적인 과제가 된다.

린트[lint]를 설정하고, 코드 스타일을 강화하고, 철저한 코드 검토를 수행해 API를 클래스의 핵심 부분으로 취급하고 가볍게 깨지지 않게 해야 한다.

속성을 protected나 private으로 설정하는 데에는 몇 가지 장점이 있다. protected와 private 속성은 클래스의 help() 명령에서 보이지 않는다. 이는 누군가가 속성을 무심코 사용할 기회를 어느 정도 감추며 private 속성들은 쉽게 접근되지 않을 것이다.

```
from pizza.sauces import is_sauce
class PizzaSpecification:
    def __init__(self,
                 dough_radius_in_inches: int,
                 toppings: list[str]):
    assert 6 <= dough_radius_in_inches <= 12, \
        'Dough must be between 6 and 12 inches'
    sauces = [t for t in toppings if is_sauce(t)]
    assert len(sauces) < 2, \
        'Can have at most one sauce'

    self.__dough_radius_in_inches = dough_radius_in_inches ❶
    sauce = sauces[:1]
    self.__toppings = sauce + \
        [t for t in toppings if not is_sauce(t)] ❷

pizza_spec = PizzaSpecification(dough_radius_in_inches=8,
                                toppings=['Olive Oil',
                                          'Garlic',
                                          'Sliced Roma Tomatoes',
                                          'Mozzarella'])

pizza_spec.__toppings.append('Tomato Sauce') # OOPS
>>> AttributeError: type object 'pizza_spec' has no attribute '__toppings'
```

❶ 도우의 반지름은 이제 private 멤버다.

❷ 토핑은 이제 private 멤버다.

파이썬은 속성 앞에 두 개의 언더스코어가 붙으면 네임 맹글링[name mangling]이라고 하는 작업을 수행한다. 다음에서 파이썬은 이름을 변경해 사용자의 API 악용을 막는다. 객체의 __dict__ 속성을 사용해 맹글링된 이름이 무엇인지 찾을 수 있다.

```
pizza_spec.__dict__
>>> { '_PizzaSpecification__toppings': ['Olive Oil',
                                        'Garlic',
                                        'Sliced Roma Tomatoes',
                                        'Mozzarella'],
      '_PizzaSpecification__dough_radius_in_inches': 8
}

pizza_spec._PizzaSpecification__dough_radius_in_inches = 100
print(pizza_spec._PizzaSpecification__dough_radius_in_inches)
>>>100
```

그렇지만 위와 같이 속성에 접근한 코드를 발견하면 여러분은 여기에 빨간 깃발을 꽂아야 한다. 개발자는 클래스의 의도를 망쳐버렸으며 불변 속성을 깨트렸기 때문이다. 다행히도 이는 코드베이스의 린팅으로 쉽게 찾을 수 있다(린팅은 20장에서 다룬다). 여러분의 동업자들과 불변 속성에 대한 공감대를 형성하고 private인 것은 절대로 건드리지 말게 하라. 그렇지 않으면 관리의 구렁텅이로 빠지게 된다.

모든 private 멤버에 게터와 세터를 작성해야 할까?

흔히 하는 실수로(특히 private 속성을 막 배웠을 때 자주한다) 게터[getter]와 세터[setter]를 모든 private 멤버에 작성하는 경우가 있다. 여러분의 클래스가 게터와 세터밖에 없다면 차라리 데이터 클래스를 사용하는 것이 더 낫다. 일반 클래스에서 게터, 세터만 사용한다면 공용 데이터를 복잡하게 오픈하는 것밖에 안 된다.

클래스에 불변 속성이 있더라도 게터 메서드의 사용이 늘어나지 않게 주의하라. 리스트나 딕셔너리 같은 변경할 수 있는 특성에 대한 참조를 반환하지 않는 것이 좋다. 많은 경우 데이터의 복사본을 반환하는 것이 적절하다. 호출자가 데이터를 변경할 필요가 있다면 여러분이 선택한 API를 통해 하도록 강제하라(가능하다면 여러분의 불변 속성을 보존할 수 있는 새로운 API를 작성하라).

운영

이제 불변 속성이 쉽게 깨지지 않을 클래스를 만들었다. 구성할 수 있는 클래스는 있지만 여기에서 데이터를 읽거나 변경을 할 수 없는데, 지금까지 캡슐화의 한 부분, 즉 데이터의 은닉만을 설명했기 때문이다. 이제 운영과 데이터를 연결해 설명해야 한다. 메서드로 들어가보자.

나는 여러분이 클래스 밖에서 존재하는 함수들을 잘 다룰 것이라 믿겠다(클래스 밖의 함수를 자유 함수free function라고 한다). 내가 초점을 맞출 부분은 메서드로 알려진 클래스 내부의 함수들이다.

피자의 사양에 대해 다시 얘기해보자. 피자가 완성을 위한 큐에 머물러 있을 때 토핑을 얹을 수 있어야 한다. 무엇보다 내 피자는 큰 성공을 거뒀고(이는 단지 내 상상이다. 내 상상을 깨지는 말아 달라!) 때때로 손님들이 긴 대기줄을 이루고 있다. 그런데 어떤 가족이 피자를 주문하면서 아들이 좋아하는 토핑을 함께 주문하는 것을 까먹었다. 아이가 떼를 쓰며 치즈 위에 엎어지는 것을 막고자 그 가족은 주문을 이미 했지만 변경을 해야 할 필요가 있을 것이다. 이를 위해 나는 새로운 함수를 만들어 토핑을 추가할 수 있게 할 것이다.

```python
from typing import List
from pizza.exceptions import PizzaException
from pizza.sauces import is_sauce

class PizzaSpecification:
    def __init__(self,
                 dough_radius_in_inches: int,
                 toppings: list[str]):
        assert 6 <= dough_radius_in_inches <= 12, \
            'Dough must be between 6 and 12 inches'

        self.__dough_radius_in_inches = dough_radius_in_inches
        self.__toppings: list[str] = []
        for topping in toppings:
            self.add_topping(topping) ❶

    def add_topping(self, topping: str): ❷
        '''
        Add a topping to the pizza
        All rules for pizza construction (one sauce, no sauce above
        cheese, etc.) still apply.
        '''
        if (is_sauce(topping) and
                any(t for t in self.__toppings if is_sauce(t))):
            raise PizzaException('Pizza may only have one sauce')

        if is_sauce(topping):
            self.__toppings.insert(0, topping)
        else:
            self.__toppings.append(topping)
```

❶ 새로운 메서드인 add_topping을 사용한다.

❷ add_topping의 정의

리스트에 토핑을 추가하기만 하는 메서드를 작성하는 것은 쉬울 것이다. 하지만, 나는 지켜야 할 불변 속성들이 있고 여기에 타협하지는 않을 것이다. 두 번째 소스를 추가하지 못하게 해야 하고 토핑이 소스라면 이것이 먼저 깔리는 것을 보장해야 한다. 불변 속성은 객체의 수명주기 동안 참이어야 하며 이는 생성 이후 클래스 내부로 확장된다. 여러분이 추가하는 모든 메서드는 불변 속성을 계속 보존해야 한다.

메서드는 때때로 접근자[accessor]와 설정자[mutator]로 나뉜다. 어떤 이는 이를 게터와 세터로 기술하기도 한다. 나는 후자의 방식은 의미의 폭이 좁은 것 같다. '게터'와 '세터'는 때로 단순히 값을 반환하거나 값을 설정하는 것을 의미하기 때문이다. 많은 메서드는 이보다는 더 복잡하며 다중 필드를 설정하거나 복잡한 계산을 수행하거나 데이터 구조를 구축한다.

접근자는 정보를 검색하는 데 사용된다. 여러분이 데이터 표현과 관련된 불변 속성을 갖고 있다고 하면 이 메서드를 다뤄야 한다. 예를 들어 피자 사양은 내부 데이터를 기계 동작(도우를 펴고, 소스를 바르고, 토핑을 얹고, 굽고...)으로 전달하는 기능을 포함할 수도 있다. 불변 속성의 성질에 의해 기계의 오동작을 유발하지는 않는지 확인이 필요하다.

설정자는 여러분의 객체 상태를 변경한다. 설정자를 갖고 있다면 여러분은 상태 변경 시 불변 속성이 변경되지 않도록 상당한 주의를 기울여야 한다. 기존 피자에 새로운 토핑을 추가하는 일이 설정자가 하는 일이다.

위의 구분법은 함수를 클래스의 안에 둘지 밖으로 뺄지 결정하는 좋은 방법이기도 하다. 함수가 불변 속성과는 무관하고 더 심한 경우 클래스의 멤버들과 무관하다면 자유 함수로 이를 빼는 것이 나을 것이다. 이 클래스는 모듈 범위 내에서 그리고 여러분의 클래스 바깥에 존재하는 것이 좋다. 이미 비대해진 클래스에 하나의 함수를 더 추가하는 것이 복잡해 보일 수도 있지만(때로는 이것이 제일 쉽다) 유지 보수성을 고민한다면 전혀 연관이 없는 함수는 여러분을 악몽으로 인도할 수도 있다(여러분은 모든 종류의 의존성 체인을 설정해놓고 파일 간의 의존성을 따져가다 보면 의존성의 지옥에 빠지게 된다). 또한 클래스에 불변 속성이 전혀 없을 수도 있으며 이럴 때는 클래스 대신 자유 함수를 서로 체이닝해야 한다.

@staticmethod와 @classmethod에 대해

나는 staticmethod와 classmethod를 자주 사용하지는 않는다. 이를 처음 보는 이들을 위해 설명을 하면 이들은 인스턴스 대신 클래스에 묶인 함수를 작성하게 하거나(classmethod) 클래스 안에 위치하지만 어떤 방식으로든 클래스에 묶이지 않은(staticmethod) 함수를 작성하게 하는 데코레이터다. 나에게 이것들은 오늘날처럼 견고한 패턴이 많지 않던 시절 프로그래머들의 진부한 정신이다.

나는 staticmethod의 경우는 클래스로 묶어두기보다는 모듈 레벨의 범위에서의 자유 함수가 돼야 한다고 생각한다. classmethod를 사용하면 메타프로그래밍을 포함한 몇 가지 합법적인 사용 사례가 있지만 자유 함수가 더 강력하다. 자유 함수는 클래스보다 이동하기 쉬우며(클래스는 분할하거나 결합해야 할 수 있음) 하위 타입이 내 클래스의 메서드나 정적 메서드보다 우선하는지(상속 및 클래스/정적 메서드에는 위험한 부분이 있다) 여부를 걱정할 필요가 없다.

불변 속성은 개발자들 사이에 충분히 논의되는 것은 아니지만 불변 속성에 대한 고려를 시작하면 클래스의 유지 보수성에 대해 엄청난 가속이 붙을 것이다. 불변 속성을 사용하면 사용자가 여러분의 객체에 대해 정확한 추론을 하도록 도와주며 인지적인 부담을 덜어준다. 많은 사람이 코드를 본 후 나중에 시간을 내어 추가 작업을 하고 비용을 더 지불할 수 있다면 상관없지만 말이다.

마치며

나는 열거형이나 데이터 클래스와 같은 사용자 정의 데이터 타입보다 클래스 설명에 의도적으로 좀 더 많은 지면을 할애했다. 클래스는 보통 프로그래밍 언어의 초기 단계에서 배우며, 배우고 나서는 다시 들여다보진 않는다. 나는 대부분의 개발자가 클래스의 의미에 대한 고려 없이 클래스를 너무 많이 사용하는 것을 알았다.

사용자 정의 타입 생성 방법을 결정할 때 다음의 가이드를 참고하기 바란다.

딕셔너리

딕셔너리는 키-값 매핑의 의미를 가진다. 딕셔너리를 사용하고 있지만 이터레이션이 거의 없거나 동적으로 키를 찾는다면 여러분은 딕셔너리를 연관된 매핑처럼 사용하는 것이 아니므로 다른 타입이 필요할 수도 있다. 런타임 시 데이터 검색에 예외가 있는데(예를 들어 JSON 가져오기, YAML 파싱, 데이터베이스에서 데이터 검색 등), 이런 경우는 `TypedDict`가 더 적절하다(5장 참조). 하지만 데이터들을 다른 곳에서의 딕셔너리로 사용할 필요가 없다면 데이터를 파싱 후 이들을 사용자 정의 클래스로 가져오게 해야 한다.

열거형

열거형은 분산 스칼라 값들의 조합을 표현하는 데 적합하다. 열거형 값이 어떻게 되는지 신경을 쓸 필요는 없으며 코드에서 케이스를 구분하기 위한 구분자만 필요하다.

데이터 클래스

데이터 클래스는 거의 독립적인 데이터를 다루는 데 최적이다. 개별 필드들이 설정되는 방법은 제약이 있을 수 있지만 대부분은 사용자들이 내용의 핵심에 대한 개별 속성을 읽어 들이거나 설정하는 데 자유롭다.

클래스

> 클래스는 모두 불변 속성을 위한 것이다. 여러분이 보존하고 싶은 불변 속성이 있다면 클래스를 만들고 구축할 때 사전 가정 설정을 세운다. 그리고 메서드나 사용자가 이 불변 속성을 깨지 않게 한다.

그림 10-1은 이러한 규칙들을 기술한 간단한 플로차트다.

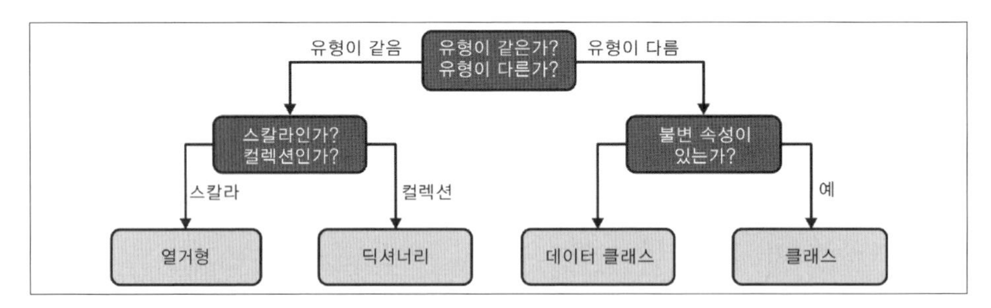

그림 10-1 적절한 추상화의 선택

하지만 어떤 타입을 골라야 할지 안다고 해서 모든 것이 끝나는 것은 아니다. 맞는 타입을 선택했으면 여러분은 소비자의 관점에서 원활하게 상호작용을 할 수 있게 해야 한다. 11장에서는 타입의 API에 초점을 맞춰 좀 더 자연스럽게 작업할 수 있는 방법을 알아본다.

11장

사용자 정의 인터페이스

여러분은 자신만의 사용자 정의 타입을 만드는 방법을 배웠다. 하지만 사용자 정의 타입을 만드는 것만으로 모든 것이 완성되지는 않는다. 개발자들은 이제 여러분이 만든 타입들을 사용해야 하며, 이를 위해서는 각 타입들의 API가 필요하다. 이는 외부 함수들과 함께 타입과 관련된 함수들의 집합이며 개발자들은 이 API들로 여러분의 코드와 상호작용을 한다.

일단 타입들을 사용자들에게 써보게 하면 사용자들은 여러분이 생각치도 못할 방식으로 타입을 사용할(남용할) 것이다. 그리고 개발자가 여러분의 타입에 (그런 방식으로) 한 번 의존하면 그 사용 방식을 바꾸기란 쉽지 않다. 이는 내가 다음과 같이 **코드 인터페이스의 패러독스**^Paradox of Code Interface^라 부르는 현상을 가져온다.

> 여러분은 인터페이스를 올바르게 취할 한 번의 기회가 있다. 하지만 올바르게 취했는지는 써보기 전에는 모를 것이다.

개발자들은 여러분이 생성한 타입을 사용하자마자 타입이 지정하는 동작에 의존하게 된다. 여러분이 이전 버전과 호환되지 않는 변경을 시도한다면 모든 호출 코드가 깨져버릴 수 있다. 인터페이스 변경 시의 위험성은 외부 코드가 의존하는 코드의 양에 비례한다.

이 패러독스는 여러분이 타입에 의존하는 모든 코드를 제어할 수 있는 경우에는 적용되지 않고 변경할 수 있다. 하지만 이 타입이 프로덕션 환경으로 올라가고 사람들이 사용하기 시작하면 이를 변경하기는 쉽지 않다. 견고성과 유지 보수성이 중요한 대규모 코드베이스에서 전면적인 변경에 필요한 변경과 비용을 조율하는 데는 많은 비용이 든다. 여러분이 만든 타입이 오픈소스 라이브러리나 플랫폼 SDK와 같은 조직의 컨트롤 영역 밖에 있는 엔티티에서 사용된다면 비용을 떠나 거의 불가능하다. 이런 코드로는 작업을 진행하기 어려우며 개발자의 의욕은 천천히 무너진다.

더 좋지 않은 상황은 많은 사람이 인터페이스에 의존해 패러독스를 일으키기 전까지는 인터페이스를 사용하는 것이 정말로 문제가 없는지 알 수 없다는 것이다. 어떻게 쓰일지 모른다면 어떻게 인터페이스 설계를 시작할까? 그렇다. 여러분 자신은 이 인터페이스를 어떻게 쓸지 알고 있으며, 이는 훌륭한 출발점이 되지만 이렇게 되면 인터페이스를 만들 때 암묵적 편향이 개입될 수 있다. 여러분은 당연하다고 느끼는 것이 타인에게는 전혀 그렇지 않을 수 있다. 여러분의 목표는 여러분의 모든 사용자가 목적한 일을 하는 것이다(그리고 목적이 아닌 일을 피하는 것이다). 이상적인 경우는 사용자가 여러분의 인터페이스를 어떠한 추가 작업 없이 정확히 사용하는 것이다.

나는 마법의 은 탄환을 갖고 있지 않다. 한 번에 모든 사람의 요구를 충족시키는 인터페이스를 만드는 방법은 처음부터 없다. 대신 여러분이 최고의 기회를 잡을 수 있는 몇 가지 원칙을 얘기하려 하며 기존 API를 변경해야 하는 경우 완화에 대한 전략을 얘기할 것이다. 여러분의 API는 다른 개발자에게는 첫인상이니 중요하게 생각하라.

토론하기

여러분의 코드베이스에서 가장 사용하기 어려운 인터페이스는 무엇인가? 사용자가 여러분의 타입을 사용할 때 자주 발생되는 오류를 살펴보라. 또 여러분의 인터페이스 중 잘 쓰일 것 같은데 거의 안 쓰이는 부분도 살펴보라. 왜 이 부분은 잘 안 쓰일까? 개발자들이 이런 쓰기 어려운 인터페이스를 만났을 때 발생하는 비용을 토론해보자.

자연스러운 인터페이스 설계

인터페이스 설계의 목표는 다소 모호하게 느껴질 수도 있지만 사용자가 여러분의 인터페이스 사용이 자연스럽다고 느껴지게 하는 것이다. 다시 말하면 여러분 코드의 호출자가 느끼는 마찰을 줄이는 것이다. 코드가 쓰기 어렵다면 다음과 같은 현상이 발생한다.

기능 복제

여러분의 타입이 사용하기 어렵다고 느낀 일부 개발자는 스스로 타입을 만들고 그 기능을 여기에 복제할 것이다. 서로 다른 아이디어가 대규모로 경쟁하는 것은 바람직하지만(예, 오픈소스 프로젝트에서의 경쟁) 이것이 코드베이스에서 발생한다면 바람직하지 않다. 개발자는 어떤 타입을 사용해야 할지 불확실한 상태에서 다양한 타입을 제공받는다. 그들의 관심이 분산되면서 내용이 꼬이고, 버그를 만들며 이를 대응하기 위한 추가 비용이 발생한다. 또한 제공받은 타입에 업데이트가 발생하면 기능이 복제된 모든 곳에 업데이트를 해야 하며, 그렇지 못하면 역시 버그가 발생하고 추가 비용이 발생한다.

깨진 멘탈 모델

개발자들은 코드 작업을 할 때 추론을 위한 멘탈 모델을 세운다. 하지만 어떤 타입들이 추론하기에 어려우면 멘탈 모델은 흔들린다. 멘탈 모델이 흔들리면 타입을 잘못 사용하게 되고 버그로 이어질 가능성이 크다. 이런 경우는 여러분이 원하는 순서로 메서드 호출을 하지 않았을 것이다. 호출했어야 하는 메서드를 빠트렸거나 코드가 하는 일을 잘못 이해하고 잘못된 정보를 전달했을 수도 있다. 이런 모든 것이 코드베이스를 약하게 만드는 마중물이 된다.

테스트 감소

사용하기 어려운 코드는 테스트도 어렵다. 복잡한 인터페이스든 큰 의존성의 체인이든 상호작용이든 모두 마찬가지며, 테스트 코드 작성이 어려우면 당연히 테스트 케이스도 줄어든다. 변경이 일어나도 확인할 수 있는 버그가 줄어들게 된다. 보기에는 관련이 없어 보이는 변경이 있을 때마다 미묘한 방식으로 깨지는 테스트를 다루는 것은 상당히 혼란스럽다.

사용하기 어려운 카드는 코드베이스의 견고성을 해친다. 인터페이스를 설계할 때 특별 관리가 필요하며, 이를 위한 스콧 메이어스Scott Mayers가 제창한 기본 원칙이 있다.[1]

사용자가 정확히 사용하도록 그리고 잘못 사용하지 못하게 인터페이스를 쉽게 만들어라.

여러분은 개발자들이 여러분이 만든 타입을 마치 예상했던 것처럼 쉽게 사용하기를 원할 것이다(이는 1장에서 언급됐던 '최소 놀람의 원칙Law of Least Suprise'의 교묘한 스핀 오프다). 더 나아가서 여러분은 사용자들이 여러분의 타입을 잘못된 방식으로 사용하는 것을 원하지 않을 것이다. 인터페이스에서 지원하거나 금지해야 할 모든 행동을 상정하는 것은 여러분의 몫이다. 이를 위해서는 협업자의 머릿속에 들어가 무슨 생각을 하는지 알아야 한다.

사용자처럼 생각하기

여러분은 지식의 저주Curse of Knowledge[2]를 받았으니 사용자처럼 생각하기는 쉽지 않을 것이다. 이것이 차라리 불가사의한 육각형이나 신비한 주문이면 더 낫겠다. 이 저주는 여러분이 코드베이스와 함께 보낸 시간 때문에 생긴 것이다. 아이디어를 쌓다 보면, 그래서 그 아이디어에 너무 익숙해지면 새로운 사용자가 어떻게 인식하는지 보이지 않게 된다. 이런 인지적 편향에 대처하는 첫 번째 단계는 이를 인정하는 것이다. 이때부터 사용자처럼 생각하려고 할 때

---

1. Kevlin Henney and Scott Meyers. 『Make Interfaces Easy to Use Correctly and Hard to Use Incorrectly.』 Chap. 55 in 97 Things Every Programmer Should Know: Collective Wisdom from the Experts. Sebastopol: O'Reilly. 2010.
2. 지식의 저주(curse of knowledge)란 어떤 개인이 다른 사람들과 의사소통을 할 때 다른 사람도 이해할 수 있는 배경을 갖고 있다고 자신도 모르게 추측해 발생하는 인식적 편견을 의미한다(출처: https://ko.wikipedia.org/wiki/지식의_저주). – 옮긴이

여러분이 갖고 있는 편견을 고려할 수 있다. 다음은 이를 위한 유용한 전략 몇 가지다.

테스트 주도 개발

켄트 벡Kent Beck이 2000년대 초반에 제창한 **테스트 주도 개발**Test-Driven development(이하 TDD)은 코드 테스트에 유명해진 프레임워크다.[3] TDD는 다음과 같은 루프를 기본으로 한다.

- 실패하는 테스트를 추가
- 테스트를 통과하는 코드 작성
- 리팩토링

TDD 관련 책은 많기 때문에 여기에서 메커니즘은 세부적으로 설명하지는 않겠다. 하지만 TDD의 의도는 타입 사용법을 이해하는 데 매우 유용하다.

많은 개발자가 테스트 주도 개발(테스트 먼저 작성)은 개발 후 테스트(테스트를 나중에 작성)와 유사한 장점이 있다고 생각한다. 두 경우 모두 테스트 코드는 작성한다. 그렇지 않은가? 이렇게 단순하게 보면 TDD는 그렇게 값어치는 없어 보인다.

하지만 이는 너무 나간 단순화다. 이는 TDD를 테스트 방법론으로 생각하는 방식에서 출발한 것이며, 사실 TDD는 **설계 방법론**Design Methodology이다. 테스트는 중요하지만 이는 방법론의 부산물에 불과하다. 진짜 가치는 테스트가 인터페이스 설계를 얼마나 도와주는지에 있다.

TDD를 사용하면 구현체를 작성하기 전에 어떻게 코드가 호출되는지를 미리 볼 수 있다. 테스트를 먼저 작성하기 때문에 여러분은 잠시 멈추고 자신의 타입과

3. Kent Beck. Test Driven Development: By Example. Upper Saddle River, NJ: Addison-Wesley Professional, 2002.

어떻게 마찰 없이 상호작용을 할 수 있을지 자문하는 시간이 있다. 여러분이 마구잡이로 함수를 호출하거나 긴 의존관계 체인을 만들거나 고정된 순서의 테스트를 정해야 한다면 여러분이 만들고 있는 것은 너무 복잡하다는 위험 신호를 경험하는 것이다. 이런 경우 인터페이스를 다시 평가하거나 리팩토링을 해야 한다. 코드를 작성하기도 전에 단순화할 수 있다는 것이 얼마나 대단한가?

추가적인 장점으로 여러분의 테스트는 문서화의 한 형태로서 역할을 한다. 다른 개발자들은 특히 여러분의 코드 중 최상위 레벨에서의 문서에서 언급하지 않은 부분에 대한 사용법을 알기 원할 것이다. 잘 작성된 단위 테스트 세트는 여러분의 타입이 어떻게 작동되는지 알려주는 좋은 문서 역할을 하며, 여러분은 사용자에게 좋은 첫인상을 남기길 원할 것이다. 여러분의 코드가 시스템에서의 동작에 대해 유일한 진실이라면 테스트도 여러분의 코드와 상호작용을 하는 유일한 소스가 된다.

README 주도 개발

TDD와 유사한 README 주도 개발README-Driven Development(이하 RDD)은 톰 피어슨-워너Tom Preston-Werner(https://tom.preston-werner.com/2010/08/23/readme-driven-development.html)에 의해 만들어졌으며, 이 역시 코드가 작성되기 전에 사용하기 어려울 것 같은 코드를 미리 알아내기 위한 설계 방법론이다. RDD의 목표는 최상위 레벨에서의 아이디어와 중요한 코드와의 상호작용을 프로젝트 내의 단일 문서로 추출하는 것이다. 이 단일 문서가 README 파일이다. 이는 코드의 다른 부분들이 어떻게 상호작용을 하는지 공식화하는 좋은 방법이며, 사용자가 따라할 수 있는 더 높은 레벨의 패턴을 제공할 수 있다.

RDD는 다음과 같은 장점을 갖고 있다.

- 폭포수 방법론Waterfall methodology에서처럼 모든 레벨의 문서를 처음부터 작성할 필요가 없다.

- README 파일은 때로는 개발자가 제일 처음 만나는 부분이다. RDD는 개발자에게 좋은 첫 인상을 줄 수 있는 기회가 된다.
- 작성된 코드를 수정하는 것보다 팀의 토론에 기반을 두고 문서를 수정하는 것이 더 쉽다.
- 잘못된 코드 내 결정의 설명을 위해 README를 사용할 필요가 없다. 대신 코드가 이상적인 유스 케이스로 변경돼야 한다.

미래의 개발자가 실제로 유지 보수를 할 수 있어야만 여러분은 유지 보수가 가능한 소프트웨어 구축에 성공한 것이다. 미래의 개발자를 통해 여러분이 성공하게 해야 하며, 이를 통해 미래의 개발자가 (코드가 아닌) 문서에서부터 작업을 시작하는 경험을 쌓아라.

사용성 테스트

궁극적으로 여러분은 사용자가 어떻게 생각하는지 추측해야 한다. 이런 작업만 언급하는 분야가 있는데, 바로 **사용자 경험**User Experience(이하 UX)이다. UX는 TDD와 마찬가지로 이미 수많은 책이 다루고 있기 때문에 여기서는 코드를 단순화하기 위한 하나의 관련 전략만 다룬다. 바로 사용성 테스트다.

사용성 테스트는 여러분의 제품에 대해 사용자가 어떤 생각을 하는지 실제로 물어보는 프로세스다. 들어보면 정말 간단해 보이지 않는가? 여러분의 사용자가 어떻게 반응할지 생각하고자 그들에게 물어보면 되는 것이다. 당장 여러분이 할 수 있는 간단한 방법은 여러분의 잠재 사용자(이 경우는 다른 개발자가 된다)에게 가서 물어보면 되지만 이 방법은 중요 내용을 놓치기 쉽다.

복도 테스트 Hallway testing를 통해 사용자 테스트를 쉽게 시작할 수 있다. 여러분의 인터페이스를 설계했다면 여러분의 복도를 지나는 첫 번째 사람을 붙들고 여러분의 설계에 대해 피드백을 부탁해보라. 이는 정말 저비용으로 취약점을 알 수 있는 방법이다. 다만 이들의 말을 너무 문자 그대로 받아들이지는 말라. 복도에서 보는 사람 외에도 자유롭게 팀원, 동료, 테스터들에게 인터페이스에 대한 평가를 자유롭게 요청할 수 있다.

하지만 더 많은 사용자를 대상으로 하는 인터페이스에 대해서는(예를 들어 인기가 높은 오픈소스 라이브러리 등) 좀 더 공식적인 테스트를 원할 수도 있다. 이런 경우에는 잠재 사용자들을 직접 여러분이 만든 인터페이스 앞에 세워 놓는 작업도 함께 진행한다. 잠재 사용자들에게 끝내야 할 작업을 주고 이들을 관찰한다. 여러분의 역할은 이들을 가르치거나 연습을 통해 이끄는 것이 아니라 그들이 어디에서 고군분투를 하고 있는지, 어디에서 뛰어난지를 관찰하는 것이다. 이들의 고군분투로부터 배워라. 이들은 어디가 사용하기 어려운 영역인지 확실히 알려준다.

사용성 테스트는 팀 내의 주니어 레벨에 맞는 작업이다. 이들은 시니어 레벨보다 '지식의 저주'가 훨씬 덜 걸려 있기 때문이며, 아무래도 새로운 시각으로 설계를 평가할 수 있을 것이다.

자연스런 상호작용

도널드 노만Donald Norman은 매핑을 '실제 세계의 결과에 따른 동작과 제어와의 관계'로 묘사한다. 이러한 매핑은 '물리적 비유와 문화적 표준을 활용해 (즉각적인 이해로) 이어져야' 자연스러운 것이다.[4] 이것은 여러분이 인터페이스를 작성할 때 염두에 두는 내용이다. 사용자들은 여러분의 인터페이스를 보고 바로 이해해야 한다.

4. 도널드 노만(Donald A Norman)의 『디자인과 인간 심리』(학지사, 2016) 참조. 이 책은 UX 마인드를 갖추기 위한 기본서다.

이 경우 '제어와 동작'은 여러분의 인터페이스를 구성하는 함수와 타입을 의미하며, '실제 세계의 결과'는 코드의 작동을 의미한다. 이를 좀 더 자연스럽게 받아들여지게 하고자 작업은 사용자의 멘탈 모델을 지원해야 한다. 이것이 '물리적 비유와 문화적 표준'에 대한 얘기에서 도널드 노만이 의미한 것이다. 여러분은 코드의 독자와 그들이 이해하고, 그들의 경험과 지식을 기반으로 표현하는 방식으로 연결돼야 한다. 이를 위한 가장 좋은 방법은 여러분의 도메인과 다른 일반 지식을 여러분의 코드로 매핑하는 것이다.

인터페이스를 설계할 때 사용자와 상호작용의 수명주기 전반을 생각해야 하며, 수명주기 전체가 여러분의 코드에 익숙하지 않은 사용자가 이해할 수 있는 부분들과 매핑되는지 자문해야 한다. 코드에 익숙하지 않더라도 도메인을 잘 아는 사람이라면 쉽게 이해할 수 있도록 인터페이스를 모델링하라. 이렇게 하면 여러분의 인터페이스는 직관적이 될 것이며 개발자의 실수 가능성을 줄여준다.

자연스런 상호작용의 실제

이번 장에서는 자동화된 식료품 픽업 서비스의 일부를 위한 인터페이스를 설계할 것이다. 사용자가 스마트폰으로 레시피를 스캔하면 앱이 자동으로 어떤 재료가 필요한지 찾아낸다. 사용자가 주문을 승인하면 앱은 지역 식료품점들에 재료의 가용을 묻는 쿼리를 보내고 그 결과에 따라 배송 일정을 잡는다. 그림 11-1은 이 작업의 워크플로를 나타낸다.[5]

5. 여기에서 재료(ingredients)와 식료품(grocery)의 차이는 조금 다른데, 예를 들어 어떤 레시피에서 '버터 10g'이 필요하다고 하면 이는 재료를 의미하며 이를 위해 가게에서 버터 1덩이(100g)을 사야 하는데, 이 버터 1덩이가 식료품이다. – 옮긴이

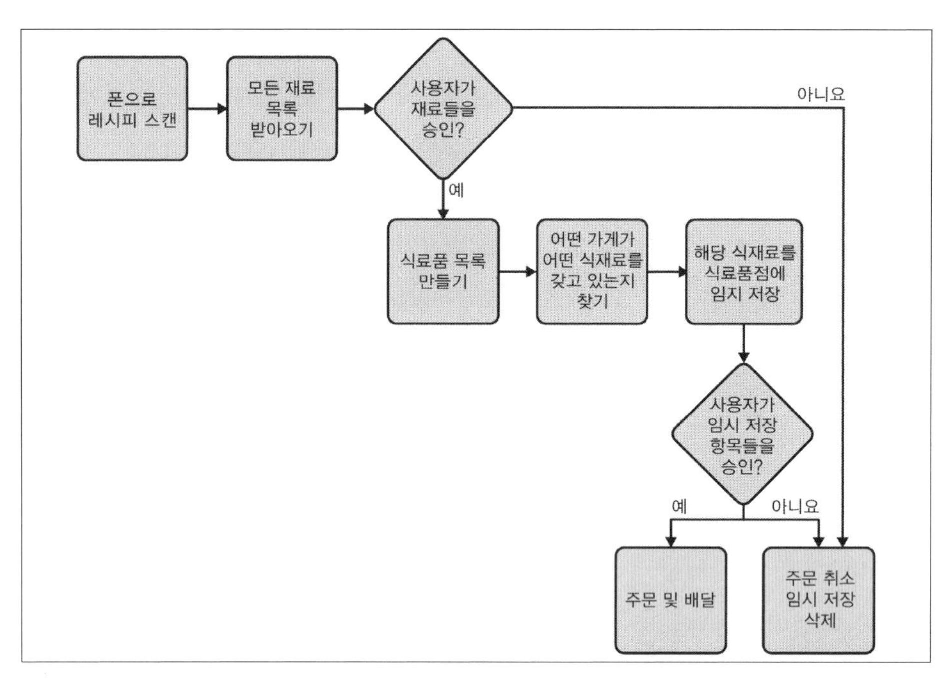

그림 11-1 자동화된 식료품 배달 앱의 워크플로

나는 주어진 레시피 세트의 주문을 만들기 위한 특별한 인터페이스에 초점을 맞출 것이다.

레시피를 나타내고자 9장에서 `Recipe dataclass` 부분을 일부 수정할 것이다.

```
from dataclasses import dataclass
from enum import auto, Enum
from grocery.measure import ImperialMeasure

@dataclass(frozen=True)
class Ingredient:
    name: str
    brand: str
    amount: float = 1
    units: ImperialMeasure = ImperialMeasure.CUP
```

```
@dataclass
class Recipe:
    name: str
    ingredients: list[Ingredient]
    servings: int
```

또한 이 코드베이스는 식료품점의 항목을 검색하기 위한 함수 및 타입을 갖고 있다.[6]

```
import decimal
from dataclasses import dataclass
from typing import Iterable
from grocery.geospatial import Coordinates
from grocery.measure import ImperialMeasure

@dataclass(frozen=True)
class Store:
    coordinates: Coordinates
    name: str

@dataclass(frozen=True)
class Item:
    name: str
    brand: str
    measure: ImperialMeasure
    price_in_cents: decimal.Decimal
    amount: float

Inventory = dict[Store, List[Item]]
def get_grocery_inventory() -> Inventory:
    # reach out to APIs and populate the dictionary
```

6. 전체 코드는 https://github.com/pviafore/RobustPython/blob/master/code_examples/chapter11/grocery_app.py를 참조하기 바란다. - 옮긴이

```
    # ... 생략 ...

def reserve_items(store: Store, items: Iterable[Item]) -> bool:
    # ... 생략 ...

def unreserve_items(store: Store, items: Iterable[Item]) -> bool:
    # ... 생략 ...

def order_items(store: Store, item: items: Iterable[Item]) -> bool:
    # ... 생략 ...
```

코드베이스의 다른 개발자들은 스마트폰의 스캔 기능으로 레시피를 추출하는 코드를 이미 만들었으며, 이제 식료품점으로의 주문을 위한 재료 목록을 생성해야 한다. 여러분은 여기에서 출발한다.

```
recipes: List[Recipe] = get_recipes_from_scans()
# 주문을 받기 위한 부분
order = ????
# 필요시 사용자는 변경이 가능하다.
display_order(order) # TODO once we know what an order is
wait_for_user_order_confirmation()
if order.is_confirmed():
    grocery_inventory = get_grocery_inventory()
    # HELP, 식료품 목록은 있는데 이제 식재료로 어떻게 할까?
    grocery_list = ????
    # HELP. 식재료를 미리 예약해 다른 사람들이
    # 가져가지 못하게 해야 한다.
    wait_for_user_grocery_confirmation(grocery_list)
    # HELP. 실제로 식재료가 주문됐는가?
    deliver_ingredients(grocery_list)
```

여러분은 HELP와 ???? 부분을 채우는 것이 목표다. 나는 여러분이 코드를 시작하기 전에 인터페이스를 의도적으로 디자인하는 습관을 들였으면 한다. 마케팅 담당이나 프로덕트 관리자에게 여러분 코드의 목적이 무엇인지 어떻게 설명할까? 다음 코드를 보기 전에 잠시 생각을 해보자. 어떻게 사용자들이 여러분의 인터페이스와 상호작용할까?

내가 생각해낸 것은 다음과 같다(다음 외에도 문제를 해결할 수 있는 방법은 많으며 더 좋은 방법을 갖고 있다면 그것도 괜찮다).

1. 전달받은 각 레시피의 모든 재료를 한곳으로 취합한다. 이는 Order가 된다.
2. Order는 재료의 리스트며 사용자는 필요에 따라 항목을 추가/삭제할 수 있다. 하지만 사용자가 한 번 승인을 해 버리면 수정은 불가능하다.
3. 주문이 한 번 승인되면 모든 재료를 확인해 어느 식료품점에 재고가 있는지 확인한다. 이것이 Grocery List가 된다.
4. Grocery List는 식료품점의 리스트 및 각 가게에서 주문해야 할 재료의 리스트로 구성돼 있다. 각 아이템은 앱에서 주문을 넣기 전까지는 임시 보관돼 있다. 식재료들은 서로 다른 가게에서 배달될 것이며 앱은 식재료별 최저가의 가게를 찾아 주문을 넣을 것이다.
5. 사용자가 Grocery List를 승인하면 주문을 넣는다. 임시 보관된 항목들은 삭제되고 배달에 들어간다.
6. 주문대로 사용자의 집에 배달된다.

get_recipe_from_scans나 get_grocery_inventory가 세부적으로 어떻게 구현됐는지 알 필요 없이 이렇게 구현할 수 있다는 것이 놀랍지 않은가? 이것이 도메인 컨셉을 기술하기 위한 타입이 주는 장점이며 튜플이나 딕셔너리로 구현했다면(게다가 생각만 해도 치가 떨리게 타입 어노테이션 없이 했다면) 여러분은 어떤 데이터로 처리해야 하는지 코드베이스 전체를 뒤져야 했을 수도 있다.

인터페이스에는 코드에 대한 개념이 들어가 있지 않으며 식료품 도메인 관계자들이 이해할 수 있는 내용으로 모두 기술됐다. 인터페이스를 설계할 때 가능한 한 도메인 친화적으로 매핑돼야 한다.

이제 클래스를 생성해 주문을 처리해보자.

```
from typing import Iterable, Optional
from copy import deepcopy

class Order:
    ''' 식재료 목록을 나타내는 Order 클래스 '''
    def __init__(self, recipes: Iterable[Recipe]):
        self.__ingredients: set[Ingredient] = set()
        for recipe in recipes:
            for ingredient in recipe.ingredients:
                self.add_ingredient(ingredient)

    def get_ingredients(self) -> list[Ingredient]:
        ''' 식재료를 알파벳순으로 정렬해 반환한다.
        # 복사본을 반환해 사용자들이 실수로
        # 내부 데이터를 건드리지 않게 한다.
        return sorted(deepcopy(self.__ingredients),
                      key=lambda ing: ing.name)

        def _get_matching_ingredient(self,
                          ingredient: Ingredient) -> Optional[Ingredient]:
            try:
                return next(ing for ing in self.__ingredients if
                            ((ing.name, ing.brand) ==
                             (ingredient.name, ingredient.brand)))
            except StopIteration:
                return None

    def add_ingredient(self, ingredient: Ingredient):
        ''' 아직 추가가 안 된 식재료를 추가하거나
            추가가 됐다면 수량을 증가시킨다.
        '''
```

```
        target_ingredient = self._get_matching_ingredient(ingredient)
        if target_ingredient is None:
            # 첫 식재료는 - 추가한다.
            self.__ingredients.add(ingredient)
        else:
            # add ingredient to existing set
            ????
```

나쁘지 않은 출발이다. 내가 앞에서 정의한 인터페이스 상호작용의 첫 번째 항목과 이 코드는 상당히 일치한다. 각 레시피에서 재료들을 읽어 들이고 이들을 하나의 세트로 모으고 있다. 문제가 있다면 이미 진행 중인 재료들의 세트에 어떻게 재료를 추가할 것인지다. 하지만 이는 잠시 후에 돌아와 해결할 것이다.

지금은 Order의 중요성을 나타내려 한다. 다시 말하면 주문이 승인되면 사용자는 더 이상 변경하면 안 된다. 나는 Order 클래스를 다음과 같이 바꿀 것이다.

```
# 새로운 예외를 추가해 사용자들이 명시적으로 오류를 캐치할 수 있게 한다.
class OrderAlreadyFinalizedError(RuntimeError):
    # RuntimeError을 상속받아 사용자들이 예외가 발생할 때
    # 적절한 메시지를 출력할 수 있게 한다.
    pass

class Order:
    ''' 식재료들의 목록을 나타내는 Order 클래스
        한 번 확정되면 수정할 수 없다.
    '''
    def __init__(self, recipes: Iterable[Recipe]):
        self.__confirmed = False
        # ... 생략 ...

    # ... 생략 ...

    def add_ingredient(self, ingredient: Ingredient):
```

```python
            self.__disallow_modification_if_confirmed()
            # ... 생략 ...

        def __disallow_modification_if_confirmed():
            if self.__confirmed:
                raise OrderAlreadyFinalizedError('Order is confirmed -'
                                                 ' changing it is not allowed')

        def confirm(self):
            self.__confirmed = True

        def unconfirm(self):
            self.__confirmed = False

        def is_confirmed(self):
            return self.__confirmed
```

이제 앞에서 정의한 인터페이스 상호작용의 첫 번째 및 두 번째 항목이 코드에 나타나며, 코드는 이 항목들을 아주 잘 나타내고 있다. Order를 나타내기 위한 타입을 사용해 호출 코드가 작동할 인터페이스를 만들었다. 여러분은 주문을 order = Order(recipes)로 만들 수 있으며, 이 주문에 재료를 추가하고 기존 재료의 양을 변경하고 확인 로직을 다룰 수 있다.

이제 내가 이미 고른 재료(추가로 밀가루 3컵과 같은...)를 추가할 때 빠진 부분은 ????로 표시된 부분이다. 바로 드는 생각은 단순히 양을 합치는 것이었지만 올리브 오일 1 컵에 1 테이블 스푼을 추가하는 것처럼 측정 단위가 다른 경우에는 작동하지 않는다. 1 컵에 1 테이블 스푼을 추가해도 2 테이블 스푼이나 2 컵이 될 수는 없다.

코드 내에서 바로 타입 변환을 할 수는 있다. 하지만 뭔가 자연스럽지는 않다. 내가 원하는 것은 already_tracked_ingredient += new_ingredient 같은 것이다. 하지만 이를 실행하면 다음과 같은 예외가 발생한다.

```
TypeError: unsupported operand type(s) for +=: 'Ingredient' and 'Ingredient'
```

하지만 이는 해결할 수 있다. 이를 위해 작은 파이썬의 마법을 사용해야 한다.

매직 메서드

매직 메서드magic methods는 파이썬에서 내장 기능이 수행될 때 사용자 정의 동작을 정의하게 해준다. 매직 메서드는 앞뒤로 두 개의 언더스코어가 붙는다. 이 때문에 때로는 던더 메서드dunder methods, double underscore method라 불린다. 여러분은 이미 앞에서 매직 메서드를 접한 적이 있다.

- 10장에서 생성자로 `__init__` 메서드를 사용했다. `__init__`은 클래스가 구축될 때마다 호출된다.
- 9장에서 `__lt__`, `__gt__`, 기타 다른 것을 사용해 두 객체가 < 또는 > 로 비교될 때 일어나는 액션을 정의했다.
- 5장에서 호출을 가로채 대괄호로 `recipes['Stromboli']`과 같이 인덱싱을 하고자 `__getitem__`을 사용했다.

추가에 대한 동작을 제어하기 위한 `__add__` 메서드를 추가할 수 있다.

```
@dataclass(frozen=True)
class Ingredient:
    name: str
    brand: str
    amount: float = 1
    units: ImperialMeasure = ImperialMeasure.CUP

    def __add__(self, rhs: Ingredient):
```

```python
        # 추가하는 식재료가 동일함을 확인한다.
        assert (self.name, self.brand) == (rhs.name, rhs.brand)
        # 변환 차트(좌변, 우변)를 생성한다.
        conversion: dict[tuple[ImperialMeasure, ImperialMeasure], float] = {
            (ImperialMeasure.CUP, ImperialMeasure.CUP): 1,
            (ImperialMeasure.CUP, ImperialMeasure.TABLESPOON): 16,
            (ImperialMeasure.CUP, ImperialMeasure.TEASPOON): 48,
            (ImperialMeasure.TABLESPOON, ImperialMeasure.CUP): 1/16,
            (ImperialMeasure.TABLESPOON, ImperialMeasure.TABLESPOON): 1,
            (ImperialMeasure.TABLESPOON, ImperialMeasure.TEASPOON): 3,
            (ImperialMeasure.TEASPOON, ImperialMeasure.CUP): 1/48,
            (ImperialMeasure.TEASPOON, ImperialMeasure.TABLESPOON): 1/3,
            (ImperialMeasure.TEASPOON, ImperialMeasure.TEASPOON): 1
        }

        return Ingredient(rhs.name, rhs.brand,
                          rhs.amount + self.amount * conversion[(rhs.units,
                                                                 self.units)],
                          rhs.units)
```

__add__ 메서드를 정의해 재료들을 + 연산자로 추가할 수 있게 됐다. add_ingredient 메서드는 다음과 같이 완성할 수 있을 것이다.

```python
    def add_ingredient(self, ingredient: Ingredient):
        ''' 아직 추가가 안 된 식재료를 추가하거나
            추가가 됐다면 수량을 증가시킨다. '''

        target_ingredient = self._get_matching_ingredient(ingredient)
        if target_ingredient is None:
            # 첫 식재료 - 추가한다.
            self.__ingredients.add(ingredient)
        else:
            # 기존 목록에 식재료를 추가한다.
            target_ingredient += ingredient
```

이제 재료의 추가를 표현하는 방식이 아주 자연스러워졌다. 여기서 멈추면 안 된다. 빼기, 곱하기, 나누기(재료의 수를 몇 배로 불리거나 줄일 때 사용되는 연산), 비교 연산까지 정의할 수 있다. 이렇게 자연스런 연산 방법이 가능하면 사용자가 여러분의 코드를 훨씬 더 쉽게 이해할 수 있다. 파이썬에서의 모든 연산은 이런 매직 메서드를 제공한다. 지금까지 내가 다루지 못한 것은 매우 많지만 자주 사용되는 메서드들은 표 11-1을 참조하기 바란다.

표 11-1 파이썬에서 자주 사용되는 매직 메서드

매직 메서드	사용처
`__add__`, `__sub__`, `__mul__`, `__div__`	산술 연산(덧셈, 뺄셈, 곱셈, 나눗셈)
`__bool__`	`if <expresssion>` 체크에 대한 묵시적 불리언 변환
`__and__`, `__or__`	논리 연산(`and`, `or`)
`__getattr__`, `__setattr__`, `__delattr__`	속성의 접근(`obj.name`이나 `del obj.name` 등)
`__le__`, `__lt__`, `__eq__`, `__ne__`, `__gt__`, `__ge__`	비교 연산(`<=`, `<`, `=`, `!=`, `>`, `>=`)
`__str__`, `__repr__`	문자열로 변환(`str()`) 또는 재현 가능(`repr()`) 형태

매직 메서드에 대해 좀 더 알고 싶다면 파이썬 공식 문서의 데이터 모델(https://docs.python.org/3/reference/datamodel.html) 부분을 참조하기 바란다.

토론하기

좀 더 자연스러운 매핑의 장점을 얻을 수 있는 코드베이스의 타입은 무엇이 있을까? 매직 메서드가 의미가 있는 부분과 그렇지 않은 부분을 토론해보자.

컨텍스트 관리자

여러분의 코드는 이제 주문을 처리할 수 있게 됐지만 전부 채워진 것은 아니며 이제 나머지 부분을 채워야 하는데, 바로 식료품점 리스트의 처리다. 여기서 책

읽기를 잠시 멈추고 식료품점 리스트에서 처리 코드의 빈 부분을 어떻게 채울지를 한번 생각해보기 바란다. 앞 절에서 배운 것을 토대로 인터페이스를 생성해 자연스럽게 이를 해결해야 할 문제의 설명과 연결해야 한다.

다음은 식료품점 리스트를 처리할 때 주의해야 할 사항들이다.

1. Grocery List는 식표품점 리스트와 각 가게에서 구매할 식료품들의 리스트로 구성돼 있다. 각 식료품은 앱에서 주문을 완료할 때까지 임시 저장된다. 식료품들은 서로 다른 가게에서 올 수도 있으며 앱은 아이템을 가장 싸게 파는 가게를 찾아준다.
2. 사용자가 GroceryList를 확정하면 주문이 완료된다. 식료품점에 임시 저장된 목록들은 삭제되고 배달이 시작된다.

호출하는 코드 관점에서는 다음과 같이 쓸 수 있겠다.

```
order = Order(recipes)
# 필요시 사용자는 변경 가능하다.
display_order(order)
wait_for_user_order_confirmation()
if order.is_confirmed():
    grocery_inventory = get_grocery_inventory()
    grocery_list = GroceryList(order, grocery_inventory)
    grocery_list.reserve_items_from_stores()
    wait_for_user_grocery_confirmation(grocery_list)
    if grocery_list.is_confirmed():
        grocery_list.order_and_unreserve_items()
        deliver_ingredients(grocery_list)
    else:
        grocery_list.unreserve_items()
```

이 식료품 리스트 인터페이스가 주어지면 확실히 사용하기는 쉬워진다(내가 그렇게 말한다면 그런 것이다). 코드가 무엇을 하는지 분명하게 읽을 수 있으며, 여기에 직관적인 인터페이스가 전체를 커버한다면 금상첨화일 것이다. 하지만 나는 스콧 메이어스의 말 중 절반은 잊어버렸다. 코드의 오용을 어렵게 만드는 작업을 하지 않은 것이다.

다시 한 번 코드를 보자. 사용자가 주문의 확인을 하지 않으면 어떻게 될까? 대기 중에 어떤 예외가 발생하게 된다면? 이런 일이 발생하면 임시 저장한 항목을 지우지 않고 계속 남길 것이다. 그렇다. 나는 내 코드를 호출하는 쪽에서 알아서 예외 처리를 하기 원할 수 있다. 하지만 이는 자칫 누락되기 쉬운 작업이며 부적절하게 사용되기 정말 쉽다. 동의하는가?

여러분은 코드의 수행이 계획한 대로만 따라가는 정상 경로(happy path)에만 집중하면 안 된다. 인터페이스는 모든 발생 가능한 문제를 처리할 수 있어야 한다

작업이 종료됐을 때 어떤 함수가 자동으로 동작하기를 기다리는 것은 파이썬에서는 자주 일어난다. 파일의 열기/닫기, 세션의 인증/로그아웃, 데이터베이스 명령의 일괄 처리/제출 등이 그 예며, 이들은 모두 다음 작업이 항상 수행되도록 확인을 해야 하는 작업들이다. 이는 앞의 코드가 어떤 수행을 했는지와는 무관해야 한다. 이런 확인 작업을 하지 않으면 추가 작업을 위한 리소스가 낭비되거나 시스템에 장애를 일으키는 경우가 발생한다.

이런 확인은 `with` 블록 구문을 통해 할 수 있다.

```
with open(filename, "r") as handle:
    print(handle.read())
# 이 시점에서 with 블록은 끝나고 파일 핸들러는 닫힌다.
```

이 코드는 여러분이 파이썬 학습 초기에 자주 만나는 코드일 것이다. `with` 구문이 종료될 때(with 구문과 같은 들여쓰기 레벨로 돌아가면) 파이썬은 열렸던 파일을 닫는다. 이는 사용자의 명시적인 상호작용 없이 작업이 일어났다는 것을 확인할 수 있는 좋은 기능인데, 이것이 식료품 목록의 오용을 막을 수 있는 핵심 기능으로 호출 코드가 어떤 경로를 취하더라도 임시 저장된 식료품 목록을 자동으로 삭제해줄 것이다.

이를 위해 여러분은 **컨텍스트 관리자**context manager를 도입해야 한다. 컨텍스트 관리자란 with 블록에서의 장점을 취하게 하는 파이썬의 생성자다. 컨텍스트 관리자의 사용으로 식료품점 리스트를 좀 더 결함에 강하게 만들 수 있다.

```
from contextlib import contextmanager

@contextmanager
def create_grocery_list(order: Order, inventory: Inventory):
    grocery_list = _GroceryList(order, inventory)
    try:
        yield grocery_list
    finally:
        if grocery_list.has_reserved_items():
            grocery_list.unreserve_items()
```

@contextmanager로 데코레이션된 모든 함수는 with 블록과 함께 사용할 수 있다. 시작 함수로 _GroceryList를 만들었고(이 함수는 protected임을 주목하라. 따라서 다른 사용자는 create_grocery_list 이외의 방법으로 식료품점 리스트를 만들 수 없다) 이를 생산yield한다. 생산은 수행을 멈추고 생산된 값을 호출 코드로 반환시킨다. 사용자는 다음과 같이 코드를 호출해 사용할 수 있다.

```
# ... 생략 ...
if order.is_confirmed():
    grocery_inventory = get_grocery_inventory()
```

```python
with create_grocery_list(order, grocery_inventory) as grocery_list:
    grocery_list.reserve_items_from_stores()
    wait_for_user_grocery_confirmation(grocery_list)
    grocery_list.order_and_unreserve_items()
    deliver_ingredients(grocery_list)
```

생산된 값은 위 예제 코드에서 grocery_list가 된다. with 코드가 종료되면 실행이 yield문 바로 다음에 있는 컨텍스트 관리자로 반환된다. 이는 예외 발생이나 with 블록의 정상 종료에 관계없다. 이를 try... finally 구문으로 감쌌기 때문이며 어떤 경우든 항상 임시 저장된 항목들을 삭제할 것이다.

이 방법이 사용자가 작업을 하고 나서 데이터를 삭제하는 가장 효과적인 방법이다. 컨텍스트 관리자를 사용하면 발생할 수 있는 모든 오류(누락 오류)를 제거할 수 있다. 누락 오류는 발생하기 쉬우며 여러분은 일일이 이에 대한 대응을 할 필요는 없다. 대신 컨텍스트 관리자를 사용하면 일일이 대응을 하지 않더라도 충분히 전체적인 대응이 가능하다. 이것이 바로 인지하지 못하지만 저절로 코드의 견고성을 올려주는 신호가 아닐까?

컨텍스트 관리자는 프로그램이 OS의 강제 종료나 시스템 전원 차단 등으로 인한 강제 종료 시에는 자동 종료되지 않는다. 이는 개발자들이 작업 후 후속 처리를 잊지 않기 위한 도구일 뿐이며 여러분의 시스템이 개발자 영역 밖의 것도 처리할 수 있게 해야 한다.

마치며

이 세상의 모든 것을 타입으로 만들 수 있지만 다른 개발자가 오류 없이 사용할 수 없다면 여러분의 코드베이스가 이 때문에 피해를 볼 것이다. 집이 든든한 기반을 갖춰야 하듯 여러분이 만드는 타입과 자료 집합이 견고해야 코드베이스가 견고해질 수 있다. 코드에 대한 자연스러운 인터페이스가 있다면 미래의 개발자는 이러한 유형을 쉽게 이용할 수 있고 새로운 기능도 쉽게 추가할 수 있다. 미래의 개발자와 공감하면서 여러분의 타입을 주의 깊게 설계하기 바란다.

여러분의 타입이 나타내는 도메인의 개념과 사용자가 이런 타입과 상호작용하는 방식을 고민해야 한다. 자연스러운 매칭 구축을 통해 실제 작업을 코드베이스와 연결하며 코드베이스와 실제 세계를 묶을 수 있다. 구축된 인터페이스는 직관적으로 느껴져야 한다. 적용하기는 쉬워야 하고 사용자의 오용은 막아야 한다. 이를 위해 적절한 이름 지정부터 매직 메서드, 컨텍스트 관리자에 이르기까지 모든 트릭과 팁을 사용할 수 있다.

12장에서는 하위 타입subtype을 만들 때 타입 간에 어떤 관계가 있는지 알아본다. 하위 타입은 타입의 인터페이스를 특화하는 방법으로, 원래의 타입을 변형하지 않고 확장할 수 있다. 기존 코드의 모든 수정은 잠재적 회귀이므로 오래된 타입을 변경하지 않고 새로운 타입을 생성할 수 있으면 불규칙한 동작을 상당히 줄일 수 있다.

12장

하위 타입

2부의 대부분은 자신만의 타입을 만들고 인터페이스를 정의하는 데 초점을 맞췄다. 이러한 타입은 독립적이지 않고 다른 것과 종종 연관돼 있다. 지금까지는 다른 타입을 멤버로 사용하는 합성composition을 살펴봤으며, 12장에서는 하위 타입Subtype 또는 다른 타입에 기초한 다른 타입 생성을 알아본다.

하위 타입을 올바르게 적용하면 코드베이스를 쉽게 확장할 수 있으며 코드베이스의 다른 부분들을 손상시킬 우려 없이 새로운 동작을 도입할 수 있다. 그러나 하위 타입을 만들 때는 신중해야 한다. 하위 타입의 관계를 잘 작성하지 못하면 예기치 못한 상황으로 인해 코드베이스의 견고성이 떨어질 수 있다.

가장 일반적인 하위 타입 관계 중의 하나인 '상속inheritance'부터 알아보자. 상속은 전통적으로 객체지향 프로그래밍OOP, Object-Oriented Programming을 이루는 축 중의 하나다.[1] 상속이 까다롭다면 이는 제대로 적용된 상속이 아니다. 다음으로는 다른 형태의 하위 타입을 파이썬에서 어떻게 나타내는지 다룬다. 그리고 여러분은 SOLID 설계 원칙 중 하나인 **리스코프 치환 원칙**Liskov Substitution Principle을 알아본다. 12장에서는 여러분에게 하위 타입이 어디에, 언제 적절한지 또는 그렇지 않은지

1. 객체지향 프로그래밍은 프로그래밍 패러다임이며 데이터와 수행 동작들의 캡슐화를 통해 코드를 구조화시킨다. OOP에 관심이 있다면 『Head First Object-Oriented Analysis and Design』(O'Reilly, 2006)을 추천한다(번역서는 『Head First Object-Oriented Analysis and Design』(한빛미디어, 2007)).

에 대한 감각을 키워줄 것이다.

상속

하위 타입을 얘기할 때 대부분의 개발자는 바로 상속을 생각할 것이다. 상속은 다른 타입으로부터 새로운 타입을 만들어내는 방법이며 이때 오리지널 타입의 모든 동작은 새로운 타입으로 복제된다. 이 새로운 타입은 자식 클래스child class, 파생 클래스derived class, 하위 클래스subclass 등의 이름으로 불린다. 반면 상속을 시킨 타입은 부모 클래스parent class, 베이스 클래스base class, 상위 클래스superclass 등으로 불린다. 이와 같은 접근 방식을 is-a 관계라고 부른다. 파생된 클래스의 모든 객체는 베이스 클래스의 인스턴스이기도 하다.

예를 들어 레스토랑 업주들이 운영의 정리(금융 관리, 메뉴의 개선 등)를 도와주는 앱을 설계하고 있다고 해보자. 이 시나리오에 대한 레스토랑의 속성은 다음과 같다.

- 레스토랑이 갖고 있는 속성은 이름, 위치, 종업원 리스트, 종업원 일정, 재료의 재고, 메뉴, 현재 재정 상태다. 이 모든 속성은 변경할 수 있고 레스토랑의 이름과 위치도 바뀔 수 있다. 레스토랑의 위치가 바뀌면 위치 속성은 최근 데이터를 반영한다.
- 업주는 여러 개의 레스토랑을 가질 수 있다.
- 종업원은 레스토랑을 이동할 수 있다. 하지만 동시에 두 개의 레스토랑에서 근무할 수는 없다.
- 요리가 주문되면 여기에 사용된 재료들은 재료의 재고에서 삭제된다. 특정 재료가 재고에서 바닥나면 이 재료가 필요한 모든 요리는 메뉴에서 주문이 불가능해진다.

- 메뉴에서 요리가 팔릴 때마다 레스토랑의 자금이 증가한다. 새로운 재료가 재고로 들어갈 때마다(재료를 구입할 때마다) 자금은 감소한다. 매 시간마다 일하는 종업원들에 대해 레스토랑의 자금이 종업원들의 월급이나 임금에 따라 차감된다.

레스토랑 업주들은 이 앱을 사용해 자신의 레스토랑 및 각 레스토랑의 재료 재고, 수익 계산을 실시간으로 할 것이다.

레스토랑에는 특정 불변 속성들이 있기 때문에 레스토랑을 클래스로 나타낼 것이다.

```
from restaurant import geo
from restaurant import operations as ops

class Restaurant:
    def __init__(self,
                 name: str,
                 location: geo.Coordinates,
                 employees: list[ops.Employee],
                 inventory: list[ops.Ingredient],
                 menu: ops.Menu,
                 finances: ops.Finances):
        # ... 생략 ...
        # 음식이 제공될 때 레스토랑의 위치를 참조함에 주의

    def transfer_employees(self,
                           employees: list[ops.Employee],
                           restaurant: 'Restaurant'):
        # ... 생략 ...

    def order_dish(self, dish: ops.Dish):
        # ... 생략 ...

    def add_inventory(self, ingredients: list[ops.Ingredient],
```

```
                     cost_in_cents: int):
        # ... 생략 ...

    def register_hours_employee_worked(self,
                                       employee: Employee,
                                       minutes_worked: int):
        # ... 생략 ...

    def get_restaurant_data(self) -> ops.RestaurantData:
        # ... 생략 ...

    def change_menu(self, menu: ops.Menu):
        # ... 생략 ...

    def move_location(self, new_location: geo.Coordinates):
        # ... 생략 ...
```

레스토랑의 종류에는 일반적인 형태의 레스토랑과 더불어 푸드 트럭과 임시 매장 같은 특별한 형태의 레스토랑도 있다.

푸드 트럭은 이동할 수 있다. 다른 장소로 이동을 하면서 상황에 따라 메뉴를 바꾼다. 임시 매장은 일시적으로 운영되며 한정된 시간 동안(보통 축제나 전시회 기간) 한정된 메뉴를 판매한다. 운영 방법은 조금씩 달라도 푸드 트럭과 임시 매장은 레스토랑이다. 이것이 바로 내가 말하는 is-a 관계다. 푸드 트럭은 레스토랑이며^is a restaurant^ 임시 매장도 레스토랑이다^is a restaurant^. 이 관계는 is-a 관계이기 때문에 이 상속은 적절하다.

상속은 다음과 같이 베이스 클래스를 표시해 파생된 클래스를 정의한다.

```
class FoodTruck(Restaurant):
    # ... 생략 ...

class PopUpStall(Restaurant):
```

```
# ... 생략 ...
```

그림 12-1은 이 관계가 어떻게 나타나는지를 보여준다 .

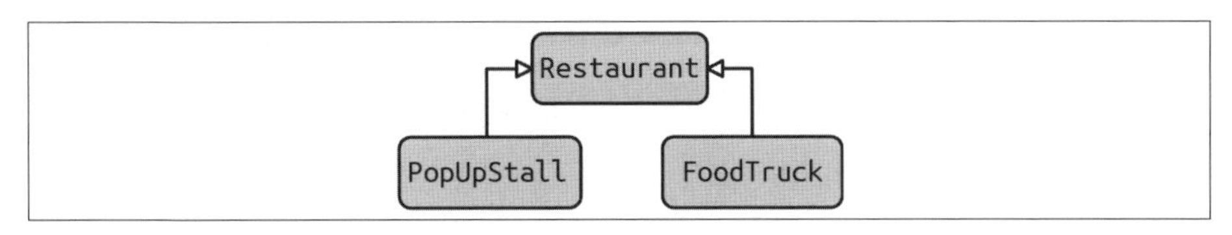

그림 12-1 레스토랑의 상속 트리

상속을 이와 같이 정의함으로써 파생된 클래스는 모든 메서드 및 속성을 베이스 클래스에서 상속받는다는 것을 명확히 할 수 있으며, 이를 재정의할 필요도 없어진다.

모든 메서드 및 속성을 상속받는다는 의미는 파생된 클래스 중 하나를 인스턴스화를 하면(예를 들어 FoodTruck처럼) Restaurant로 작업하는 것과 같이 거기에 있는 모든 동일한 메서드를 사용할 수 있다는 의미다.

```
food_truck = FoodTruck("Pat's Food Truck", location, employees,
                       inventory, menu, finances)
food_truck.order_dish(Dish('Pasta with Sausage'))
food_truck.move_location(geo.find_coordinates('Huntsville, Alabama'))
```

이것이 정말 좋은 점은, 파생된 클래스는 베이스 클래스가 연관된 함수로 전달될 수 있다는 것인데, 타입 체커도 이에 대해서는 문제없는 것으로 간주한다.

```
def display_restaurant_data(restaurant: Restaurant):
    data = restaurant.get_restaurant_data()
    # ... 생략 ...
```

```
restaurants: list[Restaurant] = [food_truck]
for restaurant in restaurants:
    display_restaurant_data(restaurant)
```

기본적으로 파생된 클래스는 정확히 베이스 클래스처럼 동작한다. 여러분이 파생 클래스는 뭔가 다르게 하고 싶다면 메서드를 오버라이드하거나 파생된 클래스에서 메서드를 재정의하면 된다.

위치 정보를 변경하면 자동으로 그 위치까지 운전을 해서 이동하는 푸드 트럭을 원한다고 가정해보자. 이 경우 레스토랑 데이터를 요청하면 위치 정보는 최종 위치만 필요하며 그 중간의 위치는 필요 없을 것이다. 개발자들은 분리된 메서드를 호출해 현재 위치(분리된 푸드 트럭 전용 지도의 사용에 대한)를 보여줄 수 있다. 여기서는 GPS를 FoodTruck의 생성자에 설정하고 move_location을 오버라이드해 자동으로 운전하는 기능을 시작시킬 것이다.

```
from restaurant.logging import log_error
class FoodTruck(Restaurant):
    def __init__(self,
                 name: str,
                 location: geo.Coordinates,
                 employees: list[ops.Employee],
                 inventory: list[ops.Ingredient],
                 menu: ops: Menu,
                 finances: ops.Finances):
        super().__init__(name, location, employees,inventory, menu, finances)
        self.__gps = initialize_gps()

    def move_location(self, new_location: geo.Coordinates):
        # schedule a task to drive us to our new location
        schedule_auto_driving_task(new_location)
        super().move_location(new_location)
```

```
    def get_current_location(self) -> geo.Coordinates:
        return self.__gps.get_coordinates()
```

여기서는 특수 함수인 super()가 사용되고 있는데, 이는 베이스 클래스에 있는 항목의 접근을 의미한다. super().__init__()를 호출하면 이는 Restaurant의 생성자를 호출하는 것과 같으며 super().move_location을 호출하면 Restaurant의 move_location을 호출하는 것과 같다. 이런 식으로 이 코드는 베이스 코드와 완벽히 동일하게 작동할 수 있다.

잠시 멈추고 하위 클래스를 통한 코드의 확장 결과를 생각해보자. 여러분은 새로운 동작을 기존 코드에 추가할 수 있으며 이때 기존 코드의 수정은 필요가 없다. 기존 코드 수정 작업을 하지 않아도 된다면 버그의 발생 가능성은 어마어마하게 줄어든다. 코드의 수정 작업이 없다면 사용자의 의도가 무의식중에 깨질 일이 없을 것이다. 불행히도 이의 역방향도 마찬가지다. 상속에 대한 설계가 엉망이라면 유지 보수에 엄청난 고통이 따를 것이다. 상속에 관련된 작업을 할 때에는 항상 코드에 사용할 때 얼마나 쉬운가를 항상 생각해야 한다.

다중 상속

파이썬에서는 여러 개의 클래스에서 상속받을 수 있다.

```
class FoodTruck(Restaurant, Vehicle)
    # ...생략....
```

이런 경우 두 베이스 클래스 모두의 메서드 및 속성들을 상속받는다. super()를 호출하면 어떤 베이스 클래스를 의미하는지 확실히 정해줘야 한다. 이 부분이 초심자에게는 많은 혼란을 주며 타 메서드들과의 순서 정책 규칙과 관련해 복잡한 규칙이 있다. 이를 **메서드 결정 순서**MRO, Method Resolution Ordering라고 하며 파이썬 공식 문서(https://www.python.org/download/releases/2.3/mro/)에서 자세히 볼 수 있다.

다중 상속을 자주 쓰지는 말라. 하나의 클래스가 두 개의 분리된 불변 속성을 각각의 베이스 클래스에서 상속받는다면 코드를 보는 사람에게는 또 다른 인지의 부담cognitive burden을 주게 된다. 코드 독자는 두 개의 불변 속성을 따로 머릿속에 염두에 둬야 함은 물론 이 두 속성 사이의 잠재적 관계도 염두에 둬야 한다. 더욱이 MRO와 관련된 복잡한 규칙들은 파이썬의 동작 구조를 모른다면 관련된 실수를 유발시키기 쉬워진다. 어떨 수 없이 다중 상속을 사용해야 하는 경우라면 왜 이를 도입했고 어떻게 사용해야 하는지 잘 문서화해야 한다.

하지만 내가 다중 상속 사용을 추천하는 단 하나의 케이스가 있으니 바로 믹스인mixin이다. 믹스인은 제네릭 메서드들을 상속받을 수 있는 클래스다. 믹스인 베이스 클래스들은 기본적으로 불변 속성이나 데이터를 갖고 있지 않으며 메서드들로만 이뤄져 있다. 이들은 오버라이드용은 아니다.

예를 들어 파이썬의 표준 라이브러리에서 TCP 소켓 서버를 만들기 위한 추상화가 있다.

```
from socketserver import TCPServer
class Server(TCPServer):
    #...생략....
```

이 서버는 `socket.server.ThreadingMixIn` 상속을 통해 다중 스레드를 사용할 수 있다.

```
from socketserver import TCPServer, ThreadingMixIn
class Server(TCPServer, ThreadingMixIn):
    #...생략....
```

이 믹스인에는 어떤 변수들이나 호출 또는 파생된 클래스로부터 오버라이딩돼야 할 메서드들이 없으며, 여러분이 필요한 모든 것을 단지 제공할 뿐이다. 이런 단순함이 클래스의 의도를 유지 보수자가 쉽게 파악하도록 해준다.

치환 가능성

앞에서 언급했듯이 상속은 is-a 관계의 모델링과 관련됐다. is-a 관계로 무언가를 만드는 것은 어렵지 않게 보인다. 하지만 이것만으로 얼마나 잘못될 수 있는지를 알면 여러분은 매우 놀랄 것이다. is-a 관계로 무언가를 올바르게 만들려면 치환 가능성Substitutability을 이해할 필요가 있다.

치환 가능성은 먼저 베이스 클래스에서 파생될 때부터 의미가 발생한다. 베이스 클래스에서 상속을 받으면 베이스 클래스에서 사용하는 모든 인스턴스를 파생된 클래스에서 사용할 수 있다.

레스토랑 관련 데이터를 표시하는 함수를 생성한다고 하면 일단 다음과 같이 시작할 것이다.

```
def display_restaurant(restaurant: Restaurant):
    # ...생략....
```

여기에서는 `Restaurant`, `FoodTruck`, `PopupStall`을 모두 이 함수로 상속시킬 수

있으며 문제는 없어 보인다. 그러면 어떤 문제가 있을까?

이의 증명을 위해 잠시 음식의 개념에서 벗어나 초등학교 1학년이라면 누구나 답할 수 있는 근본적인 질문을 던져보겠다. 정사각형은 직사각형인가?

여러분이 막 학교를 들어갔을 때에는 아마 "네. 정사각형은 직사각형입니다."라고 답을 할지도 모르겠다. 직사각형은 네 변을 가지면서 각 변이 직각을 이루는 도형이다. 정사각형은 여기에서 각 변의 길이가 동일한 도형이다.

이를 상속 모델로 표현해보면 다음과 같이 할 수 있을 것이다.

```
class Rectangle:
    def __init__(self, height: int, width: int):
        self._height = height
        self._width = width

    def set_width(self, new_width):
        self._width = new_width

    def set_height(self, new_height):
        self._height = new_height

    def get_width(self) -> int:
        return self._width

    def get_height(self) -> int:
        return self._height

class Square(Rectangle):
    def __init__(self, length: int):
        super().__init__(length, length)

    def set_side_length(self, new_length):
        super().set_width(new_length)
        super().set_height(new_length)
```

```
    def set_width(self, new_width):
        self.set_side_length(new_width)

    def set_height(self, new_height):
        self.set_side_length(new_height)
```

기하학적 관점에서 보면 정사각형squqre은 직사각형rectangle이 맞다. 하지만 이 가정은 is-a 관계의 결함을 보여준다. 잠시 시간을 갖고 어디에 결함이 있는지 생각해보자.

찾았는가? 힌트를 주겠다. Square가 Rectangle을 전부 대체할 수 있을까? 정사각형이 직사각형을 대체할 수 없는 경우를 찾을 수 있는가?

앱의 사용자가 레스토랑의 영업 영역을 선택하고자 지도상에서 정사각형 또는 직사각형 형태를 고른다고 가정해보자. 사용자는 지도상에서 이를 그릴 수 있으며 필요하면 추가할 수도 있다. 이를 처리하기 위한 함수 중 하나는 다음과 같을 것이다.

```
def double_width(rectangle: Rectangle):
    old_height = rectangle.get_height()
    rectangle.set_width(rectangle.get_width() * 2)
    # check that the height is unchanged
    assert rectangle.get_height() == old_height
```

이 코드에서 Square를 전달한다면 어떤 일이 벌어질까? 마지막 줄의 assert문은 실패할 것이다. 가로 길이는 물론이고 세로 길이height도 함께 변해 버리기 때문이다. 정말 혼란스러운 상황이지 않은가? 상속의 전적인 의도는 코드의 수정 없이 기능을 확장하는 것이다. 이 경우에는 파라미터로 Square를 전달하는 것만으로(이 역시 Rectangle이기 때문에 타입 체커는 이를 패스pass할 것이다) 버그를 발생시킬 수 있게 됐다.

이는 파생된 클래스에도 영향을 미친다. Square 내의 set_width를 오버라이딩한 앞 코드는 높이도 함께 바꿔 버린다. set_width가 오버라이딩된 것이 아니라 Rectangle의 set_width가 수행된 것이라면 어떻게 될까? 이런 경우라면 Square를 전달하면 assert문은 실패하지 않을 것이다. 대신 훨씬 덜 분명하지만 더 해로운 일이 발생하는데, 바로 기능이 성공해버린다는 것이다. 오류 발생 가능성이 남아 있어도 더 이상 AssertionError를 확인하기가 어렵다. 당신은 중대한 죄를 저질렀으며 클래스의 불변 속성을 깨버렸다.

이런 이유는 상속의 목적 때문인데, 상속의 목적은 기존 코드와 새로운 코드에서 의존성을 분리하거나 제거하는 것이기 때문이다. 베이스 클래스의 구현하는 쪽이나 소비하는 쪽은 런타임 시 다른 파생 클래스를 볼 수 없다. 파생 클래스는 완전히 다른 코드베이스(다른 조직 소유의)에 존재하고 있을지도 모른다. 이런 오류가 발생하면 매번 파생된 클래스가 변경될 때마다 여러분은 베이스 클래스의 모든 호출과 사용을 체크해야 하며 변경 사항이 코드를 깨는지 검사해야 한다.

이를 해결하기 위한 몇 가지 옵션이 있다. 첫 번째로는 Square를 Rectangle에서 처음부터 상속을 못하게 하면 된다. 두 번째는 Rectangle 내의 메서드들을 Square가 이들에 모순되지 않게 하는 것이다(예를 들어 필드를 수정 불가로 만드는 것). 마지막으로 계층적 클래스 구조를 모두 포기하고 is_square라는 메서드를 Rectangle에 따로 만들어주는 것이다.

이런 종류의 오류는 교묘하게 여러분의 코드베이스를 깨버린다. 여러분이 레스토랑을 프렌차이징한다고 가정해보자. 프렌차이즈로 개업하는 레스토랑은 자신만의 별도 메뉴를 허용하지만 공통의 메뉴들도 함께 제공해야 한다.

다음은 이에 대한 초기 구현이다.

```
class RestrictedMenuRestaurant(Restaurant):
```

```
    def __init__(self, name: str,
                 location: geo.Coordinates,
                 employees: list[ops.Employee],
                 inventory: list[ops.Ingredient],
                 menu: ops.Menu,
                 finances: ops.Finances,
                 restricted_items: list[ops.Ingredient]):
        super().__init__(name,location,employees,inventory,menu,finances)
        self.__restricted_items = restricted_items

    def change_menu(self, menu: ops.Menu):
        if any(not menu.contains(ingredient)
               for ingredient in self.__restricted_items):
            # new menus MUST contain restricted ingredients
            return super().change_menu(menu)
```

이 함수는 제약 아이템이 새로운 메뉴에 없다면 이 새로운 메뉴를 바로 반환한다. 홀로 있으면 합리적으로 보이는 것도 상속의 구조에서는 비합리적이 될 수 있다. 다른 개발자의 입장이 돼 보라. 그들은 Restaurant를 보면서 인터페이스에 대응하는 코드를 작성할 것이다. RestrictedMenuRestaurant가 불가피하게 Restaurant 대신 사용된다면 UI 레벨에서는 메뉴를 변경을 해도 업데이트는 실제로 일어나지 않았음을 표시하지는 않는다.[2] 이 버그가 더 일찍 발견될 수 있는 유일한 방법은 개발자가 코드베이스를 통해 불변 속성을 깨트리는 클래스를 찾는 것이다. 이 책의 내용을 한 줄로 말하라고 하면 언제나 개발자는 코드 한 줄을 이해하고자 코드베이스를 전부 뒤져야 한다면 이는 코드가 깨지기 쉽다는 징조라는 것이다.

이 코드를 반환하는 대신 예외 처리로 바꾸면 어떻게 될까? 불행히도 이걸로 문제는 해결되지 않는다. 이제 사용자가 Restaurant의 메뉴를 변경하면 예외가

2. change_menu 메서드에서 변경하려는 메뉴가 restricted_item에 걸리면 반환 없이 그냥 종료가 되기 때문이다. – 옮긴이

발생할 가능성이 높다. Restaurant의 클래스 코드를 아무리 들여다봐도 예외 처리를 상정해야 한다는 내용은 찾아볼 수가 없다. 이러면 예외 처리에 대한 피해 의식이 발동해 파생 클래스가 어디선가 예외를 떨어뜨릴지도 모른다는 생각으로 모든 구문에 try... except 구문 처리를 할지도 모른다.

이런 경우들을 보면 교묘한 오류가 클래스가 베이스 클래스에서 상속될 때 유입되며 이로 인해 베이스 클래스와 동일하게 작동을 하지 못한다. 이 오류들은 특정한 조건의 조합에서만 발생한다. 코드는 베이스 클래스에서 수행되는 그리고 특정 동작에 종속돼야 하며 이 동작을 깨트리는 파생 클래스는 베이스 클래스를 대체할 수 있어야 한다. 여기서 어려운 점은 이 조건들이 원본 코드가 작성된 후 한참 후 발생할 수 있다는 것이다. 치환 가능성substitutability이 중요한 이유는 여기에 있으며, 이 중요성은 리스코프의 치환 원칙LSP, Liskov Substitution Principle로 구체화된다.

리스코프의 치환 원칙LSP은 바바라 리스코프Barbara Liskov에 의해 명명됐으며 다음과 같이 기술된다.[3]

> 하위 타입 요구 사항: $\Phi(X)$를 타입 T 객체 X의 속성 중 하나라고 하면 $\Phi(Y)$는 타입 S의 객체 Y에 대해 참이며 이때 S는 T의 하위 타입이다.

위 표기법에 겁먹지 말라. LSP는 매우 간단하다. 하위 타입이 존재하려면 상위 타입supertype과 동일한 특성(동작)을 모두 준수해야 한다는 것인데, 이는 모두 치환 가능성으로 귀결된다. 상위 타입의 속성과 하위 타입의 의미를 생각할 때 LSP를 염두에 둬야 한다. 상속을 설계할 때 다음을 고려하라.

불변 속성invarients

10장에서 이를 충분히 다뤘다. 다른 타입으로부터 하위 타입을 사용한다면

3. Barbara H. Liskov and Jeannette M. Wing. "A Behavioral Notion of Subtyping." *ACM Trans. Program. Lang. Syst.* 16, 6 (Nov. 1994), 1811–41. https://doi.org/10.1145/197320.197383.

해당 하위 타입은 모든 불변 속성을 갖고 있어야 한다. 앞에서는 Rectangle에서 Square를 하위 타입으로 사용했을 때 높이와 너비는 서로 독립적이라는 불변 속성을 무시했었다.

전제 조건 Precondition

전제 조건은 타입의 속성과 상호작용(예를 들어 함수 호출)을 하기 전에 참이어야 한다. 상위 타입이 전제 조건을 정의하는 경우 하위 타입은 이를 뛰어넘는 제한을 걸 수 없다. 이는 레스토랑 예제에서 RestrictedMenuRestaurant를 하위 타입으로 사용했을 때 일어났다. 메뉴 변경 시 특정 재료는 필수라는 전제 조건을 추가했는데, 여기에 예외를 줘버림으로써 이전에는 문제없는 데이터로 실패가 떨어지게 만들었다.

사후 조건 Postcondition

사후 조건은 한 타입의 속성과 상호작용 후 참이어야 하는 모든 것을 의미한다. 상위 타입이 사후 조건을 정의하면 하위 타입은 이 사후 조건을 약화시키면 안 된다. 다시 말하면 사후 조건을 위한 보장이 하나라도 충족되지 않으면 사후 조건은 약해진다. 레스토랑 예제에서 메뉴를 바꾸는 대신 RestrictedMenuRestaurant를 서브타이핑하고 바로 반환을 했을 때 나는 사후 조건을 위반했다. 기본 클래스는 메뉴 내용과 상관없이 메뉴가 업데이트되는 사후 조건을 보장했었는데, 이렇게 하위 타입을 사용하면 더 이상 사후 조건을 보장할 수 없게 된다.

오버라이딩된 함수에서 불변 속성, 전제 조건, 사후 조건을 깨버리는 일은 오류가 제발 나오라고 기도하는 것과 같다. 다음은 내가 상속 관계를 평가할 때 파생된 클래스의 오버라이딩된 함수에서 위험 요소로 체크하는 주요 항목들이다.

인수를 확인하는 조건문 검사 Conditionally checking arguments

전제 조건이 더 제한적인지를 확인하는 방법은 전달되는 인수를 검사하는 함수의 시작 부분에 if문이 있는지를 보는 것이다. 있다면 베이스 클래스의 제한과 다를 가능성이 크며, 일반적으로는 파생된 클래스가 인수를 더 제한하고 있는 것을 의미한다.

조기 반환Early return statements

하위 타입의 함수가 조기 반환을 한다면(함수의 중간에서 반환해 버리는 것) 이는 함수의 나머지 부분은 실행되지 않는다는 것이다. 사후 조건의 보장을 위해 이후 부분을 체크하라. 이 부분이 사후 조건의 보장을 빠트린 채 반환하면 안 된다.

예외 발생Throwing an exception

하위 타입은 상위 타입이 던지는(정확히 또는 파생된 예외 유형) 예외와 맞춰 예외를 던져야 한다. 어떤 예외가 상위 타입과 다르다면 호출자들은 이들을 잡기 위한 코드 작성은 고사하고 예상하지도 못할 것이다. 베이스 클래스에 전혀 예외 처리가 보이지 않는다면 이는 더 심각하다. 내가 본 것 중 가장 노골적인 위반은 `NotImplementedError` 예외(또는 이와 유사한 예외)를 발생시키는 것이었다.

super()의 미호출

치환 가능성의 정의에 따르면 하위 타입은 상위 타입과 동일한 동작을 제공해야 한다. 하위 타입의 오버라이딩된 함수 중에 `super()`를 호출하지 않은 경우 하위 타입은 코드에서 해당 동작과 정의된 관계가 없는 것이다. 상위 타입의 코드를 그대로 하위 타입으로 복사해 붙여넣기를 했더라도 동작의 동기화가 유지되리란 보장은 없다. 이렇게 되면 개발자는 상위 타입의 기능을 아무 문제 발생 없이 변경할 수 있지만 하위 타입을 함께 변경해야 하는 사실을 인지하지 못한다.

상속이 있는 유형을 모델링할 때는 더 조심해야 한다. 모든 실수는 치명적인 영향을 줄 수 있는 미묘한 버그를 일으킬 수 있다. 상속으로 설계할 때 최대한 주의를 기울여야 한다.

토론하기

여러분은 코드베이스에서 경고의 빨간 깃발(Red Flag)을 만난 적이 있는가? 이게 다른 클래스에서 상속될 때 깜짝 오류로 나타난 적이 있는가? 이 경우 왜 가정이 깨지는지, 무슨 오류가 발생할 수 있을지 토론해보자.

설계 고려 사항

파생된 클래스를 사용할 때는 항상 주의를 기울여야 한다. 여러분의 목표는 다른 개발자가 파생된 클래스를 최대한 쉽게 작성할 수 있게 하는 것이다.

다음은 베이스 클래스를 작성하기 위한 몇 가지 가이드라인이다(파생 클래스는 뒤에 나온다).

불변 속성 변경 금지

먼저 불변 속성의 변경은 좋은 아이디어는 아니다. 셀 수 없이 많은 코드가 여러분의 타입에 의존하고 있으며 불변 속성을 바꾸는 것은 코드에서 만들어 낸 가정들을 깨버릴 것이다. 불행히도 베이스 클래스의 불변 속성이 바뀌면 파생된 클래스도 깨질 수 있다. 베이스 클래스의 변경을 해야 한다면 새로운 기능의 추가 정도로 해야 하며, 기존 기능의 변경은 안 된다.

protected로 선언된 필드에 불변 속성을 연결할 때 조심하라

protected로 선언된 필드는 파생된 클래스와 상호작용을 해야 한다. 여러분이 이 필드에 불변성을 연결한다면 어떤 작업이 실행될지를 근본적으로 제한할 수 있으며, 이로 인해 다른 개발자가 인지하지 못할 수 있는 긴장감이 조성된다. private인 데이터에 대한 불변 속성을 유지하고 파생된 클래스가 해당 private 데이터와 상호작용을 하려면 public 또는 protected된 메서드와 작용을 강제하는 것이 좋다.

불변 속성을 문서화하라

이는 다른 개발자를 돕고자 여러분이 할 수 있는 가장 중요한 일이다. 일부 불변 속성은 코드로 표현되지만(10장에서 봤듯이) 예외 처리에 대한 보장 여부와 같이 컴퓨터가 수학적으로 증명할 수 없는 불변 속성도 있다. 베이스 클래스를 설계할 때 이런 불변 속성들에 대해 문서화해야 하며 문서화 문자열 docstring과 같은 곳에서 파생된 클래스가 이를 쉽게 찾을 수 있게 해야 한다.

궁극적으로 베이스 클래스의 불변 속성을 지키는 것은 파생된 클래스의 책임이다. 파생 클래스를 작성하는 경우 다음 가이드라인을 참고하라.

베이스 클래스의 불변 속성을 파악한다

불변 속성을 파악하지 못하면 파생 클래스를 제대로 작성할 수 없다. 베이스 클래스의 불변 속성을 보전하고자 모든 불변 속성을 파악하는 것은 여러분의 일이다. 코드, 문서, 클래스와 관련된 모든 문서를 검토하고 해야 할 작업과 해서는 안 되는 작업들을 파악한다.

베이스 클래스에서 기능을 확장한다

현재의 불변 속성과 일치하지 않은 코드를 작성해야 할 경우에는 해당 기능을 베이스 클래스에 넣을 수 있다. 오버라이딩 메서드를 지원하지 않는 예시를 하나 들어보겠다. NotImplementedError를 발생시키는 대신 베이스 클래스에 기능의 지원을 나타내는 불리언 플래그 Boolean Flag를 만들 수 있다. 이렇게 하는 경우에는 베이스 클래스의 수정에 대해 앞에서 언급한 가이드라인을 모두 기록하기 바란다.

모든 오버라이딩된 메서드는 super()를 포함해야 한다

오버라이딩된 메서드에서 super()를 호출하지 않으면 하위 클래스가 베이스 클래스와 정확히 동일하게 동작한다는 보장이 없다. 메서드를 오버라이딩하려면 super()를 호출해야 한다. super() 호출이 필요 없는 경우는 베이스 메서드가 비어있으며(예를 들어 추상 클래스의 경우) 이것이 코드의 수명주기 동안 계속 유지가 될 때다.

합성

상속을 사용하지 않아야 할 때를 아는 것도 중요하다. 내가 본 가장 큰 실수 중 하나는 상속을 코드 재사용 목적으로만 사용했던 것이다. 오해는 하지 말아 달라. 상속은 코드를 재사용하는 좋은 방법이지만 상속의 주된 이유는 상위 타입 대신 하위 타입이 사용되는 관계를 모델링하는 것이다. 상위 타입을 예상하는 코드가 하위 타입과 작용하지 못한다면 이는 is-a 관계를 모델링한 것이 아니다.

이런 경우 사용되는 것이 합성[Composition]이며 has-a 관계라고도 한다. 합성은 멤버 변수를 타입으로 주입하는 것이다. 나는 이미 합성을 그룹 타입들에 대해 사용했다. 예를 들어 앞의 레스토랑에서는 다음과 같다.

```
class Restaurant:
    def __init__(self,
                 name: str,
                 location: geo.Coordinates,
                 employees: list[ops.Employee],
                 inventory: list[ops.Ingredient],
                 menu: ops: Menu,
                 finances: ops.Finances):
        self.name = name
        self.location = location
        self.employees = employees
        # ... 생략 ...
```

토론하기

여러분의 코드베이스에서 상속이 과하게 사용된 부분은 어디인가? 어디에서나 코드의 재사용 전용으로 사용하고 있는가? 이것을 어떻게 변환해 대신 합성을 사용할 수 있는지 살펴보자.

생성자에 설정된 각 멤버 필드들은 합성의 예다. 여기서 Restaurant이 Menu(is-a 관계)를 대체하는 것은 말이 안 되지만 레스토랑이 메뉴(has-a 관계)로 구성되는 것은 의미가 있다. 코드가 재사용해야 할 때마다 상속보다 합성을 선호해야 하지만 서로 유형을 대체해서는 안 된다.

합성은 엔티티 간 의존성의 또 다른 용어인 커플링coupling의 약한 형태이기 때문에 재사용 메커니즘으로서 상속보다 선호되는 편이다. 다른 것이 동일한 조건이라면 클래스를 재구성하고 기능의 리팩터링을 더 쉽게 할 수 있기 때문에 약한 커플링이 더 선호될 것이다. 클래스 간의 결합이 높은 경우 한 클래스의 변화가 다른 클래스에 직접적으로 영향을 미친다.

믹스인(Mixin)은 합성보다 상속이 더 선호되는 경우인데, 이는 타입의 인터페이스 추가를 제공하고자 명시적으로 상속되도록 의도된 클래스이기 때문이다.

상속의 경우 파생 클래스는 베이스 클래스의 변경 사항에 영향을 받는다. 개발자는 public 인터페이스가 변경되는 것뿐만 아니라 불변 속성 및 protected 멤버로의 변경도 파악해야 한다. 반대로 다른 클래스가 여러분의 클래스 인터페이스를 갖고 있을 때 해당 클래스는 하위 세트의 변경에 의해서만 영향을 받으며, 이 영향은 종속돼 있는 public 메서드 및 불변 속성에 영향을 준다. 이런 변경의 영향을 제한시킴으로써 가정이 깨지는 확률을 줄이며 견고성을 높인다. 견고성 높은 코드를 작성하려면 상속을 신중하게 사용하라.

상속 밖에서의 하위 타입

12장의 대부분은 명시적으로 클래스 기반의 서브타이핑 또는 상속에 대해 다뤘다. 하지만 서브타이핑의 의미는 수학적으로 보면 더 넓다. 2장에서 나는 타입이 어떻게 동작하는지에 대한 커뮤니케이션 수단이 될 수 있음을 얘기했으며 여러분은 이를 하위 타입에도 적용할 수 있다. 하위 타입은 다른 상위 타입들의 동작을 대체할 수 있는 일련의 동작이다.

사실은 덕 타이핑duck typing 역시 하위 타입/상위 타입 관계다.

```
def double_value(x):/
    return x + x

>>>double_value(3)
6
>>>double_value("abc")
abcabc
```

이 경우 상위 타입은 파라미터다. 이는 덧셈 결과와 동일한 타입을 반환하는 추가 메서드를 지원한다. 상위 타입이 반드시 파이썬에서 명명된 자료형일 필요는 없으며 모두가 예상된 동작에 관한 것들이다.

이 장의 앞부분에서 다룬 상위 타입과 하위 타입의 설계에 대한 가이드라인은 상속에 국한되지는 않는다. 덕 타이핑도 하위 타입의 한 형태며 모두 동일한 가이드라인이 적용된다. 그리고 소비자로서 상위 타입을 대체할 수 없는 인수를 전달하는지 확인하라. 대체할 수 없는 인수를 전달한다면 다른 개발자들을 훨씬 더 어렵게 만들 것이다. 덕 타이핑은 상속과 마찬가지로 상위/하위 타입의 관계를 모호하게 만든다. 이런 괴로움을 피하기 위해서라도 이 장에서 제시한 가이드라인을 따르기 바란다.

마치며

하위 타입 관계는 프로그래밍에서 매우 강력한 개념이다. 이를 사용해 기존 기능의 수정 없이 확장할 수 있다. 하지만 상속은 종종 남용되거나 부적절하게 사용되곤 한다. 하위 타입은 상위 타입을 직접적으로 대체할 수 있는 경우에만 사용해야 한다. 이것이 어렵다면 합성의 사용을 생각해봐야 한다.

상위 타입이나 하위 타입을 도입할 때에는 특별한 주의가 필요하다. 개발자가 상위 타입과 관련된 모든 하위 타입을 파악하는 것은 쉽지 않으며 일부 하위 타입은 다른 코드베이스에 있을 수도 있다. 상위 타입과 하위 타입은 밀접하게 결합돼 있으므로 변경 시에 주의하기 바란다. 주의를 잘 기울인다면 골치 아픈 일 없이 하위 타입의 모든 이점을 얻을 수 있다.

13장에서는 프로토콜[Protocol]로 알려진 하위 타입의 특정 응용 형태를 다룬다. 이는 타입 체커와 덕 타이핑 사이의 누락된 링크를 의미한다. 프로토콜은 중요한 방식으로 격차를 해소하며 타입 체커가 상위 타입/하위 타입 관계에서 유입된 일부 오류를 포착하는 데 도움을 준다. 여러분이 타입 체커를 통해 더 많은 오류를 잡는다면 코드에 대한 견고성 향상에 큰 기여를 할 것이다.

13장

프로토콜

이제 파이썬 타입 시스템에서 언뜻 보기에 모순되는 무언가를 살펴볼 것이다. 이 모순은 파이썬의 런타입 타입 시스템과 정적 타입 힌트 사이 철학적 관점의 차이와 관련이 있다.

2장에서는 파이썬이 어떻게 덕 타이핑을 지원하는지 살펴봤다. 이는 객체가 일련의 작동을 지원하는 상황에서 해당 객체를 사용할 수 있음을 의미하며 덕 타이핑을 사용하고자 어떠한 상위 클래스나 사전 정의된 상속 구조가 필요 없다.

하지만 타입 체커는 덕 타이핑을 어떻게 다뤄야 할지 정보가 전혀 없다. 타입 체커는 정적 분석 시 타입을 다루는 방법을 알지만 런타임 시의 이런 덕 타입을 어떻게 처리할까?

이를 위해 파이썬 3.8부터 도입된 기능인 프로토콜Protocol을 소개한다. 프로토콜은 앞에서 언급된 모순된 상황을 해결한다. 프로토콜을 통해 덕 타입의 변수에 어노테이션을 추가할 수 있으며 여기서는 프로토콜이 필요한 이유, 정의 방법, 고급 시나리오에서 프로토콜을 사용하는 방법 등을 설명한다. 그러나 시작 전에 파이썬에서의 덕 타이핑과 정적 타입 체커 간의 단절을 이해해야 한다.

타입 시스템 간의 관계

13장에서는 런치 전문 레스토랑의 자동화 시스템을 살펴본다. 이 레스토랑은 다양한 '나눌 수 있는' 메뉴를 갖고 있다. 나눌 수 있다는 의미는 1/2개의 판매가 가능하다는 것이며, 예를 들어 샌드위치, 또띠아, 스프 등은 1/2 등으로 나눠 판매할 수 있을 것이다. 반면 음료나 햄버거 등은 나눠 팔 수 없다. 중복을 피하고자 메뉴를 나눠주는 메서드를 하나만 만들 것이며, 그 코드의 시작은 다음과 같다.

```
class BLTSandwich:
    def __init__(self):
        self.cost = 6.95
        self.name = 'BLT'
        # 이 클래스는 한 개의 단일 BLT 샌드위치를 다룬다.
        # ...

    def split_in_half(self) -> tuple['BLTSandwich', 'BLTSandwich']:
        # 한 개의 샌드위치를 반으로 자르는 인스트럭션
        # 가로로 잘라서 각각을 포장한다.
        # 두 개의 샌드위치를 반환한다.

class Chili:
    def __init__(self):
        self.cost = 4.95
        self.name = 'Chili'
        # 이 클래스는 단일 칠리 요리를 다룬다.
        # ...

    def split_in_half(self) -> tuple['Chili', 'Chili']:
        # 하나의 칠리를 반으로 나누는 인스트럭션
        # 새로운 통에 나누고 토핑을 얹는다.
        # 두 컵의 칠리를 반환한다.

class BaconCheeseburger:
```

```
    def __init__(self):
        self.cost = 11.95
        self.name = 'Bacon Cheeseburger'
        # 이 클래스는 베이컨 치즈버거를 다룬다.
        # ...

    # 이 클래스는 반으로 나누는 메서드는 없음!
```

여기서 메뉴를 잘라 나누는 메서드는 다음과 같다.

```
import math
def split_dish(dish: ???) -> ????:
    dishes = dish.split_in_half()
    assert len(dishes) == 2
    for half_dish in dishes:
        half_dish.cost = math.ceil(half_dish.cost) / 2
        half_dish.name = "½ " + half_dish.name
    return dishes
```

파라미터 order는 어떻게 타입이 정해져야 할까? 기억할 것은 타입은 일련의 동작이며 반드시 구체적인 파이썬의 타입일 필요는 없다. 이 일련의 동작에 대해 이름을 아직 짓지는 않았지만 나는 이를 지지한다. 이 예에서 타입은 다음과 같은 동작들을 포함해야 한다.

- 타입은 함수 split_in_half를 포함해야 한다. 이 함수는 객체의 반복할 수 있는 컬렉션 두 개를 반환해야 한다.
- split_in_half에서 반환되는 각 객체들은 cost라고 하는 속성을 갖고 있어야 한다. 이 cost는 상한선을 적용할 수 있어야 하고 정수며 2로 나눌 수 있어야 한다. 그리고 cost는 변경할 수 있어야 한다.
- split_in_half에서 반환되는 각 객체들은 name이라고 하는 속성을 갖고

있어야 한다. name은 "1/2"을 앞에 붙일 수 있어야 한다. name은 변경할 수 있다.

Chili나 BLTSandwich 객체는 하위 타입으로 잘 작동하지만 BaconCheeseburger는 작동하지 않는다. BaconCheeseburger에는 코드가 찾고 있는 구조가 없기 때문이며 BaconCheeseburger를 전달하려고 하면 BaconCheeseburger에 split_in_half()라는 메서드가 없음을 알리는 AttributeError가 발생한다. 다시 말하면 BaconCheeseburger는 예상한 타입이 아닌 것이다. 사실 이 부분이 덕 타이핑이 구조적 하위 타입Structural Subtyping 또는 구조에 기반을 둔 하위 타입이라고 불리는 이유다.

반면에 여러분이 지금까지 이 책에서 살펴본 대부분의 타입 힌트들은 명목상 하위 타입norminal subtyping으로 알려져 있다. 문제가 보이는가? 이 하위 타입의 두 가지 유형은 서로 반대다. 하나는 타입의 이름을 기반으로 하고 다른 하나는 구조를 기반으로 한다. 타입 체킹 시 오류를 잡아내려면 명명된 타입이 필요하다.

```
def split_dish(dish: ???) -> ???:
```

자, 다시 질문하겠다. 파라미터는 어떻게 타입이 정해져야 할까? 다음에 몇 가지 옵션들을 정리했다.

타입을 비워두거나 Any로 사용

```
def split_dish(dish: Any)
```

이는 모든 코드의 견고성 관련 서적에 있는 내용은 아니지만 나는 이를 용인할 수 없다. 이는 향후의 개발자에게 어떤 의도도 전달하지 않으며 타입 체커는 이를 일반 오류로 잡아내지도 못한다.

Union의 사용

```
def split_dish(dish: Union[BLTSandwich, Chili])
```

이는 비워두는 것보다는 낫다. 주문은 BLTSandwich이거나 Chili일 수 있으며 이 제한된 예에서는 작동을 한다. 그러나 기분은 좀 찜찜하다. 구조적 하위 타입과 명목상 하위 타입 간의 조정 방법을 찾아야 하고 몇 개의 클래스들을 하드코딩해 타입 시그니처에 넣어야 한다.

이 방식의 나쁜 점은 깨지기 쉽다는 것이다. 누군가가 분할 가능한 클래스를 추가할 때마다 이 함수를 업데이트해야 함을 기억해야 한다. 이 함수가 클래스 정의 위치에서 가까운 곳에 있어 향후의 유지 관리자가 우연히 이를 발견하기를 바랄 뿐이다.

여기에 숨어있는 위험이 또 있다. 자동화된 런치 제조기가 라이브러리여서 서로 다른 벤더의 자동화된 키오스크에서 사용된다면 어떨까? 아마도 이 런치 제조 라이브러리를 가져와 자체 클래스를 만들고 해당 클래스에서 split_dish를 호출할 것이다. 라이브러리 코드에서 split_dish를 정의하면 소비자가 이 코드를 타입 체크할 수 있는 방법이 거의 없다.

상속의 사용

C++ 또는 자바와 같은 객체지향 언어의 경험이 있는 사용자들은 여기에 인터페이스 클래스가 적합하다고 주장할지도 모른다. 원하는 메서드를 정의한 베이스 클래스에서 이 두 클래스를 모두 상속하게 하는 것은 어렵지 않다.

```python
class Splittable:
    def __init__(self, cost, name):
        self.cost = cost
        self.name = name

    def split_in_half(self) -> tuple['Splittable', 'Splittable']:
        raise NotImplementedError("Must implement split in half")

class BLTSandwich(Splittable):
    # ...

class Chili(Splittable):
    # ...
```

타입의 구조는 다음과 같다.

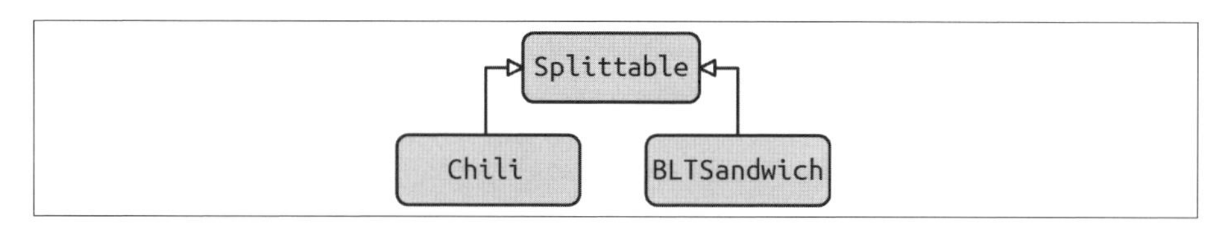

그림 13-1 Splittable의 구조

그러면 다음은 동작할 것이다.

```python
def split_dish(dish:Splittable)
```

사실 다음과 같이 반환 타입을 어노테이팅할 수 있다.

```python
def split_dish(dish:Splittable)->tuple[Splittable, Splittable]:
```

그런데 더 복잡한 구조의 클래스라면 어떻게 해야 할까? 그림 13-2와 같은 구조라면 말이다.

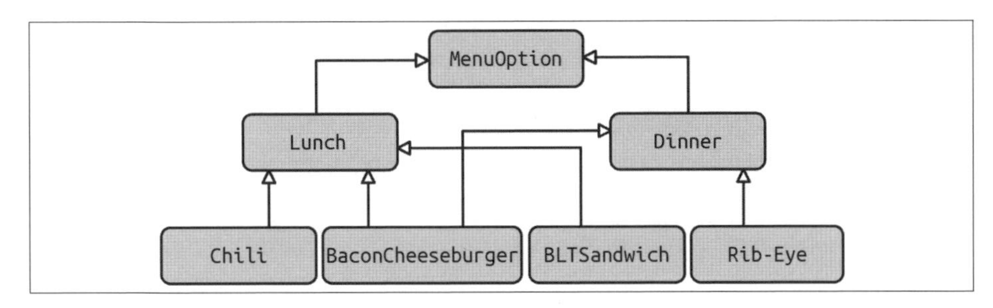

그림 13-2 더 복잡한 타입의 구조

이제 여러분 앞에 힘든 결정 사항이 있다. Splittable을 위 클래스 구조 중 어디에 배치해야 할까? 모든 메뉴가 나눌 수 있는 것이 아니기 때문에 제일 상단에 둘 수는 없다. Splittable에서 SplittableLunch를 만들고 그림 13-3처럼 이를 Lunch와 다른 잘라 나눌 수 있는 것 사이에 배치할 수 있을 것이다.

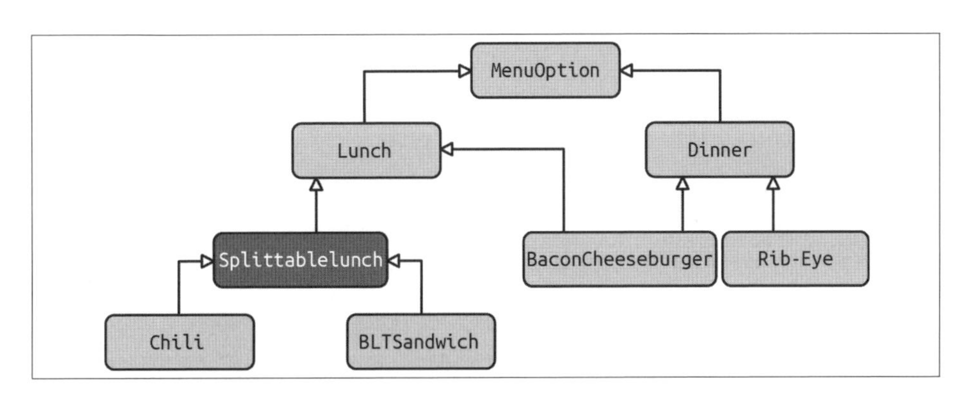

그림 13-3 SplittableLunch가 주입된 타입 구조

이런 방식은 코드베이스가 커질수록 문제가 된다. 예를 들어 다른 곳(예를 들어 디너, 수표 지불 등)에서 Splittable을 사용하려면 해당 코드를 복제해야 하며 아무도 SplittableLunch에서 상속된 금액 청구 시스템을 원치는 않을 것이다. 그리고 Splittable은 도입하려는 유일한 상위 클래스가 아닐 수도 있다. 앙트레(전채 요리) 공유 가능, 도로변의 픽업 가능, 대체재 허용 가능 등과 같은 다른 속성이 있을 수 있다. 작성해야 하는 클래스의 수는 도입하는 옵션에 따라 폭발적으로 증가한다.

믹스인의 사용

일부 언어에서는 믹스인Mixin을 사용해 이를 해결하며 11장에서 믹스인을 이미 소개했다. BLTSandwitch가 Shareable, PickUppable, Subsuittable, Splittable 하기를 원한다면 BLTSandwitch 이외에 수정할 것은 없다.

```
class BLTSandwich(Shareable,
                  PickUppable,
                  Substitutable,
                  Splittable):
    # ...
```

기능이 필요한 클래스만 변경하면 된다. 대규모 코드베이스에서 조정할 일은 줄어든다. 하지만 이는 완벽한 해법은 아니다. 사용자는 여전히 클래스에서 다중 상속을 추가해야 하며 타입 체크에 필요한 변경 사항을 최소화할 수 있다면 나쁘지는 않다. 하지만 상위 클래스를 가져올 때 물리적 의존성이 발생하므로 이상적인 해법이 아니다.

사실 앞의 옵션 어느 것도 맞다고 생각되지는 않는다. 타입 체크를 위해 기존 클래스를 변경하기 때문이다. 이는 상당히 파이썬답지 않게 느껴진다. 많은 개발자는 파이썬이 이런 장황함을 필요로 하지 않기 때문에 파이썬과 사랑에 빠졌는데, 다행히도 파이썬에는 프로토콜protocols이라고 하는 형태의 더 나은 솔루션이 있다.

프로토콜

프로토콜은 타입 힌트와 런타임 타입 시스템 사이의 간격을 줄이는 방법을 제공하며 타입 체크 중에 구조적 하위 타입을 제공할 수 있다. 사실 여러분은 알지도 못하는 사이에 하나의 프로토콜에 익숙해져 있다. 바로 이터레이터[iterator] 프로토콜이다.

이터레이터 프로토콜은 객체가 구현하는 정의된 동작의 집합이다. 객체가 이 동작들을 구현하면 여러분은 객체를 반복할 수 있다.

```
from random import shuffle
from typing import Iterator, MutableSequence

class ShuffleIterator:

    def __init__(self, sequence: MutableSequence):
        self.sequence = list(sequence)
        shuffle(self.sequence)

    def __iter__(self):
        return self

    def __next__(self):
        if not self.sequence:
            raise StopIteration
        return self.sequence.pop(0)

my_list = [1, 2, 3, 4]
iterator: Iterator = ShuffleIterator(my_list)

for num in iterator:
    print(num)
```

이 코드에서는 타입의 작동을 위해 Iterator의 하위 클래스화를 할 필요가 없음에 주목하라. 이는 ShuffleIterator가 이터레이터 수행을 위한 두 개의 메서드를 갖고 있기 때문인데, 바로 이터레이터의 반복을 위한 __iter__와 다음 아이템을 취하기 위한 __next__ 메서드가 그것이다.

이것이 내가 Splittable 예제로 달성하려는 패턴이며, 코드의 구조에 기반을 두고 타입을 작동시키려 한다. 이를 위해 사용자 정의 프로토콜을 정의할 수 있다.

프로토콜의 정의

프로토콜을 정의하는 방법은 매우 간단하다. 여러분이 잘라 나눌 수 있는 무언가를 원한다면 프로토콜의 관점에서 Splittable을 정의한다.

```
from typing import Protocol

class Splittable(Protocol):
    cost: int
    name: str

    def split_in_half(self) -> tuple['Splittable', 'Splittable']:
        """ 구현은 필요 없음 """
        ...
```

이는 13장의 앞부분에 있는 하위 클래스 예제와 매우 유사해 보이지만 조금 다르게 사용된다.

BLTSandwich를 잘라 나눌 수 있게 하려면 클래스에서 다른 것을 표시할 필요가 없다. 다시 말하면 하위 클래스 수행이 필요 없다.

```
class BLTSandwich:
    def __init__(self):
        self.cost = 6.95
        self.name = 'BLT'
        # 이 클래스는 한 개의 단일 BLT 샌드위치를 다룬다.
        # ...
```

```
    def split_in_half(self) -> ('BLTSandwich', 'BLTSandwich'):
        # 한 개의 샌드위치를 반으로 자르는 인스트럭션
        # 가로로 잘라서 각각을 포장한다.
        # 두 개의 샌드위치를 반환한다.
        return (BLTSandwich(), BLTSandwich())
```

BLTSandwich의 명시적인 상위 클래스가 없다. 이를 명시하고 싶다면 여러분은 Splittable의 하위 클래스로 선언할 수 있지만 필수는 아니다.

split_dish 함수는 이제 새로운 Splittable 프로토콜을 지원하는 어떤 것도 전부 사용할 것으로 예상할 수 있다.[1]

```
def split_dish(order: Splittable) -> tuple[Splittable, Splittable]:
```

토론하기

여러분의 코드베이스에서 프로토콜이 사용될 만한 곳은 어디인가? 덕 타이핑이 많이 사용되는 곳 또는 제네릭 코드가 작성된 곳을 토론해보라. 프로토콜을 사용하지 않는다면 얼마나 오류 발생 가능성이 높아지는지 논의해보라.

타입 체커는 BLTSandwich가 Splittable임을 정의한 필드와 메서드를 통해 감지한다. 이는 클래스 구조를 엄청나게 단순화시킨다. 프로토콜을 더 추가하더라도 클래스 트리 구조는 전혀 복잡해지지 않는다. Shareable, Substitutable, PickUppable을 포함해 필요한 각 동작들에 대해 프로토콜을 간단히 정의할 수 있으며 이런 동작들에 의존하는 함수들은 베이스 클래스 대신 프로토콜에 의존할 수 있다. 이렇게 되면 원래의 클래스는 필요 기능 구현을 위해 변경될 필요가 없다.

1. 전체 소스는 https://github.com/pviafore/RobustPython/blob/master/code_examples/chapter13/splittable_protocol.py를 참조하기 바란다. – 옮긴이

프로토콜이 상속의 필요성을 없앨 수 있을까

프로토콜에 익숙해지면 상속은 쓸데없이 장황해 보일 수 있다. 상속은 명목상 하위 타입에 대해 많은 의미를 갖고 있지만 구조적 하위 타입은 너무 무겁다. 필요하지도 않은 연결을 도입해버려 시스템의 유지 관리 비용이 증가한다.

프로토콜과 상속 중 어떤 것을 고를지 결정하려면 12장의 내용을 기억할 필요가 있다. 다른 클래스를 하위 클래스화하거나 프로토콜에 연결되는 것은 모두 하위 타입이다. 따라서 상위 타입의 계약 사항을 지켜야 하며 계약이 타입(Splittable과 같이 특정 타입의 구조 정의가 필요한)의 구조를 정의하는 경우 프로토콜을 사용한다. 그러나 상위 타입의 계약이 특정 조건에서 작성하는 방법과 같이 유지돼야 하는 동작을 정의하는 경우는 상속을 사용해 is-a 관계를 나타낸다.

고급 사용법

지금까지 프로토콜의 주요 사용 사례를 다뤘지만 아직 몇 가지가 더 남아 있다. 다음의 기능들은 자주 사용하지는 않겠지만 프로토콜의 중요한 빈틈을 채워주는 역할을 한다.

프로토콜의 조합

앞 절에서 클래스가 어떻게 다중 프로토콜을 만족시키는지 얘기했다. 예를 들어 하나의 런치 아이템(메뉴)은 Splittable, Shareable, Substituable, PickUppable 할 수 있다. 이 프로토콜을 매우 쉽게 섞을 수 있지만 런치 항목 절반 이상이 이 범주에 들어간다면 어떻게 될까? 여러분은 이 런치의 범주를 StandardLunch Entry로 정하고 앞 네 개의 프로토콜을 하나의 타입으로 참조시킬 수 있다. 첫 번째 시도는 타입의 별칭을 작성하는 것이다.

```
StandardLunchEntry = Union[Splittable, Shareable,
                           Substitutable, PickUppable]
```

하지만 이는 넷 중 적어도 하나를 만족시키는 것이지 넷 모두를 만족시키진 않는다. 모든 프로토콜에 매치되려면 프로토콜의 조합composite protocol이 필요하다.

```
class StandardLunchEntry(Splittable, Shareable, Substitutable,
                         PickUppable, Protocol):
    pass

# 프로토콜로부터 명시적으로 하위 클래스화할 필요는 없다.
# 하지만 여기서는 의미를 분명하기 하고자 수행한다.
class BLTSandwich(StandardLunchEntry):
    # ... 생략 ...
```

이렇게 하면 네 개의 프로토콜을 모두 지원해야 할 경우 StandardLunchEntry를 어디에서나 사용할 수 있다. 코드베이스에서 동일한 조합을 복사할 필요 없이 프로토콜을 하나의 그룹으로 묶을 수 있는 것이다.

또한 StandardLunchEntry는 Protocole의 하위 클래스다. 이는 필수며 생략된다면 StandardLunchEntry가 다른 프로토콜의 하위 클래스더라도 프로토콜이 아니다. 더 일반적으로 말하면 하위 클래스화된 클래스는 자동으로 프로토콜이 되지 않는다.

런타임 시 체크할 수 있는 프로토콜

지금까지 모든 프로토콜의 토론은 정적 검사의 영역에서 이뤄졌다. 하지만 상황에 따라서는 런타임 시에만 이를 체크하면 될 경우도 있다. 불행히도 기본으로 제공되는 프로토콜에서는 isinstance()나 issubclass()류의 것들을 지원하지 않는다. 하지만 이를 쉽게 구현할 수 있다.

```
from typing import runtime_checkable, Protocol

@runtime_checkable
class Splittable(Protocol):
    cost: int
    name: str

    def split_in_half(self) -> tuple['Splittable', 'Splittable']:
        ...

class BLTSandwich():
    # ... 생략 ...

assert isinstance(BLTSandwich(), Splittable)
```

runtime_checkable 데코레이터를 적용하면 객체가 프로토콜을 만족시키는지 isinstance() 체크를 할 수 있다. 이렇게 하면 isinstance()는 필수적으로 프로토콜의 예상 변수 및 함수들의 __hasattr__ 메서드를 호출한다.

issubclass()는 프로토콜이 비데이터 프로토콜일 경우만 작동하는데, 비데이터 프로토콜은 프로토콜 변수를 갖지 않는다. 이는 생성자에서 변수를 설정하는 것과 관련된 극단적인 경우를 처리해야 한다.

프로토콜의 Union을 사용할 때 일반적으로 프로토콜을 runtime_checkable로 놓고 사용한다. 이런 경우 함수는 하나의 프로토콜 또는 다른 프로토콜을 기대하며 본문 내부에서 이 둘을 구별하는 어떤 방법이 필요로 할 수도 있다.

프로토콜을 만족시키는 모듈

지금까지는 프로토콜을 만족시키는 객체만 얘기했지만 짚고 넘어가면 좋을 사례가 있는데, 바로 모듈이다. 모듈도 프로토콜을 만족시키는데, 결국 모듈도 객체라는 얘기다.

레스토랑과 관련돼 프로토콜을 정의하고 각 레스토랑은 분리된 정의 파일을 갖고 있다고 해보자. 다음은 그 파일 중 하나다.

```
#restaurant.py

name = "Chameleon Café"
address = "123 Fake St."

standard_lunch_entries = [BLTSandwich, TurkeyAvocadoWrap, Chili]
other_entries = [BaconCheeseburger, FrenchOnionSoup]

def render_menu() -> Menu:
    # Code to render a menu
```

다음으로 Restaurant 프로토콜을 정의하고 레스토랑을 읽어 들이는 코드가 필요하다.

```
#load_restaurant.py

from typing import Protocol
from lunch import LunchEntry, Menu, StandardLunchEntry
class Restaurant(Protocol):
    name: str
    address: str
```

```
    standard_lunch_entries: list[StandardLunchEntry]
    other_entries: List[LunchEntry]

    def render_menu(self) -> Menu:
        """ 구현은 필요 없다. """ ...

def load_restaurant(restaurant: Restaurant):
    # code to load restaurant
    # ...
```

이제 load_restaurant로 모듈을 임포트할 수 있게 됐다.

```
# main.py
import restaurant
from load_restaurant import load_restaurant

# Loads our restaurant model
load_restaurant(restaurant)
```

main.py에서 load_restaurant에 대한 호출은 타입 체크를 문제없이 마칠 것이다. 레스토랑 모듈은 앞에서 정의한 Restaurant 프로토콜을 충족한다. 프로토콜은 모듈이 전달될 때 render_menu의 자체 인수를 무시한다. 모듈을 정의하고자 프로토콜을 사용하는 것은 파이썬에서 일반적이지는 않지만 계약을 이행해야 하는 파이썬 설정 파일이나 플러그인 아키텍처가 있는 경우 발생할 수 있다.

모든 타입 체커가 모듈을 프로토콜로서 사용하지는 않는다. 타입 체커가 제공하는 문서 및 버그들을 더블 체크하라.

마치며

프로토콜은 파이썬 3.8에서 도입됐으며 새로운 개념이다. 그러나 파이썬의 정적 타입 체크에서는 큰 구멍이 있는데, 런타임은 구조적 하위 타입이지만 대부분의 정적 타입 체크는 명목상 하위 타입이다. 프로토콜은 이 둘의 간격을 채우고 타입 체크 중에 구조적 하위 타입을 수행할 수 있게 하며 라이브러리 코드를 작성하고 특정 유형에 의존하지 않고 사용자가 의존할 수 있는 견고한 API를 제공하고자 할 때 일반적으로 사용된다. 프로토콜을 사용하면 코드의 물리적 의존성이 줄어들어 유지 관리에 도움이 되며 오류의 조기 발견이 가능해진다.

14장에서는 유형을 향상시키는 또 다른 방법인 모델링된 타입을 알아본다. 유형을 모델링하면 타입 체크 및 런타임 시 확인되는 다양한 제약 조건 세트를 생성할 수 있으며 모든 필드에 대한 유효성 검사를 수동으로 작성할 필요 없이 전체 오류 클래스를 제거할 수 있다. 더 좋은 점은 타입을 모델링해 코드베이스에서 허용되는 내용과 허용되지 않는 내용에 대한 기본 문서를 제공한다는 것이다. 14장에서는 알려진 라이브러리인 pydantic을 사용해 이 모든 작업을 수행하는 방법을 알아본다.

14장

pydantic으로 런타임 체크

견고한 코드의 중심 주제는 오류를 쉽게 찾아내는 방법이다. 오류는 복합적 시스템의 개발에서 불가피하게 발생하며 피할 수는 없다. 여러분만의 타입을 작성함으로써 불일치를 피할 수 있는 자료 집합을 생성할 수 있다. 타입 어노테이션의 사용은 여러분에게 안전망을 제공해 개발 중에 발생하는 실수들을 잡아내게 해준다. 타입 작성 및 어노테이션은 **왼쪽으로 이동하기**shiffting error left[1]를 위한 행위들이며 오류를 테스트(더 최악의 상황은 배포 단계) 단계 대신 더 이른 단계, 이상적으로는 개발 단계에서 찾는 효과가 있다.

하지만 모든 오류가 코드 점검inspection이나 정적 분석으로 쉽게 찾아지지는 않는다. 외부 프로그램(데이터베이스 설정 파일, 네트워크 요청 등)으로부터의 데이터로 작업할 때는 항상 잘못된 데이터가 전달될 위험이 있다. 데이터를 검색하고 파싱하는 일에 있어 코드의 견고성은 유지할 방법은 많지만 사용자가 잘못된 데이터를 전달하는 것을 방지하기 위한 일은 그리 많지 않다.

먼저 생각할 수 있는 것은 수많은 검증 로직을 작성하는 일이다. `if`문을 만들고 모든 데이터를 통과시켜 데이터가 맞는지를 체크한다. 여기서 문제는 검증 로직

1. V 모델에서 개발은 좌측, 테스트 및 배포는 우측에 보통 위치해 있다. 테스트를 우측의 테스트 및 배포가 아닌 이를 좌측 개발 단계에서 해야 한다는 의미로 생성된 문구다. – 옮긴이

이 많아지면 복잡도가 증가해 가독성이 떨어진다는 점이다. 검증의 범위가 넓을수록 이런 경우가 더 자주 발생한다. 목표가 오류를 찾는 것이라면 모든 코드(및 테스트)를 읽는 것이 제일 좋은 방법이다. 이 경우는 보는 코드의 양을 최소화해야 하는데, 여기에도 문제가 있다. 많이 읽을수록 코드의 이해는 높아지겠지만 인지 부담이 늘어나 오류를 발견할 가능성이 줄어든다.

14장에서는 pydantic 라이브러리를 사용해 어떻게 이런 문제들을 해결하는지 알아본다. pydantic은 모델링된 클래스를 정의하고 작성해야 할 검사 로직의 양을 줄여주며 이때 가독성은 희생되지 않는다. pydantic은 사용자 공급 데이터의 파싱을 쉽게 하고 출력 데이터 구조를 보장한다. 이제 몇 가지 예제를 통해 어떻게 사용하는지 알아보고 그런 다음 pydantic의 고급 사용을 살펴보자.

동적 설정

이번 장에서는 레스토랑을 설명하는 타입을 만들 것이다. 먼저 설정 파일을 통해 사용자들이 레스토랑을 특정하는 방법을 제공한다. 다음은 레스토랑별 설정 가능한 필드(그리고 제약 사항)를 나타낸 것이다.

- 레스토랑 이름
  - 기존 시스템 문제로 인해 이름의 글자 수는 32개보다 작아야 하며 영문자, 숫자, 따옴표, 공백이 가능하다(아쉽지만 유니코드는 안 된다).
- 점주의 풀 네임
- 주소
- 종업원 목록
  - 종업원은 최소한 1명의 주방장과 1명의 서빙 담당이 있어야 한다.

- 각 종업원은 이름과 직책이 있다(주방장, 서빙 담당, 호스트, 부주방장, 배달원 등).
- 각 종업원은 수표 또는 계좌 입금 세부 정보를 받을 수 있는 우편 주소를 갖고 있다.

- 요리 목록
  - 각 요리는 이름, 가격, 설명을 갖고 있다. 이름은 16 글자 제한이 있으며 설명은 80글자 제한이다. 선택 항목으로 각 요리에 대한 사진(파일명 형식)이 있다.
  - 각 요리는 고유의 이름을 가진다.
  - 메뉴에는 최소한 3개의 요리가 있어야 한다.
  - 좌석수
  - 테이크아웃 제공 여부(불리언)
  - 배달 제공 여부(불리언)

이 정보들은 YAML(https://yaml.org) 파일로 저장된다.

```
name: Viafore's
owner: Pat Viafore
address: 123 Fake St. Fakington, FA 01234
employees:
  - name: Pat Viafore
    position: Chef
    payment_details:
    bank_details:
      routing_number: "123456789"
      account_number: "123456789012"
  - name: Made-up McGee
```

```
    position: Server
    payment_details:
      bank_details:
        routing_number: "123456789"
        account_number: "123456789012"
  - name: Fabricated Frank
    position: Sous Chef
    payment_details:
      bank_details:
        routing_number: "123456789"
        account_number: "123456789012"
  - name: Illusory Ilsa
    position: Host
    payment_details:
      bank_details:
        routing_number: "123456789"
        account_number: "123456789012"
dishes:
  - name: Pasta and Sausage
    price_in_cents: 1295
    description: Rigatoni and sausage with a tomato-garlic-basil sauce
  - name: Pasta Bolognese
    price_in_cents: 1495
    description: Spaghetti with a rich tomato and beef Sauce
  - name: Caprese Salad
    price_in_cents: 795
    description: Tomato, buffalo mozzarella, and basil
    picture: caprese.png
number_of_seats: 12
to_go: true
delivery: false
```

pip로 설치할 수 있는 yaml 라이브러리로 이를 읽어 들인다.

```
with open('code_examples/chapter14/restaurant.yaml') as yaml_file:
    restaurant = yaml.safe_load(yaml_file)
print(restaurant)
>>>{
    name: Viafore's
    owner: Pat Viafore
    address: 123 Fake St. Fakington, FA 01234
    employees:
      - name: Pat Viafore
        position: Chef
        payment_details:
          bank_details:
            routing_number: "123456789"
            account_number: "123456789012"
      - name: Made-up McGee
        position: Server
        payment_details:
          bank_details:
            routing_number: "123456789"
            account_number: "123456789012"
      - name: Fabricated Frank
        position: Sous Chef
        payment_details:
          bank_details:
            routing_number: "123456789"
            account_number: "123456789012"
      - name: Illusory Ilsa
        position: Host
        payment_details:
          bank_details:
            routing_number: "123456789"
            account_number: "123456789012"
    dishes:
      - name: Pasta And Sausage
        price_in_cents: 1295
```

```
          description: Rigatoni and Sausage with a Tomato-Garlic-Basil Sauce
        - name: Pasta Bolognese
          price_in_cents: 1495
          description: Spaghetti with a rich Tomato and Beef Sauce
        - name: Caprese Salad
          price_in_cents: 795
          description: Tomato, Buffalo Mozzarella, and Basil
        picture: caprese.png
      number_of_seats: 12
      to_go: true
      delivery: false
  }
```

잠시 테스터가 돼 살펴보자. 내가 방금 제시한 요구 사항은 완전한 것은 아니다. 어떻게 이를 개선할까? 몇 분 정도 시간을 내서 주어진 딕셔너리만으로 생각할 수 있는 모든 다양한 제약 조건을 나열해보자. YAML 파일이 딕셔너리를 파싱하고 반환한다고 하면 얼마나 많은 오류 케이스를 생각할 수 있을까?

앞에서 라우팅 번호 및 계좌 번호가 문자열 형식으로 돼 있다. 이는 의도적인데, 먼저 이는 연산이 일어날 일이 없으며, 계정 번호 000000001234가 1234로 잘리면 안 되기 때문이다.[2]

테스트 케이스를 작성할 때 고려해야 할 몇 가지 아이디어는 다음과 같다.

- 파이썬은 동적인 언어다. 모든 것이 적절한 타입인지 확신하는가?
- 딕셔너리는 어떤 형태로든 필수 필드가 필요치 않다. 모든 필드가 존재하는가?
- 모든 제약 사항은 테스트해야 하는 문제 구문으로부터 나왔는가?

2. 라우팅 번호란 미국, 캐나다에서만 사용되는 은행의 고유 번호를 의미한다. – 옮긴이

- 추가 제약 조건(라우팅 번호, 계좌 번호, 주소의 수정)에 대해서는 어떤가?
- 있어서는 안 되는 음수의 처리는 어떤가?

나는 5분 동안 67개의 테스트 케이스를 만들 수 있었다. 테스트 케이스에는 다음과 같은 항목들이 포함된다(전체 케이스는 https://github.com/pviafore/RobustPython을 참조하라).

- 이름의 길이가 0
- 이름이 문자열이 아님
- 요리사가 없음
- 종업원이 주소나 계좌가 없음
- 종업원의 라우팅 번호가 잘려버렸음(000000001234가 1234로 입력)
- 좌석수가 음수임

이 클래스는 복잡한 편이 아니다. 이보다 더 복잡한 클래스의 경우에 대한 테스트 케이스의 수를 상상할 수 있을까? 67개의 테스트 케이스가 있더라도 타입의 생성자를 열고 67개의 다른 조건을 확인하는 작업을 상상해보기 바란다. 엄두가 안 날 것이다. 내가 작업한 대부분의 코드베이스의 유효성 검사 로직은 범용적이지 못하다. 그런데 데이터를 보면 사용자가 구성하고 직접 수정할 수 있는 데이터며 가능한 런타임 시에 빨리 오류를 잡아야 한다. 그렇다면 코드베이스의 수행 시에 오류를 잡는 것보다 수행 전 데이터 삽입 시에 오류를 잡는 것이 훨씬 더 효율적이다. 결국 파싱 로직 전에 데이터는 사용되지 않기 때문이다.

토론하기

여러분의 시스템에서 데이터 타입으로 표현된 사용자 데이터를 생각해보자. 이 데이터는 얼마나 복잡한가? 이 데이터를 잘못 구성할 방법은 얼마나 있을까? 생성된 데이터가 잘못될 경우 발생하는 영향을 토론하고 여러분의 코드에서는 어떻게 이를 방어할 수 있을지 살펴보자.

이번 장을 통해 읽기 쉽고 모든 열거된 제약 사항을 모델링하기 쉬운 타입을 생성하는 방법을 보여줄 것이다. 지금까지 타입 어노테이션을 많이 설명했기 때문에 누락된 필드나 잘못된 타입을 타입 체크 시에 잡아낼 수 있다면 좋을 것 같다. 우선 먼저 드는 생각은 5장에서 다룬 `TypedDict`를 사용하는 것이다.

```
from typing import Literal, TypedDict, Union
class AccountAndRoutingNumber(TypedDict):
    account_number: str
    routing_number: str

class BankDetails(TypedDict):
    bank_details: AccountAndRoutingNumber

AddressOrBankDetails = Union[str, BankDetails]

Position = Literal['Chef', 'Sous Chef', 'Host',
                   'Server', 'Delivery Driver']

class Dish(TypedDict):
    name: str
    price_in_cents: int
    description: str

class DishWithOptionalPicture(Dish, TypedDict, total=False):
    picture: str

class Employee(TypedDict): name: str
    position: Position
```

```
    payment_information: AddressOrBankDetails

class Restaurant(TypedDict):
    name: str
    owner: str
    address: str
    employees: list[Employee]
    dishes: list[Dish]
    number_of_seats: int
    to_go: bool
    delivery: bool
```

이는 한결 나은 가독성을 보여준다. 타입을 구성하는 데 어떤 타입이 필요한지 정확히 알 수 있다. 이제 다음과 같은 함수를 작성할 수 있다.

```
def load_restaurant(filename: str) -> Restaurant:
    with open(filename) as yaml_file:
        return yaml.safe_load(yaml_file)
```

파일을 다운받는 입장에서는 앞에서 방금 설명한 타입의 메리트를 자동으로 받을 것이다. 하지만 이 접근 방식에는 몇 가지 문제가 있다.

- TypedDict에 의해 생성자를 직접 제어할 수 없으며, 따라서 타입 생성에 대한 검증을 할 수 없다. 유효성 검증 부분을 어쩔 수 없이 사용자에게 넘겨야 한다.
- TypedDict에 메서드의 추가가 불가능하다.
- TypedDict는 묵시적으로 유효성 검증을 수행하지 않기 때문에 YAML에서 잘못된 딕셔너리를 생성해도 타입 체커는 이를 그냥 넘어간다.

마지막 항목이 중요하다. 내가 다음과 같은 엉뚱한 내용을 YAML 파일에 포함시켜도 타입 체커는 이에 대해 오류로 인지하지 못한다.

```
invalid_name: "This is the wrong file format"
```

이의 방지를 위해서는 더 강력한 무엇이 필요하다. 이제 pydantic을 살펴보자.

pydantic

pydantic(https://pydantic-docs.helpmanual.io)은 가독성을 희생시키지 않고 타입의 런타임 체킹 기능을 제공하는 라이브러리다. 여러분은 pydantic을 다음과 같이 클래스 모델링에 사용할 수 있다.

```
from pydantic.dataclasses import dataclass
from typing import Literal, Optional, TypedDict, Union

@dataclass
class AccountAndRoutingNumber:
    account_number: str
    routing_number: str

@dataclass
class BankDetails:
    bank_details: AccountAndRoutingNumber

AddressOrBankDetails = Union[str, BankDetails]

Position = Literal['Chef', 'Sous Chef', 'Host',
                   'Server', 'Delivery Driver']
@dataclass
class Dish:
    name: str
```

```
    price_in_cents: int
    description: str
    picture: Optional[str] = None

@dataclass
class Employee:
    name: str
    position: Position
    payment_information: AddressOrBankDetails

@dataclass
class Restaurant:
    name: str
    owner: str
    address: str
    employees: list[Employee]
    dishes: list[Dish]
    number_of_seats: int
    to_go: bool
    delivery: bool
```

TypedDict의 상속 대신 pydantic.dataclasses.dataclass에서 각 클래스를 데코레이팅하고 있다. 이렇게 한 번 해놓으면 pydantic은 타입 생성을 대상으로 유효성 검증을 한다.

pydantic 타입을 생성하려면 파일 로딩 함수를 다음과 같이 바꾼다.

```
def load_restaurant(filename: str) -> Restaurant:
    with open(filename) as yaml_file:
        data = yaml.safe_load(yaml_file)
        return Restaurant(**data)
```

향후 개발자가 제약 조건을 위반하면 pydantic은 예외를 던진다. 다음은 몇 가지 예외 사항이다.

필드가 누락이 되면 다음과 같은 오류를 발생시킨다.

```
pydantic.error_wrappers.ValidationError: 1 validation error for Restaurant
dishes -> 2
    __init__() missing 1 required positional argument:
        'description' (type=type_error)
```

종업원 직책에 숫자 3과 같은 잘못된 타입이 제공되면 다음과 같은 오류를 발생시킨다.

```
pydantic.error_wrappers.ValidationError: 1 validation error for Restaurant
employees -> 0 -> position
    unexpected value; permitted: 'Chef', 'Sous Chef', 'Host',
                                 'Server', 'Delivery Driver'
                                 (type=value_error.const; given=3;
                                 permitted=('Chef', 'Sous Chef', 'Host',
                                            'Server', 'Delivery Driver'))
```

pydantic은 mypy와 같이 사용할 수 있지만 이를 위해서는 mypy.ini에 pydantic 플러그인이 필요하다. 플러그인의 설정은 다음과 같다.

```
[mypy]
plugins = pydantic.mypy
```

자세한 내용은 pydantic 공식 문서(https://pydantic-docs.helpmanual.io/mypy_plugin/)를 참조하기 바란다.

pydantic으로 타입 모델링을 함으로써 별도의 검증 로직의 작성 없이 전체 클래스에서의 오류를 캐치할 수 있게 됐다. 앞의 pydantic 데이터 클래스는 67개의 오류 케이스 중 38개를 잡아낼 수 있었다. 하지만 좀 더 뭔가를 하면 나머지

29개에 대해서도 잡을 수 있을 것 같다. 타입 생성자에서 발생하는 오류에 대해 pydantic의 내장 유효성 검사 도구를 쓸 수 있다.

유효성 검사 도구

pydantic은 많은 내장 유효성 검사 도구Validators들을 갖고 있다. 유효성 검사 도구란 필드에서 특정 제약들에 대한 체크를 하는 사용자 정의 타입이다. 예를 들어 모든 문자열이 특정 크기를 가져야 하거나 모든 정수가 음수여야 한다면 pydantic의 제약 타입constrainted type을 사용할 수 있다.

```
from typing import Optional
from pydantic.dataclasses import dataclass
from pydantic import constr, PositiveInt

@dataclass
class AccountAndRoutingNumber:
    account_number: constr(min_length=9,max_length=9) ❶
    routing_number: constr(min_length=8,max_length=12)

@dataclass
class Address:
    address: constr(min_length=1)

# ... 생략 ...

@dataclass
class Dish:
    name: constr(min_length=1, max_length=16)
    price_in_cents: PositiveInt
    description: constr(min_length=1, max_length=80)
    picture: Optional[str] = None

@dataclass
```

```
class Restaurant:
    name: constr(regex=r'^[a-zA-Z0-9 ]*$', ❷
                 min_length=1, max_length=16)
    owner: constr(min_length=1)
    address: constr(min_length=1)
    employees: List[Employee]
    dishes: List[Dish]
    number_of_seats: PositiveInt
    to_go: bool
    delivery: bool
```

❶ 계좌 번호(문자열)를 특정 길이만 허용하도록 제약을 걸었다.

❷ 이름(문자열)을 정규 표현식에 따르게 했다(이 경우는 알파벳, 숫자, 공백만 허용).

이에 맞지 않는 타입이 전달되면(예를 들어 레스토랑 이름에 특수 문자가 들어간다든지, 좌석수에 음수가 들어가는 경우) 다음과 같은 오류 메시지를 받을 것이다.

```
pydantic.error_wrappers.ValidationError: 2 validation errors for Restaurant
name
    string does not match regex "^[a-zA-Z0-9 ]$" (type=value_error.str.regex;
                                                  pattern=^[a-zA-Z0-9 ]$)
number_of_seats
    ensure this value is greater than 0
        (type=value_error.number.not_gt; limit_value=0)
```

여기에서 추가 제약을 위해 리스트를 제한할 수도 있다.

```
from pydantic import conlist,constr
@dataclass
```

```
class Restaurant:
    name: constr(regex=r'^[a-zA-Z0-9 ]*$',
                 min_length=1, max_length=16)
    owner: constr(min_length=1)
    address: constr(min_length=1)
    employees: conlist(Employee, min_items=2) ❶
    dishes: conlist(Dish, min_items=3) ❷
    number_of_seats: PositiveInt
    to_go: bool
    delivery: bool
```

❶ 이 리스트는 Employee 타입으로 제약됐고 최소한 2명의 종업원이 있어야 한다.

❷ 이 리스트는 Dish 타입으로 제약됐고 최소한 3개의 요리가 있어야 한다.

이 제약에 맞지 않은 뭔가를 전달하면(예를 들어 요리를 빼먹은 경우) 다음과 같은 오류가 발생할 것이다.

```
pydantic.error_wrappers.ValidationError: 1 validation error for Restaurant
dishes
    ensure this value has at least 3 items
        (type=value_error.list.min_items; limit_value=3)
```

이 타입 제약으로 나는 추가적으로 17개의 테스트 케이스를 체크할 수 있게 됐으며 이로써 67개 중 55개의 케이스를 커버할 수 있었다. 훌륭하지 않은가?

남은 케이스들의 체크를 위해 사용자 정의 유효성 검사 도구(@validator)를 만들어 마지막 검사 로직을 완성할 수 있다.

```
from pydantic import validator
```

```
@dataclass
class Restaurant:
    name: constr(regex=r'^[a-zA-Z0-9 ]*$',
                    min_length=1, max_length=16)
    owner: constr(min_length=1)
    address: constr(min_length=1)
    employees: conlist(Employee, min_items=2)
    dishes: conlist(Dish, min_items=3)
    number_of_seats: PositiveInt
    to_go: bool
    delivery: bool

    @validator('employees')
    def check_chef_and_server(cls, employees):
        if (any(e for e in employees if e.position == 'Chef') and
            any(e for e in employees if e.position == 'Server')):
                return employees
        raise ValueError('Must have at least one chef and one server')
```

최소 1명의 요리사와 서빙 담당을 할당하지 않는다면 다음과 같은 오류가 발생할 것이다.

```
pydantic.error_wrappers.ValidationError: 1 validation error for Restaurant
employees
    Must have at least one chef and one server (type=value_error)
```

이 외의 다른 오류 케이스를 위한 사용자 정의 유형 검사 도구 제작은 여러분에게 맡기겠다(예를 들어 주소의 유효성 검사, 라우팅 번호의 검사, 이미지 파일의 유효성 검사 등).

유효성 검사와 파싱

분명 pydantic은 엄격한 유효성 검사 도구가 아니라 파싱 라이브러리다. 둘의 차이는 미미하지만 구분할 필요는 있다. 모든 예제에서 pydantic을 인수와 타입의 체크에 사용했지만 이는 엄격한 유효성 검사 도구는 아니다. pydantic도 자신을 파싱 라이브러리로 공식 문서에서 표기하고 있다. 데이터 모델로 들어가는 것이 아니라 데이터 모델에서 나오는 것을 보장한다는 의미다. 다시 말하면 여러분이 pydantic 모델을 정의하면 pydantic은 데이터를 여러분이 정의한 타입으로 강제로 변환시키고자 할 수 있는 모든 작업을 수행한다.

다음과 같은 모델이 있다고 하자.

```
from pydantic import dataclass
@dataclass
class Model:
    value: int
```

이 모델에 문자열string이나 실수형float을 전달해도 문제는 되지 않으며 pydantic이 이를 강제로 정수형으로 값을 바꿀 것이다(또는 변경이 불가능한 경우 예외를 던질 것이다). 이 코드는 예외를 던지지 않는다.

```
Model(value="123") # value 값이 정수형 123으로 바뀐다.
Model(value=5.5) # 정수형 5로 변경된다.
```

pydantic은 전달된 값들을 검증하지 않고 파싱한다. 여기서 입력은 항상 정수형이란 것을 보장할 수는 없지만 출력은 항상 정수형임이 보장된다(또는 변환할 수 없다면 예외를 던진다).

이런 동작에 제약을 두고 싶다면 pydantic의 제약 필드strict fields를 사용할 수 있다.

```
from pydantic.dataclasses import dataclass
from pydantic import StrictInt
@dataclass
class Model:
    value: StrictInt
```

이제 다음과 같이 다른 타입으로 생성을 한다고 하자.

```
x = Model(value="0023").value
```

다음과 같은 오류 메시지가 뜰 것이다.

```
pydantic.error_wrappers.ValidationError: 1 validation error for Model
value
    value is not a valid integer (type=type_error.integer)
```

pydantic이 스스로를 파싱 라이브러리라고 칭하고 있지만 데이터 모델에서 좀 더 엄격한 제약을 거는 것이 가능하다.

마치며

이 책 전반에 걸쳐 타입 체커의 중요성을 강조했지만 그렇다고 런타임 시 오류 체크가 무의하다는 것은 아니다. 타입 체커가 오류의 적정한 부분을 포착하고 런타임 시 해야 할 체크를 줄여주지만 그렇다고 모든 것이 체크되는 것은 아니다. 발생하는 공백을 채우려면 여전히 유효성 검사 로직이 필요하다.

이러한 검사를 위해 pydantic 라이브러리는 훌륭한 도구다. 타입에 직접 유효성 검사 로직을 넣는 것만으로(수많은 if문이 아닌) 코드의 견고성이 두 배로 향상되는데 첫째, 가독성이 놀랍게 향상된다. 타입의 정의를 읽는 개발자들이 어떤 제약 조건이 적용되는지를 정확히 알 수 있다. 둘째, 런타임 체크를 통해 필요한 보호 계층을 제공한다.

또한 pydantic은 데이터 클래스와 일반 클래스 사이의 영역을 채우는 데 도움이 된다. 각 제약 조건은 기술적으로 해당 클래스의 불변 속성을 충족한다. 나는 항상 데이터 클래스를 불변 속성으로 지정하지 말라고 주장하는데, 여러분이 데이터 클래스를 보호할 방법이 없기 때문이다(생성을 제어할 수도 없으며 속성도 public이다). 하지만 pydantic은 생성자를 호출하거나 필드를 생성할 때에도 불변 속성들을 보호해준다. 그러나 상호의존적인 필드가 있는 경우(예를 들어 두 필드를 동시에 설정해야 하거나 다른 값을 기반으로 한 필드를 설정해야 할 경우)는 클래스를 사용하는 것이 좋다.

자, 이제 2부가 끝났다. 지금까지 열거형, 데이터 클래스, 클래스로 사용자 정의 타입을 어떻게 만드는지를 알아봤다. 이들 각각은 자기에게 맞는 사용 케이스가 있으므로 타입을 작성할 때 작성 의도에 유념하라. 타입이 서브타이핑으로 어떻게 is-a를 만들 수 있는지 알아봤다. 또한 각 클래스에서 API가 왜 중요한지도 배웠다. API는 당신의 코드가 하는 일을 이해할 수 있는 첫 관문이다. 14장을 마치면서 정적 타입 체크에 추가해 런타임 유효성 검사를 수행해야 하는 이유를 알아봤다.

3부에서는 한 걸음 물러나서 더 넓은 관점에서 견고성을 살펴본다. 지금까지 이 책에서의 모든 지침은 타입 어노테이션과 타입 체커에 초점이 맞춰졌다. 가독성과 오류 체크는 견고성의 중요한 부분이지만 그것만이 견고성의 전부는 아니다. 다른 유지 보수 관리자는 타입과 상호작용하는 작은 변경 사항뿐만 아니라 새로운 기능을 도입하고자 코드베이스를 크게 변경할 수도 있다. 즉, 코드베이스를 확장해야 하는 경우가 발생할 것이기 때문에 확장성에 중점을 둘 것이다.

3부

확장 가능한 파이썬

견고한 코드는 유지 보수가 가능한 코드를 의미한다. 유지 보수가 가능하려면 코드는 읽기 쉬워야 하고, 오류를 체크하기 쉬워야 하며, 변경하기 쉬워야 한다. 1, 2부에서는 가독성과 오류 발견에 초점을 뒀으나 기존 코드의 확장은 중요하게 다루지 않았다. 타입 어노테이션과 타입 체커는 개별 타입들과의 상호작용 시에 도움을 주지만 핵심 컴포넌트의 변경이나 새로운 업무 흐름의 도입 등과 같은 코드베이스에서의 큰 변화의 경우에는 어떨까?

3부에서는 대규모 수정 작업에 대해 미래의 개발자들이 어떻게 이를 가능하게 할지 살펴본다. 확장성과 구성 가능성을 주로 알아볼 텐데, 이 둘은 견고성을 끌어올리는 핵심 원칙이다. 또한 의존성을 관리하는 방법을 배우는데, 이를 통해 단순 변경이 버그나 오류의 영향이 발생하는 것을 방지할 수 있다. 그리고 이 내용들을 플러그인 베이스 시스템, 반응형 프로그래밍, 태스크 지향 프로그램과 같은 아키텍처 모델에 적용할 것이다.

15장

확장성

15장에서는 확장성Extensibility에 초점을 맞추고 있다. 확장성은 3부 전체를 뒷받침하며 이 핵심 개념을 이해하는 것이 중요하다. 확장성이 견고성에 어떤 영향을 미치는지 알게 되면 코드베이스에 이를 적용할 기회가 보이기 시작할 것이다. 확장 가능한 시스템을 통해 다른 개발자들은 자신감 있게 여러분의 코드베이스 개선 작업을 할 것이며 작업이 오류의 가능성도 줄일 수 있다. 이에 대해 살펴보자.

확장성이란?

확장성은 시스템의 기존 부분을 수정하지 않고도 새로운 기능을 추가할 수 있는 시스템의 속성 중 하나다. 소프트웨어는 정적이지 않다. 코드베이스의 생명주기 동안 개발자들은 언젠가 여러분의 소프트웨어를 변경할 일이 있을 것이다. 소프트웨어의 소프트soft에는 많은 의미가 있으며 변경은 대규모가 될 수도 있다. 확장 시에 아키텍처의 핵심 부분을 변경하거나 새로운 업무 흐름을 추가할 경우를 생각해보라. 이런 변경은 코드베이스의 여러 부분에 영향을 줄 것이다. 단순한 타입 체킹으로 이 수준에서의 오류를 잡을 수 없으며 결국에 여러분은 타입 전체를 재설계해야 할지도 모른다. 확장 가능한 소프트웨어의 목표는 향후의 개발자에게 자주 변경되는 코드 영역에서 쉬운 확장 포인트를 제공하는 방향으로 설계하는 것이다.

이 개념을 설명하고자 공급자가 수요에 대응할 수 있는 일종의 알림 시스템을 구현하려는 레스토랑 체인이 있다고 해보자. 레스토랑에서는 스페셜 메뉴를 기획할 수도 있고, 특정 재료가 없을 수도 있고, 일부 재료가 상했을 수도 있다. 이런 경우 레스토랑은 공급자에게 재입고가 필요하다는 알림을 자동으로 받기 원한다. 공급자들은 실제 알림의 수신을 위해 파이썬 라이브러리를 제공했다.

라이브러리의 구현은 다음과 같다.

```
def declare_special(dish: Dish, start_date: datetime.datetime, end_time:
datetime.datetime):
    # ... 로컬 시스템에서 설정 ...
    # ... 공급자에세 알림 전송 ...

def order_dish(dish: Dish):
    # ... 자동화된 준비
    out_of_stock_ingredients = {ingred for ingred in dish if
out_of_stock(ingred)}
    if out_of_stock_ingredients:
        # ... 재료가 없어 만들지 못하는 메뉴를 삭제 ...
        # ... 공급자에게 이를 알린다 ...

# called every 24 hours
def check_for_expired_ingredients():
    expired_ingredients = {ing for ing in ingredient in get_items_in_stock()}:
    if expired_ingredients:
        # ... 재료가 없어 만들지 못하는 메뉴를 삭제하는 부분 ...
        # ... 공급자에게 알리는 부분 ...
```

이 코드는 언뜻 보기에는 꽤 간단하다. 알림 이벤트가 발생하면 적절한 알림이 공급자로 전송된다(딕셔너리가 JSON 요청의 일부로서 전송되는 형태를 생각하면 된다).

몇 달이 지나 새로운 작업 항목이 들어온다. 레스토랑에서 여러분의 상사는 알림 시스템에 매우 만족하며 기능의 확장을 원하는 데 알림이 공급자의 이메일로 전달되기를 원한다. 요구 사항은 정말 간단하다. 그렇지 않은가? 우선 declare_special 함수가 이메일 주소를 받게 해야 한다.

```
def declare_special(notification: NotificationType,
                    start_date: datetime.datetime,
                    end_time: datetime.datetime,
                    email: Email):
    # ... 생략 ...
```

하지만 이는 광범위한 영향을 미친다. declare_special을 호출하는 함수도 어떤 이메일을 전달해야 하는지에 대한 정보가 필요하기 때문이다. 다행히도 타입 체커들이 이에 대한 누락은 잡아낼 수 있다. 하지만 이메일 추가 외에 추가적인 다른 케이스들은 어떻게 해야 할까? 백로그를 살펴보니 다음과 같은 작업들이 남아 있다.

- 판매 팀에 특별 메뉴와 품절 품목을 알린다.
- 레스토랑 고객들에게 새로 나온 특별 메뉴를 알린다.
- 다른 공급자를 위한 별도의 API를 지원한다.
- 상사도 알림을 받을 수 있게 문자 메시지 알림을 지원한다.
- 새 알림 유형을 만든다. 유형은 '새 메뉴 항목'이며 마케터와 상사는 이것에 대해 알고 싶어 하지만 공급자는 관심이 없다.

이 백로그를 구현함에 따라 declare_special은 점점 더 커진다. 더 많은 사례를 처리하며 로직은 더 복잡해짐에 따라 실수 가능성 역시 증가한다. 설상가상으로 API(문자 발송을 위한 이메일 주소나 전화번호 리스트의 추가)의 변경 사항은 모든 발신자에게 영향을 준다. 어느 시점부터는 마케터 리스트에 새 이메일 주소를 추가하는 작업과 같이 간단한 작업만으로도 코드베이스의 여러 파일의 수정이 필요하게 된다. 이것은 통칭 '산탄총 수술'[1]로 알려져 있는데, 다양한 파일에 영향을 미치는 단일 변화가 폭발적으로 확산된다. 설상가상으로 개발자들은 기존 코드에 손을 대서 실수 가능성을 높인다. 우리는 declare_special만 다뤘지만 order_dish와 check_for_expired_ingredients에서는 각각에 맞는 사용자 지정 로직도 필요하며 모든 곳에서 복제된 알림 코드를 처리해야 하는 지루한 작업이 기다린다. 새로운 사용자가 텍스트 알림을 원한다는 이유만으로 코드베이스의 모든 알림 부분을 찾아야 하는지 자문해보기 바란다.

이 모든 것은 코드가 확장 가능하지 않기 때문이다. 개발자가 여러 파일의 복잡성에 대해 알고 있어야 변경할 수 있고 유지 관리자는 기능을 추가로 구현하려면 훨씬 더 많은 작업이 필요하게 된다. 1장에서의 우발적 복잡성과 필요적 복잡성 사이 설명을 상기해보자. 필요적 복잡성은 문제 영역에 내재돼 있는 것이며 우발적 복잡성은 여러분이 끌어들인 복잡성이다. 위 백로그의 경우는 알림, 수신자, 필터의 조합이 필요하며, 이는 시스템에서 필요한 사항들이다.[2]

그러나 우발적 복잡성은 시스템을 구현하는 방법에 따라 달라진다. 내가 작성한 방법은 우발적인 복잡성으로 가득 차 있다. 간단한 것 하나를 추가하는 것은 꽤 기념비적인 일이지만 개발자들에게 변경해야 할 모든 부분을 찾고자 코드베이스를 사냥하게 하는 것은 문제를 불러온다. 쉬운 변화는 쉬워야 한다. 그렇지 않으면 시스템을 확장하는 것이 매번 잡일이 된다.

재설계

declare_special 함수를 다시 살펴보자.

---

1. 마틴 파울러의 『리팩터링 2판』(한빛미디어, 2020)

2. 필요적 복잡성을 의미한다. – 옮긴이

```
def declare_special(notification: NotificationType,
                    start_date:datetime.datetime,
                    end_time: datetime.datetime,
                    email: Email):
    # ... 생략 ...
```

모든 문제는 파라미터에 이메일을 추가함으로써 시작된다. 이것이 바로 코드베이스의 다른 부분에 영향을 주는 파급 효과를 일으킨 원인이 되며 이는 향후의 개발자 잘못이 아니다. 이들은 시간에 쫓기면서 잘 알지도 못하는 코드베이스에 기능들을 구겨 넣는 일을 하며 전형적으로 이미 배치된 패턴을 따르는 경향이 있다. 여러분이 올바른 방향으로 이끌 수 있는 토대를 마련할 수 있다면 (이들을 위해) 코드의 유지 보수성을 높일 수 있다. 유지 보수성이 악화되면 메서드는 다음과 같이 파라미터가 점점 늘어날 것이다.

```
def declare_special(notification: NotificationType,
                    start_date: datetime.datetime,
                    end_time: datetime.datetime,
                    emails: list[Email],
                    texts: list[PhoneNumber],
                    send_to_customer: bool):
    # ... 생략 ...
```

이러다간 함수는 의존성의 거대한 굴레에 얽힐 때까지 통제 불능 상태로 성장하고 커질 것이다. 메일링 리스트에 고객을 추가하려는 데 특별 메뉴까지 추가해야 할 이유는 없지 않은가?

이의 해결을 위해 변경이 쉽도록 알림 시스템을 재설계해야 한다. 먼저 유스 케이스를 살펴보고 향후의 개발자들을 위해 무엇을 쉽게 만들어야 하는지 생각해 볼 것이다(인터페이스에 대한 정보를 다시 보려면 2부, 특히 11장을 다시 보기 바란다).

이 경우 나는 향후의 개발자가 다음 세 가지를 쉽게 추가할 수 있게 하고 싶다.

- 새로운 알림 타입
- 새로운 알림 방법(이메일, 문자, API 등)
- 알림을 받을 새로운 사용자

알림 코드는 코드베이스 내에 여기저기 흩어져 있으므로 개발자들이 변경할 때 산탄총 수술에 참여할 필요가 없게 만들고 싶다. 기억하라. 나는 쉬운 일은 쉽게 하기를 바란다.

이제 여기서의 필요적 복잡성을 생각해보자. 이 경우 여러 개의 알림 방법, 여러 개의 알림 타입을 받아야 하는 여러 사용자가 있을 것이다. 이들은 세 가지 별개의 복잡성이며 나는 이들 사이의 상호작용에 제한을 두고 싶다. declare_special의 문제 중 하나는 각각 항목으로부터 발생하는 우려들의 조합으로 더 복잡해진다는 것이다. 약간 다른 알림 요구 사항을 필요로 하는 모든 기능에 그 복잡성을 곱하면 유지 보수 관리는 악몽으로 변한다.

가장 먼저 해야 할 일은 가능한 한 최선을 다해 의도를 분리하는 것이다. 각 알림 타입에 대한 클래스를 만드는 것부터 일단 시작한다.

```
@dataclass
class NewSpecial:
    dish: Dish
    start_date: datetime.datetime
    end_date: datetime.datetime

@dataclass
class IngredientsOutOfStock:
    ingredients: Set[Ingredient]

@dataclass
```

```
class IngredientsExpired:
    ingredients: Set[Ingredient]

@dataclass
class NewMenuItem:
    dish: Dish

Notification = Union[NewSpecial, IngredientsOutOfStock,
                     IngredientsExpired, NewMenuItem]
```

내가 원하는 declare_special이 코드베이스와 상호작용하는 방식을 생각해보면 진정 원하는 것은 알림 타입에 대한 것이다. 특별 메뉴의 선언은 누가 이 특별 메뉴를 신청했고 이들에게 어떻게 알릴 것인지 알 필요가 없다. 이상적으로는 declare_special(그리고 알림을 보낼 필요가 있는 다른 함수)이 다음처럼 만들어질 것이다.

```
def declare_special(dish: Dish, start_date: datetime.datetime,
                    end_time: datetime.datetime):
    # ... 로컬 시스템에서 설정 ...
    send_notification(NewSpecial(dish, start_date, end_date))
```

send_notification은 다음과 같이 선언할 수 있다.

```
def send_notification(notification: Notification):
    # ... 생략 ...
```

이는 코드베이스의 어느 부분에서든 알림을 보내기 원할 경우 이 함수를 실행시키기만 하면 된다. 함수 실행은 알림 타입만 전달하면 된다. 새로운 알림 타입을 추가하는 것은 간단하며 새로운 클래스를 추가하고 그 클래스를 Union에 추가하고 이 새로운 타입으로 send_notification을 호출하면 된다.

다음으로 새로운 알림 방법의 추가를 쉽게 해야 한다. 다시 한 번 각 알림 방법을 나타내기 위한 새로운 타입을 추가해보자.

```
@dataclass
class Text:
    phone_number: str

@dataclass
class Email:
    email_address: str

@dataclass
class SupplierAPI:
    pass

NotificationMethod = Union[Text, Email, SupplierAPI]
```

코드베이스의 어디에서든 서로 다른 알림 타입을 메서드별로 보낼 수 있어야 한다. 이 기능을 다루고자 몇 개의 헬퍼 함수들을 생성한다.

```
def notify(notification_method: NotificationMethod, notification:Notification):
    if isinstance(notification_method, Text):
        send_text(notification_method, notification)
    elif isinstance(notification_method, Email):
        send_email(notification_method, notification)
    elif isinstance(notification_method, SupplierAPI):
        send_to_supplier(notification)
    else:
        raise ValueError("Unsupported Notification Method")

def send_text(text: Text, notification: Notification):
    if isinstance(notification, NewSpecial):
        # ... 생략 ...
        pass
```

```
        elif isinstance(notification, IngredientsOutOfStock):
            # ... 생략 ...
            pass
        elif isinstance(notification, IngredientsExpired):
            # ... 생략 ...
            pass
        elif isinstance(notification, NewMenuItem):
            # .. 생략 ...
            pass
        raise NotImplementedError("Unsupported Notification Method")

    def send_email(email: Email, notification: Notification):
        # .. send_text와 유사 ...

    def send_to_supplier(notification: Notification):
        # .. send_text와 유사 ...
```

이제 새로운 알림 방법을 추가하는 것도 쉬워졌다. 새로운 타입을 추가하고, 이를 Union에 추가하고, if 구문을 notify에 추가해 서로 다른 알림 타입을 다루기 위한 연락 메서드를 작성한다.

각 send_* 메서드의 모든 알림 타입을 처리하는 것이 다루기는 어려워보이지만 이는 필요적 복잡성이며 여기에는 서로 다른 메시지, 서로 다른 정보, 서로 다른 형식으로 인해 메서드/타입 조합마다 서로 다른 기능이 있다. 엄청난 양의 코드가 증가했다면 동적인 룩업 딕셔너리(알림 방법을 추가하는 데 새로운 키-값 쌍을 추가만 하면 된다)를 만들 수 있지만 이러한 경우 가독성을 높이고자 타입 체킹과 오류 조기 발견 사이를 트레이드오프할 수 있다.

이제 새로운 알림 방법 + 타입까지 추가하는 것이 쉬워졌다. 이제 이들을 모두 하나로 묶어 새로운 사용자를 추가하기 쉽게 만드는 것만 남았다. 이를 위해 알림을 받을 사용자들의 목록을 받는 함수를 작성할 것이다.

```
users_to_notify: Dict[type, List[NotificationMethod]] = {
    NewSpecial: [SupplierAPI(), Email("boss@company.org"),
                 Email("marketing@company.org"), Text("555-2345")],
    IngredientsOutOfStock: [SupplierAPI(), Email("boss@company.org")],
    IngredientsExpired: [SupplierAPI(), Email("boss@company.org")],
    NewMenuItem: [Email("boss@company.org"), Email("marketing@company.org")]
}
```

실제로 이 데이터는 설정 파일이나 다른 정의된 소스(DB, 파일 등)에서 가져오지만 여기서는 예제를 간단하게 하고자 딕셔너리로 설정할 것이다. 새 사용자를 추가하려면 이 딕셔너리에 항목을 추가하면 된다. 사용자에 대한 새로운 알림 방법이다. 알림 타입을 추가하는 것도 간단하며 알림 발생 코드는 더 쉽다.

이를 모두 합치고자 모든 개념을 사용해 send_notification을 다음과 같이 구현할 것이다.

```
def send_notification(notification: Notification):
    try:
        users = users_to_notify[type(notification)]
    except KeyError:
        raise ValueError("Unsupported Notification Method")
    for notification_method in users:
        notify(notification_method, notification)
```

이게 끝이다. 알림을 위한 이 모든 코드는 하나의 파일로 모을 수 있으며 나머지 코드베이스는 알림 시스템과 상호작용을 하기 위한 하나의 함수(send_notification)만 알면 된다. 다른 부분과의 상호작용은 필요 없으므로 테스트하기가 훨씬 쉬워진다. 또한 이 코드는 확장할 수 있다. 개발자는 모든 코드베이스를 뒤지지 않고도 새로운 알림 타입, 방법 또는 알림 대상을 쉽게 추가할 수 있다. 여러분은 이제 기존 코드의 변경을 최소화하면서 코드베이스에 새로운 기능을 쉽게 추가하길 원할 것이다. 이제 개방-폐쇄 원칙을 들여다 볼 차례다.

개방-폐쇄 원칙

개방-폐쇄 원칙OCP, Open-Closed Principle은 확장에 대해서는 열려 있고 수정에 대해서는 닫혀 있어야 한다는 프로그래밍 원칙이다.[3] 이는 확장성의 핵심이다. 앞 절의 재설계에서는 이 원칙을 유지하려 했고 코드베이스의 여러 부분을 다루고자 새로운 기능을 요구하는 대신 일부러 새로운 유형이나 새로운 함수를 추가했다. 이러면 기존 함수가 변경되더라도 기존 검사를 수정하는 대신 새로운 조건부 검사를 추가하기만 하면 된다.

지금까지 내가 한 작업들은 재사용을 목표로 한 것처럼 보일 수 있는데, OCP는 한 발 더 나아간다. 그렇다. 중복 코드는 제거했지만 더 중요한 것은 개발자가 복잡성을 관리할 수 있게 한 점이다. 호출 스택을 검사해 기능을 구현했지만 바꿔야 할 부분을 모두 바꿨는지 애매한 것과 수정하기 쉬운 하나의 파일만 변경하고 다른 추가적인 변경은 필요치 않은 것 중 하나를 고르라고 하면 여러분은 어느 것을 고를 것인가? 나는 알 것 같다.

여러분은 이미 OCP를 접했다. 덕 타이핑(2장), 서브타이핑(12장), 프로토콜(13장)은 모두 OCP를 하게 만들어주는 메커니즘이다. 이들 메커니즘의 공통점은 일반적인 방식으로도 프로그래밍할 수 있다는 것이다. OCP를 적용하면 기능이 사용된 곳에 직접 특별한 케이스를 처리할 필요가 없다. 대신 다른 개발자가 사용할 확장점을 제공해 코드를 수정하지 않고도 원하는 기능을 주입할 수 있다.

OCP는 확장성의 핵심이다. 코드를 확장 가능하게 유지하면 견고성이 향상된다. 개발자는 자신감을 갖고 기능을 구현할 수 있다. 모든 변경을 한 곳에서 처리할

3. OCP는 버트랜드 메이어(Bertrand Meyer)에 의해 『Object-Oriented Software Construction』(Pearson, 1997)에서 처음 기술됐다.

수 있으며 나머지 코드베이스에서는 변경 사항을 유지하도록 지원하게 만들 수 있다. 인지 부담이 적고 변경할 코드가 적으면 오류 발생 가능성이 줄어든다.

개방-폐쇄 원칙의 위배

OCP를 준수하면서 확장 가능한 코드를 만들어야 하는지를 어떻게 알 수 있을까? 다음은 코드베이스에 대해 생각할 때 눈살을 찌푸리게 하는 몇 가지 지표다.

쉬운 것들을 하기 어려운가?

코드베이스에는 개념적으로는 쉬워야 하는 것들이 있으며 개념의 구현에 필요한 노력은 도메인의 복잡성과 일치해야 한다. 나는 과거에 사용자가 구성할 수 있는 옵션을 추가하고자 13개의 다른 파일을 수정해야 하는 코드베이스에서 작업을 한 적이 있다. 수백 가지의 구성 가능한 옵션이 있는 제품에서는 개념의 구현이 쉬워야 한다. 하지만 그렇지 못했다.

유사한 기능들에 대한 반발에 부딪혔는가?

기능을 요청한 사람들이 타임라인에서 지속적으로 기능 반영을 미룬다면 특히 "이전 기능 X에 비해 거의 동일하다"는 의견으로 미룬다면 이 문제가 복잡성에서 오는 것은 아닌지 자문해보라. 도메인 특성상 어쩔 수 없이 발생하는 복잡성일 경우도 있으며, 이런 경우 기능의 요청자와 여러분이 이해하는 것이 같은지 확인할 필요가 있다. 복잡성이 우발적으로 발생한 경우라면 여러분의 코드는 작업하기 쉽도록 재작업이 필요하다.

계속 높은 추정치로 작업을 하는가?

어떤 팀은 주어진 타임라인에서 자신이 할 작업의 양을 추측하고자 추정치를 계산한다. 기능들이 계속적으로 높은 추정치를 갖는다면 이 추정에 대한 근거가 뭔지 자문해보라. 복잡도가 추정치를 높이고 있는가? 그 복잡도가 필수적인가? 미지의 리스크와 두려움이 근거인가? 원인이 후자라면 여러분이 작업하는 코드베이스에서 왜 리스크와 두려움이 있는지 자문해야 한다. 어떤 팀은 작업을 분할해 기능을 별도의 추정치로 쪼갠다. 이런 작업을 지속적으로 수행하는 경우라면 코드베이스의 재구성이 분리 작업을 완화할 수 있는지 생각해보라.

커밋에 큰 변경 사항이 포함돼 있는가?

큰 변경 사항이 포함된 커밋이 있는지 버전 관리 시스템에서 찾아보라. 있다면 산탄총 수술이 발생하고 있다는 확실한 증거다. 이는 어디까지나 가이드라인임을 명심하라. 큰 변경 사항이 반드시 문제를 가리키지는 않는다. 하지만 이런 것이 자주 발생하면 체크해야 한다.

토론하기

여러분의 코드베이스에서 어떤 OCP 위반이 발견되는가? 이를 피하려면 어떻게 코드를 재구성해야 할까?

개방-폐쇄 원칙의 단점

확장성이 모든 코딩 문제의 만병통치약은 아니다. 실제로 코드베이스의 유연성을 지나치게 떨어뜨릴 수 있다. OCP를 과도하게 사용하고 모든 것을 구성과 확장에만 초점을 맞추면 금방 문제가 발생할 수 있으며, 코드를 확장 가능하게 만들면 변경할 때 우발적 복잡성은 감소하지만 다른 영역에서는 우발적 복잡성이 증가할 수 있다. 구체적인 단점은 다음과 같다.

첫째, 가독성이 저하된다. 비즈니스 로직을 코드베이스의 다른 부분과 구분하는 완전히 새로운 추상화 계층을 만들고 있다고 하자. 전체 그림을 이해하고자 하는 경우에는 몇 개의 추가적인 단계를 거쳐야 한다. 이는 디버깅을 위한 노력을 방해할 뿐만 아니라 새로운 개발자가 속도를 높이는 데에도 영향을 줄 것이다. 코드 구조에 대한 문서화와 설명을 통해 이 문제를 완화할 수 있다.

둘째, 이전에는 없었던 커플링 현상이 발생한다. OCP 적용 전에는 코드베이스의 분리된 부분들은 서로 독립적이었지만 적용 후에는 동일한 하위 시스템을 공유하며 여기서의 어떠한 변경이든 모든 소비자에게 영향을 미친다. 이는 16장에서 더 자세히 다룬다. 이런 문제는 강력한 테스트로 완화시켜야 한다.

OCP는 과도한 사용을 피하고 적용할 때에는 주의를 기울여야 한다. 과도하게 사용하면 코드베이스가 복잡해지고 의존성이 얽혀버린다. 그리고 너무 적게 사용하면 개발자의 변경 작업에 많은 시간이 걸리게 되고 이에 따라 오류 발생 가능성도 높아진다. 여러분이 누군가가 수정을 할 것이라는 합리적인 확신이 있는 부분에 확장 포인트를 정의한다면 코드베이스에 대한 향후 유지 보수 관리자의 경험을 크게 향상시킬 수 있다.

마치며

확장성은 유지 보수 가능성을 위한 코드베이스의 가장 중요한 측면 중 하나다. 이를 통해 공동 작업자는 기존 코드를 수정하지 않고 기능을 추가할 수 있다. 기존 코드를 수정 없이 넘어갈 수 있는 경우는 회귀 테스트가 필요 없는 경우에 한하며, 확장 가능한 코드의 추가는 향후 오류 발생 가능성을 낮추고 회귀 테스트도 필요 없게 한다. OCP를 기억하라. 이는 코드 확장 가능성을 열어두되 수정 가능성은 닫는 것을 의미한다. 이 원리를 신중하게 적용하면 코드의 유지 보수성은 훨씬 높아질 것이다.

확장성은 앞으로 몇 장에 걸쳐 다룰 중요 주제다. 16장에서는 의존성과 코드베이스와의 관계가 확장성을 어떻게 제약할 수 있는지에 초점을 맞춘다. 또한 다양한 유형의 의존성과 이를 관리하는 방법, 의존성을 시각화하고 이해하는 방법, 코드베이스의 특정 부분이 다른 부분보다 더 많은 의존성을 갖게 되는 이유도 알아본다. 의존성 관리를 시작하면 코드의 확장과 수정이 훨씬 쉬워진다.

16장

의존성

의존성 없이 프로그래밍을 하기는 어렵다. 함수는 다른 함수에 의존하며, 모듈은 다른 모듈에, 프로그램은 다른 프로그램에 의존한다. 아키텍처는 프랙탈[1]이다. 어떤 레벨을 보고 있든 여러분의 코드는 그림 16-1과 같은 상자와 화살표로 이뤄진 다이어그램으로 표현될 수 있으며 그것이 함수, 클래스, 모듈, 프로그램 등 어떤 것이든 상관없다. 그림 16-1과 비슷한 다이어그램으로 코드의 의존성을 나타낼 수 있다.

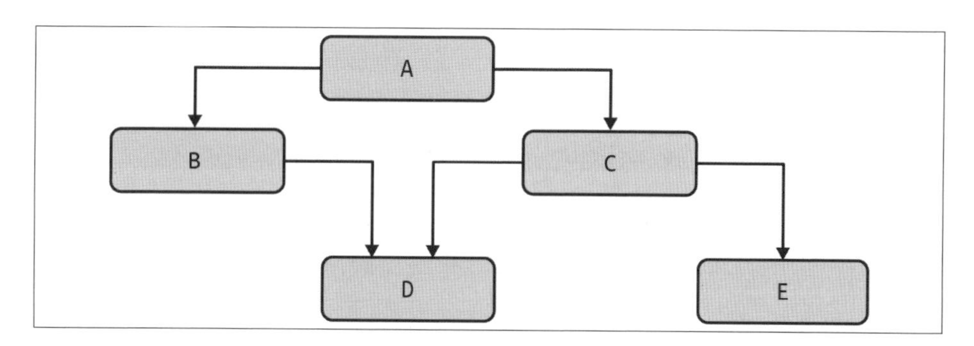

그림 16-1 박스와 화살표로 이뤄진 다이어그램

1. 프랙탈(fractal)이란 작은 구조가 전체 구조와 비슷한 형태로 끝없이 되풀이되는 구조를 말한다. – 옮긴이

하지만 여러분이 의존성을 능동적으로 관리하지 않는다면 위 다이어그램은 소위 말하는 '스파게티 코드'처럼 그림 16-2와 같이 돼 버린다.

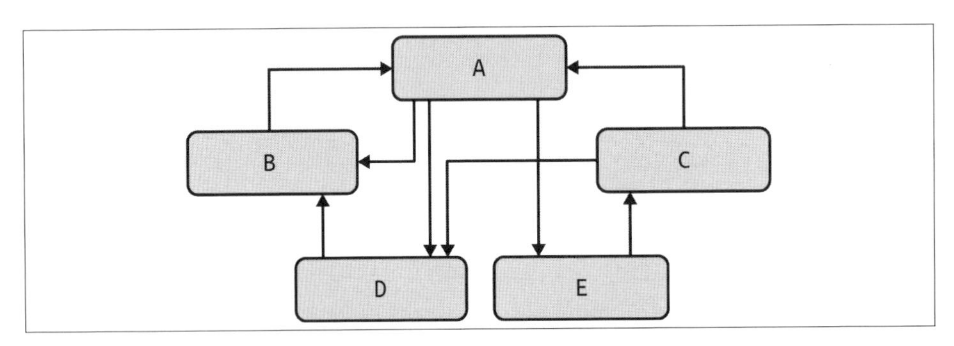

그림 16-2 꼬여버린 의존성

16장에서는 의존성을 알아보고 이들을 어떻게 다룰 것인지 알아본다. 의존성에는 여러 가지 타입이 있으며, 각 타입을 관리하는 방법은 모두 다르다. 이를 위해 어떻게 의존성을 도식화하는지, 시스템의 건전성을 어떻게 해석할지 알아본다.

관계

의존성의 본질은 **관계**relationship다. 하나의 코드가 특정 동작의 구현을 위해 다른 코드를 요청하면 이를 의존관계에 있다고 한다. 보통은 특정 방식으로 코드를 재사용함으로써 이익을 얻고자 의존성을 사용한다. 함수는 동작들을 재사용하고자 다른 함수를 호출하며, 모듈은 타입과 함수를 재사용하고자 다른 모듈을 임포트한다. 모든 코드베이스를 처음부터 작성하는 것은 상당히 어려운 작업이다. 코드베이스 또는 타 조직의 코드를 재사용하는 것은 많은 이점이 있다.

코드를 재사용하면 시간이 절약된다. 코드를 작성하느라 시간 낭비를 할 필요가 없으며 필요한 기능만 호출하거나 임포트하면 된다. 더욱이 여러분이 의존하고 있는 코드는 다른 곳에서도 사용되고 있을 것이다. 이는 여러분이 의존하는 코드는 어디에선가 이미 테스트가 됐다는 의미며, 여러분의 코드베이스에서 버그 발생 가능성은 줄어든다. 코드의 가독성이 증가하는 것은 덤이다. 리누스의 법칙Linus's Law(리누스 토발스의 법칙)에서는 다음과 같이 말한다.[2,3]

> "보는 눈이 많으면 버그는 줄어든다."

하지만 이를 다시 생각하면 보는 눈이 많으면 버그를 찾을 확률이 더 올라간다. 이는 가독성이 유지 보수성으로 이어지는 포인트다. 코드의 가독성이 높아지면 다른 개발자가 해당 코드의 오류를 더 쉽게 찾고 수정해 코드의 견고성을 높일 수 있다.

하지만 여기에는 함정이 있다. 의존성에 대해 얘기할 때 공짜 점심 같은 것은 없다. 작성하는 모든 의존성은 두 엔티티를 함께 연결하거나 묶는 것을 도와주는데, 의존성이 호환되지 않는 방식으로 변경되면 코드도 같이 바꿔줘야 한다. 이것이 자주 일어나면 코드의 견고성이 떨어지며 여러분은 의존성의 변경에 따른 부동성 위에서 끊임없이 고군분투를 하게 될 것이다.

의존성에는 인적인 요소도 작용한다. 여러분이 의존하는 모든 코드는 살아있고 호흡하는 인간(심지어 그룹일 수 있음)에 의해 유지 관리된다. 이 유지 관리자는 자신의 일정, 마감 시간, 개발코드에 대한 나름의 고유한 비전을 갖고 있는데, 이것들이 여러분과 맞지 않을 수도 있다. 코드들이 재사용될수록 코드가 모든 소비자의 요구에 맞을 가능성은 낮아진다. 이럴 경우에는 그냥 어려움을 감수하거나, 대체 의존성(자신이 제어할 수 있는 의존성)을 선택하거나, 포크(그리고 이를 직접 관리)를 해야 한다. 하지만 어떤 선택을 하던지 견고성은 중요한 위치를 차지한다.

---

2. Eric S. Raymond. The Cathedral & the Bazaar. Sebastopol, CA: O' Reilly Media, 2001.

3. '성당과 시장'이란 제목으로 번역돼 있으며 국내 온라인 서점에서 e-book을 무료로 볼 수 있다. – 옮긴이

2016년도 당시 자바스크립트 개발자들이라면 'left-pad 사건'[4]을 기억할 것이다. 정책 분쟁으로 인해 개발자가 패키지 저장소에서 left-pad라는 라이브러리를 제거했고 다음날 아침 수천 개의 프로젝트가 갑자기 중단돼 빌드할 수 없게 돼버렸다. 많은 대규모 프로젝트(인기 라이브러리인 React 포함)들은 left-pad에 직접 의존하지는 않았지만 바벨 프로젝트라는 것을 통해 간접적으로 의존하고 있었다. 의존성은 직접적인 의존성도 있지만 이와 같이 간접적인 의존성도 영향을 미치게 된다. 이 얘기의 교훈은 인적인 요소와 작업 흐름에 관한 비용을 고려하지 않으면 안 된다는 것이다. 의존성이 제거되는 경우를 포함해 최악의 상태로 바뀔 경우를 대비해야 한다. 의존성은 필요하지만 그 본질은 '부채'다.

의존성은 보안 관점에서는 공격 당할 가능성을 높여준다. 모든 의존성은 시스템을 손상시킬 가능성을 갖고 있으며 https://cve.mitre.org와 같은 사이트에서 'Python'을 키워드로 검색해보면 오늘날 얼마나 많은 취약점이 있는지 알 수 있다. 당연히 아직 알려지지 않은 웹 사이트의 취약점은 셀 수도 없으며 이는 조직에서 유지 관리하는 의존성으로 인해 훨씬 더 위험하다. 보안을 중시하는 누군가가 지속적으로 코드를 살펴보지 않는 한 알려지지 않는 취약점이 코드베이스에 항상 존재할 수 있다.

4. 아제르 코즐루라는 개발자가 '킥(kik)'이라는 이름으로 프로그램을 개발하고 있었고 이를 NPM이라는 개발자 커뮤니티에 공개했다. 이 'kik'이라는 이름이 상표권 침해로 지적을 당해 아제르 코즐루는 이름의 변경을 요청받았으나 거부했고 NPM 측에서는 결국 이 프로젝트의 소유권을 강제로 박탈하기에 이른다. 아제르 코즐루는 이에 대한 항의 표시로 본인의 프로젝트 273개를 모두 npm에서 삭제를 했는데, 문제는 그중 'left-pad'라는 11줄짜리 코드에 있었다. 이 코드가 하필이면 'line-numbers'라는 바벨 프로젝트에 사용되고 있었고 바벨 프로젝트는 페이스북, 링크드인, 스포티파이 등 대형 기업은 물론 수많은 개발자가 사용 중이었다. 'left-pad'가 삭제되자 바벨 프로젝트를 사용하는 모든 사이트가 설치 불능이 돼버렸고 이 사태는 도미노처럼 번져나갔다. 이는 결국 NPM 운영진이 강제 복구를 시키고 아제르 코즐루 및 NPM 운영진이 사과문을 게재함으로써 일단락됐다. - 옮긴이

의존성을 고정해야 하는가?

어떤 개발자는 의존성을 고정하는 경향이 있다. 다시 말하면 의존성은 특정 시점에 고정되며, 그렇게 하면 업데이트된 의존성으로 인해 코드가 깨질 위험이 없어진다. 프로젝트는 이전 버전으로 계속 사용하게 된다. 자주 업데이트되지 않는 성숙도가 높은 프로젝트인 경우 이러한 설정은 그리 나쁘지 않지만 몇 가지를 주의해야 한다.

첫째, 고정 항목에 대해 부지런한 관리가 필요하다. 고정된 의존성이 해제되면 이들은 다른 고정 의존성에 의존해서는 안 된다. 그렇지 않다면 고정되지 않은 의존성이 변경될 때 고정된 의존성과 충돌하기 쉽다.

둘째, 의존성을 고정하려면 해당 의존성을 명시적으로 고정해야 한다. 다시 말하면 의존성은 특정 커밋이나 버전 번호로 표시해야 한다. 개별 함수나 클래스와 같이 코드베이스 내부에만 있는 정보로 고정할 수 없다.

셋째. 실제로 언제든지 고정을 업데이트할 가능성을 평가해야 한다. 의존 대상에 대해 발생할 수 있는 새로운 기능, 보안 업데이트, 버그 수정 등에 대해 생각해보기 바란다. 그중 하나는 필연적으로 고정을 업데이트시킨다. 업데이트 주기가 길수록 현재 코드베이스의 가정과 호환되지 않은 변경 사항이 더 많이 도입됐을 수 있다. 이는 고통스러운 통합 작업을 불러온다.

여러분이 의존성을 고정할 필요성이 예상되는 경우 이런 의존성 업데이트를 위한 전략이 필요하다. 의존성을 고정된 상태로 유지하는 것이 좋지만 지속적인 통합 워크플로와 poetry와 같은 의존성 관리 도구로 의존성을 업데이트하는 것이 좋다. 지속적인 통합으로 새로운 의존성이 발생했는지 지속적으로 스캐닝을 한다. 의존성이 변경되면 도구는 의존성을 업데이트할 것이며, 테스트를 수행하고 테스트가 통과되면 업데이트가 된 의존성에 고정됐는지 확인한다. 이런 식으로 의존성은 최신 상태로 유지되지만 재생산성을 위해 항상 체크인된 고정 목록을 유지 관리한다. 이 방식의 단점은 실패한 통합이 나타날 때 수정할 수 있는 규율과 지원 문화가 필요하다는 점이다. 단편적인 실패의 해결은 통합을 연기하는 것보다(그래서 실패를 묵혀둬 한꺼번에 해결하는 것보다) 장기적으로는 훨씬 더 적은 노력이 든다.

의존성 사용의 균형을 신중하게 유지하기 바란다. 코드에는 본질적으로 의존성이 존재하는데, 이는 좋은 일이며 (장점을 살리려면) 똑똑하게 관리해야 한다. 부주의하면 자칫 엉망이 된다. 의존성의 처리 방법을 배우려면 우선 다양한 유형의 식별 방법을 알아야 한다.

의존성의 유형

이 책에서는 의존성을 크게 물리적, 논리적, 일시적(시간적)으로 나눈다. 각각은 서로 다른 방식으로 코드의 견고성에 영향을 준다. 여러분은 이런 유형들을 발견할 수 있어야 하며 이들이 잘못되면 캐치할 수 있어야 한다. 의존성을 올바르게 사용하면 코드를 복잡하게 만들지 않고도 확장할 수 있다.

물리적 의존성

대부분 개발자들이 생각하는 의존성은 바로 물리적 의존성일 것이다. **물리적 의존성**Physical dependencies이란 코드에서 직접적으로 관찰되는 관계를 말한다. 함수를 호출하는 함수, 다른 타입들로 구성된 타입, 다른 모듈을 임포트한 모듈, 상속받은 클래스 등 이 모든 것이 물리적 의존성의 예다. 이들은 정적 관계이며 런타임 시에도 변하지 않는다.

물리적 의존성은 추론이 쉬우며 웬만한 도구들은 이들의 관계를 읽어 들여 물리적인 매핑을 보여줄 수 있다(잠시 후에 볼 것이다). 결과는 언뜻 보기에도 읽고 이해하기 쉽다. 따라서 견고성은 확보된 셈이며 물리적 의존성은 향후의 유지보수자들이 코드를 읽거나 디버깅할 때 의존성 체인이 해결하는 명확한 방식이 된다.

그림 16-3은 PizzaMat이라는 완전히 자동화된 피자 카페의 시스템을 보여준다. 가맹점에서는 이 모든 모듈을 구입, 설치해 어디서나 빠르게 맛있는 피자를 제공할 수 있다. 각 시스템은 피자 제조, 지불 및 주문, 테이블 관리(좌석, 리필, 주문 배달)로 나뉘어 있다.

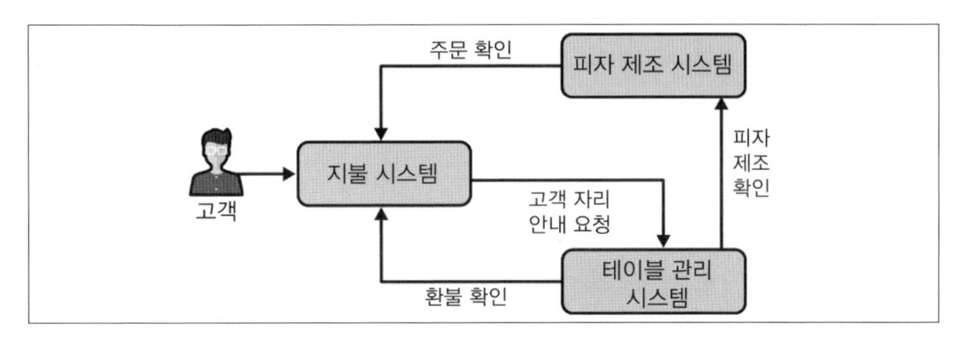

그림 16-3 자동화된 피자 카페

이 각각의 시스템은 서로 간에 연동돼 작업한다(화살표가 이를 나타낸다). 고객은 지불/주문 시스템과의 상호작용을 통해 피자를 주문한다. 주문이 완료되면 피자 제조 시스템은 모든 신규 주문을 확인하고 피자를 만들기 시작하며 테이블 관리 시스템은 고객에게 안내할 자리를 준비한다. 피자가 완성됐다는 것을 테이블 관리 시스템이 감지하면 테이블로 피자를 준비시키고 고객에게 안내한다. 고객이 어떤 이유로 피자에 불만을 나타낼 경우 테이블 관리 시스템은 피자를 되돌려 보내고 지불 시스템에게 환불을 요청한다.

이 각각의 의존성은 관계며, 이런 관계들이 함께 작동해야 피자 카페는 동작한다. 물리적 의존성은 대규모 시스템을 이해하는 데 반드시 필요하며 이를 통해 문제들을 좀 더 작은 엔티티로 나누고 각 엔티티 간의 상호작용을 정의할 수 있다. 또한 시스템 중 하나를 선택해 모듈로 분리하거나 모듈을 선택해 기능으로 다시 분리할 수 있다. 내가 초점을 맞추려는 것은 이러한 관계가 유지 관리에 어떤 영향을 미치는지 여부다.

이 세 개의 시스템이 세 개로 분리된 조직에 의해 관리된다고 가정하자. 여러분과 여러분의 팀은 피자 제조 시스템을 맡고 있으며, 다른 팀은(이 팀은 다른 건물에 있다고 가정해보자) 테이블 관리 시스템을 맡고 있고, 다른 독립적인 계약 업체가 지불 시스템을 제공하고 있다. 이제 여러분은 스트롬볼리stromboli라고 하는 새로운 피자를 출시하는 프로젝트에 참가하게 됐다. 몇 주 동안 어떻게 변경할 것인지 조심스럽게 분석했다. 모든 시스템이 이 새로운 아이템을 위해 변경이 불가피하다. 셀 수 없는 밤샘 끝에 이제 대규모 업데이트의 준비가 끝났다. 그런데 시스템을 오픈하는 순간 오류 리포트들이 들어온다. 이 새로운 아이템이 오류를 야기했고 피자 카페를 결국 스톱시킨다. 시스템이 온라인화되면서 문제는 더 끔찍해진다. 관리자는 여러분에게 빨리 이 문제를 해결하라고 다그친다.

조치를 취하려면 어떻게 해야 할지 잠시 시간을 두고 자문해보라. 타 시스템까지 직접 수정을 시도하면서 다른 팀에 미친듯이 연락을 취할 것인가? 계약 업체는 이미 밤에 전화기를 꺼놨고 다른 팀은 오늘 출시 축하 행사에 정신이 팔려 연락도 받지 않는다. 아니면 코드를 살펴보고 다른 팀의 코드 몇 줄을 엉망으로 만들어놓는 것만으로 시스템에서 스트롬볼리를 모두 제거할 수 있다는 기대를 갖고 있는 것인가?

의존성은 단방향 관계며, 여러분은 이 의존성에 의존하고 있다. 의존 대상이 여러분의 원하는 대로 동작을 해주지 않는다고 해도 여러분은 이에 대해 할 수 있는 것이 없다. 기억할 것은, 다른 사람들은 여러분의 의존성의 또 다른 면이며 여러분이 그들에게 뛰라고 요구를 해도 반드시 뛸 이유는 없다는 것이다. 여러분이 구축한 의존성은 바로 여러분의 시스템 관리에 영향을 줄 것이다.

스트롬볼리 사례에서의 의존성은 순환 관계다. 하나의 변경은 내부적으로 두 시스템에 영향을 주며 이 변경이 의존성의 어떤 방향으로 영향을 주는지 체크해야 한다. 피자 카페에서 모든 진실은 피자 제조 시스템의 지원에서 출발하며, 없는 메뉴에 대한 설정이나 지불 시스템은 의미가 없다. 이 사례에서는 세 개 시스템 모두 가용 메뉴 아이템을 자체적으로 복제해 쓰고 있다. 의존성의 방향에 따라 피자 제조 시스템에서는 스트롬볼리를 뺄 수는 있으나 지불 시스템에서는 여전히 스트롬볼리가 보일 것이다. 이런 의존성 문제를 어떻게 하면 좀 더 유연하게 대처할 수 있을까?

대규모 아키텍처 변경에 대한 까다로운 점은, 정답은 항상 특정 문제의 상황에 따라 달라진다는 점이다. 여러분이 피자 제조 자동화 시스템을 만들려고 했다면 여러 가지 다른 팩터와 제약 사항에 근거해 좀 다르게 의존성 트리를 그렸을 것이다. 중요한 것은 '왜' 이런 방식으로 트리를 그리느냐에 초점을 맞추는 일이며 다른 이의 시스템과 항상 동일하게는 그려지지 않는다는 것을 염두에 둬야 한다.

먼저 메뉴의 정의를 피자 제조 시스템에서 하게 바꿀 수 있다. 이를 통해 어떤 메뉴가 가능하고 어떤 메뉴가 불가능한지는 피자 제조 시스템이 관리한다.[5] 지불 시스템은 피자 제조 시스템으로부터 가용 메뉴 항목을 받을 수 있다. 이렇게 만들면 급하게 스트롬볼리를 메뉴에서 삭제하는 상황이 발생해도 피자 제조 시스템에서 한 번에 처리가 가능하고 지불 시스템은 무엇이 가능한 메뉴이고 무엇이 불가능한지 체크를 하지 않는다. 방향을 바꾸거나 뒤집어 놓으면 다시 메뉴의 제어는 피자 제조 시스템으로 넘어간다. 의존성을 뒤집은 버전의 그림이 그림 16-4에 있다.

5. 그림 16-3에서는 주문 확인을 '지불 시스템'에서 하고 있다. 다시 말하면 메뉴관리를 '지불 시스템'에서 했었다. - 옮긴이

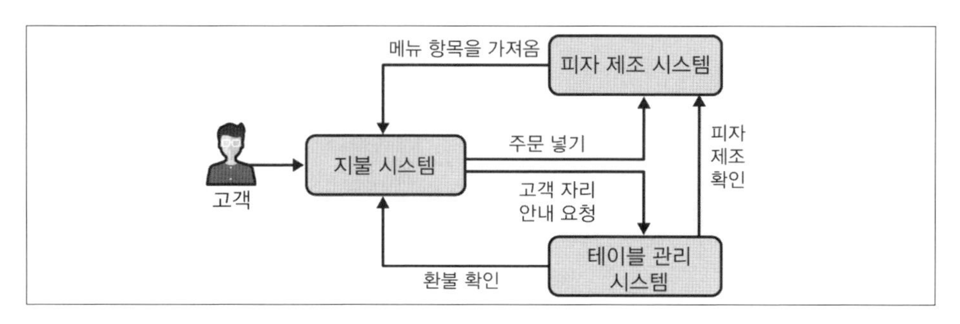

그림 16-4 좀 더 개선된 의존성

이제 피자 제조 시스템이 주문 가능한 메뉴와 불가능한 메뉴를 결정한다. 이 구조로 필요한 변경의 양을 최소화할 수 있다. 피자 제조 시스템이 어떤 메뉴의 지원을 중단해야 한다면 지불 시스템은 자동으로 이를 캐치한다. 이는 긴급 상황에 대처하게 할 뿐만 아니라 향후 비즈니스에 더 많은 유연성을 제공할 수 있다. 결국 지불 시스템을 만든 외부 계약 업체와 따로 협업을 할 필요 없이 피자 제조 시스템이 만드는 메뉴에 따라 지불 시스템에서 바로 변경된 메뉴를 선택적으로 표시하는 기능을 추가했다.

토론하기

피자 제조 시스템에서 피자 재료가 다 떨어지면 지불 시스템의 작동이 되지 않게 하고자 어떻게 해야 하는지 생각해보고 그림 16-3과 16-4에 반영해보자.
추가적으로 테이블 관리 시스템과 지불 시스템 사이의 사이클을 살펴보자. 이 사이클은 어떻게 해야 깨지겠는가? 상호 의존관계에서의 장점과 단점은 무엇인가?

코드가 너무 DRY(Don't Repeat Yourself)하면...

DRY[Don't Repeat Yourself] 원칙(10장 참조)은 대부분 개발자의 머리에 각인돼 있을 것이다. 여러분이 코드베이스에서 아주 유사한 코드들을 볼 때마다 "복제했다!"라고 다른 개발자들에게 외쳐야 하며 이 코드들의 리팩토링을 의무적으로 수행할 것이다. 하지만 여러분은 동일한 버그를 여기저기에서 반복적으로 수정할 수는 없다.

하지만 DRY 원칙이 너무 지나칠 수도 있다. 코드를 리팩토링할 때마다 리팩토링 대상의 코드에 대해 물리적 의존성을 추가하는 셈이 된다. 다른 부분의 코드에서 이 코드를 참조하게 되면 상호 커플링이 발생하게 되며 이 코드가 변경의 중심에 있는 경우에는 함께 변경해야 할 부분이 많아지게 된다.

DRY 원칙을 적용할 때 단지 똑같이 보인다는 이유로 복제본 제거를 하지 말기 바란다. 복제 제거는 변경 사유가 동일할 경우에만 수행한다. 그렇지 않으면 하나의 사유로 인해 리팩토링한 코드를 변경할 일이 발생할 때 거기에 의존하는 다른 부분과 호환되지 않는 경우가 발생할 수 있으며, 이의 대응을 위해 특별한 로직을 복제 제거 후에 작성해 넣어야 할 수도 있다. 이렇게 복잡도가 증가하게 되면 유지 보수성은 감소하기 시작하고 일반적인 목적의 코드 재사용은 더 어렵게 된다.

논리적 의존성

논리적 의존성Logical dependency은 두 개의 엔티티가 연관성은 갖고 있지만 코드 내에서 직접적인 연결 고리는 없는 경우다. 이런 경우 의존성은 추상화되며 우회 레이어를 포함한다. 논리적 의존성은 런타임 시에만 나타난다. 피자 카페 예제에서 시스템은 3가지의 하위 시스템을 갖고 있으며 상호연동을 하고 있었다. 이에 대한 의존성은 그림 16-3에서와 같이 화살표로 나타냈다. 이 화살표가 함수 호출이나 임포트라면 이들 관계는 물리적 의존성을 가진다. 하지만 이 하위 시스템 간에도 함수 호출이나 임포트 없이도 연결 고리가 있을 수 있다.

각 하위 시스템이 다른 하드웨어에 위치해 있고 서로 HTTP 통신을 한다고 가정해보자. 피자 제조 시스템에서 테이블 관리 시스템으로 피자가 완성됐다는 것을 요청 라이브러리를 사용해서 HTTP를 통해 전달한다면 코드는 다음과 비슷할 것이다.

```
def on_pizza_made(order: int, pizza: Pizza):
    requests.post("table-management/pizza-made", {
        "id": order,
        "pizza": pizza.to_json()
    })
```

피자 제조 시스템으로부터 테이블 관리 시스템으로의 물리적 의존성은 더 이상 존재하지 않는다. 하지만 피자 제조 시스템으로부터의 라이브러리 요청은 존재한다. 피자 제조 시스템이 관계되는 한 '테이블 관리 시스템'으로 명명된 웹 서버로부터 '/pizza-done'으로 불리우는 엔드포인트로 전달하는 HTTP 엔드포인트만 있으면 된다. 이 엔드포인트는 ID와 피자 데이터를 JSON 형식으로 받는다.

현실 세계에서 피자 제조 시스템은 여전히 테이블 관리 시스템이 필요하다. 이것이 동작할 때 발생하는 논리적 의존성이다. 직접적인 의존 관계는 없지만 여전히 피자 제조 시스템과 테이블 관리 시스템은 연관관계가 있으며 이는 사라지지 않는다. 물리적 관계에서 논리적 관계로의 전환이다.

논리적 의존성 도입의 핵심 장점은 대체 가능성이다. 물리적 의존성이 존재하지 않으면 컴포넌트의 대체는 쉬워지며 동일한 주문서로 처리하는 한 HTTP 요청상의 on_pizze_done에서 테이블 관리 서비스 전부를 다른 서비스로 대체할 수 있다. 이는 우리에게 친숙한 개념인데, 12장에서 학습한 덕 타이핑이나 이와 유사한 하위 타입들이 논리적 의존성을 가져온다. 호출 코드는 실제로 베이스 클래스에 의존하지만 어떤 자식 클래스가 사용되는지에 대한 논리적 의존성은 런타임 때까지는 결정되지 않는다.

대체 가능성의 개선은 유지 보수성을 개선시킨다. 유지 보수가 가능한 코드는 쉽게 변경할 수 있다는 것을 기억하라. 최소한의 영향으로 전체 기능을 변경할 수 있다면 향후 유지 보수자의 의사결정에 있어 많은 유연성을 제공할 것이다. 특정 함수나 클래스가 여러분의 의도에 맞게 더 이상 발전할 수 없다면 이를 바꾸면 된다. 삭제가 쉬운 코드는 변경도 쉽다.

그러나 다른 것과 마찬가지로 논리적 의존성에는 비용이 든다. 모든 논리적 의존성은 어떤 관계에 대한 간접적인 참조다. 물리적 연결이 없기 때문에 도구를 사용해 논리적 연결을 형상화하는 것은 매우 어려우며 그림 16-3처럼 깔끔하게 사각형 및 화살표로 떨어지지 않는다. 게다가 개발자들은 여러분의 코드를 읽을 때 바로 이런 논리적 의존성들을 분명하게 떠올리지 않는다. 종종 코드를 보는 사람들은 어떤 추상화 계층에 대한 물리적 의존성은 볼 수 있지만 논리적 의존성은 런타임 전까지는 인지되거나 결정되지 않는다.

이는 논리적 의존성 도입이 가져오는 트레이드오프다. 대체 가능성을 높이고 커플링을 감소시켜 유지 보수성을 증가시키지만 코드를 읽거나 이해하기 어렵게 만들어 유지 보수성을 감소시킬 수도 있다. 너무 많은 추상화 계층은 너무 적은 추상화 계층만큼 쉽게 뒤엉킨 코드를 만들어낸다. 추상화 계층의 적절한 개수를 정하는 적절한 규칙은 없으며 특정 시나리오에 대해 여러분이 유연성이냐 가독성이냐를 저울질해 판단해야 한다.

어떤 논리적 의존성은 특정 컬렉션 순서에의 의존이나 클래스에서 보여줄 특정 필드에의 의존과 같이 도구로도 발견되지 않는 관계를 만든다. 이것들은 종종 개발자들을 놀라게 하는데, 면밀한 조사 없이는 이런 관계가 존재한다는 징후를 거의 발견할 수 없기 때문이다.

나는 한때 네트워크 인터페이스 관련 코드베이스에서 작업을 한 적이 있었다. 두 개의 코드가 이 인터페이스에 의존하고 있었는데, 하나는 성능 통계 시스템이며 또 하나는 다른 시스템과의 통신 경로 설정이었다. 문제는 인터페이스 요청에 대해 서로 다른 가정을 갖고 있다는 것이었다. 새로운 네트워크 인터페이스가 추가되기 전까지는 수년 동안 작동했다가 어느 날 통신 경로의 방식 때문에 새로운 인터페이스가 리스트 앞에 와야 했다. 하지만 성능 통계 시스템은 뒤에 다른 인터페이스가 있을 때만 작동했다. 숨겨진 논리적 의존성 때문에 코드의 이 두 부분은 밀접하게 연결돼 있는 것이었다(통신 경로를 추가하는 것이 성능 통계 시스템에 영향을 줄 것이라고는 생각하지도 못했다).

나중에 생각해보면 이를 고치는 것은 어렵지 않았다. 예상 통신 경로에서 재정렬 목록으로 매핑되는 함수를 생성했다. 그러고 나서 성능 통계 시스템을 이 새로운 함수에 의존시켰다. 하지만 이것이 버그까지 소급해서 고쳐지는 것은 아니었다(또는 성능 통계의 수정을 위해 몇 시간이 그냥 주어진 것도 아니었다). 코드 내의 분명하지 않은 어떤 부분에 의존성을 생성할 때마다 해당 의존성을 표시할 방법을 찾기 바란다. 가급적이면 분리된 코드 경로나 타입을 남겨라. 안 되면 주석이라도 달아라. 네트워크 인터페이스 리스트에서 특정 순서에 의존한다고 주석이라도 달렸다면 나는 그 코드에 대해 골머리를 앓지는 않았을 것이다.

일시적(시간적) 의존성

의존성 유형의 마지막은 바로 **일시적 의존성**temporal dependencies이다. 엄밀히 말하면 이는 논리적 의존성의 한 종류지만 다루는 방법이 조금 다르다. **일시적 의존성**은 시간과 연결된 의존성이다. 언제나 시스템에는 "도우는 소스와 치즈가 올라가기 전에 설정된다.", 또는 "피자가 완성되기 전에 지불이 돼야 한다."와 같은 작동의 순서가 존재하며 이것이 일시적 의존성이다. 대부분 일시적 의존성은 파악하기 쉬우며 비즈니스 도메인의 자연스런 일부다(도우 없이 피자 소스와 치즈를 얹을 수 있을까?). 이것들은 문제를 일으키는 일시적 의존성이 아니다. 대신 항상 명백하지는 않다.

특정 작업을 특정 순서로 수행해야 하는 상황에서 일시적 의존성이 가장 많이 적용되는 것은 맞지만 반드시 그래야 하는 것은 아니다. 자동화된 피자 제조 시스템이 단일 생산(고급 피자용)과 대량 생산(값싸고 빠르게 만들)의 두 가지 모드로 구성된다고 가정해보자. 피자 제조 시스템이 단일 생산 모드에서 대량 생산

모드로 전환될 때마다 명시적 재설정이 필요하다. 재설정이 일어나지 않는다면 기계의 안전장치가 작동해 수동 조작자가 개입하기 전까지(오버라이드될 때까지) 피자 제작 시스템은 피자 제작을 거부할 것이다.

이 옵션이 처음으로 적용되면 개발자들은 다음과 같이 mass_produce를 요청하기 전에 최대한 주의를 기울여야 한다.

```
pizza_maker.mass_produce(number_of_pizzas=50, type=PizzaType.CHEESE)
```

사전에 체크해야 할 부분은 다음과 같다.

```
if not pizza_maker.is_configured(ProductionType.MASS_PRODUCE):
    pizza_maker.configure_for_mass_production()
    pizza.maker.wait_for_reconfiguration()
```

개발자들은 코드를 검토할 때 부지런히 이 코드를 찾아 적절한 체크가 항상 돼 있는지 확인할 것이다. 하지만 세월이 지나고 개발자들이 들어오고 나감에 따라 의무적인 체크를 해야 한다는 팀의 분위기는 점차 옅어지게 된다. 재설정이 필요 없는 새로운 피자 제조 자동화 기계가 시장에 나왔다고 상상해보라(configure_for_mass_production의 요청이 더 이상 시스템의 변경을 일으키지 않는다). 이 새로운 모델이 익숙해진 개발자들은 이 경우 configure_for_mass_production을 호출할 생각을 안 하게 될 것이다.

이제 향후 몇 년 후의 개발자 입장을 생각해보자. 이제 피자 제조기에 새로운 기능을 작성해야 하며 mass_produce가 딱 여러분이 원하는 함수인 것 같다. 여러분은 대량 생산에 대한 명시적 확인이 필요할지 어떻게 알 수 있을까? 특히 예전 모델에서는 말이다. 단위 테스트로는 이를 확인할 수 없는데, 단위 테스트 케이스가 아직 새로운 기능을 반영하지 않았기 때문이다. 이런 확인을 위해 그냥 통합 테스트에서 실패가 떨어질 때까지 기다릴 것인가?

이런 체킹을 놓치는 것을 완화하고자 몇 가지 전략이 있다.

타입 시스템에 의존하기

특정 타입에 대해 일부 연산을 제약시킴으로써 혼란을 방지할 수 있다. MassProductionPizzaMaker에서만 mass_produce를 호출할 수 있는 경우를 상상해보라. 이러면 여러분은 MassProductionPizzaMaker가 재설정 후에 생성됐다는 것을 확신할 수 있다. 여기서 실수를 피하고자 타입 시스템을 쓸 수 있다(4장에서 언급한 NewType이 이와 유사한 역할을 한다).

전제 조건을 더 깊이 포함시키기

피자 제조 시스템은 사용되기 전에 설정돼야 한다는 사실은 전제 조건Precondition이다. mass_produce의 내부로 체크 로직을 이동시켜 mass_produce 함수의 전제 조건을 생성하는 것을 고려해보라. 이때 어떻게 오류 조건을 처리할지 생각한다(예를 들어 예외 처리를 하는 방법도 있다). 이 경우 일시적 의존성 위반은 막을 수 있지만 런타임 시에 다른 오류를 유발할 수 있다. 이때는 일시적 의존성 위반이나 새로운 오류 케이스의 처리 중 덜 나쁜 것으로 선택해야 한다.

흔적 남기기

이는 반드시 위반된 일시적 의존성을 대응하기 위한 전략은 아니다. 대신 모든 노력이 실패로 돌아갔을 때 일시적 의존성에 대해 개발자들에게 경고하는 최후의 수단에 가깝다. 동일한 파일에 일시적 의존성을 구성해보라(이상적으론 몇 줄 이내가 좋다). 향후의 개발자에게 이 연관에 대해 알려줄 수 있도록 주석과 문서를 남겨두라. 운이 좋다면 향후의 개발자들이 이 단서를 발견할 것이고 일시적 의존성의 존재를 알게 될 것이다.

모든 선형 프로그램에서 대부분의 줄은 앞에 오는 줄에 일시적 의존성을 갖는다. 이는 정상이며 이를 완화하려는 노력은 하지 않아도 된다. 대신 몇 가지 특수한 경우에 적용될(예를 들어 이전 모델의 시스템 설정) 일시적 의존성을 찾아보라. 일시적 의존성 위반과 이를 막기 위한 비용을 계산한다. 이는 경우에 의존적이지만 한 번 일시적 의존성을 완화시켜 놓으면 나중에 골치 아플 일은 줄어든다.

의존성의 시각화

이런 종류의 의존성을 찾고 잠재적인 문제 지점을 어디서 찾아야 하는지 파악하는 것은 어려울 수 있다. 때문에 가끔은 좀 더 시각적인 표현이 필요하다. 다행히도 이러한 의존성을 시각적으로 표현해주는 도구들이 있다.

시각화 예제들의 수행을 위해 GraphViz 라이브러리를 사용할 것이다. 이는 GraphViz 웹사이트(https://graphviz.org)에서 설치할 수 있다.

시각화 패키지

여러분의 코드에서는 `pip`를 통해 설치된 다른 패키지를 이용할 수 있다. 사용자가 의존하는 모든 패키지와 해당 패키지의 의존성, 이런 의존성의 의존성들을 알면 작업에 도움이 될 수 있다.

이를 위해 두 가지 패키지 `pipdeptree`와 GraphViz를 설치할 것이다. `pipdeptree`는 패키지 간에 어떤 의존성들을 갖고 있는지 알려주는 유용한 도구며, GraphViz는 이의 시각화를 맡을 것이다. 예를 보여주고자 mypy 코드베이스를 활용한다. mypy 소스코드를 다운받았고 가상 환경[6]을 설정해 소스로부터 mypy를 설치한다.

6. 가상 환경은 시스템의 파이썬과 개발을 분리시킬 수 있는 좋은 방법이다.

가상 환경에서 pipdeptree와 GraphViz를 설치한다.[7]

```
pip install pipdeptree graphviz
```

이제 다음과 같은 명령을 실행해본다.

```
pipdeptree --graph-output png --exclude pipdeptree,graphviz > deps.png
```

이 명령의 결과로 다음과 비슷한 그림을 보게 될 것이다.

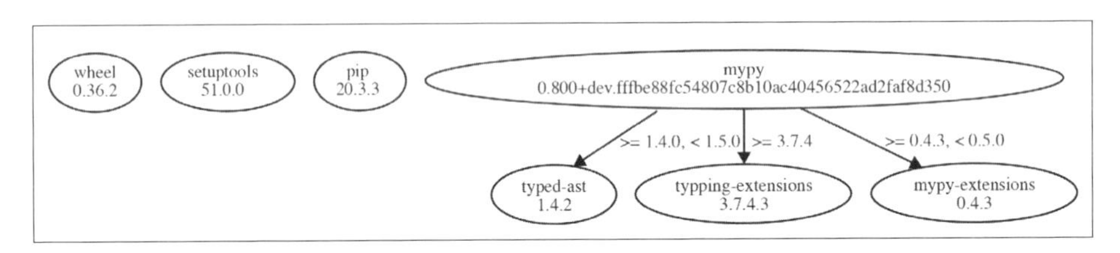

그림 16-5 패키지의 시각화

위 결과에서 wheel, setuptools, pip 패키지는 무시하고 mypy만 살펴보자. 먼저 mypy 버전이 pip에서와 동일하게 표시되고 있으며, 의존성이 있는 타 모듈도 마찬가지다(typed-ast는 1.4.2, typing-extension은 3.7.4.3, mypy-extensions는 0.4.3이다. 또한 pipdeptree는 제약된 버전까지 보여주는데, mypy-extension의 경우에는 0.4.3 이상, 0.5.0 미만인 경우만 지원된다). 이 도구로 패키지들의 의존성을 도식화해볼 수 있다. 이 도구는 여러분이 특히 많은 패키지를 관리해야 할 경우 다수의 의존성 관계 파악에 도움을 준다.

7. 아래 명령을 실행하기 전에 graphbiz가 별도로 여러분의 시스템에 설치돼 있어야 한다. 각 환경별 설치는 https://graphviz.org/download/를 참조하기 바란다. - 옮긴이

임포트의 시각화

시각화 패키지의 결과는 상위 레벨의 시각이며, 이를 시작으로 패키지 관계를 한 단계 더 깊이 들어갈 수 있다. 모듈 레벨에서 어떤 것이 임포트됐는지 어떻게 알 수 있을까. 또 다른 도구인 pydeps가 있다.

pydeps 설치는 다음과 같이 한다.

```
pip install pydeps
```

실행은 다음과 같이 한다.

```
pydeps --show-deps <source code location> -T png -o deps.png
```

mypy의 소스를 대상으로 위 명령을 돌려 봤으며 상당히 복잡한 그래프를 다음과 같이 얻었다. 결과 이미지 전체를 여기에 싣는 것은 지면 낭비일 수 있으므로 일부만 발췌해 그림 16-6에서 보여준다.

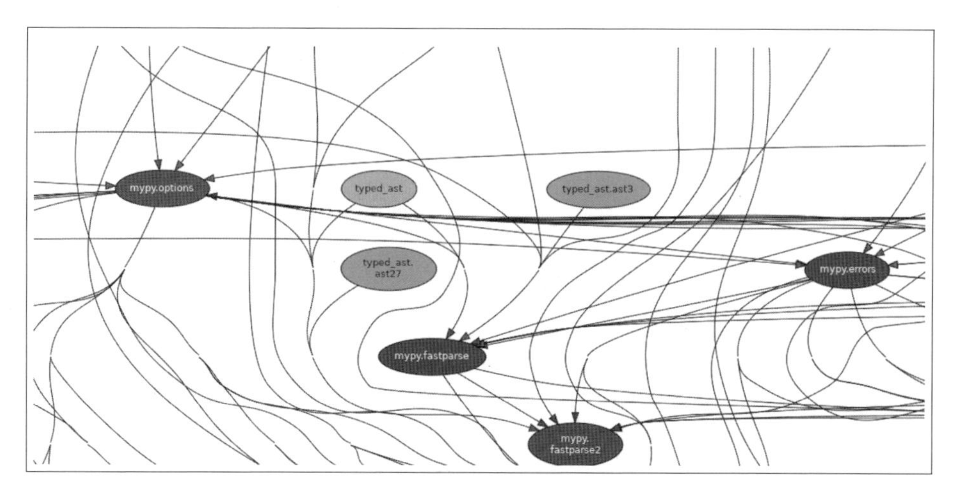

그림 16-6 임포트의 시각화

일부만 발췌했어도 많은 화살표가 얽혀있다. 하지만 fastparse나 errors와 같이 mypy.options에 의존하는 코드베이스의 전혀 다른 영역들도 보여준다. 한 번에 많은 내용을 보는 것은 결과가 복잡해지니 코드베이스의 하위 시스템에서부터 하나씩 적용하는 것을 추천한다.

함수 호출의 시각화

임포트 그래프보다 더 많은 정보를 얻고 싶으면 함수 호출 관계를 들여다보라. 이는 **호출 그래프**로도 알려져 있다. 먼저 **정적** 그래프 생성기부터 살펴보겠다. 이 생성기는 여러분의 소스코드를 보고 어떤 함수를 호출하는지 찾으며 코드가 실행이 되지는 않는다. 예를 들어 pyan3 라이브러리를 사용한다고 해보자. 설치는 다음 명령으로 한다.

```
pip install pyan3
```

pyan3의 실행 방법은 다음과 같다.

```
pyan <Python files> -- grouped --annotated --html > deps.html
```

mypy 소스코드 중 dmypy 폴더를 대상으로 이를 실행시키면(일부러 전체를 지정하지 않고 하위 폴더 하나를 지정했는데, 전체를 대상으로 하면 너무 많은 정보가 출력되기 때문이다) 의존성을 탐색할 수 있는 반응형 HTML 페이지가 생성된다. 그림 16-7은 이 페이지의 일부를 보여준다.

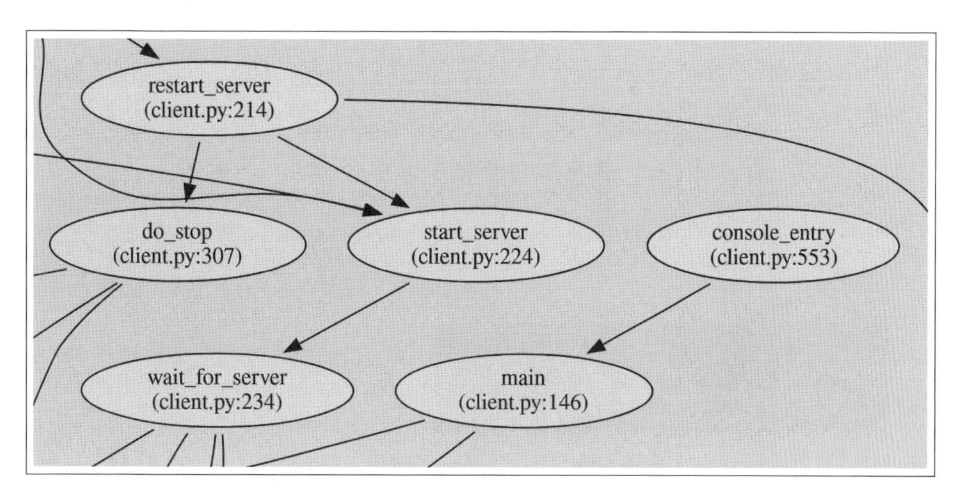

그림 16-7 정적 함수 호출의 시각화

이는 물리적 의존성만을 추적하며 논리적 의존성은 런타임 전까지는 추적이 불가능하다는 것에 주의하라. 런타임 시의 호출 그래프를 보고 싶다면 동적 그래프 생성기로 코드를 실행해야 한다. 나는 이런 경우 파이썬 내장형 프로파일러를 주로 사용한다. 프로파일러는 여러분이 만든 모든 함수 호출을 실행하는 동안 조사하며, 성능 데이터를 기록한다. 덤으로 모든 함수 호출의 이력이 프로파일에 남는다. 한번 수행해보자.

먼저 프로파일을 생성한다(mypy의 테스트 폴더를 대상으로 한다).

```
python -m cProfile -o deps.profile mypy/test/testutil.py
```

생성된 프로파일을 GraphViz가 읽을 수 있는 형태인 dot 파일로 변환한다.

```
pip install gprof2dot
gprof2dot --format=pstats deps.profile -o deps.dot
```

이제 dot 파일을 png로 바꾼다.

```
dot deps.dot -Tpng > deps.png
```

결과물을 보면 여전히 많은 박스와 화살표가 보일 것이다. 그림 16-8은 이 결과 이미지의 일부를 보여준다.

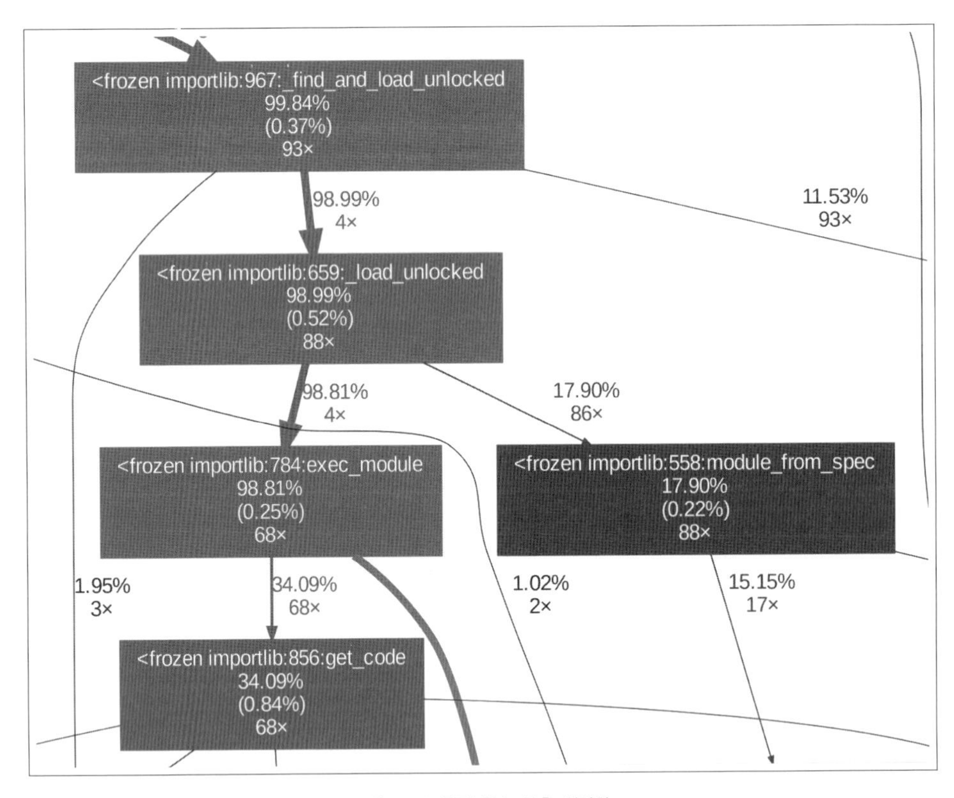

그림 16-8 동적 함수 호출 시각화

여기에서는 함수의 수행 시간과 함께 얼마나 많이 호출됐는지를 보여준다. 이를 통해 호출 그래프의 이해뿐만 아니라 성능의 병목이 어디서 일어나는지도 알 수 있다.

의존성 그래프의 해석

자, 모든 그래프를 그렸는데 이것으로 무엇을 할 수 있을까? 의존성 그래프를 보면 어디가 유지 보수의 핫스팟인지 쉽게 알 수 있다. 기억할 것은 모든 의존성이 코드 변경의 이유가 된다는 것이다. 코드베이스에서 변경이 발생할 때마다 물리적, 논리적 의존성을 통해 그 영향의 파문이 퍼질 수 있으며, 잠재적으로 코드에 큰 폭의 충격으로 이어진다.

이런 마인드로 변경되는 것과 여기에 관련된 의존성 사이의 관계를 생각해봐야 한다. 여러분 자신이 의존하는 코드만큼이나 여러분에게 의존하고 있는 코드의 양을 고려하라. 많은 의존관계가 들어오지만 나가지를 않는다면 여러분은 소위 팬인[fan-in] 상태를 만난 것이다. 반대로 들어오는 의존관계는 적지만 나가는 의존관계는 많은 경우 팬아웃[fan-out] 상태를 만난 것이다. 그림 16-9는 이 팬인과 팬아웃의 차이를 도식화한 것이다.

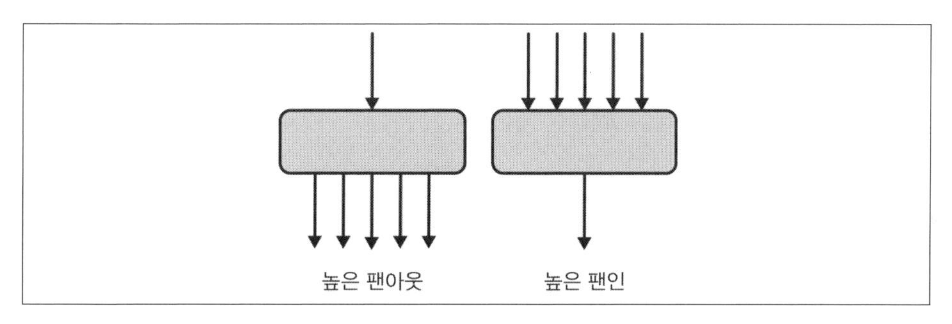

그림 16-9 팬인과 팬아웃의 차이

시스템에서 높은 팬인을 갖는 엔티티들이 의존성 그래프에서 리프 또는 바닥에 위치해야 한다. 코드베이스에서 대부분은 이 엔티티에 의존할 것이며 여러분이 코드베이스에서 갖는 모든 의존성은 코드베이스의 나머지 부분도 마찬가지일 것이다. 또한 이 엔티티들은 안정적이어야 하므로 자주 바뀌면 안 된다. 변경이 될 때마다 팬인이 많기 때문에 코드베이스의 대부분에 영향을 미칠 것이다.

반면 팬아웃 엔티티는 의존성 그래프의 최상위에 있어야 한다. 이곳이 대부분의 비즈니스 로직이 존재할 수 있는 부분이며 비즈니스가 발전함에 따라 변할 것이다. 코드베이스 중 이 부분은 훨씬 더 높은 변화 속도를 견딜 수 있으며, 상대적으로 상위 의존성이 적기 때문에 동작이 변경될 때처럼 코드가 자주 깨지지는 않는다.

팬아웃 엔티티들의 변경은 코드베이스에서의 가정에는 큰 영향을 미치지는 않겠지만 고객의 가정을 위반할지는 장담할 수 없다. 얼마나 외부 행동이 하위 호환성을 유지할지는 UX의 관심사며, 이는 이 책의 범위 밖이다.

마치며

의존성은 여러분의 코드에 대한 견고성을 대표하지는 않는다. 이는 어떻게 사용하고 관리하느냐의 문제다. 의존성은 시스템에서 제대로 사용하는 것이 절대적으로 중요하다. 코드는 더 작은 덩어리로 나누고 코드베이스를 적절하게 재구성할 수 있는데, 이때 의존성에 올바른 방향을 부여함으로써 실제로 코드의 견고성을 높일 수 있다. 대체 가능성과 확장성을 높여 코드를 좀 더 쉽게 유지 관리할 수 있다.

하지만 항상 공학에서 문제가 되는 것은 바로 비용이다. 의존성은 커플링을 의미한다. 다시 말하면 코드베이스 내의 다른 부분들이 서로 연결되며 이는 변경이 발생하면 여러분이 생각하는 것보다 더 넓게 영향을 받을 수 있음을 의미한다. 의존성에는 여러 가지 타입이 있으며 각각 저마다 다루는 방법이 다르다. 물리적 의존성은 도구를 통해 쉽게 시각화할 수 있지만 엄격한 구조를 요구하고 있다. 논리적 의존성은 코드베이스에 확장성을 제공하지만 런타임 전까지는 그 특성이 드러나지 않는다. 일시적 의존성은 선형 방식으로 파이썬을 실행하는 데는 필요하지만 이런 의존성이 직관적이지 못하다면 미래에 엄청난 고통을 초래한다.

이 모든 과정은 의존할 수 있는 코드의 존재를 가정한다. 17장에서는 조합 가능한composable 코드 또는 재사용을 위해 코드를 분할하는 방법을 살펴본다. 객체, 반복 패턴, 함수를 구성해 코드를 새로운 유스 케이스로 재구성하는 방법도 배울 것이다. 구성 가능한 코드의 관점에서 생각하면 새로운 기능의 구축이 쉬워지며 미래의 개발자들은 여러분에게 고마움을 느낄 것이다.

17장

조합 가능성

개발자로서 직면하는 가장 큰 문제 중 하나는 향후의 개발자가 시스템을 어떻게 변경할지 예측하는 일이다. 비즈니스가 발전하고 오늘의 주장들이 미래에 레거시 시스템이 된다. 이런 시스템을 어떻게 지원할 것인가? 시스템을 변경할 때 향후의 개발자들이 직면하게 될 마찰을 어떻게 하면 줄일 수 있을까? 이러한 모든 상황에서도 동작할 수 있는 코드를 개발해야 한다.

17장에서는 조합 가능성Composability 측면에서 코드를 개발하는 방법을 알아본다. 조합 가능성을 염두에 두고 개발을 한다면 코드를 소규모로 분산시키며 재사용할 수 있게 만들 수 있다. 먼저 조합 가능성을 고려하지 않은 아키텍처를 살펴보고 이것이 어떻게 개발을 지연시키는지 알아본다. 그리고 이를 조합이 가능하게 수정하는 방법을 살펴본다. 그리고 여러분의 코드베이스를 확장 가능하도록 객체, 함수, 알고리듬들을 어떻게 구성하는지 알아본다. 하지만 먼저 조합 가능성이 유지 보수성을 어떻게 증가시키는지부터 살펴봐야 한다.

조합 가능성

조합 가능성은 최소한의 상호의존성 및 비즈니스 로직이 들어간 소규모 컴포넌트의 구성에 초점을 맞춘다. 조합 가능성의 목표는 향후의 개발자들이 자신의 솔루션을 만들 때 이 컴포넌트 중 하나를 쓸 수 있게 하는 것이다. 이 컴포넌트가 작을수록 이해하기가 쉬울 것은 분명하다. 그리고 의존성을 줄일수록 향후의 개발자들은 새로운 코드를 추가할 때 발생할 수 있는 비용에 대한 고민으로부터 해방될 수 있다(16장에서 배웠던 비용을 생각해보라). 컴포넌트들을 비즈니스 로직과의 분리를 유지함으로써 지금은 큰 문제가 아닐 것 같은 것들이 향후 문제가 될 여지를 남기지 않을 수 있다. 조합 가능성이 좋은 컴포넌트가 많아질수록 개발자들은 새로운 애플리케이션을 여러분의 코드와 쉽게 섞어서 만들 수 있다. 이런 조합 가능성에 초점을 맞춘다면 코드의 재사용성이나 확장성이 크게 좋아질 것이다.

부엌에 있는 향신료 선반을 생각해보자. 여러분이 호박 파이용 향신료(시나몬, 육두구, 생강, 정향)나 파이브 스파이스(시나몬, 회향, 스타 아니스, 스촨 페퍼콘, 정향)와 같은 것만으로 향신료 선반을 비축해놨다면 어떤 종류의 요리를 만들 것인가? 호박 파이나 차이니즈 파이브 스파이스 로스트 치킨 같은 요리를 만들 것이다. 향신료의 조합이 미리 돼 있으면 요리를 준비하는 데 쉬운 반면 시나몬 정향 시럽 등의 재료가 필요한 요리(즉, 구비가 안 된 향신료를 사용해야 하는 요리)를 만들어야 한다면 어떻게 해야 할까? 일단 갖고 있는 향신료로 대체를 해보고 이것이 다른 재료와 문제를 일으키지 않기를 바라거나 아예 필요한 시나몬과 정향을 개별적으로 구매할 것이다.

개별적인 재료는 소프트웨어에서 작고 조합 가능성이 있는 성질과 비슷하다. 여러분은 어떤 요리를 만들 것인지 또는 어떤 비즈니스 요구 사항이 앞으로 도출될지 알 수가 없다. 분산 컴포넌트들에 초점을 맞춘다면 협업자들에게 그들이 필요한 것을 다른 컴포넌트로 대체하거나 다른 컴포넌트들을 끌어올 일 없이 바로 사용하게 하는 유연성을 제공할 수 있다. 그리고 어떤 특별한 컴포넌트의 조합이 필요하다면(예를 들어 호박파이 향신료 같은) 이 컴포넌트들을 자유롭게 조합해서 쓸 수 있을 것이다. 소프트웨어는 요리의 경우처럼 향신료 조합에서 끝나지 않는다. 요리의 경우는 요리를 만들어먹고 끝나지만 조합 가능성을 가진 작은 크기의 분산된 소프트웨어는 다음 주나 다음 해에 해당 컴포넌트를 다시 재사용할 수 있다.

2부에서 이미 사용자 정의 타입을 구축할 때 조합 가능성을 얘기했다. 그 때 다중 시나리오에서 재사용될 수 있는 소규모의 분산된 타입의 배열을 만들었으며 각 타입은 코드베이스에서 개념에 대한 자료 집합에 사용됐다. 개발자들은 도메인 아이디어를 나타내고자 이들을 사용할 수 있고, 새로운 개념을 정의할 수도 있다. 9장에서 다룬 스프soup의 정의를 한번 살펴보자.

```
class ImperialMeasure(Enum):
    TEASPOON = auto()
    TABLESPOON = auto()
    CUP = auto()

class Broth(Enum):
    VEGETABLE = auto()
    CHICKEN = auto()
    BEEF = auto()
    FISH = auto()

@dataclass(frozen=True)
# Ingredients added into the broth
class Ingredient:
    name: str
    amount: float = 1
    units: ImperialMeasure = ImperialMeasure.CUP

@dataclass
```

```
class Recipe:
    aromatics: set[Ingredient]
    broth: Broth
    vegetables: set[Ingredient]
    meats: set[Ingredient]
    starches: set[Ingredient]
    garnishes: set[Ingredient]
    time_to_cook: datetime.timedelta
```

이때 Ingredient, Broth, ImperialMeasure 객체에서 Recipe 객체를 생성할 수 있었다. 이들 모든 개념은 Recipe 자체에 포함될 수도 있었고 서로 재사용될 수도 있다(누군가가 ImperialMeasure를 재사용하기 원한다면 Recipe에 의존을 해야 하는지 혼란스러울 것이다). 이 타입들을 다르게 취급함으로써 미래의 개발자들이 의존성을 깰 필요 없이 스프가 아닌 다른 요리 같은 새로운 타입을 만들 수 있을 것이다.

이것이 타입 구성type composition의 예제였으며 여기서 새롭게 혼합될 있는 분산 타입을 만들었다. 이번 장에서는 파이썬에서 기능의 구성, 함수, 알고리듬과 같은 또 다른 일반 구성 타입에 초점을 맞춘다. 먼저 그림 17-1과 같은 샌드위치 가게의 메뉴를 예로 살펴보자.

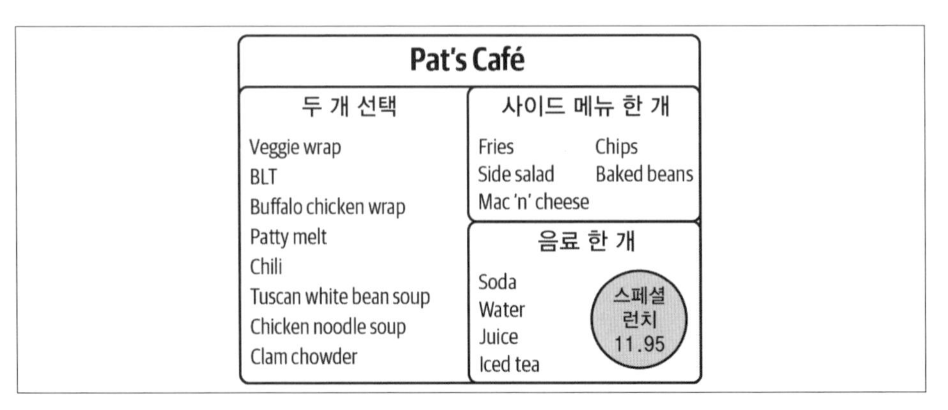

그림 17-1 그림판 메뉴

이 메뉴는 조합 가능성을 설명할 수 있는 또 다른 예제다. 손님은 메인 메뉴 2개, 사이드 메뉴, 음료를 골라야 하며, 각 파트가 선택돼 각자가 원하는 하나의 런치를 구성하게 된다. 이 메뉴의 조합 가능성이 없었다면 여기서 발생할 수 있는 메뉴들이 하나하나 단일 메뉴로 만들어져야 한다(메뉴 조합에서 만들어질 수 있는 가짓수는 1,120가지다. 어떤 식당들이 이를 좋아할까?). 이를 다 지원하는 식당은 없으며 메뉴를 이와 같이 여러 부분으로 나눠야 관리가 편하다.

코드도 마찬가지 관점에서 볼 수 있다. 코드는 존재만으로 조합 가능성이 저절로 생기지 않으며 조합 가능성을 염두에 두면서 설계를 해야 한다. 향후의 개발자들이 재사용할 방법을 찾으려면 클래스, 함수, 데이터 타입을 점검해야 한다.

아우토키친AutoKitchen으로 명명된 자동화된 부엌을 생각해보자. 이 부엌은 앞의 Pat's Cafe에서 백본을 담당하며 모든 메뉴의 음식들을 자동으로 만들어준다. 이 시스템에 새로운 메뉴의 추가를 쉽게 하는 것이 지금 하려는 일이다. Pat's Cafe의 자랑은 자주 변경되는 메뉴에 있으며 개발자들은 항상 시스템이 이 메뉴 변경에 따라가고자 많은 시간을 들이고 있다. 아우토키친의 설계는 그림 17-2와 같다.

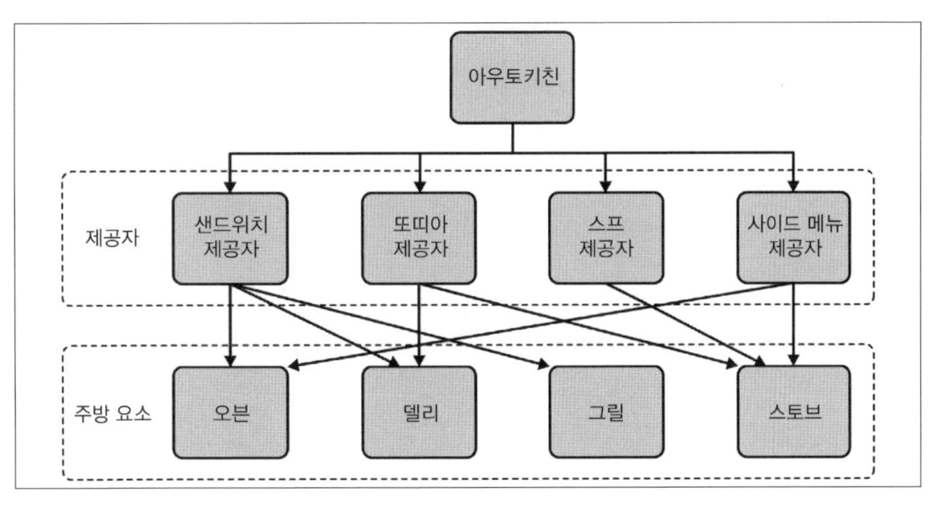

그림 17-2 아우토키친 설계

이 설계는 그렇게 어려운 설계가 아니다. 아우토키친은 다양한 준비 작업 컴포넌트들에 의존하고 있다. 각 준비 작업 컴포넌트들은 주방 요소에 의해(요소에 의존해) 메뉴의 일부로 바뀌게 된다(예를 들어 쇠고기가 햄버거 패티로 조리되는 것 등). 오븐이나 그릴 같은 주방 요소들은 다양한 재료의 조리를 명령하게 되며 이 재료들이 어떤 메뉴로 제공될지는 알지 못한다. 그림 17-3에서는 각 준비 작업 컴포넌트들이 어떻게 구성되는지 보여준다.

이 설계는 확장이 가능하며 새로운 샌드위치 유형을 간단히 추가할 수 있다. 기존의 샌드위치 코드를 수정할 필요가 없기 때문이다. 하지만 이것만으로 조합 가능성이 있다고는 할 수 없다. 요리 컴포넌트를 갖고 다른 요리로 재사용하려면(예를 들어 BLT 랩에 들어갈 베이컨을 조리할 때 또는 치즈버거 스프 세트를 위한 햄버거를 조리할 때) BLT Maker나 Melt Maker 전체를 가져와야 할 것이다. 그러면 필요 없는 Bread Maker나 Database도 함께 딸려 올 것이다. 이런 상황은 피하고 싶다.

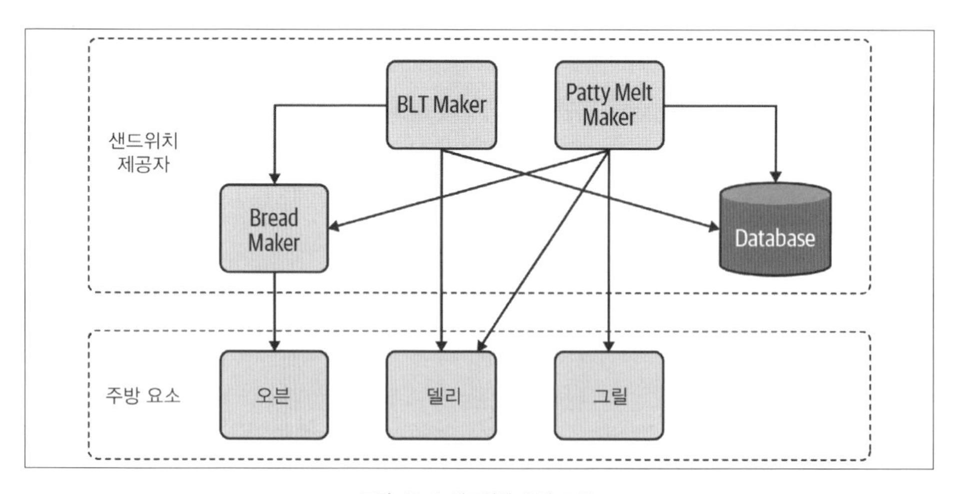

그림 17-3 샌드위치 준비 모듈

이제 포테이토, 리크, 베이컨 스프와 같은 새로운 스프를 추가하려 한다. Soup Preparer는 이미 다른 스프와는 달리 어떻게 리크나 포테이토 스프를 만드는지 알고 있으며 여기에 베이컨 스프를 추가하려 한다. Soup Preparer를 수정할 때 몇 가지 옵션이 있다. 하나는 BLT Maker에 의존성을 주입하는 것과 또 하나는 BLT Maker에서 베이컨을 처리하는 부분을 재사용하는 것이다.

첫 번째 옵션은 이슈가 있다. BLT Maker에 의존한다면 Bread Maker와 같은 BLT Maker 내의 모든 물리적 의존성에 의존해야 한다. Soup Preparer는 이런 모든 것이 필요치 않다. 두 번째 옵션 역시 별 차이 없는데, 베이컨을 처리하는 코드를 복사했기 때문이다(동일한 것 두 개를 갖기 시작했다면 세 개를 갖는 것은 시간 문제다). 제일 좋은 방법은 BLT Maker에서 베이컨을 처리하는 모듈을 분리하는 방법을 찾는 것이다.

하지만 코드는 원한다고 재사용이 가능해지지 않으며 설계 단계에서 신중하게 설계돼야 한다. 조합 가능성을 높이려면 더 작고 분산됐으며 비즈니스 로직에 독립적으로 만들어야 한다. 이를 위해 정책과 메커니즘을 분리할 필요가 있다.

정책과 메커니즘

정책은 비즈니스 로직이거나 당장 여러분의 비즈니스 요구 사항을 해결해야 하는 책임이 있는 코드들이다. 메커니즘은 이런 정책을 '어떻게' 동작시키는지를 제공한다. 앞 예제에서 시스템의 정책은 추가될 레시피다. 반면 '어떻게' 이 레시피를 추가할지는 메커니즘이다.

코드의 조합 가능성을 높이려면 이런 정책과 메커니즘을 분리해야 한다. 메커니즘은 여러분이 재사용하기를 원할 수 있으며 이때 정책과 연결돼 있으면 재사용에 어려움이 있다. Soup Preparer가 BLT Maker에 의존하는 것이 이치에 맞지 않는 것이 이런 이유며 계속 연결돼 있다면 전혀 관련 없는 정책에도 의존하게 된다.

여러분이 관련 없는 정책과 연관을 지어버리기 시작하면 나중에 끊기 어려운 의존성을 생성하기 시작한다. 점점 더 많은 연관은 스파게티 코드를 생성한다. 결국 의존성이 난무하는 상황이 되며 어느 하나의 의존성만 건드려도 문제가 터지게 된다. 이것이 여러분의 코드를 메커니즘과 정책 부분으로 구분해야 하는 이유다.

정책과 메커니즘 구분의 좋은 예시는 파이썬의 로깅 모듈(https://docs.python.org/3/library/logging.html)이다. 여기에서 정책은 무엇을, 어디에 로그를 남겨야 할지 이며 메커니즘은 로그의 포맷, 필터, 로그 레벨을 정하는 방법에 해당한다.

메커니즘적으로 모든 모듈은 로그 메서드를 호출할 수 있다.

```
logging.basicConfig(format='%(levelname)s:%(message)s',level=logging.DEBUG)
logger.warning("Family did not match any restaurants: Lookup code A1503")
```

logging 모듈은 무엇을 로깅하는지, 어떤 포맷의 로그를 남기는지 신경 쓰지 않는다. logging 모듈은 '어떻게' 로깅을 하는지만 제공한다. 정책은 이를 사용하는 애플리케이션 또는 로그로 남겨져야 할 '무엇'에 따른다. 정책과 분리된 메커니즘은 logging 모듈을 재사용할 수 있게 만든다. 여러분은 추가 작업 없이 쉽게 코드베이스의 기능들을 확장할 수 있다.

실제 세계에서의 조합 가능성

여러분이 정책과 메커니즘의 분리를 고려하기 시작했다면 조합 가능성의 패턴이 개발 활동 여기저기서 보이기 시작할 것이다.

유닉스 스타일의 커맨드라인 인터페이스를 생각해보자. 이 인터페이스는 별도의 새로운 애플리케이션 제작 없이 파이프라인만으로 여러 가지 분산돼 있는 애플리케이션들을 조합해 실행시킬 수 있다.

```
grep -i "ERROR" log.txt | cut 3,5 | sort -r
```

다른 예로는 서드파티 애플리케이션(GitHub Action이나 Travis CI 같은)으로 수행하는 지속적인 통합이 있다. 개발자들은 체킹 프로세스의 일부로 일련의 체크 작업들을 수행하기 원하며, 대부분의 이런 작업은 서드파티 요소들에 의해 제공된다(보안 검사기나 컨테이너 레지스트리에의 푸시 작업). 개발자들은 이 서드파티 엔티티들의 내부 동작 원리를 알 필요는 없으며, 대신 이 서드파티 엔티티들에게 무엇을 할지 정의하는 정책(예를 들어 어떤 폴더를 검사해야 할지 또는 어떤 태그가 컨테이너 레지스트리에 반영돼야 하는지)을 알려줘야 한다. 이렇게 하면 개발자들은 '어떻게'라는 구덩이에 빠지지 않을 것이며, 조합을 통한 결과로 바로 작업에 활용할 것이다.

앞에서의 카페 예제에서 메커니즘을 분리하고자 코드의 구조를 변경할 수 있다. 목표는 모든 요리 컴포넌트의 의존성을 없애 이들을 조합해 새로운 레시피를 만들 수 있게 하는 것이다. 이렇게 하면 시스템 전반의 코드에서 재사용할 수 있고 새로운 레시피를 만들 수 있는 유연성이 확보될 것이다. 그림 17-4는 조합 가능성을 확보한 구조를 나타낸다(공간 문제로 일부 시스템을 하나로 합쳤다).

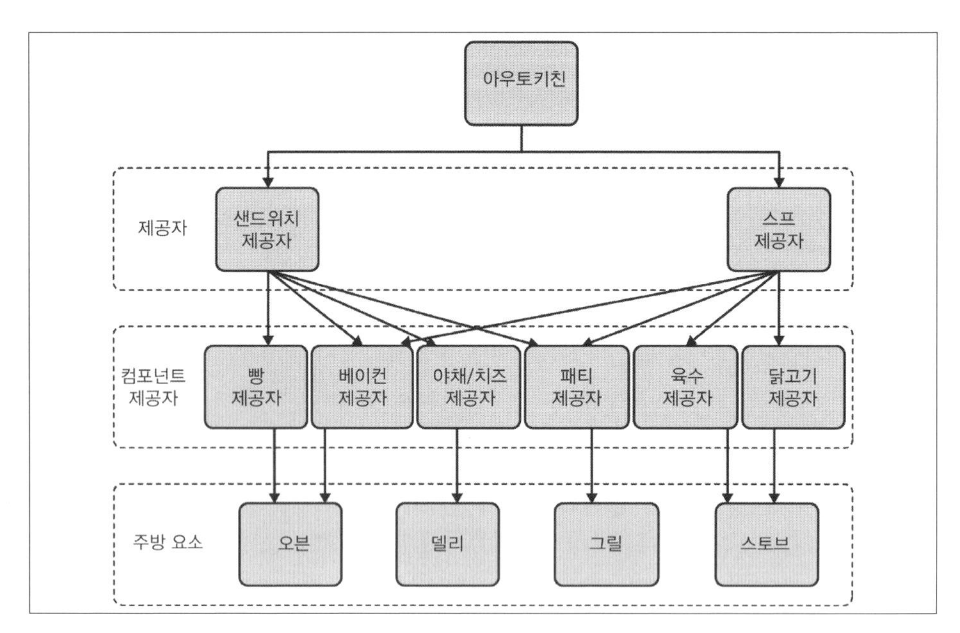

그림 17-4 조합 가능성을 살린 구조

제공자Preparer들을 하위 컴포넌트로 쪼갬으로서 확장성과 조합 가능성을 확보했다. 새로운 샌드위치와 같은 메뉴의 확장이 쉬울 뿐만 아니라 새로운 커넥션 정의도 쉬운데, 예를 들어 Soup Preparer가 베이컨 준비 모듈의 코드를 가져다 쓸 수 있게 된다.

메커니즘이 이와 같이 쪼개지면 정책을 세우는 것은 훨씬 간단해진다. 정책에 메커니즘이 엮여 있지 않다면 정책을 선언적으로 또는 뭘 해야 하는지를 군더더기 없는 스타일로 작성할 수 있다. 다음과 같은 '포테이토 리크 베이컨 스프'의 정의를 살펴보자.

```
import bacon_preparer
import veg_cheese_preparer

def make_potato_leek_and_bacon_soup():
    bacon = bacon_preparer.make_bacon(slices=2)
```

```
potatoes = veg_cheese_preparer.cube_potatoes(grams=300)
leeks = veg_cheese_preparer.slice(ingredient=Vegetable.LEEKS, grams=250)

chopped_bacon = chop(bacon)

# 다음 메서드들은 soup prepare가 제공한다.
add_chicken_stock()
add(potatoes)
add(leeks)
cook_for(minutes=30)
blend()
garnish(chopped_bacon)
garnish(Garnish.BLACK_PEPPER)
```

코드에 어떤 레시피가 있는지만 본다면 베이컨이나 감자 조각을 어떻게 만드는지에 대한 세부 사항 때문에 고민할 필요는 없을 것이다. Bacon Preparer와 Vegetable/Cheese Preparer를 Soup Preparer와 조합해 새로운 레시피를 만든다. 내일 새로운 스프 메뉴(또는 다른 요리)가 들어온다면 그냥 일련의 지시 사항으로 정의하면 된다. 정책은 메커니즘보다는 더 자주 바뀔 것이며 비즈니스 요구 사항에 맞춰 메커니즘을 추가, 수정, 삭제하기 쉽게 만들 것이다.

토론하기

여러분의 코드베이스에서 재사용이 쉬운 부분은 어디인가? 이 부분은 다른 부분에 비해 어디가 다른가? 코드에서 정책이나 메커니즘을 재사용했으면 한 적이 있는가? 여러분 코드의 조합 가능성과 재사용성을 높이기 위한 전략을 살펴보자.

재사용할 이유가 있다고 생각되면 메커니즘의 조합 가능성을 높여라. 아주 적은 작업으로 여러분의 코드를 재사용할 수 있으며 결국 미래에 개발을 가속화할 것이다. 유연성과 재사용성이 높아지고 결국 더 높은 유지 보수성으로 연결된다.

하지만 여기에는 비용이 발생한다. 여러 파일에 기능을 분산시키면 가독성이 떨어지며 이동되는 부분이 많아지면 득보다 실이 더 많다. 조합 가능성을 위한 가능성을 찾되 여러분의 코드가 너무 유연하거나 개발자들이 코드의 단순한 동작 흐름을 파악하고자 전체를 보게 하는 일이 발생하는 것에 유의해야 한다.

더 작은 스케일로 구성

아우토키친 예제는 서로 다른 모듈과 하위 시스템을 어떻게 조합하는지 보여주지만 좀 더 작은 스케일로 조합 가능성을 높일 수 있다. 함수와 알고리듬의 조합 가능성을 좀 더 높여 새로운 코드를 더 쉽게 만들 수 있다.

함수의 조합

많은 책이 객체지향(SOLID 같은 클래스 기반 설계)에 초점을 맞추고 있지만 다른 소프트웨어 패러다임에서도 역시 배울 점이 있다. 함수형 프로그래밍functional programming이 점점 관심을 받고 있는데, 객체지향과 비교하면 객체지향은 객체를 우선으로 생각하지만 함수는 순수 함수pure function에 초점을 맞추고 있다. 순수 함수란 출력이 오직 입력에서부터 나오는 함수를 의미한다. 순수 함수와 입력 파라미터들이 있으면 출력은 전역 변수 및 환경 변수에 무관하게 입력에 대한 출력만 반환된다.

이런 함수형 프로그래밍의 매력적인 점은 순수 함수가 다른 부수 효과가 얽혀있는 함수들에 비해 조합하기가 더 쉽다는 것이다. 부수 효과side effect란 함수가 값의 반환 이외에 수행하는 모든 것을 의미하는데, 예를 들어 메시지의 로깅, 네트워크 호출, 변수 값의 변경 등이 있다. 함수에서 이런 부수 효과를 제거하면 함수가 재사용이 훨씬 쉬워지는데, 감춰진 의존성이나 예상치 못한 출력이 없기 때문이며 함수는 오로지 입력 데이터에만 의존한다. 신경 써야 할 부분은 반환되는 데이터뿐이다.

하지만 코드의 재사용을 위해서는 코드의 모든 물리적 의존성도 함께 가져와야 한다(필요한 경우 런타임 시의 논리적 의존성도 포함된다). 순수 함수라면 함수 호출 그래프상에 없는 물리적 의존성은 존재하지 않으며, 복잡한 설정이나 전역 변수 등을 함께 가져올 필요도 없다. 함수형 프로그래밍은 개발자들로 하여금 처음부터 조합 가능한 짧고 단일한 목적의 함수를 만들게 한다.

개발자들은 다른 변수들과 같이 함수를 다루는 것에 익숙해져 있다. 소위 고차 함수higher-order function라고 불리는 것은 다른 함수를 파라미터로 받거나 다른 함수를 반환값으로 돌려준다. 간단한 예제로서 함수를 두 번 호출하는 함수를 다음과 같이 작성해보자.

```
from typing import Callable
def do_twice(func: Callable, *args, **kwargs):
    func(*args, **kwargs)
    func(*args, **kwargs)
```

예제 자체는 그렇게 눈길을 끌지는 않지만 함수 조합으로의 다양하고 재미있는 길을 열어준다. 사실 functool이라고 하는 고차원 함수를 전담하는 파이썬 모듈이 따로 있다. 대부분 functool은 모든 함수의 조합과 마찬가지로 데코레이터의 형태로 존재한다.

데코레이터

데코레이터Decorators는 다른 함수를 취해 '감싸는' 역할을 하며, 함수가 수행되기 전에 먼저 수행되는 함수다. 데코레이터는 함수의 본문을 서로 알 필요 없이 함수의 조합을 만드는 방법을 제공한다.

데코레이터는 파이썬에서 함수를 래핑하는 방법 중 하나다. 앞에서의 do_twice 함수를 좀 더 일반적인 repeat 함수로 다음과 같이 작성할 수 있다.

```python
from typing import Callable
import functools

def repeat(func: Callable = None, times: int=3) -> Callable:
    if func is None:
        return functools.partial(repeat, times=times)

    @functools.wraps(func)
    def _wrapper(*args, **kwargs):
        for _ in range(times):
            func(*args, **kwargs)

    return _wrapper

@repeat(times=3)
def say_hello():
    print("Hello")

say_hello()
>>> Hello
Hello
Hello
```

다시 말하지만 여기서 나는 정책(Hello를 반복적으로 호출)을 메커니즘(실제로 반복해 함수를 호출)과 분리했다. 이렇게 하면 이 메커니즘을 다른 코드베이스에서 아무 영향 없이 가져다 쓸 수 있으며, 이 데코레이터를 더블 치즈버거에 넣기 위해 한 번에 두 개의 햄버거 패티를 만드는 작업이나 대량 주문에 맞추기 위한 대량 생산 작업 같은 코드베이스에서의 모든 종류의 작업에 적용할 수 있다.

물론 데코레이터의 역할은 단순한 함수의 반복만 있는 것은 아니다. 내가 가장 좋아하는 데코레이터는 backoff 라이브러리다(https://pypi.org/project/backoff/). backoff는 재시도 로직의 정의나 코드의 비결정적 부분을 재시도하고자 수행하는 작업을 정의하는 데 도움을 준다. 앞에서의 AutoKitchen에는 데이터베이스에 데이터를 저장하는 기능이 필요하다고 해보자. 데이터베이스에 받은 주문, 현재의 재고 수준, 각 요리 제작에 걸린 시간들이 저장될 것이다.

우선 간단하게 구현하면 다음처럼 될 것이다.

```
# # self.*_db 속성의 설정은 데이터베이스의
# 데이터를 업데이트한다.
def on_dish_ordered(dish: Dish):
    dish_db[dish].count += 1

def save_inventory_counts(inventory):
    for ingredient in inventory:
        inventory_db[ingredient.name] = ingredient.count

def log_time_per_dish(dish: Dish, number_of_seconds: int):
    dish_db[dish].time_spent.append(number_of_seconds)
```

데이터베이스와 작업할 때(또는 다른 I/O 요청과 작업할 때)에는 언제나 오류를 대비해야 한다. 데이터베이스는 다운될 수도 있고 네트워크가 끊길 수도 있으며, 입력 데이터 간에 충돌이 발생할 수도 있고 여타 오류가 나타날 수도 있다. 이 코드를 수행할 때 항상 오류가 없다는 보장은 없는 것이다. 비즈니스는 오류 한 번에 동작이 멈추는 코드를 원하지 않으며 몇 번 정해진 횟수를 시도 후에 멈추게 해야 한다.

이런 경우 backoff.on_exception을 사용해 이 함수들이 예외를 던질 때 재시도 될 수 있게 할 수 있다.

```
import backoff
import requests
from autokitchen.database import OperationException
# self.*_db 속성의 설정은 데이터베이스의
# 데이터를 업데이트한다.
```

```
@backoff.on_exception(backoff.expo,
                        OperationException,
                        max_tries=5)

def on_dish_ordered(dish: Dish):
    self.dish_db[dish].count += 1

@backoff.on_exception(backoff.expo,
                       OperationException,
                       max_tries=5)

@backoff.on_exception(backoff.expo,
                       requests.exceptions.HTTPError,
                       max_time=60)

def save_inventory_counts(inventory):
    for ingredient in inventory:
        self.inventory_db[ingredient.name] = ingredient.count

@backoff.on_exception(backoff.expo,
                       OperationException,
                       max_time=60)

def log_time_per_dish(dish: Dish, number_of_seconds: int):
    self.dish_db[dish].time_spent.append(number_of_seconds)
```

데코레이터를 통해 함수 자체를 수정하지 않고 동작을 수정할 수 있다. 각 함수들은 이제 특정 예외가 발생하면 백오프backoff된다. 각 함수는 각각 완전히 포기하기까지 얼마의 시간 또는 몇 번 동안 재시도를 해야 하는지의 조건을 갖고 있다. 이 코드에서 정책을 정의했지만 실제 방법인 메커니즘은 backoff 라이브러리에서 추상화됐다.

save_inventory_counts는 좀 특별하다.

```
@backoff.on_exception(backoff.expo,
                      OperationException,
                      max_tries=5)
@backoff.on_exception(backoff.expo,
                      requests.exceptions.HTTPError,
                      max_tries=60)
def save_inventory_counts(inventory):
    # ...
```

이 함수에는 두 개의 데코레이터가 정의돼 있다. 이는 OperationException에 대해 5회의 재시도 또는 requests.exceptions.HTTPError에 대해 60초 동안 계속 재시도를 하겠다는 의미다. 이것이 바로 조합 가능성을 의미하며 서로 다른 backoff 데코레이터를 섞어서 원하는 정책을 정의할 수 있다.

데코레이터 없이 이 메커니즘을 바로 함수에 적용시킨다면 다음과 같다.

```
def save_inventory_counts(inventory):
    retry = True
    retry_counter = 0
    time_to_sleep = 1
    while retry:
        try:
            for ingredient in inventory:
                self.inventory_db[ingredient.name] = ingredient.count
        except OperationException:
            retry_counter += 1
            if retry_counter == 5:
                retry = False
        except requests.exception.HTTPError:
            time.sleep(time_to_sleep)
            time_to_sleep *= 2
            if time_to_sleep > 60:
```

```
retry = False
```

재시도 메커니즘을 다루고자 필요한 코드의 양이 많아져 함수가 의도하는 바를 흐려버리고 있다. 함수를 얼핏 봐도 무슨 일을 하는 함수인지 파악하기 어렵지 않은가? 더욱이 비결정적 작업을 다뤄야 하는 모든 함수마다 동일한 재시도 로직을 구현하고 있다. 비즈니스 로직의 정의는 데코레이터의 조합을 사용하는 것이 훨씬 쉬우며 코드 전반에 걸쳐 지루한 반복 작업을 피하게 해준다.

이런 유용한 데코레이터가 backoff만 있는 것은 아니다. 여러분의 코드를 간단하게 만들어줄 많은 조합 가능한 데코레이터가 있는데, 함수의 결과를 저장하기 위한 functools.lru_cache, 커맨드라인 애플리케이션을 위한 Click 라이브러리(https://palletsprojects.com/p/click/)의 click.command, 함수의 실행 시간제한을 위한 timeout_decorater 라이브러리(https://github.com/pnpnpn/timeout-decorator)의 timeout_decorator.timeout 등이 그것이다. 여러분의 코드에서 유사한 구조를 가진 부분을 찾아 어떻게 정책에서 메커니즘을 분리할지 방법을 찾으라.

알고리듬의 조합

여러분이 만들 수 있는 작은 단위의 조합은 함수만 있는 것이 아니며 알고리듬도 가능하다. 알고리듬은 문제를 해결하기 위한 단계마다의 방식을 기술한 것이며 정렬이나 서로 다른 텍스트 조각의 취합 등이 있다. 알고리듬을 조합 가능하게 하려면 다시 한 번 정책과 메커니즘을 분리시켜야 한다.

앞에서의 카페 식단에 대한 추천을 생각해보자. 알고리듬은 다음과 같다고 가정하자.

```
추천 알고리듬 #1
```

```
모든 일일 스페셜을 살펴보기
남아 있는 식재료 수에 따라 정렬
남은 식재료가 가장 많은 식단을 선택
마지막으로 주문한 식사와 근접하게 정렬
    (일치되는 식재료 수에 따라 정의됨)
75% 이상 근접한 결과만 가져옴
상위 3개 결과를 반환
```

이를 모두 for 구문으로 구현한다면 다음과 같이 될 것이다.

```python
def recommend_meal(last_meal: Meal,
                   specials: list[Meal],
                   surplus: list[Ingredient]) -> list[Meal]:
    highest_proximity = 0
    for special in specials:
        if (proximity := get_proximity(special, surplus)) > highest_proximity:
            highest_proximity = proximity

    grouped_by_surplus_matching = []
    for special in specials:
        if get_proximity(special, surplus) == highest_proximity:
            grouped_by_surplus_matching.append(special)

    filtered_meals = []
    for meal in grouped_by_surplus_matching:
        if get_proximity(meal, last_meal) > .75:
            filtered_meals.append(meal)

    sorted_meals = sorted(filtered_meals,
                          key=lambda meal: get_proximity(meal, last_meal),
                          reverse=True)

    return sorted_meals[:3]
```

코드가 많이 복잡해 보인다. 미리 처리 단계들을 텍스트로 기술하지 않으면 코드를 이해하고 버그가 없다는 것을 확인하기에 시간이 좀 더 많이 걸린다. 어느 개발자가 와서 여러분에게 생각보다 고객이 많이 이 추천을 선택하지 않아 다른 알고리듬을 써야겠다고 한다면 어떻게 할 것인가? 이에 대응할 새로운 알고리듬은 다음과 같다.

```
추천 알고리듬 #2

모든 식단이 가능한지 둘러보기
최근의 식단에 가까운 순으로 정렬하기
유사성이 높은 식단들을 선택
남아있는 식제료의 수로 식단을 정렬
특별 식단 또는 남아있는 식재료 중 3개 이상을 쓰는 식단만 고르기
상위 5개 결과를 반환
```

문제는 이 알고리듬을 제시한 개발자가 이들 알고리듬에 대한 A/B 테스트를 원한다는 것이다. A/B 테스트를 통해 고객 중 75%가 첫 번째 알고리듬에서, 25%가 두 번째 알고리듬에서 추천 받기를 원한다. 이런 식으로 새로운 알고리듬이 이전 알고리듬에 비해 얼마나 더 잘 작동하는지 측정할 수 있다. 이를 위해 여러분의 코드베이스는 두 알고리듬을 모두 지원해야 한다(그리고 앞으로도 새로운 알고리듬을 받아들일 준비를 해야 한다). 자칫하면 이 때문에 여러분의 코드베이스가 추천 알고리듬으로 어지럽혀져 있을 수 있다.

이를 위해 알고리듬 자체에 조합 가능성의 원칙을 적용해야 한다. for 구문의 복사 및 붙여넣기 후 수정은 정답이 될 수 없다. 이를 해결하려면 다시 한 번 정책과 메커니즘을 분리해야 한다. 이는 코드베이스의 문제를 줄여주고 개선에 도움을 준다.

이때 정책에 해당하는 것은 알고리듬의 실제 세부 정보(정렬의 대상, 필터링 방법, 궁극적으로 선택할 내용)다. 메커니즘은 어떻게 데이터를 형성하는지에 대한 반복

패턴이다. 사실 나는 앞 코드에서 이미 반복 패턴 메커니즘을 썼다. 수동 정렬 대신(그리고 내가 뭘 하고 있는지 독자들에게 이해시키는 대신) sorted 메서드를 사용했다. 무엇을 정렬하는지를 지정했으며 어떤 키로 정렬할지도 지정했다. 하지만 실제 정렬 알고리듬은 (그리고 독자들을 어떻게 이해시킬지는) 신경 쓰지 않는다.

두 알고리듬을 비교하려 한다면 메커니즘을 다음과 같이 쪼갤 수 있다(정책에 해당하는 부분은 <꺽쇠 괄호>로 표기한다).

```
<식단 목록>을 둘러보기
<초기 정렬 방식>으로 정렬하기
<그루핑 방식>으로 식단 선택하기
<두 번째 정렬 방식>으로 식단 정렬하기
<선택 방식>으로 상위 결과 선택
결과 중 상위<개수> 수만큼 반환
```

itertools(https://docs.python.org/3/library/itertools.html#itertools) 모듈은 반복에 중점을 둔 조합 가능한 알고리듬을 위한 환상적인 라이브러리다. 이를 활용하면 추상 메커니즘을 만들기가 쉬워진다.

이제 itertools를 사용해 추천 알고리듬 작성을 다음과 같이 변경해보자.

```
import itertools
def recommend_meal(policy: RecommendationPolicy) -> list[Meal]:
    meals = policy.meals
    sorted_meals = sorted(meals, key=policy.initial_sorting_criteria,
                          reverse=True)
    grouped_meals = itertools.groupby(sorted_meals, key=policy.grouping_criteria)
    _, top_grouped = next(grouped_meals)
    secondary_sorted = sorted(top_grouped, key=policy.secondary_sorting_criteria,
                              reverse=True)
    candidates = itertools.takewhile(policy.selection_criteria, secondary_sorted)
```

```python
    return list(candidates)[:policy.desired_number_of_recommendations]
```

이 알고리듬을 사용하는 방식은 다음과 같다.

```python
# 아래 예제에서는 람다 함수 대신
# 가독성을 위해 네임드 함수를 썼다.
recommend_meal(RecommendationPolicy(
    meals=get_specials(),
    initial_sorting_criteria=get_proximity_to_surplus_ingredients,
    grouping_criteria=get_proximity_to_surplus_ingredients,
    secondary_sorting_criteria=get_proximity_to_last_meal,
    selection_criteria=proximity_greater_than_75_percent,
    desired_number_of_recommendations=3)
)
```

이 방식의 효용성은 알고리듬을 바로 변형해 사용할 수 있다는 점이다. 다른 조건의 RecommendationPolicy를 만들어 이를 recommend_meal에 넘겨줬다. 이렇게 알고리듬에서 정책과 메커니즘을 분리해 많은 이점을 취할 수 있다. 코드의 가독성을 높이고 확장을 용이하게 했으며 유연성을 높였다.

마치며

조합 가능한 코드는 재사용 가능한 코드다. 여러분이 소형의 분산된 단위로 작업을 했다면 이들로 새로운 컨텍스트나 프로그램을 만들기 용이하다는 것을 알게 될 것이다. 코드의 조합 가능성을 높이려면 정책과 메커니즘의 분리를 시도해야 한다. 이게 하위 시스템이든지 알고리듬이든지 함수이든지 상관없다. 분리하고 나면 메커니즘은 재사용을 하기 쉬워지며 정책은 수정하기 용이해진다. 여러분이 조합 가능한 코드를 만들수록 시스템의 견고성은 높아진다.

18장에서는 이벤트 기반 아키텍처를 통해 확정성과 조합 가능성을 어떻게 아키텍처 레벨로 적용할 것인지 알아본다. 이벤트 기반 아키텍처는 코드를 게시자와 정보 소비자로 분리하는 데 도움을 주며 확장성을 유지하면서 의존성을 최소화시키는 방법을 제공한다.

18장

이벤트 주도 아키텍처

확장성은 여러분의 코드베이스에서 중요하지 않은 부분이 없다. 코드 레벨에서 함수와 클래스의 유연성을 위해 여러분은 확장성을 적용한다. 추상 레벨에서는 코드베이스 아키텍처에서의 원칙을 그대로 이용한다. 아키텍처Architecture는 일련의 고차원적 가이드라인이며 어떻게 소프트웨어를 설계할지에 대한 틀을 잡아준다. 아키텍처는 모든 개발자와 과거, 현재, 미래에 영향을 준다. 18장과 20장에서 아키텍처가 어떻게 유지 보수성을 개선시키는지 두 개의 예제로 보여준다. 지금까지 여러분이 이 책에서 배웠던 모든 것이 동원되며, 좋은 아키텍처는 확장성을 증진시키고 의존성을 잘 관리하고, 조합 가능성을 촉진시킴을 알게 될 것이다.

18장에서는 이벤트 주도 아키텍처를 알아본다. 이벤트 주도 아키텍처Event-driven architecture는 시스템의 이벤트나 알림notification을 중심으로 운영된다. 이벤트 주도 아키텍처는 새로운 기능이나 성능을 위한 여러분의 시스템 확장과 더불어 코드베이스의 각기 다른 부분을 분리할 수 있는 최적의 방법이다. 또한 이는 주위에 영향을 최소화하면서 새로운 변경을 도입하게 도와준다. 먼저 이벤트 주도 아키텍처가 제공하는 유연성을 언급하며 다음으로 단일 이벤트Simple Event와 스트리밍 이벤트Streaming Event라 불리는 이벤트 주도 아키텍처로부터의 두 가지 변형을 다룬다. 이 둘은 비슷해 보이지만 조금은 다른 시나리오를 갖고 있다.

동작 방식

여러분이 이벤트 주도 아키텍처에 초점을 맞추면 현상에 대한 반응을 중심으로 돌아가게 된다. 예를 들어 오븐에서 냄비를 치웠는지 또는 전화 알림 후에 문 앞에 있는 배달을 받았는지에 대한 반응 등이다. 이벤트 주도 아키텍처에서는 이를 표현하기 위한 코드의 아키텍처를 세운다. 여기서 현상에 해당하는 것을 이벤트의 생산자producer로 부른다. 이벤트의 소비자Consumer는 이 현상에 대한 반응에 해당한다. 이벤트는 생산자에서 소비자로의 정보 이동이다. 표 18-1은 일반적인 생산자-소비자 사이의 관계를 나타낸다.

표 18-1 일상 이벤트와 소비자

생산자	소비자
주방 타이머 꺼짐	주방장은 오븐에서 냄비를 꺼낸다.
조리사는 요리가 완성되면 벨을 울린다.	홀 담당은 요리를 손님에게 가져다준다.
알람이 꺼진다.	잠꾸러기는 일어난다.
공항에서 마지막 탑승 손님을 찾는다.	늦은 가족들은 탑승을 위해 탑승구로 달려간다.

이것들은 여러분이 프로그래밍에서 실제로 다루는 것들이다. 뭔가를 반환하는 모든 함수는 생산자를 반환하며, 입력값으로는 소비자를 사용한다. 다음을 살펴보자.

```
def complete_order(order: Order):
    package_order(order)
    notify_customer_that_order_is_done(order)
    notify_restaurant_that_order_is_done(order)
```

이 경우 complete_order는 완료된 주문의 형태로 정보를 생산하게 된다. 함수 이름을 통해 고객과 음식점이 주문이 완료됐다는 사실을 소비하는 것을 알 수 있다. 여기에는 생산자와 소비자 사이의 직접적인 연결 고리가 있다. 이벤트 주도 아키텍처는 이러한 물리적 의존성을 제거하는 것을 목표로 한다. 생산자는 소비자에 대해 알 수 없으며, 소비자도 생산자에 대해 알 수 없다. 이것이 이벤트 주도 아키텍처가 가져다주는 유연성이다.

이러한 분리를 통해 시스템에 무언가를 아주 쉽게 추가할 수 있게 된다. 새로운 소비자를 추가한다면 생산자 쪽을 건드리지 않고 바로 추가할 수 있다. 생산자를 새로 추가한다면 마찬가지로 소비자 쪽을 건드리지 않고 바로 가능하다. 이러한 양방향 확장성을 통해 코드베이스의 여러 부분을 독립적으로 변경할 수 있다.

뒤에서 벌어지고 있는 일들은 상당히 정교하다. 생산자와 소비자 사이의 모든 의존성 대신 이 둘은 그림 18-1과 같이 전송 메커니즘transport mechanism에 의존하고 있다. 전송 메커니즘은 두 개의 코드가 서로 데이터를 주고받는 간단한 방법을 의미한다.

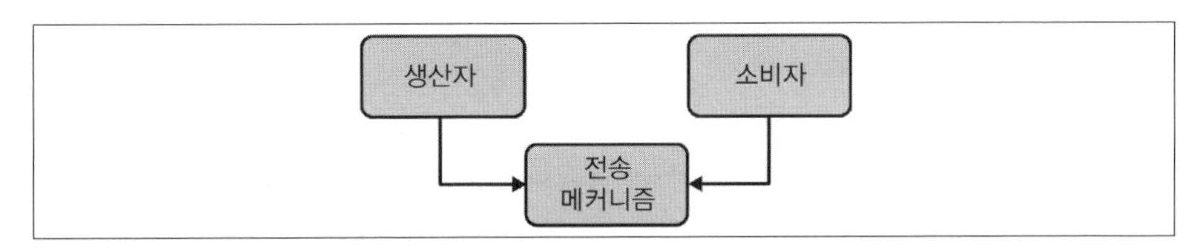

그림 18-1 생산자-소비자 관계

단점

생산자와 소비자는 전송 메커니즘에 의존하기 때문에 메시지의 포맷을 서로 맞춰야 한다. 대부분의 이벤트 주도 아키텍처에서는 보통 일반적 식별자와 메시지 포맷을 서로 맞춘다. 이는 둘 사이에 물리적이 아닌 **논리적** 의존성을 발생시킨다. 어느 한 쪽이 서로 맞지 않는 방식으로 포맷이나 식별자를 변경한다면 이 구조는 깨진다. 앞에서도 말했지만 논리적 의존성은 점검을 통해서도 찾기가 어렵다. 이를 완화시키는 방법은 16장을 참조하기 바란다.

이렇게 코드가 분리됐기 때문에 타입 체커는 그리 도움이 되지 못한다. 잘못된 이벤트 타입에 의존하기 시작해도 타입 체커는 이를 표시하지 못할 것이다. 생산자나 소비자의 타입 변경 시에는 상당히 신중해야 하는데, 하나가 변경되면 관계되는 모든 생산자-소비자 관계를 업데이트해야 하기 때문이다.

이벤트 주도 아키텍처는 디버깅을 어렵게 만든다. 디버거에서 단계적으로 코드를 체크해 내려가다가 전송 메커니즘을 만나면 서드파티의 코드로 들어가 버리는 경우가 있는데, 이 코드들은 보통 다른 프로세스나 다른 하드웨어에서 전송을 처리하는 경우가 있다. 그렇다면 여러분은 다수의 디버거(프로세스 또는 하드웨어당 한 개의 디버거)를 사용해 이벤트 주도 아키텍처의 디버깅을 해야 한다.

마지막으로 이벤트 주도 아키텍처는 오류 처리를 어렵게 만든다. 대부분 이벤트 주도 아키텍처는 생산자와 소비자를 분리하는데, 소비자 쪽에서 예외가 발생하거나 오류를 반환하면 생산자 측에서는 이를 처리하는 것이 항상 쉬운 일은 아니다.

하나의 생산자가 이벤트를 발생시키고 다섯 개의 소비자가 이를 사용한다고 생각해보자. 세 번째 소비자에 예외가 발생했다면 어떻게 해야 할까? 다른 소비자들도 예외를 받아야 할까? 아니면 실행을 중단시켜야 할까? 생산자는 모든 오류 발생 조건을 알아야 할까? 아님 발생한 오류를 무시해야 할까? 생산자가 예외를 받는다고 하자. 각 소비자에서 발생하는 예외가 서로 다르다면 또 어떻게 할 것인가? 이 모든 질문에 정답은 없으며 이벤트 주도 아키텍처에서 사용하는 도구를 참조해 이런 경우에 어떤 일이 발생하는지 더 잘 파악하는 수밖에는 없다.

이러한 단점에도 불구하고 시스템에서 상당한 유연성이 필요한 부분에서는 이벤트 주도 아키텍처는 효과를 발휘한다. 향후의 유지 보수자는 적은 임팩트로 생산자와 소비자를 수정할 수 있으며 새로운 생산자와 소비자를 도입해 새로운 기능을 만들 수도 있다. 또한 외부 시스템과 빠르게 연계시키며 새로운 파트너

십으로의 길을 만들 수도 있다. 가장 좋은 점은 분리해 테스트가 가능하고 이해하기 쉬운 작고 모듈화된 시스템에서 작업을 한다는 점이다.

단일 이벤트

이벤트 기반 아키텍처의 가장 간단한 사례는 어떤 조건이 바뀌면 알림이나 동작을 하는 **단일 이벤트**simple event다. 정보의 생산자는 이벤트를 보내는 측이며 소비자는 이 이벤트를 받고 이에 근거해 실행을 하는 측이다. 이를 실행하는 방법에는 두 가지가 있는데, 메시지 중개자가 있는 경우와 없는 경우다.

메시지 중개자가 있는 경우

메시지 중개자란 데이터를 전달하는 역할을 하는 특정 프로그램을 의미한다. 생산자는 메시지 브로커의 특정 **항목**에 대해 메시지로 불리는 데이터를 만든다. 항목은 문자열 같은 것으로 이뤄진 간단한 고유의 식별자며 '주문'이나 '샌드위치 주문 완료' 등이 올 수 있다. 단순히 채널 사이의 메시지를 구분하기 위한 이름으로 생각하면 된다. 소비자는 이 항목을 **구독**하고자 동일한 식별자를 가진다. 메시지 중개자는 그 후에 항목을 구독하는 모든 소비자에게 메시지를 보낸다. 이 시스템 유형은 '발행자/구독자'로 알려져 있다. 그림 18-2는 이 구조의 개략도다.

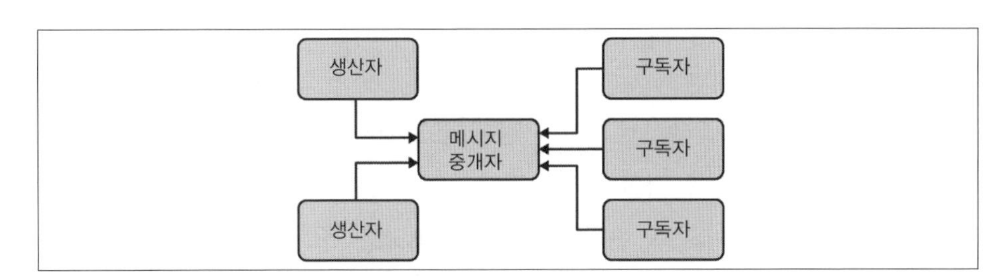

그림 18-2 메시지 중개자 기반 아키텍처

이번 장에서는 음식점용 자동 드론 배달 서비스를 위한 알림 시스템을 설계할 것이다. 고객이 주문한 메뉴가 완료되면 드론 시스템은 바로 배달에 들어가는데, 주문을 받고 정확한 주소로 메뉴를 배달한다. 여기에는 다섯 가지 종류의 알림이 존재하며 이를 생산자-소비자로 나눠 표 18-2에 정리했다.

표 18-2 자동 드론 배달 시스템에서의 생산자-소비자

생산자	소비자
메뉴의 조리가 끝났다.	드론에게 배달 준비를 알린다.
메뉴의 조리가 끝났다.	고객은 메뉴의 조리가 끝났다는 알림을 받는다.
드론이 배달 중이다.	고객은 예상 도착 시간에 대한 알림을 받는다.
드론의 배달이 종료됐다.	고객은 배달이 완료됐다는 알림을 받는다.
드론의 배달이 종료됐다.	음식점에 배달 완료 알림을 보낸다.

고객, 드론, 음식점을 다루는 코드는 독립적으로 유지돼야 하기 때문에 이 시스템 중 어느 것도 직접 연관되기를 원치 않는다(각 시스템들은 별도의 팀에서 관리하며 가급적 물리적 의존성을 낮게 가져가려 한다).

먼저 시스템에 존재하는 항목을 정의한다.

- 메뉴의 조리가 끝났다.
- 드론이 배달 중이다.
- 드론 배달이 종료됐다.

이 예제에서는 PyPubSub(https://pypi.org/project/PyPubSub/)라는 파이썬 라이브러리를 사용할 것인데, 이 라이브러리는 단일 프로세스 애플리케이션에서 사용되는 발행-구독 API다. 이를 사용하고자 항목 구독 설정을 해야 하며, 항목을 발행하기 위한 코드도 준비해야 한다. 먼저 pypubsub를 설치하자.

```
$ pip install pypubsub
```

항목을 구독하고자 항목과 호출할 함수를 정해야 한다.

```
from pubsub import sub

def notify_customer_that_meal_is_done(order: Order):
    #... 생략 ...

pub.subsrcibe(notify_customer_that_meal_is_done, "meal-done"
```

다음으로 항목을 발행하려면 다음과 같이 한다.

```
from pubsub import sub

def complete_order(order: Order):
    packge_order(order)
    pub.publish("meal-done", order)
```

구독자는 발행자와 동일한 스레드에서 구동되는데, 이는 리딩을 위한 소켓의 대기와 같은 I/O 블로킹이 발생될 수 있음을 의미하며, 이러면 발행자가 블록된다. 이는 다른 구독자들에게도 영향을 미치기 때문에 반드시 피해야 한다.

이 두 개의 코드는 서로에 대해 알지 못하며 모두 항목/메시지 데이터 규칙을 따르면서 PyPubSub 라이브러리에 의존하고 있다. 이 구조를 도입하면 놀랍게도 새로운 구독자를 쉽게 추가할 수 있다.

```
from pubsub import pub

def schedule_pick_up_for_meal(order: Order):
```

```
    '''Schedule a drone pick-up'''
    # ... 생략 ...

pub.subscribe(schedule_pick_up_for_meal, "meal-done")
```

이 이상 더 어떻게 확장성을 올릴 수 있을까? 시스템에 존재하는 항목들을 정의함으로써 아주 쉽게 새로운 생산자와 소비자를 생성할 수 있다. 시스템이 확장될수록 메시징 시스템으로 이를 지원할 수 있다.

또한 PyPubSub는 디버깅을 위한 몇 가지 옵션을 제공한다. 작성 중인 새로운 항목이나 발송되는 메시지와 같은 항목에 기능을 추가해 감시 작업을 실행시킬 수 있다. 그리고 구독자가 던지는 모든 예외에 대해 오류 처리를 추가할 수 있으며 모든 항목에 대해 한 번에 구독자를 설정할 수 있다. 이런 기능들을 더 알고 싶다면 PyPubSub의 공식 문서(https://pypubsub.readthedocs.io/en/v4.0.3/)를 참조하기 바란다.

PyPubSub는 단일 프로세스에서만 동작하며 다른 프로세스에서 동작하는 코드에 발행을 할 수 없다. 다른 프로세스나 애플리케이션에 발행 메시지를 보내려면 카프카(Kafka)나 Redis, RabbitMQ와 같은 메시지 큐를 사용해야 한다. 파이썬에서 이들 메시지큐를 어떻게 사용하는지 문서를 찾아보라.

관찰자 패턴

메시지 중개자를 사용하는 것이 꺼림칙하다면 이를 대신해 **관찰자 패턴**Observer Pattern을 선택할 수 있다.[1] 관찰자 패턴에서 여러분의 생산자는 관찰자 리스트를 갖게 된다. 관찰자란 여기서는 소비자를 의미한다. 관찰자 패턴은 메시지 중계

1. 관찰자 패턴은 에릭 감마, 리처드 헬름, 랄프 존슨, 존 블리시디스의 『Design Patterns: Elements of Reusable Object-Oriented Software』(Addison-Wesley, 1994)에 처음으로 소개됐다. 이 책은 "Gang of Four(GoF)"로도 알려져 있다. 번역서는 『GoF의 디자인 패턴』(프로텍미디어, 2015)이다.

를 위해 라이브러리를 별도로 분리할 필요가 없다.

생산자와 소비자의 직접적인 연결을 피하고자 관찰자 정보를 제네릭generic으로 유지해야 한다. 다시 말하면 관찰자에 대한 구체적인 정보는 추상화하면 안 된다. 이를 함수 구현으로 해결하겠다(함수의 타입은 Callable로 한다).

앞의 예제 코드에 관찰자 패턴을 적용해 재작성하면 다음과 같다.

```
def complete_order(order: Order, observers: list[Callable[Order]]):
    package_order(order)
    for observer_func in observers:
        observer(order)
```

여기 생산자는 알림을 보낼 함수의 목록밖에는 정보가 없다. 새로운 관찰자를 추가하려면 파라미터로 전달되는 함수의 리스트에 새롭게 추가만 하면 된다. 더욱이 이는 함수이기 때문에 타입 체커가 호환되지 않는 방식으로 생산자를 수정할 때 캐치를 할 수 있으며, 이는 메시지 중개자에서는 볼 수 없는 중요한 패러다임이다. 또한 이는 디버깅도 쉬운데, 메시지 중개자라는 서드파티 코드를 별도로 거칠 필요가 없기 때문이다.

클래스 없는 패턴

이번 장에 있는 예제들은 관찰자 패턴의 전형적인 것이 아니다. 원래의 전통적인 패턴은 (다른 패턴과 마찬가지로) 클래스, 하위 클래스, 상속, 인터페이스 등을 이용한 객체지향 방식으로 표현된다. 예를 들어 오리지널 관찰자 패턴은 다음과 같이 작성될 것이다.

```
from typing import Any
```

```python
class Subscriber:
    def notify(data: Any):
        raise NotImplementedError()

class Publisher:
    def __init__(self):
        self.subscribers = []

    def add_subscriber(self, sub: Subscriber):
        self.subscribers.append(sub)

    def notify_subscribers(self, data: Any):
        for subscriber in subscribers:
            subscriber.notify(data)
```

발행이나 구독이 필요한 클래스는 이후에 적절한 베이스 클래스에서 상속할 것이다. 이는 재사용 입장에서는 적절한 구조지만 간단한 경우까지 이렇게 클래스를 도입하는 것은 관리 입장에서 상당히 귀찮은 일이다.

이 때문에 이런 디자인 패턴은 기본이 되는 클래스와 구현돼야 하는 인터페이스의 개수에 비판을 받고 있다. 개발 커뮤니티가 발전하면서 개발자들은 점점 1990년대 중반에서 2000년대에 만들어진 '객체지향'으로 기술되는 많은 설계 패턴에 대해 등을 돌리기 시작했다.

그렇다고 이 설계 패턴들이 필요 없다고 할 수는 없는데, 많은 구현을 단순화하는 데 이런 패턴들이 반복적으로 많이 쓰였기 때문이다. 대부분의 패턴은 객체지향 코드의 상태 관리 측면이 아닌 의존성 분리에 초점을 맞추고 있어 여전히 대형 시스템의 설계에서는 유리한 면이 있다.

앞의 관찰자 패턴은 몇 가지 단점이 있다. 하나는 발생하는 오류에 대해 좀 더 민감하다는 점이다. 관찰자가 예외를 던지면 생산자는 이를 바로 처리할 수 있어야 한다(또는 헬퍼 함수를 사용하거나 try... except로 알림을 처리해야 한다). 또 하나는 생산자와 관찰자를 연결하는 것은 메시지 중개자 패러다임에 비해 더 직접적이라는 것이다. 메시지 중개자 패러다임은 발행자와 구독자가 코드의 위치에 상관없이 서로 연결될 수 있었다.

반면 관찰자 패턴은 관찰자가 누군지 알고자 알림의 호출자가 필요하다(앞의 예제에서 complete_order가 그 역할을 했다). 호출자가 관찰자를 알지 못하면 호출자는 관찰자를 그냥 지나친다.

이 작업은 알고 있는 관찰자를 만날 때까지 콜 스택에서 계속 진행된다. 이 구조는 관찰자에 대해 알고 있는 것과 알림을 실행하는 실제 코드 사이에 큰 차이가 있을 경우 추가 파라미터로 인해 함수 호출자를 지저분하게 만들 수 있다. 생산자 함수에 도달하고자 많은 관찰자를 체크해야 한다면 메시지 중개자의 사용을 고려해보기 바란다.

단일 이벤트로 이벤트 주도 아키텍처를 깊이 있게 사용하려면 『Architecture Patterns in Python』(https://www.oreilly.com/library/view/architecture-patterns-with/9781492052197/)을 참조하기 바란다. 이 책의 2부부터 이벤트 주도 개발의 내용이 시작된다.[2]

토론하기

이벤트 주도 아키텍처가 코드베이스에서 분리를 어떻게 개선시킬 수 있을까? 관찰자 패턴이나 메시지 중개자가 여러분의 상황에 더 맞지 않을까?

2. 한국어판은 『파이썬으로 살펴보는 아키텍처 패턴』(한빛미디어, 2016)이 있다. – 옮긴이

이벤트 스트리밍

앞 절에서 단일 이벤트들은 특정 조건이 만족되면 각각 분산된 이벤트로 나타냈다. 메시지 중개자와 관찰자 패턴은 이런 단일 이벤트들을 처리하는 데 효과적이었다. 하지만, 어떤 시스템은 스트리밍 형태의 이벤트를 다루기도 한다. 이전에 다뤘던 드론 시스템을 생각해보자. 모든 데이터는 각 드론에서 날아온다. 이 데이터들은 위치, 배터리 수준, 현재 속도, 바람, 날씨, 현재 배달 중인 물건의 무게 등이 될 수 있다. 이 데이터들은 일정한 간격으로 전송될 것이며 여러분은 이를 처리해야 한다.

이런 경우에는 발행자/구독자 또는 관찰자 모델로 처리하면 안 되며 여기에 맞는 아키텍처가 필요하다. 이벤트에 중점을 두고 모든 단일 이벤트를 처리하기 위한 워크플로를 정의하는 프로그래밍 모델이 요구된다. 반응형 프로그래밍의 세계로 첫 발을 내딛는 것이다.

반응형 프로그래밍 Reactive Programming은 스트리밍 형태의 이벤트를 다루는 아키텍처의 한 형태다. 먼저 이들 스트림의 데이터 생산자를 정의하고 다수의 관찰자에 연결한다. 각 관찰자는 데이터의 변경이 있을 때마다 알림을 받으며 데이터 스트림에 대한 일련의 동작을 정의한다. 이런 반응형 프로그래밍 스타일은 ReactiveX (https://reactivex.io/)에 의해 유명해졌다. 이번 장에서는 ReactiveX를 파이썬으로 구현한 RxPY를 사용한다.

먼저 `pip`로 RxPY를 설치한다.

```
pip install rx
```

이제 데이터의 스트림을 정의해야 한다. RxPY의 용어를 빌리자면 이는 **관찰 대상**Observable으로 불린다. 예제를 위해 하드코딩된 관찰 대상을 사용할 것이며 여러분이 연습할 때에는 실제 관찰 가능한 여러 개의 데이터로 해보기 바란다.

```python
import rx
# 다음 각각은 실제 세계에서의 이벤트 스트리밍에 있을 수 있는 것을 시뮬레이션한 것이다.
observable = rx.of(
    LocationData(x=3, y=12, z=40),
    BatteryLevel(percent=95),
    BatteryLevel(percent=94),
    WindData(speed=15, direction=Direction.NORTH),
    # ... 생략
    BatteryLevel(percent=72),
    CurrentWeight(grams=300)
)
```

이 관찰 대상은 드론 데이터에 대한 서로 다른 타입의 이벤트 리스트에서 생성된 데이터다.

다음으로 각 이벤트에 대해 어떤 처리를 해야 할지 정의한다. 관찰 대상을 정했다면 관찰자는 이를 다음과 같이 기술할 수 있을 것이다. 이는 발행/구독 메커니즘과 비슷하다.

```python
def handle_drone_data(value):
    # ... 드론 데이터 처리 생략 ...

observable.subscribe(handle_drone_data)
```

하지만 진정한 차이점은 `pipe` 연산자에 있다. RxPY는 파이프라인 필터를 생성, 전달, 계산하기 위한 pipe 또는 체인 연산자를 지원한다. 예를 들어 파이프라인 연산자인 `rx.pipe`로 드론이 전달하는 배달품 무게들의 평균을 계산할 수 있다.

```python
import rx.operators

get_average_weight = observable.pipe(
```

```
    rx.operators.filter(lambda data: isinstance(data, CurrentWeight)),
    rx.operators.map(lambda cw: cw.grams),
    rx.operators.average()
)

# save_average_weight는 최종 데이터로 뭔가를 한다.
# (예, 데이터베이스에 저장, 화면에 출력 등)
get_average_weight.subscribe(save_average_weight)
```

비슷하게 음식점을 출발한 드론의 최대 고도도 파이프라인 체인으로 작성할 수 있다.

```
get_max_altitude = observable.pipe(
    rx.operators.skip_while(is_close_to_restaurant),
    rx.operators.filter(lambda data: isinstance(data, LocationData)),
    rx.operators.map(lambda loc: loc.z),
    rx.operators.max()
)

# 최종 데이터와 관련 있는 최고 고도를 저장
# (예, 데이터베이스에 저장, 화면에 출력 등)
get_max_altitude.subscribe(save_max_altitude)
```

람다 함수(lambda function)는 함수 이름이 없는 인라인 함수다. 한 번만 쓰일 것이며 함수의 정의를 현재 쓰일 곳에서 바로 정리하고 싶다면 람다 함수를 써보라.

이는 언제나 도움을 주는 우리의 오랜 친구인 조합 가능성Composability(17장 참조)이다. 다른 연산자를 구성할 수도 있지만 나는 이 경우에 맞는 데이터 스트림을 생성하고 싶다. RxPY는 백 개 이상의 기본 제공 연산자와 사용자 정의 연산자 제공을 위한 프레임워크를 제공한다. 한 파이프의 결과를 프로그램의 다른 부분에서 관찰할 수 있는 새로운 이벤트 스트림으로 구성할 수도 있다. 이벤트 구독 및 분리된 특성과 결합한 이 조합 가능성은 코드 작성의 많은 유연성을 제공한다. 더욱이 반응형 프로그래밍은 불변성을 강조하는데, 이는 버그를 줄이는 데 큰 기여를 한다. 여러분은 RxPY와 같은 반응형 프레임워크를 통해 새로운 파이프를 연결하고 연산자를 구성하고 데이터를 비동기로 처리하는 등의 작업을 할 수 있다.

또한 이는 디버깅의 분리를 쉽게 해준다. 디버거로 RxPY를 체크할 수 없지만(연산 및 관찰 대상과 관련된 많은 복잡한 코드를 마주하게 될 것이다) 대신 연산자에게 전달하는 함수를 체크할 수 있다. 테스트도 쉬워진다. 모든 함수가 불변성을 갖고 있기 때문에 독자적으로 모든 것을 테스트할 수 있다. 이렇게 하면 이해하기 쉬운 단일 목적 함수를 얻을 수 있다.

이 유형의 모델은 데이터 파이프라인과 추출, 변환, 부하Extract, Transform, Load - ETL 시스템과 같은 데이터 스트림을 중심으로 돌아가는 시스템에 탁월하다. 또한 서버 애플리케이션이나 GUI 애플리케이션처럼 I/O 이벤트들의 반응에 좌우되는 애플리케이션에도 매우 유용하다. 이런 반응형 프로그래밍이 여러분의 도메인에 적합하다면 RxPY의 공식 문서(https://rxpy.readthedocs.io/en/latest/)를 참고하기 바란다. 좀 더 체계적인 학습을 원한다면 비디오 강좌인 "Reactive Python for Data Science"(https://www.oreilly.com/videos/reactive-python-for/9781491979006/)나 『Hands-On Reactive Programming with Python: Event-Driven Development Unraveled with RxPY』(Packt, 2018) 책을 참조하기 바란다.

마치며

이벤트 주도 아키텍처는 놀라울 정도로 강력하다. 이벤트 주도 아키텍처를 사용하면 정보의 생산자와 소비자를 분리할 수 있다. 이 두 가지를 분리함으로써 시스템의 유연성을 도입할 수 있다. 새로운 생산자 또는 소비자를 도입해 기능을 교체하거나 코드를 격리해 테스트하거나 새로운 기능을 확장할 수 있다.

이벤트 주도 시스템을 구성하는 데에는 많은 방법이 있다. 여러분은 시스템에서 단일 이벤트와 경량 이벤트를 위한 관찰자 패턴 중 하나를 선택할 수 있다. 확장 시에는 PyPubSub 같은 메시지 중개자의 도입이 필요할 수도 있다. 그리고 프로세스 간 또는 시스템 간으로 확장하려면 또 다른 메시지 중개자가 필요할 수도 있다. 마지막으로 이벤트 스트림을 다뤘으며 이를 위해 RxPY와 같은 반응형 프로그래밍 프레임워크를 고려할 수도 있다.

19장에서는 플러그인 아키텍처라는 좀 더 다른 패러다임을 다룬다. 플러그인 아키텍처는 이벤트 주도와 유사한 유연성, 조합 가능성, 확장성을 제공하지만 완전히 다른 방식을 사용한다. 이벤트 주도가 이벤트에 초점을 맞추는 반면 플러그인은 구현 시 플러그인 유닛에 초점을 맞춘다. 여러분은 플러그인 아키텍처가 유지 보수가 쉬운 견고한 코드베이스를 구현하는 데 얼마나 많은 옵션을 제공하는지 알게 될 것이다.

19장

플러그인

파이썬 코드의 견고성을 높이고자 넘어야 할 것은 바로 미래를 내다보는 것이다. 향후의 개발자가 어떤 작업을 할지 여러분이 완벽히 알 수는 없다. 하지만 가장 최선의 전략은 모든 미래를 내다보려는 것이 아니며 미래의 협업자가 적은 노력으로 여러분의 시스템에 연결할 수 있게 만드는 것이다. 19장에서는 플러그인 코드를 알아본다. 플러그인은 나중에 추가될 코드에 대한 동작을 정의하게 만든다. 여러분은 확장 포인트extension point를 비롯한 프레임워크 또는 다른 개발자가 기능 확장에 사용할 시스템 내의 일부분을 정의한다.

부엌에 스탠드형 믹서가 있다고 생각해보자. 이 믹서에 다양한 확장 모듈을 붙여 사용할 수 있는데, 빵 반죽을 섞기 위한 후크, 계란과 크림을 섞기 위한 거품기, 납작하게 반죽을 두드릴 수 있는 다용도 반죽기 등이 있다. 각 확장 모듈들은 나름대로의 목적을 갖고 있다. 이 믹서의 장점은 상황에 맞게 후크 또는 칼날을 붙여 사용할 수 있다는 점이며 상황 하나하나를 위해 별도의 믹서기를 살 필요가 없게 된다. 필요할 때마다 플러그인을 붙여 해당 기능을 쓰면 된다.

이것이 파이썬 플러그인의 궁극적 목표다. 새로운 기능이 필요할 때마다 전체 애플리케이션을 다시 만들 필요가 없다. 견고한 기초에 딱 들어맞는 확장 모듈을 만들면 되며 필요한 상황에 맞춰 가져다 끼우기만 하면 된다.

지금까지 이 책에서는 여러 가지 종류의 자동 음식 제조기를 예제로 들었다. 이번 장에서는 이들의 총괄을 수행하고 이들을 결합할 수 있는 시스템을 설계한다. 어떠한 레시피 요구를 받더라도 모두 자동으로 요리를 해주는 '최후의 주방 보조자Ultimate Kitchen Assistant'를 만드는 것이 최종 목표다(이 이름이 별로인가? 이것이 내가 마케팅 분야에서 일을 하지 못하는 이유다).

'최후의 주방 보조자'는 주방의 작업에서 필요로 하는 모든 것을 포함한다. 이 시스템은 모든 식재료에 대해 얇게 썰기, 깍뚝 썰기, 튀김, 소테[1] 만들기, 빵 굽기, 고기 굽기, 섞기 등을 할 수 있다. 하지만 정말 놀라운 기능은 고객 자신만의 레시피를 위해 '모듈'을 구입할 수 있다는 것이다(예를 들어 이탈리아 요리를 갈망하는 이들을 위한 '파스타 제작 모듈'을 구매할 수 있다).

이때 이 모듈의 코드들에 대해 유지 보수성을 높게 가져가려고 한다. 많은 메뉴가 있으며 이를 대응하고자 시스템에 스파게티 코드를 유발하는 수많은 물리적 의존성 없이 일종의 유연성을 부여하려고 한다. 스탠드형 믹서에 새로운 플러그인을 끼우는 것처럼 개발자가 구현하려 하는 사용자 케이스에 다른 모듈들을 바꿔 추가함으로써 대응 가능하게 하려고 한다. 그리고 다른 조직에서는 이 플러그인을 위한 모듈 개발을 하게 하려고 한다. 이 코드베이스가 확장 가능하면서 조합 가능했으면 한다.

이 예제를 통해 서로 다른 파이썬의 구조에 플러그인으로 사용하는 방법 세 가지를 보여줄 것이다. 먼저 **템플릿 메서드 패턴**Templete Method Pattern을 통해 어떻게 알고리듬의 특정 부분에 플러그인을 작동시키는지에 초점을 맞춘다. 그런 다음 전략 패턴Strategy Pattern을 통해 플러그인을 전체 클래스에 어떻게 적용하는지 얘기한다. 마지막으로 stevedore라 불리는 상당히 유용한 라이브러리를 소개하고 이를 통해 좀 더 큰 스케일의 아키텍처에 플러그인을 적용하는지도 소개한다. 이 세 가지는 향후의 개발자들에게 필요한 확장성을 제공한다.

---

1. 소테(saut)란 소고기 등을 기름으로 살짝 튀긴 요리를 의미한다. – 옮긴이

템플릿 메서드 패턴

템플릿 메서드 패턴Templete Method Pattern은 알고리듬의 공백을 채우는 패턴이다.[2] 기본 아이디이어는 알고리듬을 단계별로 정의하는 것이며 호출자에게 이 단계들 중 일부를 오버라이딩하게 하는 것이다. 그림 19-1은 이를 보여준다.

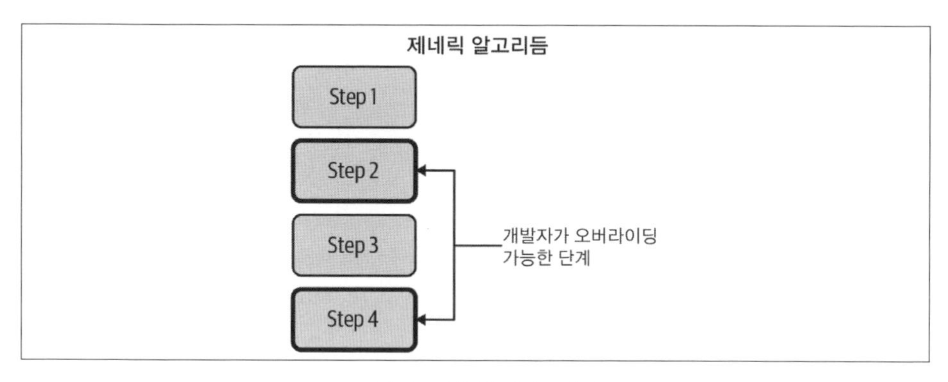

그림 19-1 템플릿 메서드 패턴

먼저 '최후의 주방 보조자'의 첫 번째는 피자 만들기 모듈이다. 전형적인 피자는 소스와 치즈가 토핑되지만 '최후의 주방 보조자'의 경우는 좀 유연하게 만들고 싶다. 이 기계가 레바논의 마누쉬부터 한국의 불고기 피자까지 다 가능했으면 한다. 이런 피자류의 요리를 만들고자 다음과 같은 단계를 거치게 할 것이며, 필요에 따라 개발자가 중간 단계를 변형해 적절한 결과물을 만들게 할 것이다. 그림 19-2는 그 단계를 보여준다.

2. 에릭 감마, 리처드 헬름, 랄프 존슨, 존 블리시디스의 『GoF의 디자인 패턴』 – 옮긴이

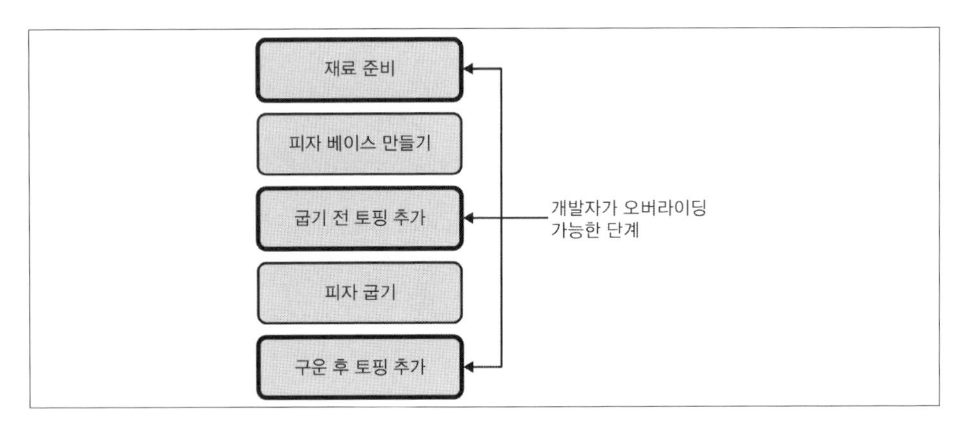

그림 19-2 피자 제조 알고리듬

각 피자의 기본 단계는 동일하다. 이제 일부 단계(재료 준비, 굽기 전 토핑 추가, 구운 후 토핑 추가)를 조금 바꿔 볼 것이다. 여기서 템플릿 메서드 패턴의 최종 목적은 이 일부 단계를 플러그인화시키는 것이다.

가장 단순한 형태로, 템플릿 메서드에 함수를 전달할 수 있다.

```
@dataclass
class PizzaCreationFunctions:
    prepare_ingredients: Callable
    add_pre_bake_toppings: Callable
    add_post_bake_toppings: Callable

def create_pizza(pizza_creation_functions: PizzaCreationFunctions):
    pizza_creation_functions.prepare_ingredients()
    roll_out_pizza_base()
    pizza_creation_functions.add_pre_bake_toppings()
    bake_pizza()
    pizza_creation_functions.add_post_bake_toppings()
```

이제 피자를 만들고 싶다면 이를 함수에 전달만 하면 된다.

```
pizza_creation_functions = PizzaCreationFunctions(
    prepare_ingredients=mix_zaatar,
    add_pre_bake_toppings=add_meat_and_halloumi,
    add_post_bake_toppings=drizzle_olive_oil
)

create_pizza(pizza_creation_functions)
```

이 방식은 지금 또는 앞으로도 어떤 피자를 만들든 상당히 편리한 방식이다. 새로운 피자 제조 요청이 들어오면 개발자는 새로운 함수들을 템플릿 메서드로 전달해야 한다. 이 개발자들은 피자 제조 알고리듬의 특정 부분을 플러그인처럼 쓸 수 있으며, 이를 위한 사용자 케이스를 전부 알 필요도 없다. 레거시 코드의 수정이라는 늪에 빠질 일 없이 시스템의 확장이 가능한 것이다. 불고기 피자를 만드는 경우 create_pizza를 변경하는 대신 새로운 PizzaCreationFunctions에만 바꿔 전달하면 된다.

```
pizza_creation_functions = PizzaCreationFunctions(
    prepare_ingredients=cook_bulgogi,
    add_pre_bake_toppings=add_bulgogi_toppings,
    add_post_bake_toppings=garnish_with_scallions_and_sesame
)

create_pizza(pizza_creation_functions)
```

표준 템플릿 메서드 패턴

『GoF[Gang of Four]』 책에서의 템플릿 메서드 패턴은 이 책에서 보여준 것과는 좀 다르다. 이는 GoF가 클래스(및 상속) 기반 디자인에 상당히 의존하기 때문이다. 원래의 템플릿 메서드 패턴에서는 다음과 같이 기술해야 한다.

```
class PizzaCreator:
    def roll_out_dough():
        # 생략
    def bake():
        # 생략
    def serve():
        # 생략

    def prepare_ingredients():
        raise NotImplementedError()

    def add_pre_bake_toppings():
        raise NotImplementedError()

    def add_post_bake_toppings():
        raise NotImplementedError()
```

이 베이스 클래스를 사용하려면 하위 클래스로 만들어 필요한 메서드들을 오버라이딩해야 한다. 그런 다음 피자 제조기를 필요로 하는 모든 코드에 상속된 클래스를 대체할 방법을 찾아야 한다. 일반적으로 상속된 클래스를 주입하고자 **추상 팩토리**Abstract Factories(GoF에 언급된 또 다른 설계 패턴임)를 만들어야 한다.

파이썬은 모든 것이 클래스에 있어야 되는 것은 아니며 함수에 대해 우선 지원을 하기 때문에 템플릿을 채우는 데 데이터 클래스의 사용을 더 선호한다. 상용 구문을 덜 포함하지만 클래스의 경우와 필적하는 유연성과 확장성을 제공한다. 디자인 패턴의 순수 옹호자들은 앞에서 기술한 객체지향 패턴을 더 선호할 수 있다.

전략 패턴

템플릿 메서드 패턴은 알고리듬 중 일부를 변경하는 데 적합했다. 그렇지만 알고리듬 전체를 바꾸고 싶다면 어떻게 할까? 이런 경우에 대비한 유사한 케이스가 있으니 바로 **전략 패턴**Strategy Pattern이다.

전략 패턴은 알고리듬 전체를 하나의 컨텍스트로 플러그인화하는 패턴이다.[3] '최후의 주방 보조자'에서 Tex-Mex(미국의 지방 음식으로 북 멕시코와 남서 아메리카 메뉴를 혼합한 것이다)라 불리는 메뉴 모듈을 반영한다고 가정해보자. 많은 다양한 메뉴는 일반 메뉴들의 조합으로 만들어지며, 이를 위해 다른 재료들을 새로운 방식으로 조합할 것이다.

예를 들어 Tex-Mex 메뉴 대부분의 재료들을 찾아야 하는데, 여기에는 또띠아, 콩, 쇠고기, 닭고기, 상추, 토마토, 과카몰리, 살사소스, 치즈 등이 있다. 이 재료들로부터 타코스, 플라우타, 치미창가, 엔칠라다, 타코 샐러드, 나초, 고디타스 등의 요리가 만들어진다. 이 모든 Tex-Mex 요리들을 시스템이 제한 없이 제공하기를 원하며, 다른 개발자 그룹에서 이를 어떻게 만드는지 제공하면 좋을 것 같다.

이를 전략 패턴으로 처리하고자 먼저 '최후의 주방 보조자'가 무엇을 수행하며 전략이 무엇을 해야 할지를 정의해야 한다. 여기서 '최후의 주방 보조자'는 식재료를 다루는 메커니즘을 제공해야 하며 향후의 개발자들은 제약 없이 `TexMexStrategy`를 통해 Tex-Mex를 위한 식재료의 조합들을 추가할 수 있어야 한다.

확장 가능하게 설계된 모든 코드와 마찬가지로 '최후의 주방 보조자'와 Tex-Mex 모듈은 명시적으로 무엇이 Tex-Mex 모듈로 전달되고 무엇이 출력되는지와 같은 사전 및 사후 조건을 지키는지 확인해야 한다.

'최후의 주방 보조자'에는 수 개의 식재료를 넣기 위한 상자들이 있다고 가정하

---

3. 에릭 감마, 리처드 헬름, 랄프 존슨, 존 블리시디스의 『GoF의 디자인 패턴』 – 옮긴이

자. Tex-Mex 모듈은 각 상자들에 어떤 Tex-Mex 식재료들이 있는지 알아야 한다. 그래야 '최후의 주방 보조자'가 미리 열어보고 요리를 실제로 할 수 있다.

```
@dataclass
class TexMexIngredients:
    corn_tortilla_bin: int
    flour_tortilla_bin: int
    salsa_bin: int
    ground_beef_bin: int
    # ... 생략 ..
    shredded_cheese_bin: int

def prepare_tex_mex_dish(tex_mex_recipe_maker:
Callable[TexMexIngredients]):
    tex_mex_ingredients = get_available_ingredients("Tex-Mex")
    dish = tex_mex_recipe_maker(tex_mex_ingredients)
    serve(dish)
```

함수 prepare_tex_mex_dish가 식재료들을 모으고 실제로 전달될 요리를 만들기 위한 tex_mex_recipe_maker로 전달한다. tex_mex_recipe_maker가 여기에서 전략의 역할을 한다. 이는 템플릿 메서드 패턴과 매우 유사하지만 보통 컬렉션이 아닌 단일 함수를 전달한다는 점이 다르다.

향후 개발자들은 그냥 주어진 식재료로 실제 준비를 수행하는 함수만 다음과 같이 작성하면 된다.

```
import tex_mex_module as tmm
def make_soft_taco(ingredients: TexMexIngredients) -> tmm.Dish:
    tortilla = tmm.get_ingredient_from_bin(ingredients.flour_tortilla_bin)
    beef = tmm.get_ingredient_from_bin(ingredients.ground_beef_bin)
    dish = tmm.get_plate()
    dish.lay_on_dish(tortilla)
```

```
    tmm.season(beef, tmm.CHILE_POWDER_BLEND)
    # ... 생략

prepare_tex_mex_dish(make_soft_taco)
```

향후 어느 시점에서 다른 요리를 만들기 원한다면 새로운 함수를 만들기만 하면 된다.

```
def make_chimichanga(ingredients: TexMexIngredients):
    # ... 생략
```

개발자들은 언제든지 원하는 방식으로 함수들을 계속 정의할 수 있다. 템플릿 메서드 패턴처럼 적은 부수 효과로 새로운 기능을 추가할 수 있게 하는 것이다.

템플릿 메서드와 마찬가지로 여기서 보여준 구현은 GoF에서 기술된 원래 내용과 조금은 다르다. 원래 구현은 클래스와 단일 메서드를 감싸는 하위 클래스를 포함한다. 파이썬에서는 단일 함수를 전달하는 것이 훨씬 간단하다.

플러그인 아키텍처

전략 및 템플릿 메서드 패턴은 작은 단위 기능의 플러그인에 최적인 방법이며, 단위 기능이란 클래스나 함수를 의미한다. 그런데 동일한 패턴이 아키텍처에도 적용되며 클래스, 모듈, 하위 시스템을 주입할 수 있는 능력도 마찬가지로 중요하다. stevedore(https://docs.openstack.org/stevedore/latest/)라는 파이썬 라이브러리는 이런 플러그인 관리에 유용한 도구다.

여기서 플러그인은 런타임 시 동적으로 로딩되는 코드들을 의미한다. 먼저 설치된 플러그인들을 스캔하고 적절한 것을 고른 후 여기에 책임[responsibilities]을 전파시킨다. 이는 확장성의 또 다른 사례며, 개발자들은 코드베이스의 코어를 건드리지 않고 특정 플러그인에 초점을 맞출 수 있다.

확장성을 넘어선 플러그인 아키텍처의 장점은 다음과 같다.

- 코어와 독립적으로 플러그인을 배포할 수 있으며 업데이트의 롤아웃을 좀 더 세분화할 수 있다.
- 서드파티 업체들이 여러분의 코드베이스 수정 없이 플러그인을 작성할 수 있다.
- 기존 코드와의 커플링 발생을 줄이면서 코어 코드베이스와 독립적으로 개발할 수 있다.

플러그인이 어떻게 동작하는지 보여주고자 사용자들이 모듈(예를 들어 Tex-Mex 같은 것)을 직접 구매하고 설치할 수 있는 '최후의 주방 보조자'를 위한 생태계를 만들려 한다. 각 모듈은 레시피, 필요한 도구, 식재료 재고 등 '최후의 주방 보조자'가 작업할 수 있는 세트를 제공한다. 이 시스템의 장점은, 각 모듈은 '최후의 주방 보조자'의 코어와는 독립적으로 작업될 수 있다는 점이다. 각 모듈은 플러그인이다.

플러그인을 설계할 때 제일 먼저 해야 할 것은 코어 부분과 플러그인과의 커뮤니케이션 시퀀스를 정하는 것이다. 코어 플랫폼은 무엇을 제공하며 플러그인은 무엇을 제공할 것인지 먼저 자문해보라. 그림 19-3은 앞으로 '최후의 주방 보조자'가 사용할 커뮤니케이션 시퀀스를 보여준다.

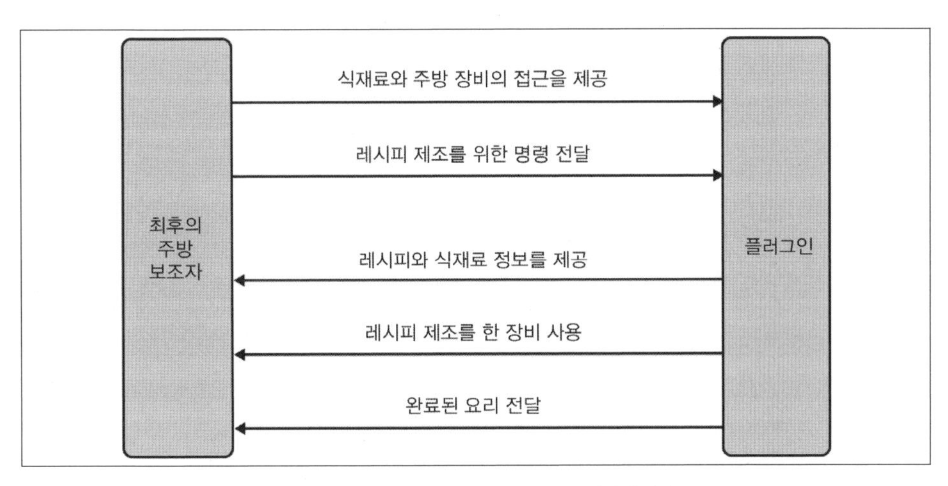

그림 19-3 코어와 플러그인 사이의 커뮤니케이션 시퀀스

이제 이 커뮤니케이션 시퀀스를 코드에 녹이려고 한다. 이렇게 하면 플러그인의 역할이 좀 구체화될 것이다.

```
from abc import abstractmethod
from typing import runtime_checkable, Protocol

from ultimate_kitchen_assistant import Amount, Dish, Ingredient, Recipe

@runtime_checkable
class UltimateKitchenAssistantModule(Protocol):

    ingredients: list[Ingredient]

    @abstractmethod
    def get_recipes() -> list[Recipe]:
        raise NotImplementedError

    @abstractmethod
    def prepare_dish(inventory: dict[Ingredient, Amount],
                     recipe: Recipe) -> Dish:
        raise NotImplementedError
```

이 코드는 플러그인이 어떻게 보이는지 정의한다. 이를 만족시키려는 플러그인을 생성하려면 그냥 베이스 클래스에서 상속받는 클래스를 생성하면 된다.

```
class PastaModule(UltimateKitchenAssistantModule):
    def __init__(self):
        self.ingredients = ["Linguine",
                             # ... 생략 ...
                            "Spaghetti" ]

    def get_recipes(self) -> list[Recipe]:
        # ... 모든 가능한 레시피 반환(생략) ...

    def prepare_dish(self, inventory: dict[Ingredient, Amount],
                     recipe: Recipe) -> Dish:
        # 레시피를 만들기 위한 최후의 주방 보조와의 작업
        # ... 생략 ...
```

플러그인을 생성했다면 이를 stevedore에 등록해야 한다. stevedore는 플러그인을 네임스페이스 또는 플러그인을 그룹화하는 식별자와 매치시킨다. 이렇게 파이썬의 엔트리 포인트를 사용해 매치시킴으로서 파이썬은 런타임 시 컴포넌트를 찾을 수 있게 된다.[4]

setup.py와 `setuptools`로 플러그인을 등록한다. 많은 파이썬 패키지가 setup.py를 패키징 규칙으로 사용하고 있으며, 그 규칙 중 하나가 엔트리 포인트다. `ultimate_kitchen_assistant`에 대한 setup.py에서는 다음과 같이 플러그인을 등록할 것이다.

4. 엔트리 포인트는 파이썬 패키징과 어떻게 작용하느냐에 따라 복잡해질 수 있지만 이는 이 책의 범위를 넘어서기 때문에 다루지는 않겠다. 이에 대해 좀 더 알고 싶으면 https://packaging.python.org/en/latest/specifications/entry-points/를 참고하라.

```
from setuptools import setup

setup(
    name='ultimate_kitchen_assistant',
    version='1.0',
    #.... 생략 ....

    entry_points={
        'ultimate_kitchen_assistant.recipe_maker': [
            'pasta_maker = ultimate_kitchen_assistant.pasta_maker:PastaModule',
            'tex_mex = ultimate_kitchen_assistant.tex_mex:TexMexModule'
        ],
    },
)
```

플러그인의 링킹에 문제가 발생하면 entry-point-inspector 패키지(https://pypi.org/project/entry-point-inspector/)로 체크를 해보라.

여기서는 PastaMaker 클래스(ultimate_kitchen_assistant.pasta_maker에 존재)를 네임스페이스 ultimate_kitchen_assistant.recipe_maker에 바인딩하고 있다. 또한 가상 플러그인 TexMexModule도 생성했다.

엔트리 포인트로 플러그인이 등록되면 stevedore를 통해 런타임 시 이를 동적으로 읽어 들일 수 있다. 예를 들어 모든 플러그인에서 모든 레시피를 읽어 들이고 싶다면 다음과 같이 코드를 만들면 된다.

```
import itertools
from stevedore import extension
from ultimate_kitchen_assisstant import Recipe

def get_all_recipes() -> list[Recipe]:
```

```
    mgr = extension.ExtensionManager(
            namespace='ultimate_kitchen_assistant.recipe_maker',
            invoke_on_load=True,
        )

    def get_recipes(extension):
        return extension.obj.get_recipes()

    return list(itertools.chain(mgr.map(get_recipes)))
```

나는 stevedore.extension.ExtensionManager를 사용해서 네임스페이스ultimate_kitchen_assistant.recipe_maker에 로딩돼 있는 모든 플러그인을 찾았다. 그런 다음 레시피를 찾은 모든 플러그인에 함수를 매핑(또는 적용)했다. 마지막으로 itertools를 사용해 이 결과들을 묶었다. 설치한 플러그인의 개수와는 상관없으며 이 코드로 모든 플러그인을 로딩할 수 있다.

이제 사용자들이 파스타 제조기로 '소시지 파스타' 같은 뭔가를 만들기를 원한다고 하자. 호출하는 코드에서 해야 할 것은 단지 pasta_maker로 불리는 플러그인을 요청하기만 하면 된다. 이를 stevedore.driver.DriverManager를 통해 로딩할 수 있다.

```
from stevedore import driver

def make_dish(recipe: Recipe, module_name: str) -> Dish:
    mgr = driver.DriverManager(
        namespace='ultimate_kitchen_assistant.recipe_maker',
        name=module_name,
        invoke_on_load=True,
    )

    return mgr.driver.prepare_dish(get_inventory(), recipe)
```

토론하기

여러분의 시스템 중 어떤 부분에 플러그인 아키텍처를 적용할 수 있겠는가? 적용하면 어떤 이점이 있겠는가?

stevedore는 코드의 분리에 최적의 방법을 제공하는데, 코드를 플러그인으로 분리하고 이를 유연하고 확장 가능하게 만든다. 기억할 것은 확장 프로그램의 목적은 코어 시스템에서의 수정을 최소화하는 것이다. 개발자들은 분리된 플러그인을 만들고 테스트하고 코어에 깔끔하게 접합시킬 수 있다.

stevedore에서 제일 좋아하는 부분은 패키지 간에 작업이 가능하다는 것이다. 플러그인을 코어보다는 패키지 간을 분리해 작성할 수 있다. 플러그인에 동일한 네임스페이스가 사용되더라도 stevedore는 이를 다 집어낸다. 또한 stevedore에는 체크하면 좋을 여러 기능을 제공하는데, 이벤트 알림, 여러 다양한 메서드에서의 플러그인 지원, 플러그인 문서 자동 생성 등이 그것이다. 플러그인 아키텍처가 여러분이 찾는 것이라면 stevedore를 좀 더 깊이 체크해보기 바란다.

여러분은 기술적으로는 베이스 클래스의 대체 가능 여부와 상관없이 어떤 클래스라도 플러그인으로 등록할 수 있다. stevedore에 의해 코드가 추상 계층으로 분리됐기 때문에 타입 체커가 이를 찾아낼 수는 없을 것이다. 플러그인을 사용하기 전에 런타임 시 인터페이스들을 체크해 발생할 수 있는 오류들을 먼저 찾을 것을 추천한다.

마치며

파이썬 플러그인을 생성하면 여러분의 협업자들은 새로운 기능을 분리 상태에서 기존 코드베이스에 쉽게 적용시킬 수 있다. 개발자들은 템플릿 메서드 패턴을 통해 기존 알고리듬에 플러그인 형태로 삽입할 수도 있고, 전략 패턴을 통해 알고리듬 또는 클래스 전체를 바꿀 수도 있다. stevedore는 특히 분산된 파이썬 패키지 환경에서 플러그인을 분리할 때 유용하다.

이제 3부가 끝났다. 3부에서는 주로 확장성을 알아봤다. 확장 가능한 코드의 작성은 개방-폐쇄 원칙Open-Closed Principle을 따르는 것이며 기존 코드의 변경 없이 새로운 기능 추가를 쉽게 만든다. 이벤트 주도 아키텍처와 플러그인 아키텍처는 확장성을 위한 설계의 최고 방법들이다. 이들 아키텍처는 물리적, 논리적, 일시적 의존성에 대한 이해를 필요로 한다. 물리적 의존성을 최소화시킬 방법을 찾는다면 코드의 조합 가능성은 높아지며 의도에 따라 새로운 조합을 만들어낼 수 있다.

지금까지는 코드의 유지 보수성 및 가독성을 높여 오류 발생 가능성을 줄이는 데 초점을 맞췄다. 하지만 오류는 여전히 발생할 여지가 있다. 사실 소프트웨어 개발에서 오류 발생은 피할 수 없는 부분이다. 이에 대응하고자 프로덕션 단계로 넘어가기 전에 쉽게 오류를 발견할 무언가를 만들어야 한다. 4부에서는 린터나 테스트 도구들로 안전망을 어떻게 구축하는지 알아본다.

4부

안전망 설치

4부에서는 여러분의 코드베이스에 설치할 안전망을 다룬다. 높은 곳에서 아슬아슬한 균형을 잡으며 외줄을 걸어가는 곡예사를 생각해보자. 곡예사들이 아무리 수도 없이 연습을 했더라도 공연장에는 항상 최악의 상황에 대비한 안전장치가 있다. 이 장치 때문에 곡예사들은 미끄러져 떨어져도 그들을 안전하게 지켜줄 확신을 가지면서 공연을 할 수 있는 것이다. 여러분의 동료들이 여러분의 코드베이스에서 작업할 때 이런 종류의 확신을 제공해야 한다.

여러분의 코드가 오류 프리Error Free라고 해도 얼마나 이런 상태를 유지할 수 있을까? 모든 변경은 오류를 야기한다. 여러분의 코드베이스에서 작업을 할 모든 신규 개발자들은 코드베이스의 복잡성을 파악하기 전까지 다소 시간이 걸릴 것이다. 고객은 변심을 이유로 6개월 전에 결정했던 사항들을 뒤집을 수도 있다. 이것이 모든 소프트웨어 개발 수명주기에서 일어날 수 있는 일이다.

소프트웨어에서의 안전망은 정적 분석과 테스트의 조합이다. 대부분의 주제는 테스트에 집중될 것이며 어떻게 하면 좋은 테스트를 작성할 수 있는지 알아본다. 20장에서는 테스트를 '왜' 작성하며, 어떤 테스트를 작성할지 어떻게 정하며, 작성된 테스트를 어떻게 더 가치 있게 할 것인지 알아본다. 그런 다음 단위 테스트와 통합 테스트를 넘어 고급 테스트인 인수 테스트, 특성 기반 테스트, 뮤테이션 테스트도 다룬다.

20장

정적 분석

테스트를 다루기 전에 먼저 정적 분석을 짚고 넘어가 보자. 정적 분석은 잠재 오류나 모순점을 코드베이스에서 찾아내기 위한 도구의 모음이며,[1] 통상적인 오류를 찾아내는 데 훌륭한 장치들이다. 사실 여러분은 이미 정적 분석 도구를 다뤘는데, mypy도 정적 분석 도구 중 하나다. mypy(또는 다른 타입 체커)는 코드베이스를 체크해 타입 오류를 찾아주며, 다른 종류의 정적 분석 도구들도 다른 종류의 오류를 찾아준다. 20장에서는 린팅, 복잡도 분석, 보안 스캐닝을 위한 정적 분석 도구를 살펴본다.

린팅

제일 처음 짚어볼 정적 분석 도구는 린터Linter다. 린터는 여러분의 코드베이스 내에서 통상적인 프로그래밍 실수나 스타일 규칙 위배 등을 찾아낸다. 린터라는 이름은 C에서 통상적 오류를 체크하기 위한 프로그램 '린트lint'에서 유래했으며 퍼지 로직fuzzy logic을 찾아 이를 제거한다(그래서 린팅(보풀 제거)이라고 한다). 파이

1. 저자는 도구의 모음(a set of tools)이라고 했지만 엄밀히 말하면 이런 오류를 찾아내는 '행위'를 정적 분석이라고 할 수 있다. – 옮긴이

썬에서 여러분이 만나는 린터는 Pylint일 것이다. Pylint는 수많은 통상적인 오류들을 체크해준다.

- PEP 8(https://peps.python.org/pep-0008/) 파이썬 스타일 가이드의 스타일 위배
- 도달하지 않는 데드 코드(예를 들어 반환 코드 이후의 구문들)
- 접근 제약의 위반(클래스에서의 private 또는 protected로의 접근)
- 미사용한 변수 또는 함수
- 클래스에서의 응집 부족(메서드에서 self의 미사용, 너무 많은 public 메서드)
- 문서화 문자열 형식의 문서 누락
- 통상적인 프로그래밍 오류

이들 대부분의 오류 분류는 이미 앞에서 봤던 것들이다. 예를 들어 private 멤버나 함수들은 멤버 함수 대신 자유 함수free function여야 한다(이는 10장에서 살펴봤다). Pylint 같은 린터는 이 책에 나오는 모든 기술을 보완할 것이며 내가 선택한 원칙을 위배한다면 린터는 이 위배를 잡아낼 것이다.

또한 Pylint는 코드에서의 통상적인 오류를 찾는 데 편리하다. 개발자가 모든 저자의 요리책을 리스트에 추가하는 코드를 생각해보자.

```
def add_authors_cookbooks(author_name: str, cookbooks: list[str] = []) -> bool:

    author = find_author(author_name)
    if author is None:
        assert False, "Author does not exist"
    else:
        for cookbook in author.get_cookbooks():
            cookbooks.append(cookbook)
```

```
        return True
```

이 코드는 얼핏 보면 문제는 없어 보이지만 두 가지 이슈가 있다. 잠시 시간을 내서 어떤 문제가 있는지 찾아보라.

이제 Pylint로 검증해보자. 먼저 Pylint를 설치한다.

```
pip install pylint
```

이제 앞 코드에 대해 pylint를 돌려볼 것이다.

```
pylint code_examples/chapter20/lint_example.py
************* Module lint_example

code_examples/chapter20/lint_example.py:11:0: W0102:
    Dangerous default value [] as argument (dangerous-default-value)
code_examples/chapter20/lint_example.py:11:0: R1710:
    Either all return statements in a function should return an expression,
    or none of them should. (inconsistent-return-statements)
```

Pylint는 두 가지 이슈를 여기서 지적한다(실제로는 문서화 정보의 누락 등까지 지적하지만 여기에서는 주제에 집중하고자 생략했다). 먼저 [] 형태 파라미터에 위험한 변경 가능 기본값이 존재한다. 이전에도 이 오류에 대해 많은 언급이 있었지만 아직도 이는 파이썬을 처음 접하는 사람들이 흔히 저지르는 오류다.[2]

또 다른 오류는 더 교묘한데, 모든 브랜치는 동일한 타입을 반환하지 않는 오류다. "하지만 말이죠!" 당신은 외칠 것이다. "문제 없을 거에요. assert문을 사용

2. 이 오류는 https://docs.python-guide.org/writing/gotchas/#mutable-default-arguments에서 Mutable Default Arguments를 참조하기 바란다. - 옮긴이

했기 때문이죠. 이것이 `if` 내에서 오류를 발생(None을 반환)하는 대신 적절한 오류를 던질 것입니다." 아무리 `assert`문이 마법 같더라도 이는 on/off가 가능하다. 파이썬에 `-O` 플래그를 주면 모든 `assert` 구문들은 기능을 하지 않을 것이다. 그렇다면 이런 상황에서는 `None`을 반환해버린다. 공식적으로 mypy는 이를 잡아내지 못하지만 pylint는 잡아준다. 더 훌륭한 점은 이런 오류들을 1초 이내에 잡는다는 것이다.

여러분이 이런 오류를 처음부터 만들어내지 않거나 코드 검토에서 이런 오류들을 항상 잡아낸다면 상관은 없다. 수많은 코드베이스에서 수많은 개발자가 지금도 작업을 하고 있으며, 오류는 어디에서건 발생할 수 있다. 이런 Pylint 같은 도구 사용을 강제화한다면 찾을 수 있는 통상적인 오류들은 대부분 제거할 수 있다. 내장 체크 목록의 확인을 원한다면 Pylint 공식 문서(http://pylint-messages.wikidot.com/all-codes)를 참조하기 바란다.

오류의 시프트 레프트

데브옵스DevOps 진영에서 신조처럼 여기는 항목 중 하나가 '오류의 시프트 레프트Shift left'다. 이를 타입을 설명할 때 언급했지만 정적 분석이나 테스트에도 마찬가지로 적용된다. 이 아이디어는 여러분의 오류를 비용의 관점으로 바라보는 것으로부터 시작한다. 오류를 수정하는 데 얼마의 비용이 들까? 이는 여러분이 오류를 어디에서 찾았느냐에 달려 있다. 고객이 프로덕션 단계에서 오류를 찾았다면 이의 수정 비용은 비교적 높을 것이다. 개발자들은 하던 작업들을 중단하고 이 오류 수정에 투입돼야 하며 기술지원 및 테스터 조직도 투입돼야 한다. 수정 후 긴급 배포를 하는 것도 리스크를 안고 있다.

개발 수명주기에서 초기 단계일수록 오류를 찾는 데 더 적은 비용이 든다. 테스트에서 오류를 찾는다면 프로덕션에서 발생할 많은 비용을 피할 수 있다. 그런데 테스트보다 더 일찍 찾는다면, 즉 코드베이스로 유입되기 전에 찾는다면 더 좋을 것이다. 나는 이에 대해 1부에서 타입 체커가 어떻게 오류들을 시프트 레프트시켜 개발 즉시 오류를 발견하게 하는지 길게 얘기했다. 비단 타입 체커뿐만 아니라 린터나 복잡도 분석기도 동일한 효과를 가져온다.

이런 정적 분석 도구들은 오류를 막아주는 첫 번째 방어선이며 그 역할은 테스트보다 더 크다. 이들이 마법의 탄환은 아닐지라도(마법의 탄환은 없다) 오류의 조기 발견에 중요한 역할을 하는 것은 틀림없다. 버전 관리 시스템의 지속적인 통합 파이프라인에 이 도구들을 추가해 커밋 전에 또는 서버 배포 전에 자동으로 수행하게 하라. 시간과 돈을 절약하고 당연히 찾아야 할 오류들이 코드베이스로 유입되는 것을 막을 수 있다.

사용자 정의 Pylint 플러그인 작성

Pylint의 진정한 매력은 사용자 정의 플러그인의 지원에 있다(플러그인 아키텍처는 19장을 참조하기 바란다). Pylint 플러그인은 사용자 정의 체커 또는 규칙 제작을 지원한다. 빌트인 체커가 통상적인 파이썬 오류를 체크한다면 사용자 정의 체커는 여러분 도메인만의 오류를 체크할 수 있게 한다.

4장의 코드를 다시 한 번 살펴보자.

```
ReadyToServeHotDog = NewType("ReadyToServeHotDog", HotDog)

def prepare_for_serving() -> ReadyToServeHotDog:
    # snip preparation
    return ReadyToServeHotDog(hotdog)
```

4장에서 NewType을 유효하게 만들려면 반드시 적절한 메서드 또는 그 타입에 얽힌 제약을 적용하는 메서드를 사용해야 한다고 언급했다. 그 때에는 코드를 읽는 사람에게 주석을 남김으로써 코드에 대한 힌트를 제공하라고 했었다. 하지만 Pylint를 적용한다면 이 예외 처리를 위배했을 경우를 잡아주는 사용자 정의 체커 플러그인을 만들 수 있다.

다음은 이 사용자 정의 체커 플러그인 전체다.

```
from typing import Optional

import astroid

from pylint.checkers import BaseChecker
from pylint.interfaces import IAstroidChecker
from pylint.lint.pylinter import PyLinter

class ServableHotDogChecker(BaseChecker):
    __implements__ = IAstroidChecker

    name = 'unverified-ready-to-serve-hotdog'
    priority = -1
    msgs={
        'W0001': (
            'ReadyToServeHotDog created outside of hotdog.prepare_for_serving.',
            'unverified-ready-to-serve-hotdog',
            'Only create a ReadyToServeHotDog through hotdog.prepare_for_serving.'
        ),
    }

    def __init__(self, linter: Optional[PyLinter] = None):
        super(ServableHotDogChecker, self).__init__(linter)
        self._is_in_prepare_for_serving = False

    def visit_functiondef(self, node: astroid.scoped_nodes.FunctionDef):
        if (node.name == "prepare_for_serving" and
            node.parent.name =="hotdog" and
            isinstance(node.parent,astroid.scoped_nodes.Module)):
```

```
            self._is_in_prepare_for_serving = True

    def leave_functiondef(self, node: astroid.scoped_nodes.FunctionDef):
        if (node.name == "prepare_for_serving" and
            node.parent.name =="hotdog" and
            isinstance(node.parent, astroid.scoped_nodes.Module)):

            self._is_in_prepare_for_serving = False

    def visit_call(self, node: astroid.node_classes.Call):
        if node.func.name != 'ReadyToServeHotDog':
            return

        if self._is_in_prepare_for_serving:
            return

        self.add_message(
            'unverified-ready-to-serve-hotdog', node=node,
        )

def register(linter: PyLinter):
    linter.register_checker(ServableHotDogChecker(linter))
```

이 린터는 누군가가 ReadyToServeHotDog를 생성하면 이것이 prepare_for_serving이라는 함수에서 수행되는지, hotdog라는 모듈에서만 사용되는지를 체크한다. 이제 다음과 같이 hotdog를 서비스할 다른 함수를 만들려고 한다.

```
def create_hot_dog() -> ReadyToServeHotDog:
    hot_dog = HotDog()
    return ReadyToServeHotDog(hot_dog)
```

이를 내 사용자 정의 Pylint로 체크할 수 있다.

```
PYTHONPATH=code_examples/chapter20 pylint --load-plugins \
    hotdog_checker code_examples/chapter20/hotdog.py
```

Pylint는 '준비 안 된' hotdog라며 오류를 출력할 것이다.[3]

```
************* Module hotdog
code_examples/chapter20/hotdog.py:13:12: W0001:
    ReadyToServeHotDog created outside of prepare_for_serving.
        (unverified-ready-to-serve-hotdog)
```

정말 놀랍지 않은가? 이제 mypy 같은 도구가 찾지 못하는 타입 체크 오류도 자동화 도구를 통해 잡을 수 있다. Pylint를 사용하면 사용자 정의 스타일 가이드, 일시적 의존성, 제약 위배, 비즈니스 로직 등 여러분이 생각하는 모든 것을 체크할 수 있다. 이제 여러분이 만든 이 린터가 어떻게 동작하는지 살펴보자.

플러그인의 분해

사용자 정의 플러그인을 작성할 때 제일 먼저 할 것은 pylint.checkers.BaseChecker에서 상속을 받는 클래스를 정의하는 것이다.

```
import astroid

from pylint.checkers import BaseChecker
from pylint.interfaces import IAstroidChecker

class ReadyToServeHotDogChecker(BaseChecker):
```

3. 실제 수행하면 Missing module string, Missing class string 등 많은 오류가 출력되지만 여기서는 ReadyToServeHotDog에 집중하고자 이 오류만 적었다. – 옮긴이

```
    __implements__ = IAstroidChecker
```

여기서 astroid란 것이 무엇인지 궁금할 것이다. astroid 라이브러리는 파이썬 파일을 추상 구문 트리[AST, Abstract Syntax Tree]로 파싱해주는 역할을 한다. 이는 파이썬 소스코드의 분석에 유용하다. 어떻게 유용할지는 곧 보게 될 것이다.

다음으로 플러그인에 대한 메타데이터를 정의했다. 여기서는 플러그인 이름, 사용자에게 보여줄 메시지, 식별자(unverified-ready-to-serve-hotdog) 등이 적혀 있다.

```
name = 'unverified-ready-to-serve-hotdog'
priority = -1
msgs={
    'W0001': ( # 이는 식별을 위한 임시 번호다.
        'ReadyToServeHotDog created outside of hotdog.prepare_for_serving.',
        'unverified-ready-to-serve-hotdog',
        'Only create a ReadyToServeHotDog through hotdog.prepare_for_serving.'
    ),
}
```

다음으로 무슨 함수에서 호출됐는지를 추적하려 한다. 그래야 prepare_for_serving에서 해당 클래스를 사용하는지 여부를 알 수 있기 때문이다. 이때 astroid의 역할이 필요하다. 앞에서도 언급했지만 astroid 라이브러리는 Pylint가 AST 관점에서 동작할 수 있게 해주며, 문자열 파싱에 대해 신경을 쓸 필요가 없다. AST와 파이썬 파싱을 좀 더 알고 싶으면 astroid의 공식 문서(https://pylint.pycqa.org/projects/astroid/en/latest/)를 참조하기 바란다. 하지만 지금 여러분이 당장 알아야 할 것은 사용자 정의 체커에서 특정 함수를 정의했다면 astroid가 코드를 파싱할 때 함께 호출된다는 점이다. 각 함수에는 표현식이나 클래스 정의와 같은 코드의 특정 부분을 나타내는 node가 전달된다.

```
def __init__(self, linter: Optional[PyLinter] = None):
    super(ReadyToServeHotDogChecker, self).__init__(linter)
    self._is_in_prepare_for_serving = False

def visit_functiondef(self, node: astroid.scoped_nodes.FunctionDef):
    if (node.name == "prepare_for_serving" and
            node.parent.name =="hotdog" and
            isinstance(node.parent, astroid.scoped_nodes.Module)):
        self._is_in_prepare_for_serving = True

def leave_functiondef(self, node: astroid.scoped_nodes.FunctionDef):
    if (node.name == "prepare_for_serving" and
            node.parent.name =="hotdog" and
            isinstance(node.parent, astroid.scoped_nodes.Module)):
        self._is_in_prepare_for_serving = False
```

이 경우에는 내가 원하는 함수에서 호출됐는지의 여부를 판단할 멤버 변수를 생성자에서 정의했다. 또한 visit_functiondef 및 leave_functiondef를 정의했는데, visit_functiondef는 astroid가 함수 정의를 파싱할 때마다 호출될 것이며, leave_functiondef는 함수 정의의 파싱이 끝날 때 호출될 것이다. 따라서 매번 파서가 함수를 호출하면 이 함수의 이름이 prepare_for_serving인지를 체크하며, 이 함수에는 hotdog 모듈이 있어야 한다.

이제 현재 원하는 함수에 위치해 있는지 여부를 추적하기 위한 멤버 변수를 갖고 있으며, 함수(예를 들어 ReadyToServeHotDog(hot_dog))가 호출될 때마다 작동하는 astroid 후크를 작성할 수 있다.

```
def visit_call(self, node: astroid.node_classes.Call):
    if node.func.name != 'ReadyToServeHotDog':
        return

    if self._is_in_prepare_for_serving:
```

```
        return

    self.add_message(
        'unverified-ready-to-serve-hotdog', node=node,
    )
```

호출 함수가 ReadyToServeHotDog가 아니거나 실행이 prepare_for_serving에서 동작한다면 이 체커는 이슈가 없는 것으로 판단하고 조기 반환을 해버린다. 호출 함수가 ReadyToServeHotDog이거나 실행이 prepare_for_serving에서 동작하는 것이 아니라면 이 체커는 실패로 인식하고 unverified-ready-to-serve-hotdog 실패 메시지를 전달한다. 메시지를 전달받으면 Pylint는 사용자에게 출력하고 체크 실패를 나타낸다.

마지막으로 이를 린터에 등록한다.

```
def register(linter: PyLinter):
    linter.register_checker(ReadyToServeHotDogChecker(linter))
```

자, 이제 끝났다. 45줄의 파이썬 코드로 Pylint의 사용자 정의 플러그인을 만들었다. 이는 단순한 체커지만 여러분이 생각하는 대로 확장할 수 있다. 사용자 정의든 내장형이든 Pylint의 체크 기능은 오류를 찾는 데 중요한 역할을 한다.

토론하기

여러분의 코드베이스에는 어떤 체커를 만들 수 있겠는가? 이렇게 만든 체커를 통해 어떤 오류를 찾을 수 있는가?

기타 정적 분석 도구

타입 체커와 린터는 '정적 분석' 시에 흔히 떠올리는 도구들이지만 이 외에도 견고성을 높여주는 많은 도구가 있다. 각 도구들은 코드베이스를 방어하기 위한 겹겹의 방어선 역할을 한다. 이를 스위스 치즈[4]로 비유를 한다면 개개의 스위스 치즈는 다양한 크기의 구멍을 갖고 있지만(그래서 구멍 너머로 뭐가 있는지 보이지만) 이 치즈 조각들을 겹겹이 붙여 놓으면 구멍이 가려져 구멍 너머로 뭐가 있는지 보이지 않을 것이다.

이와 마찬가지로 여러분이 안전망을 구축하고자 사용하는 개별 도구들은 특정 오류는 걸러내지 못한다. 타입 체커는 통상적인 프로그래밍 실수를, 린터는 보안 위배를, 보안 검사는 코드의 복잡도를 걸러내지 못한다. 그러나 이러한 도구들을 함께 사용한다면 오류라고 불리는 것들이 발생할 가능성은 훨씬 줄어들게 된다(그렇기 때문에 테스트가 존재한다). 이는 브루스 맥레넌Bruce MacLennan이 "여러 개의 방어선을 구축하라. 오류가 하나를 뚫고 들어가면 그 다음 선에서 잡힐 것이다."[5]라고 한 것과 일맥상통한다.

복잡도 분석 도구

이 책의 대부분은 코드의 가독성 및 유지 보수성을 높이는 데 초점이 맞춰져 있으며 복잡한 코드가 기능 개발의 생산 속도에 어떻게 영향을 주는지도 얘기했다. 여러분의 코드베이스 중 어느 부분이 복잡한지를 측정하는 활동은 의미 있는 활동이다. 하지만 복잡도는 가독성 및 유지 보수성의 입장에서는 다소 하위에 있으며 복잡도를 줄인다고 해서 항상 오류도 함께 줄어드는 것은 아니다.

4. Reason. "Human Error: Models and Management." BMJ 320, no. 7237 (2000): 768–70. https://doi.org/10.1136/bmj.320.7237.768.

5. Bruce MacLennan. "Principles of Programming Language Design." web.eecs.utk.edu, September 10, 1998. http://web.eecs.utk.edu/~bmaclenn/Classes/365/principles.html.

나는 이 복잡도를 휴리스틱으로 취급할 수 있을 것 같다. 휴리스틱은 답을 제공하지만 최적의 답을 보장하지는 않기 때문이다. 이 경우 내 질문은 "내 코드에서 어디가 오류가 많이 나올 것 같습니까?"가 될 것이다. 대부분의 답은 복잡도가 높은 곳이 되겠지만 반드시 이게 답이라는 보장은 없다는 것을 기억하라.

mccabe의 사이클로메틱 복잡도

가장 많이 알려진 복잡도 측정 방법은 토마스 맥카베Thomas McCabe[6]가 만든 **사이클로메틱 복잡도**cyclomatic complexity일 것이다. 사이클로메틱 복잡도를 측정하고자 여러분은 먼저 코드를 제어 흐름도 또는 실행 경로를 추적할 수 있는 다른 것으로 바꿔야 한다. 그림 20-1은 이에 대한 다른 상황들을 보여준다.

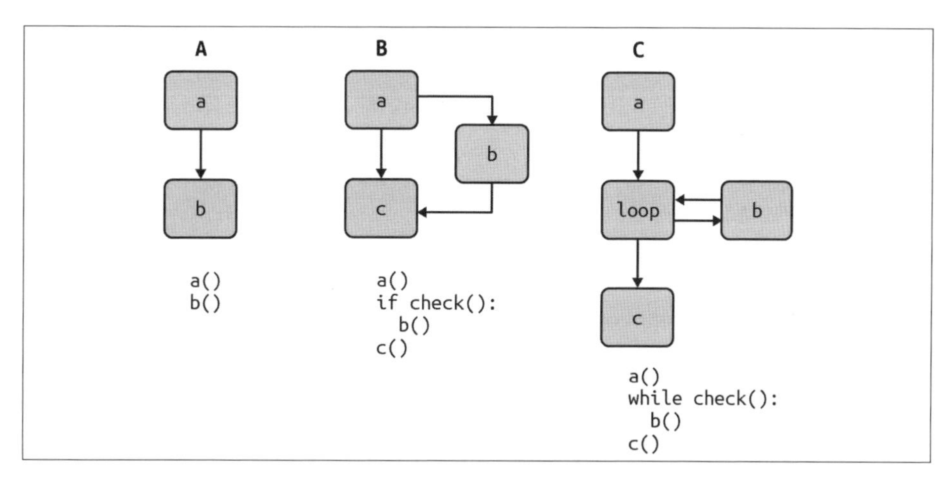

그림 20-1 사이클로메틱 복잡도 예시

그림 20-1의 A는 코드가 선형으로 실행되는 것을 의미한다. 이 경우 복잡도는 1이다. 여기에 B처럼 `if`나 `elif` 등이 추가되면 실행 경로는 두 개(`if` 또는 else)로 늘어난다. 이 경우 복잡도는 2가 된다. 비슷하게 C와 같은 `while` 루프문 역시

6. T. J. McCabe. "A Complexity Measure." IEEE Transactions on Software Engineering SE-2, no. 4 (December 1976): 308–20. https://doi.org/10.1109/tse.1976.233837.

계속 루프문 내에 있는지 빠져 나오는지 두 개의 경로를 가진다. 코드가 복잡해질수록 사이클로메틱 복잡도 수는 증가한다.

파이썬에서는 이런 복잡도를 측정할 수 있는 정적 분석 도구가 있으며 이름도 mccabe다.

먼저 pip로 이를 설치한다.

```
pip install mccabe
```

테스트로 mccabe의 코드베이스를 대상으로 분석을 해봤다. 옵션은 모든 함수를 대상으로 하며 복잡도 5 이상을 캐치하게 했다.

```
python -m mccabe --min 5 mccabe.py
192:4: 'PathGraphingAstVisitor._subgraph_parse' 5
273:0: 'get_code_complexity' 5
298:0: '_read' 5
315:0: 'main' 7
```

mccabe.py에서 PathGraphingAstVisitor._subgraph_parse를 살펴보자.

```
def _subgraph_parse(self, node, pathnode, extra_blocks):
    """ body 및 if의 else 블록, for 구문을 파싱한다.
    loose_ends = []
    self.tail = pathnode
    self.dispatch_list(node.body)
    loose_ends.append(self.tail)
    for extra in extra_blocks:
        self.tail = pathnode
        self.dispatch_list(extra.body)
        loose_ends.append(self.tail)
```

```
        if node.orelse:
            self.tail = pathnode
            self.dispatch_list(node.orelse)
            loose_ends.append(self.tail)
        else:
            loose_ends.append(pathnode)
        if pathnode:
            bottom = PathNode("", look='point')
            for le in loose_ends:
                self.graph.connect(le, bottom)
            self.tail = bottom
```

많은 브랜치가 있고 루프 구문이 있으며 if문 내에 중첩된 루프문도 있다. 각 경로들은 독립적이며 테스트돼야 한다. 사이클로매틱 복잡도가 증가할수록 코드는 읽기가 어려우며 어떤 역할을 하는지 추정하기도 어려워진다. 코드 복잡도에 적정한 기준은 따로 없으며 여러분의 코드베이스에 따라 적절한 기준을 찾아야 한다.

공백문자 검사

내가 좋아하는 또 다른 복잡도 휴리스틱은 사이클로매틱 복잡도보다 추정하기가 더 간단한데, 바로 **공백문자 검사**whitespace heuristic(https://ieeexplore.ieee.org/document/4556125)다. 기본 아이디어는 다음과 같다. 하나의 파이썬 코드 파일에서 들여쓰기 레벨을 카운트한다. 레벨이 높을수록 복잡한 코드를 의미할 수 있는 중첩 루프와 분기를 나타낸다.

불행히도 이를 검사할 수 있는 범용 도구는 없다. 하지만 이는 자가로 쉽게 체크할 수 있다.

```python
def get_amount_of_preceding_whitespace(line: str) -> int:
    # replace tabs with 4 spaces (and start tab/spaces flame-war)
    tab_normalized_text = line.replace("\t", " ")
    return len(tab_normalized_text) - len(tab_normalized_text.lstrip())

def get_average_whitespace(filename: str):
    with open(filename) as file_to_check:
        whitespace_count = [get_amount_of_preceding_whitespace(line)
                            for line in file_to_check
                            if line != ""]
        average = sum(whitespace_count) / len(whitespace_count) / 4
        print(f"Avg indentation level for {filename}: {average}")
```

공백문자 검사를 할 수 있는 또 다른 방법은 함수별로 들여쓰기의 '영역'을 측정하는 것이며, 이는 평균이 아닌 합산을 한 값이다. 이는 독자에게 숙제로 남겨놓겠다.

사이클로매틱 복잡도와 마찬가지로 여기에도 적정한 기준은 없다. 여러분의 코드베이스에서 측정해보고 들여쓰기를 어느 정도 해야 적정한지를 판단해보기 바란다.

보안 분석

보안은 제대로 하기도 어렵고 침해 예방을 해도 제대로 찬사를 받는 사람은 거의 없다. 뉴스에서 주로 보이는 것은 위반하는 방법뿐이며 매달 데이터 누수나 보안 위배 관련 뉴스를 듣는 것 같다. 이런 보안 문제 발생은 규제 벌금이나 고객의 손실로 인해 엄청난 비용을 들게 만든다.

모든 개발자는 자신이 만든 코드베이스의 보안을 잘 알고 있어야 한다. 자신이 만든 코드베이스가 보안 문제의 중심에 서는 것은 누구도 원치 않을 것이다.

다행히도 통상적인 보안 문제를 체크할 수 있는 도구들이 있다.

보안키 유출

"보안키 유출이 과연 일어날까?"라고 의심이 들면 지금 깃허브와 같은 코드 호스팅 도구에서 AWS_SECRET_KEY로 한번 검색을 해보라. 얼마나 많은 사람이 AWS에 접속할 수 있는 키들을 무방비로 업로드하는지 알 수 있을 것이다.[7]

보안키 등이 버전 관리 시스템, 특히 공개적으로 호스팅되는 시스템에 있으면 그 흔적을 지우기는 매우 어렵다. 해당 조직은 유출된 보안키를 무력화시켜야 하지만 저장소에서 키를 탈취한 해커보다 늦으면 안 된다. 이를 방지하려면 dodgy(https://github.com/landscapeio/dodgy)와 같은 정적 분석 도구를 사용해 보라. 이런 도구를 사용하지 않으려면 최소한 코드베이스에서 텍스트 검색으로 이런 공통 자격 증명키를 유출하지 않도록 주의하라.

보안 결함 검사

보안키 유출 체크도 중요하지만 더 심각한 보안 결함은 어떻게 해야 할까? SQL 인젝션이나 무작위 코드 실행, 잘못된 네트워크 설정 등을 어떻게 찾아야 할까? 이런 결점이 악용되면 분명 여러분의 시스템에 해가 될 수 있다. 하지만 이에 대해서도 검사를 할 수 있는 도구가 있으니 바로 Bandit이다.

Bandit은 통상적인 보안 문제들을 체크해준다. 체크 대상 목록은 Bandit 공식 페이지(https://bandit.readthedocs.io/en/latest/)를 참조하기 바란다. 다음은 Bandit이 체크하는 주요 결함들이다.

- 원격 실행으로 이어질 수 있는 Flask의 디버그 모드

7. 이는 실제로 일어나는 상황이다. 간단한 검색만 해봐도 https://labs.detectify.com/2016/04/28/slack-bot-token-leakage-exposing-business-critical-information/와 같은 많은 기사를 볼 수 있다.

- 인증이 실행되지 않은 HTTPS 요청
- SQL 인젝션의 원인이 되는 SQL 구문의 노출
- 낮은 암호화키 생성
- 안전하지 않은 YAML 파일의 로딩과 같이 코드 경로에 영향을 미치는 신뢰할 수 없는 데이터에 플래그 지정

Bandit은 잠재적인 보안 결함을 대부분 체크하기 때문에 여러분의 코드베이스에서 대상을 꼭 돌려보기를 권한다.

```
pip install bandit
bandit -r path/to/your/code
```

또한 Bandit은 플러그인 지원을 통해 사용자 정의 보안 체크 규칙을 만들 수 있다.

정적 보안 분석 도구는 유용하지만 이것만으로 방어선을 삼으면 안 되며, 추가 보안 점검(감사 수행, 침투 테스트, 네트워크 보안 등)이 필요하다.

마치며

오류의 조기 발견은 시간과 비용을 절약시킨다. 여러분의 목표는 개발 단계의 코드에서 오류를 찾는 것이었으며 정적 분석 도구는 이러한 활동에 도움을 주는 훌륭한 파트너다. 이들은 적은 비용으로 빠르게 여러분의 코드베이스에서 오류를 찾아준다. 여기에는 다양한 분석 도구가 있는데, 린터, 보안 확인 도구, 복잡도 확인 도구 등이 있다. 각각은 저마다의 목적을 지니고 방어선을 구축한다.

이러한 방어선으로도 잡을 수 없는 오류들은 플러그인 시스템을 통해 정적 분석 도구를 확장해 커버할 수 있다.

정적 분석을 방어의 제1선에 세웠더라도 이것만으로는 부족하다. 이 책의 나머지 부분들은 테스트에 초점이 맞춰져 있다. 21장에서는 테스트 전략을 다룬다. 테스트 구성 방법과 테스트 작성의 베스트 실습을 살펴본다. 아울러 테스트 트라이앵글test triangle을 어떻게 작성하며, 어떻게 테스트의 방향성을 잡을지, 어떻게 효과적인 개발자 테스트를 작성하는지도 알아본다.

21장

테스트 전략

테스트는 코드베이스에 대해 여러분이 설정할 수 있는 가장 중요한 안전망 중 하나다. 이는 코드의 변경 작업 시에 모든 테스트가 통과된다면 믿을 수 없을 정도로 안정감을 준다. 하지만 테스트를 위해 얼마나 시간을 들여야 하는지를 측정하는 것은 과제인데, 너무 많은 테스트는 개발 프로세스 수행에서 부담으로 작용하기 때문이며 잘못하면 기능의 전달보다 테스트에 더 많은 시간이 들어가게 된다. 너무 적은 테스트는 잠재적인 혼란을 기능 안에 숨겨놓은 채 전달하게 된다.

21장에서는 테스트 전략에 초점을 맞춘다. 테스트 타입을 구분지어 보고 어떤 테스트를 어떻게 작성해야 하는지 언급할 것이다. 아울러 테스트 구축과 관련돼 파이썬만의 베스트 실습을 살펴보고 파이썬에 특화된 통상적인 테스트 전략으로 21장을 마친다.

테스트 전략의 정의

테스트를 작성하기 전에는 테스트 전략test strategy을 먼저 세워야 한다. 테스트 전략은 위험을 줄이기 위한 소프트웨어 테스트를 위해 얼마만큼의 시간을 얼마만큼 효율적으로 써야 하는지에 대한 계획을 뜻한다. 이 계획을 통해 여러분은 무슨 유형의 테스트를 사용해야 할지, 어떻게 작성해야 할지, 작성 시(그리고 유지 보수 시) 얼마의 시간을 들여야 할지를 정한다. 모두의 테스트 계획은 저마다 다르겠지만 유사한 형태를 띠고 있는데, 시스템에 대한 질문 목록이 있고 이를 답변할 계획을 세우는 형태다. 예를 들어 칼로리 계산 앱을 만든다고 할 때 다음은 테스트 전략의 일부가 될 것이다.

```
Does my system function as expected?
Tests to write (automated - run daily):
    Acceptance tests: Adding calories to the daily count
    Acceptance tests: Resetting calories on daily boundaries
    Acceptance tests: Aggregating calories over a time period
    Unit tests: Corner Cases
    Unit tests: Happy Path

Will this application be usable by a large user base?
Tests to write (automated - run weekly):
    Interoperability tests: Phones (Apple, Android, etc.)
    Interoperability tests: Tablets
    Interoperability tests: Smart Fridge

Is it hard to use maliciously?
Tests to write: (ongoing audit by security engineer)
    Security tests: Device Interactions
    Security tests: Network Interactions
    Security tests: Backend Vulnerability Scanning (automated)
... etc. ...
```

테스트 전략을 한 번 만들면 두고두고 쓰는 정적인 문서로 취급하면 안 된다. 소프트웨어를 개발하면서 이 전략들을 항상 염두에 둬야 하며 전략을 수정, 개선해야 할지를 항상 논의해야 한다.

이 테스트 전략은 테스트 작성 시 어디에 초점을 둬야 할지를 다룬다. 전략을 세우기 전에 테스트란 무엇이며 왜 테스트를 작성하는지 이해해야 한다.

테스트란?

먼저 소프트웨어를 왜 만드는지, 만들고자 하는 것은 무엇인지를 이해해야 한다. 이를 이해하는 것이 테스트 작성의 목표를 구성하는 프레임이 된다. 테스트는 코드가 '무엇을' 수행하는지를 정의하는 방법을 제공하며, 테스트의 작성은 '왜'라는 목적에 암울한 영향을 차단시켜준다. 소프트웨어는 가치를 창출한다. 그게 전부다. 모든 소프트웨어는 그에 따른 가치가 있는데, 웹 앱은 일반 대중에게 중요한 서비스들을 제공한다. 데이터 사이언스 파이프라인은 우리가 세상의 패턴을 더 잘 이해하는 데 도움을 주는 예측 모델을 생성할 수 있으며 심지어 악성 소프트웨어도 나름대로 가치가 있는데, 이를 만든 이들도 나름대로 자기들의 목적을 달성하는 것이다(이를 통해 부정적인 영향을 받는 사람들이 있지만...).

이것이 소프트웨어가 제공하는 '무엇'에 해당한다. 하지만 사람들은 '왜' 소프트웨어를 만드는 걸까? 대부분 사람은 '돈' 때문이라고 말하는데, 이를 부정할 생각은 없다. 하지만 또 다른 이유가 있지 않을까? 어떤 경우는 돈 때문에 작성될 경우도 있고 어떤 경우에는 자기만족을 위해서도 있고, 어떤 경우에는 홍보(이력서의 쓸거리를 만들고자 오픈소스 프로젝트에 기여하는 활동 등)를 위해서도 작성할 것이다. 테스트는 이런 시스템들의 평가 근거를 제시한다. 제품을 출시할 때 단순히 오류를 잡아내는 활동이 아닌 더 깊이 들어가야 이런 근거를 제시할 수 있다.

내가 뭔가를 배우기 위한 목적이라면 나의 '왜'는 순수하게 자기만족일 것이며, 여기서 얻는 가치는 나의 배움일 것이다. 내가 뭔가를 잘못해 오류가 발생했더라도 이 또한 내가 배우는 무언가가 되며 이런 경우는 프로젝트가 끝날 때 수기 체크 리스트 정도의 테스트면 충분할 것이다. 하지만 시장에 제품을 판매하는 기업의 경우는 테스트를 작성하는 전략이 달라야 할 것이며, 테스트는 기능이 역행하지 않는다는 것을 보장해 고객을 잃지 않는 것(이는 곧 수익의 감소를 의미한다)이다. 각 프로젝트들은 서로 다른 레벨의 테스트가 필요한 것이다.

그러면 테스트란 무엇일까? 오류를 잡아내는 것일까? 제품을 출시하는 데 문제없다는 자신감을 얻는 행위일까? 이에 대한 대답은 한 발짝 더 들어가야 하며 테스트는 여러분의 시스템에 대한 질문에 대답하는 행위를 의미한다. 여러분이 만든 소프트웨어에 대해 한번 생각해보자. 이 소프트웨어는 무엇을 목적으로 하는가? 여러분이 만든 결과에 대해 무엇을 알기를 원하는가? 이런 질문들이 테스트 전략을 형성하는 데 중요하다.

이런 질문들을 통해 어떤 테스트가 효과가 있는지를 자문하게 된다.

- 애플리케이션이 예상 부하를 처리할 수 있는가?
- 내 코드가 고객의 요구 사항을 충족시키는가?
- 내 애플리케이션의 보안성은 충분한가?
- 고객이 잘못된 데이터를 시스템에 입력하면 어떻게 될까?

각각의 질문에 대한 테스트의 유형은 서로 달라야 한다. 표 21-1에서 통상적인 질문 및 이에 대해 어떤 테스트가 적당한지 확인해보라.

표 21-1 테스트의 유형과 관련된 질문 및 대답(테스트)

테스트 유형	질문 및 대답(테스트)
단위 테스트	단위(함수, 클래서)들이 개발자의 의도대로 동작하는가?
통합 테스트	서로 다른 부분들이 적절하게 결합되는가?
인수 테스트	최종 사용자가 기대하는 대로 시스템이 동작하는가?
부하 테스트	과부하 상태에서도 운용 가능한가?
보안 테스트	시스템이 특정 공격과 오동작에도 견디는가?
사용성 테스트	시스템이 사용하기에 직관적인가?

수동 테스트에 대해

이 책은 파이썬의 견고성에 대한 책이므로 대부분 코드베이스와 이를 지원하는 도구들에 초점을 맞추고 있다. 다시 말하면 테스트 부분은 파이썬에서의 테스트 자동화에 많이 편향돼 있다. 하지만 수동 테스트가 전혀 필요 없다는 것은 아니다.

수동 테스트(컴퓨터가 하는 대신 사람이 직접 하는 테스트)는 나름대로 중요한 영역을 차지한다. 예를 들어 코드베이스에 대한 탐색적 테스트를 하면서 시스템과 사용자의 상호작용 평가, 보안 취약점, 기타 주관적 분석에 기초한 다른 형태의 테스트를 수행하는 경우는 컴퓨터로 하기에는 매우 어렵다.

수동 테스트 수행이 자동화된 테스트 수행보다 비용이 덜 든다면(테스트 장비나 다른 제약 사항들로 인해 그럴 수 있다) 테스트 수행원을 지속적으로 테스트시킬 수도 있다. 이런 결정을 내리기 전에 얼마나 자주 테스트를 반복하는지에 대한 고찰을 통해 발생 비용 요소를 생각해보라. 어떤 경우 처음에는 테스트의 반복 횟수가 늘어날수록 수동 테스트의 비용이 자동화된 테스트를 상회하기도 한다.

주목할 점은, 표 21-1은 여러분의 소프트웨어가 버그가 없음을 보장하지는 않는다는 점이다. 에드가 다익스트라Edsger Dijkstra가 "프로그램 테스트는 버그가 있다는 것을 보여주는 것이지, 버그가 없음을 보여주는게 아니다.[1]"라고 말한 것처럼 테스트의 대답은 소프트웨어의 '품질'에 관한 것이다.

품질은 많이 회자되고는 있지만 모호하고 정의하기 어려운 개념이다. 콕 집기는 어렵지만 나는 제럴드 와인버그Gerald Weinberg가 말한 "품질은 누군가에게의 가치

---

1. Edsger W. Dijkstra. "Notes on Structured Programming." Technological University Eindhoven, The Nether lands, Department of Mathematics, 1970. https://www.cs.utexas.edu/users/EWD/ewd02xx/EWD249.PDF.

다.[2]"라는 표현을 좋아하는데, 여러분은 시스템을 통해 가치를 전달받을 누군가를 생각해야 한다는 의미다. 이는 여러분의 고객만을 의미하진 않으며 고객의 고객, 여러분의 운영 팀, 영업 팀, 여러분의 동료 등 다양할 것이다.

여러분의 시스템을 통해 가치를 얻을 사람이 누구인지 정해졌으면 시스템이 잘못됐을 때 어느 정도 이 사람에게 임팩트가 갈지를 예측해야 한다. 모든 테스트가 동작하지 않으면 여러분은 시스템이 가치를 전달하는지 여부를 파악할 기회를 잃게 된다. 가치가 전달되지 않는다면 발생할 임팩트는 무엇일까? 핵심 비즈니스의 요구 사항들이라면 이 임팩트는 상당히 클 것이다. 반면 최종 사용자의 핵심 유스 케이스에서 벗어난 기능의 경우 그 임팩트는 크지 않을 것이다. 임팩트를 상정하고 테스트 비용에 대한 경중을 측정하라. 임팩트 비용이 테스트보다 높으면 테스트를 작성해야 하며, 임팩트 비용이 테스트보다 낮다면 테스트를 작성할 리소스를 다른 임팩트 있는 곳에 투자해야 한다.

테스트 피라미드

대부분의 테스트 관련 서적에서 여러분은 다음과 같은 테스트 피라미드 또는 이와 유사한 그림을 볼 수 있을 것이다.[3]

이 그림의 의미는, 단위 테스트는 작은 분리된 많은 테스트여야 한다는 것이다. 이론적으로는 이럴수록 비용이 줄어들고 많은 양의 테스트를 수행할 수 있다. 따라서 피라미드의 제일 하단에 위치해 있다. 통합 테스트는 단위 테스트보다는 비용이 다소 높지만 UI 테스트보다는 비용이 낮은 위치다. 이 피라미드에 대해서 지금까지 개발자들은 경계가 어디에 그려져야 할지, 단위 테스트의 효용성,

2. Gerald M. Weinberg. Quality Software Management. Vol. 1: Systems Thinking. New York, NY: Dorset House Publishing, 1992.

3. 이 테스트 피라미드는 마이크 콘(Mike Cohn)의 Succeeding with Agile(Addison-Wesley Professional)에서 소개됐다. 콘은 '서비스' 레벨의 테스트를 통합 테스트로 봤지만 내 경험상 통합 테스트는 중간 단계에서 더 많이 자주 실행돼서 중간 단계에 위치시켰다.

심지어 삼각형의 모양(어떤 경우는 역삼각형을 주장하는 경우도 봤음)까지 다양한 논쟁을 해왔다.

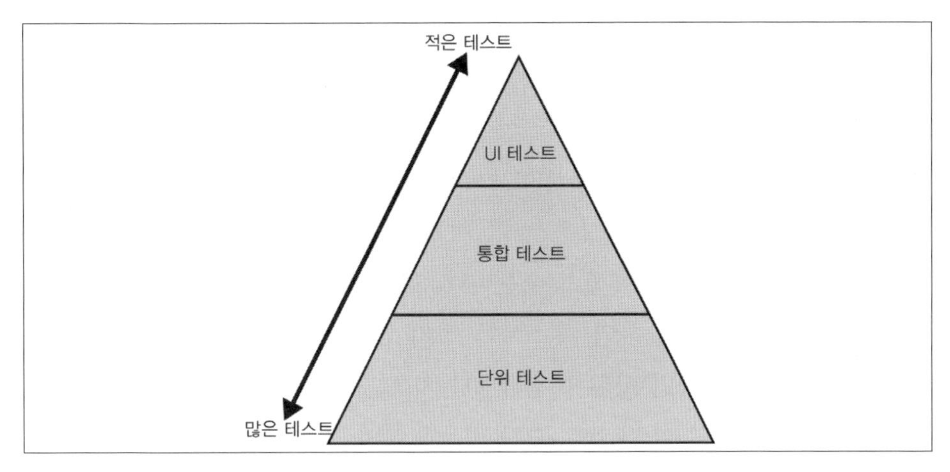

그림 21-1 테스트 피라미드

중요한 것은 이름을 어떻게 붙일까, 또는 어떻게 분류할까가 아니다. 비용 관점에서 이를 봐야 하며 그림 21-2는 비용의 비율로 이를 그린 것이다.

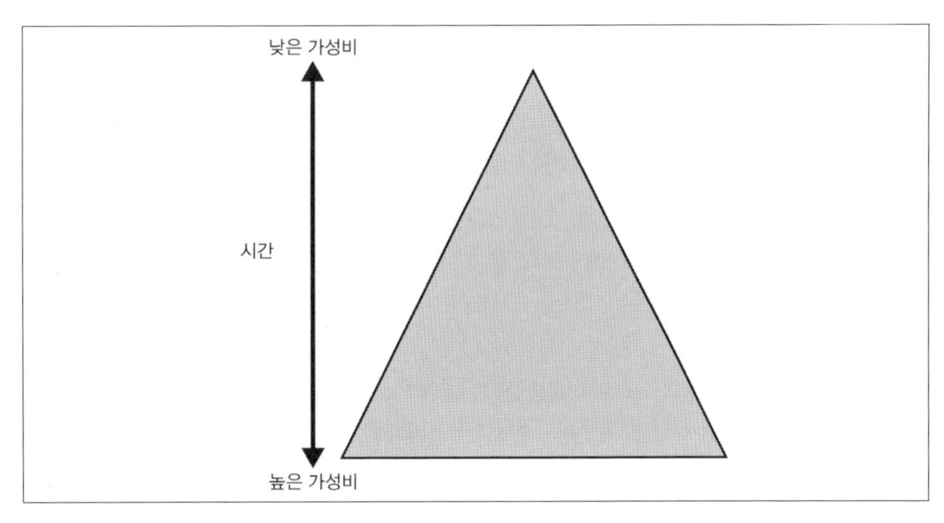

그림 21-2 가성비 관점의 피라미드

가성비가 높은 테스트를 작성하자. 이것이 단위 테스트이든 인수 테스트이든 상관없다. 작성된 테스트를 자주 수행시킬 방법을 찾아라. 개발자들이 커밋 사이에 결과물을 여러 번 확인할 수 있도록 테스트는 빠르게 수행돼야 한다. 각 커밋(또는 주기적으로) 가치가 좀 덜 하거나, 느리거나, 비용이 많이 드는 테스트를 골라내라.

테스트를 많이 할수록 결과물을 더 자세히 알게 되며 결과적으로는 더 견고한 코드의 제작으로 이어진다. 모든 변경 사항에 대해 리그레션 테스트를 할 수 있는 더 큰 안전망이 만들어졌기 때문이다. 하지만 이에 들어가는 테스트 비용이 너무 높다면? 다시 말하면 테스트를 하지 않아서 발생하는 문제 비용보다 테스트 비용이 더 높다면 어떻게 해야 하는가? 그래도 해당 테스트의 수행 가치는 있다고 여겨진다면 이 테스트 수행 비용을 낮추려는 노력을 해야 할 것이다.

테스트 비용은 초기 작성 비용, 수행 비용, 유지 관리 비용 세 가지로 구성된다. 테스트는 최소한 일정 시간 동안 수행돼야 하며 그동안 비용이 발생한다. 이 비용의 최적화 방법으로는 테스트의 병렬화, 개발자 장비에서 더 자주 테스트하기 등이 거론됐다. 하지만 초기의 작성 비용과 유지 보수 비용 부분에서는 더 줄일 여지가 있을 것이다. 다행히도 지금까지 이 책에서 언급한 내용은 이 부분들의 비용을 줄이는 데 적용할 수 있다. 여러분의 테스트 코드는 다른 부분의 코드처럼 코드베이스를 구성하는 한 부분이며 역시 테스트 코드의 견고성을 확보해야 한다. 적절한 도구의 선정, 테스트 케이스의 적절한 선택, 테스트를 가독성 있고 간결하게 유지하기 등이 필요하다.

토론하기

여러분 시스템의 테스트 비용을 한 번 측정해보라. 비용을 차지하는 것이 어떤 부분인가? 테스트 작성 시간, 수행 시간, 유지 보수 시간들이 어느 정도 비용을 차지하는가? 이들을 줄이려면 무엇을 해야 할까?

테스트 비용 줄이기

테스트 비용을 측정하려면 여러분은 먼저 테스트 전략들의 우선순위 수립을 위한 정보를 모아야 한다. 수행할 테스트가 없는 것도 있을 것이며 가치를 최대화시킬 수 있는 테스트도 있을 것이다. 또한 정말로 작성해야 하는 중요한 테스트지만 유지 관리에 많은 비용이 드는 테스트도 있을 것이다. 이럴 경우 테스트 비용을 줄일 방법을 찾아야 한다. 테스트를 작성하고 이를 구성하는 방법은 테스트를 작성하고 이해도를 높이는 데 가장 중요한 역할을 한다.

Pytest 사용

이번 장의 대부분 예제는 pytest(https://docs.pytest.org/en/stable/)를 사용한다. pytest를 제대로 배워 보려면 브라이언 오켄Brian Okken의 『Python Testing with pytest, 2nd edition』(Pragmatic Bookshelf, 2022)와 같은 책을 추천한다. 여기서는 이 장의 이해를 위해 기본 개념 정도만 다룰 것이다.

pytest에서의 테스트는 test_로 시작하는 파일에서 접두어가 test_로 시작하는 모든 함수다. 예를 들어 test_calorie_count.py라는 단일 테스트를 가진 파일의 구성은 다음과 같다.

```
from nutrition import get_calorie_count <br>

def test_get_calorie_count():
    assert get_calorie_count("Bacon Cheeseburger w/ Fries") == 1200
```

테스트는 판정문assertion 또는 반드시 true이어야 하는 것들을 포함한다. pytest는 판정문으로 내장된 assert를 사용한다. 테스트의 판정문이 false라면 AssertionError가 뜨며 테스트는 실패로 떨어진다. 판정문이 true이면 테스트는 수행을 계속 진행한다.

라이브러리의 의존이 꺼려진다면 파이썬의 내장 단위 테스트 프레임워크인 unittest도 있다. 하지만 나는 pytest를 더 선호한다. 기능(픽스처, 플러그인 등)이 더 많기 때문이다. 하지만 걱정할 필요는 없다. 이 장에서 소개하는 모든 원칙은 굳이 pytest가 아니더라도 다른 테스트 프레임워크에도 적용할 수 있다.

AAA 테스트

제품의 코드와 마찬가지로 테스트 코드에서도 가독성과 유지 보수성에 중점을 둔다. 테스트 코드에서도 여러분의 의도를 명확히 전달해야 한다. 여러분의 테스트 의도가 명확하게 전달된다면 향후 테스트를 읽어보는 사람도 여러분에게 고마워할 것이다. 테스트를 작성할 때 동일한 패턴을 따라가며 반복할 필요가 있다.

가장 알려진 테스트 패턴 중 하나가 바로 3A 또는 AAA 패턴일 것이다.[4] AAA란 배치-실행-판정Arrange-Act-Assert를 의미하며 테스트 코드는 이 세 부분으로 나눌 수 있다. 먼저 첫 번째 부분은 전제 조건을 설정(배치)하는 부분이며, 두 번째 부분은 테스트가 돼야 할 부분의 수행(실행), 나머지 하나는 사후 조건 및 체크(판정)를 하는 부분이다. 여기에 더해 여러분은 또 하나의 A인 정리Annihilate에 대해 들어봤을 것이다. 테스트 후에는 모든 것을 정리할 필요가 있다. 테스트 코드의 가독성 및 유지 보수성을 높이고자 각각의 단계들을 살펴볼 것이다.

4. AAA 패턴은 2001년 빌 웨이크(Bill Wake)가 처음 이름을 붙였다. 더 자세한 정보는 블로그의 글 https://xp123.com/articles/3a-arrange-act-assert/를 참조하기 바란다.

배치 단계

배치Arrange 단계는 테스트가 가능한 상태로 준비하는 단계를 의미한다. 이를 우리는 테스트의 '전제 조건preconditions'이라 한다. 테스트의 동작이 정확히 수행될 수 있도록 의존성이나 테스트 데이터를 준비한다.

다음 테스트를 한번 살펴보자.

```
def test_calorie_calculation():

    # arrange (set up everything the test needs to run)
    add_ingredient_to_database("Ground Beef", calories_per_pound=1500)
    add_ingredient_to_database("Bacon", calories_per_pound=2400)
    add_ingredient_to_database("Cheese", calories_per_pound=1800)
    # ... snip 13 more ingredients

    set_ingredients("Bacon Cheeseburger w/ Fries",
                    ingredients=["Ground Beef", "Bacon" ... ])

    # act (the thing getting tested)
    calories = get_calories("Bacon Cheeseburger w/ Fries")

    # assert (verify some property about the program)
    assert calories == 1200

    #annihilate (cleanup any resources that were allocated)
    cleanup_database()
```

먼저 식재료들을 데이터베이스에 추가하고 '베이컨 치즈버거와 프렌치 프라이 Bacon Cheeseburger w/ Fries' 메뉴에 이를 연계시킨다. 그런 다음 이 메뉴의 칼로리가 얼마인지 계산하고 우리가 알고 있는 값과 비교 평가한 후 테스트에 사용된 데이터 값들을 데이터베이스에서 삭제한다.

실제 테스트가 수행(get_calories 호출 부분)되기 전에 수행되는 코드의 양을 확인하라. 배치 부분의 코드가 많아 보인다면 위험 신호인데, 실제로는 이와 유사해 보이는 테스트가 많이 있을 것이며 테스트 코드를 보는 사람들이 이 유사성으로 인해 실수를 유발할 수 있기 때문이다.

배치 부분의 코드가 많아지면 이는 의존성 설정이 복잡하다는 의미다. 해당 코드의 모든 사용자는 추측하건대 유사한 방식으로 의존성을 설정해야 할 것이다. 한발자국 떨어져 3부에서 기술했던 전략을 사용하는 등의 의존성을 다룰 수 있는 더 간단한 방법이 있는지 자문해보라.

앞의 예제에서 15개의 식재료들을 두 개의 분리된 테스트에 각각 추가할 때 식재료 대체를 테스트하고자 두 케이스의 식재료를 약간만 다르게 바꿨다면 테스트가 어떻게 다른지 한 번 봐서는 확인하기 어려울 것이다. 테스트의 이름에 이들의 차이점을 반영하는 것도 좋지만 거기까지며 더 개선시킬 여지는 없다. 테스트의 정보를 유지하는 것과 가독성을 확보하는 것 사이의 균형을 유지해야 한다.

전제 조건의 유지와 전제 조건의 변경: 여러분의 테스트를 살펴보고 테스트 세트에서 동일한 전제 조건이 무엇인지 자문해보라. 동일한 전제 조건을 추출하고 이 함수들을 각 테스트에서 재사용한다. 다음 두 테스트를 한번 비교해보자.

```
def test_calorie_calculation_bacon_cheeseburger():
    add_base_ingredients_to_database()
    add_ingredient_to_database("Bacon", calories_per_pound=2400)

    setup_bacon_cheeseburger(bacon="Bacon")
    calories = get_calories("Bacon Cheeseburger w/ Fries")

    assert calories == 1200

    cleanup_database()

def test_calorie_calculation_bacon_cheeseburger_with_substitution():
```

```
    add_base_ingredients_to_database()
    add_ingredient_to_database("Turkey Bacon", calories_per_pound=1700)

    setup_bacon_cheeseburger(bacon="Turkey Bacon")
    calories = get_calories("Bacon Cheeseburger w/ Fries")

    assert calories == 1100

    cleanup_database()
```

헬퍼 함수(여기서는 add_ingredient_to_database 및 setup_bacon_cheeseburger)의 생성으로 불필요한 공통 부분을 줄일 수 있었다. 이렇게 하면 개발자들이 서로 다른 테스트를 더 잘 구분할 것이다.

공통 부분에는 테스트 프레임워크 사용: 대부분 테스트 프레임워크들은 테스트 수행 전에 대상 코드를 자동으로 실행시킨다. 내장된 unittest 모듈에서는 setUp 함수를 통해 모든 테스트 수행 전에 코드를 실행할 수 있다. pytest에서는 픽스처fixtures로 이와 유사한 기능을 제공한다.

pytest에서 픽스처는 테스트에 대한 초기화 및 코드의 분석 수행을 제공한다. 픽스처는 다른 픽스처로의 의존성 정의(이를 통해 pytest가 초기화 순서를 관리) 및 이를 통해 모듈별로 한 번만 초기화시키는 기능 등의 기능들을 제공한다. 앞의 예제에서는 test_database라는 픽스처를 사용할 수 있었다.

```
import pytest

@pytest.fixture
def db_creation():
    # ... snip set up local sqlite database
    return database

@pytest.fixture
```

```
def test_database(db_creation):
    # ... snip adding all ingredients and meals
    return database

def test_calorie_calculation_bacon_cheeseburger(test_database):
    test_database.add_ingredient("Bacon", calories_per_pound=2400)
    setup_bacon_cheeseburger(bacon="Bacon")

    calories = get_calories("Bacon Cheeseburger w/ Fries")

    assert calories == 1200
    test_database.cleanup()()
```

이제 테스트에서 test_database와 그 인수(db_creation)에 주목하라. 이는 작업에 대한 픽스처며, 함수 test_database(db_creation과 마찬가지로)는 테스트 수행 전에 호출될 것이다. 픽스처는 테스트의 수가 많아지면 위력을 발휘한다. 픽스처는 수정 가능해서 이들을 서로 합쳐 코드의 중복을 줄일 수 있다. 이를 단일 파일에서 공통 부분 추출을 위해 쓰지는 않을 것이며, 여러 개의 파일에서 사용돼야 할 때 픽스처는 제값을 하는 것이다.

모의화: 파이썬은 타입 시스템의 일부로 덕 타이핑(2장에서 처음 언급)을 지원한다. 다시 말하면 동일한 내용이지만 타입만 다른 것으로 변환하는 것이 가능하다는 것이다(이는 12장에서 언급). 우리는 모의 객체[mocked object]를 사용해 완전 다른 방식으로 복잡한 의존성을 건드릴 수 있다. 모의 객체는 단순화된 데이터의 제공으로 프로덕션 레벨로 객체를 동작하게 만들어준다.

모의화(Mocking)는 단위 테스트에서 많이 사용되지만 테스트가 점점 덜 세분화되면서 이들의 사용이 감소하는 것을 볼 수 있다. 이는 상위 레벨에서 더 많이 테스트를 하려 하기 때문이다. 이에 따라 모의화 범위는 서비스 일부가 되기도 한다.

예를 들어 앞 예제에서의 데이터베이스가 많은 테이블 및 스키마의 설정이 필요하다고 하면(설정하기가 어려우면) 모든 테스트마다 이를 새로 설정하는 것은 힘든 작업이다(특히 테스트들이 데이터베이스를 공유한다면). 이런 경우 테스트들을 서로 분리해야 한다(이는 잠시 후에 알아본다). 데이터베이스를 다루는 클래스의 구조는 다음과 같을 것이다.

```
class DatabaseHandler:
    def __init__(self):
        # ... snip complex setup

    def add_ingredient(self, ingredient):
        # ... snip complex queries

    def get_calories_for_ingredient(self, ingredient):
        # ... snip complex queries
```

이 클래스를 그대로 사용하는 대신 데이터베이스 핸들러처럼 보이는 모의 클래스를 따로 만든다.

```
class MockDatabaseHandler:
    def __init__(self):
        self.data = {
            "Ground Beef": 1500,
            "Bacon": 2400,
            # ... 생략 ...
        }

    def add_ingredient(self, ingredient):
        name, calories = ingredient
        self.data[name] = calories

    def get_calories_for_ingredient(self, ingredient):
        return self.data[ingredient]
```

이 모의 클래스를 통해 데이터 저장을 위한 간단한 딕셔너리를 받을 수 있다. 데이터를 모의화하는 방법은 시나리오마다 다르지만 실제 객체를 모의 객체로 대체하는 방법을 찾을 수 있다면 설정의 복잡성을 크게 줄일 수 있다.

어떤 이들은 몽키 패치(https://docs.pytest.org/en/stable/how-to/monkeypatch.html)나 메서드의 스와핑(swapping)을 모의 객체 주입에 사용하곤 한다. 절제된 상태면 괜찮지만 이 몽키 패치로 여러분의 테스트 결과가 엉망이 됐다면 이는 피해야 할 패턴(antipattern)이며, 이런 경우 서로 다른 모듈 간 물리적 의존성이 아주 강해 이를 모듈화할 수 있는 다른 방법을 찾아야 한다(코드를 확장 가능하게 만드는 방법은 3부 참조).

정리 단계

기술적으로 정리annihilate 단계는 테스트의 마지막 단계에 위치한다. 하지만 나는 이를 두 번째에 위치시켰다. 왜일까? 정리는 배치arrange 단계와 밀접하게 묶여 있기 때문이다. 배치 단계에서 설정된 무엇이든 다른 테스트에 영향을 미칠 수 있는 것들은 모두 정리시켜야 한다.

테스트는 분리돼야 하는데, 그래야 운영이 쉽기 때문이다. 자동화 테스트 작성 시에 제일 큰 위험은 다른 테스트의 수행으로 인해 하려고 하는 테스트가 실패로 떨어지는 경우다(특히 테스트가 수천 개가 넘으면 상상하기 싫다). 이는 테스트도 서로 의존성이 있다는 증거다. 테스트를 끝내기 전에 테스트를 정리해 테스트들이 서로 영향을 줄 가능성을 줄여야 한다. 다음은 테스트를 정리하기 위한 몇 가지 전략이다.

공유 리소스를 사용하지 말라: 공유 리소스의 사용을 피할 수 있다면 테스트에서는 절대로 공유 리소스를 사용하지 말라. 이는 항상 가능하지는 않겠지만 궁극적인 목표가 돼야 한다. 공유 리소스를 사용하는 테스트가 없다면 여러분은 정리할 것이 없어진다. 공유 리소스는 파이썬 내부에 있을 수 있고(전역 변수, 클래스 변수) 또는 환경에도 있을 수 있다(데이터베이스, 파일 접근, 소켓 풀).

컨텍스트 관리자를 사용하라: 리소스가 항상 정리됐음을 확인하고자 컨텍스트 관리자를 사용하라(이는 11장에서 다뤘다). 이전 예제에서 매의 눈을 한 독자라면 코드를 찾았을 것이다.

```
def test_calorie_calculation_bacon_cheeseburger():
    add_base_ingredients_to_database()
    add_ingredient_to_database("Bacon", calories_per_pound=2400)
    setup_bacon_cheeseburger(bacon="Bacon")

    calories = get_calories("Bacon Cheeseburger w/ Fries")

    assert calories == 1200

    cleanup_database()
```

찾았는가? assert문이 실패하면 cleanup_database()는 실행되지 않고 오류로 끝날 것이다. 이는 컨텍스트 관리자를 통해 강제적으로 실행시키는 것이 좋다.

```
def test_calorie_calculation_bacon_cheeseburger():
    with construct_test_database() as db:
        db.add_ingredient("Bacon", calories_per_pound=2400)
        setup_bacon_cheeseburger(bacon="Bacon")

        calories = get_calories("Bacon Cheeseburger w/ Fries")

        assert calories == 1200
```

정리 코드를 컨텍스트 관리자에 포함시켜 여러분의 테스트 작성자가 이를 신경 쓰지 않게 하라.

픽스처를 사용하라: 여러분이 pytest의 픽스처를 사용한다면 이를 컨텍스트 관리자처럼 사용할 수 있다. 픽스처로부터 값을 yield 처리할 수 있다. 다음을 보자.

```
import pytest

@pytest.fixture
def db_creation():
    # ... snip set up local sqlite database return database

@pytest.fixture
def test_database(db_creation):
    # ... 생략 adding all ingredients and meals
    try:
        yield database
    finally:
        database.cleanup()

def test_calorie_calculation_bacon_cheeseburger(test_database):
    test_database.add_ingredient("Bacon",calories_per_pound=2400)
    setup_bacon_cheeseburger(bacon="Bacon")

    calories = get_calories("Bacon Cheeseburger w/ Fries")

    assert calories == 1200
```

여기서 test_database가 어떻게 데이터베이스를 yield시키는지 주목하라. 이 함수를 사용하는 테스트들이 종료되면(결과가 성공이든 실패든 상관없다) database.cleanup() 함수는 항상 실행될 것이다.

실행 단계

실행 단계는 테스트에서 가장 중요한 단계다. 테스트에 있어서 실제 동작을 하는 부분이기 때문이다. 앞의 예제에서 실행 단계는 해당 요리에서 칼로리를 계산하는 부분이었다. 이 실행 부분의 코드는 한 줄 또는 두 줄 정도여야 한다. 이 단계를 적게 만들어야 코드를 읽는 사람들이 내용을 파악하는 데 시간을 덜 쓰게 될 것이다.

때로는 여러 개의 테스트에서 동일한 실행 단계를 재사용해야 할 경우가 있다. 조금씩 입력 데이터와 판정 부분만 다르고 동일한 테스트 및 동일한 실행을 해야 할 경우라면 테스트에 파라미터를 적용시키는 것을 생각해서 살펴보자. 이는 여러분에게 테스트 주도 테스트Test Driven Test 또는 테스트 데이터의 통계화에도 이어질 수 있다.

다음 예제는 get_calories에 파라미터를 적용시킨 것이다.

```
@pytest.mark.parametrize(
    "extra_ingredients,dish_name,expected_calories",
    [
        (["Bacon", 2400], "Bacon Cheeseburger", 900),
        ([], "Cobb Salad", 1000),
        ([], "Buffalo Wings", 800),
        ([], "Garlicky Brussels Sprouts", 200),
        ([], "Mashed Potatoes", 400)
    ])

def test_calorie_calculation_bacon_cheeseburger(extra_ingredients,
                                                 dish_name,
                                                 expected_calories,
                                                 test_database):
    for ingredient in extra_ingredients:
        test_database.add_ingredient(ingredient)

    # assume this function can set up any dish
    # alternatively, dish ingredients could be passed in as a test parameter
    setup_dish_ingredients(dish_name)

    calories = get_calories(dish_name)

    assert calories == expected_calories
```

파라미터를 튜플 리스트로 정의했고 하나의 항목이 하나의 케이스에 매치된다.

각 파라미터는 테스트에 파라미터로 할당된다. pytest는 자동으로 파라미터 세트별로 테스트를 수행한다.

테스트의 파라미터화는 많은 테스트 케이스를 하나의 함수로 처리할 수 있다는 장점이 있다. 이 코드를 읽는 이들은 파라미터를 보는 것만으로 어떤 입력과 어떤 결과가 예상되는지를 바로 알 수 있다(Cobb salad는 1000 칼로리, Mashed Potato는 400 칼로리 등).

파라미터화는 테스트 데이터와 실제 테스트를 분리하는 가장 좋은 방법이다(17장에서 다룬 정책과 메커니즘 분리와 비슷하다). 하지만 주의할 점은 테스트 실행부를 너무 일반화하면 실행부의 코드가 뭘 테스트하려는 것이었는지 알기 어려워진다. 파라미터화에서 대상 파라미터 수를 가급적 3~4개를 넘지 않게 하라.

판정

정리 전에 테스트에서 해야 할 일은 수행 결과에 대해 성공/실패 여부를 판정하는 것이다. 가급적이면 판정은 테스트 코드의 후반부에 하나의 논리적 구문으로 존재하는 것이 좋다. 하나의 테스트에 너무 많은 판정문을 구겨 넣고 있는 자신을 발견했다면 테스트에 너무 많은 실행이 있거나 많은 테스트가 하나의 파일에 존재하는 경우다. 테스트 하나가 너무 많은 항목을 커버하게 되면 이를 유지 보수하는 데 힘이 든다. 개발자가 변경 작업을 했는데, 이로 인해 테스트의 실패가 떨어졌다면 여러분은 이에 대한 원인을 가급적 빨리 찾고 싶을 것이다. 이상적인 모습은 테스트 이름으로 뭐가 잘못됐는지 바로 알 수 있는 것이지만 현실은 테스트 코드를 열어봐야 하며, 20~30초를 걸려 실패한 테스트를 찾아 뭐가 문제인지 파악하는 것이 대부분이다. 여러 개의 판정이 실패했다면 테스트 실패의 모든 이유를 찾아야 하며, 이는 유지 보수자들에게 많은 시간이 걸리게 한다.

그렇다고 판정문을 반드시 하나로만 해야 하는 것은 아니다. 테스트에서 동일한 속성을 사용하는 동안은 여러 개를 사용해도 무방하다. 문제가 발생했을 때 개발자가 도움을 받을 수 있도록 판정문을 장황하게 쓰는 것이 좋다. 파이썬에서는 디버깅에 도움을 줄 수 있도록 AssertionError가 발생할 때 텍스트 구문을 별도로 추가할 수 있다.

```
def test_calorie_calculation_bacon_cheeseburger(test_database):
    test_database.add_ingredient("Bacon",calories_per_pound=2400)
    setup_bacon_cheeseburger(bacon="Bacon")

    calories = get_calories("Bacon Cheeseburger w/ Fries")

    assert calories == 1200, "Incorrect calories for Bacon Cheeseburger w/ Fries"
```

pytest는 상황에 맞게 재작성된 판정문을 오류 발생 시에 보여줘서 디버깅을 더 쉽게 한다. 테스트가 실패한다면 다음과 같은 구문이 출력될 것이다.

```
E   AssertionError: Incorrect calories for Bacon Cheeseburger w/ Fries
E   assert 1100 == 1200
```

더 복잡한 판정을 위해서는 판정 라이브러리를 만들어 새로운 테스트의 정의를 쉽게 만들 수 있다. 이는 코드베이스에서 자료집을 만드는 것과 비슷하며 여러분의 테스트 코드에서 마찬가지로 다양한 컨셉을 공유할 수 있다. 이를 위해 나는 Hamcrest 매처(http://hamcrest.org/)[5]를 추천한다.

Hamcrest 매처matcher는 판정문을 좀 더 자연어와 가깝게 쓸 수 있는 방법을 제공한다. PyHmcrest(https://github.com/hamcrest/PyHamcrest) 라이브러리는 여러분이 판정문을 작성할 때 유용한 통상적인 매처들을 제공한다. 다음 코드에서 사용자 정의 판정문이 어떻게 테스트를 간결하게 만드는지 살펴보자.

5. Hamcrest는 'matchers'의 애너그램(anagram)이다.

```python
from hamcrest import assert_that, matches_regexp, is_, empty, equal_to
def test_all_menu_items_are_alphanumeric():
    menu = create_menu()
    for item in menu:
        assert_that(item, matches_regexp(r'[a-zA-Z0-9 ]'))

def test_getting_calories():
    dish = "Bacon Cheeseburger w/ Fries"
    calories = get_calories(dish)
    assert_that(calories, is_(equal_to(1200)))

def test_no_restaurant_found_in_non_matching_areas():
    city = "Huntsville, AL"
    restaurants = find_owned_restaurants_in(city)
    assert_that(restaurants, is_(empty()))
```

PyHmcrest의 진가는 사용자 정의 매처가 가능하다는 점이다.[6] 다음은 요리가 비건 요리인지의 여부를 체크하는 예제다.

```python
from hamcrest.core.base_matcher import BaseMatcher
from hamcrest.core.helpers.hasmethod import hasmethod

def is_vegan(ingredient: str) -> bool:
    return ingredient not in ["Beef Burger"]

class IsVegan(BaseMatcher):

    def _matches(self, dish):
        if not hasmethod(dish, "ingredients"):
            return False
        return all(is_vegan(ingredient) for ingredient in dish.ingredients())
```

6. 매처의 추가나 테스트 프레임워크로의 통합은 PyHamgrest의 공식 홈 페이지(https://pyhamcrest.readthedocs.io/en/latest/)를 참조하라.

```
    def describe_to(self, description):
        description.append_text("Expected dish to be vegan")

    def describe_mismatch(self, dish, description):
        message = f"the following ingredients are not vegan: "
        message += ", ".join(ing for ing in dish.ingredients()
                             if not is_vegan(ing))
        description.append_text(message)

def vegan():
    return IsVegan()

from hamcrest import assert_that, is_
def test_vegan_substitution():
    dish = create_dish("Hamburger and Fries")
    dish.make_vegan()
    assert_that(dish, is_(vegan()))
```

이 테스트가 실패로 떨어지면 다음과 같은 오류가 출력된다.

```
    def test_vegan_substitution():
        dish = create_dish("Hamburger and Fries")
        dish.make_vegan()
>       assert_that(dish, is_(vegan()))
E       AssertionError:
E       Expected: Expected dish to be vegan
E           but: the following ingredients are not vegan: Beef Burger
```

토론하기

사용자 정의 매처를 여러분의 코드에서 적용할 수 있는 곳이 있는가? 여러분의 테스트에서 어떤 공유 테스트 자료집이 있을 수 있는지, 사용자 정의 매처가 어떻게 가독성을 증대시키는지 토의해보자.

마치며

줄타기 공연자의 안전망처럼 테스트는 여러분의 작업 시 안전망과 같은 역할을 한다. 테스트는 버그를 찾는 것만이 아니다. 테스트는 여러분의 제작 결과가 예상과 일치하는지를 검증한다. 테스트는 향후의 협업자들에게 리스크가 있는 작업을 더 적극적으로 할 수 있게 하는데, 작업이 실패할 경우 테스트가 이를 막아줄 수 있기 때문이다. 리그레션 테스트가 줄어들수록 여러분의 코드베이스는 작업하기 더 쉬워짐을 발견할 것이다.

하지만 테스트는 공짜가 아니다. (당연히) 테스트를 작성하고, 수행하고, 유지보수를 하는 데는 돈이 든다. 시간과 노력을 어떻게 들이느냐에 대해 여러분은 항상 신경을 써야 한다. 테스트의 비용을 최소화하기 위한 잘 알려진 패턴 중 AAA 패턴을 소개했으며, 이를 통해 각 테스트 단계를 컴팩트하고 가독성 있게 만들 수 있었다. 테스트는 코드베이스만큼이나 중요하며, 이에 대한 견고성도 높이려는 노력이 필요하다.

22장에서는 인수 테스트Acceptance test를 다룬다. 인수 테스트는 단위 테스트나 통합 테스트와는 목적을 달리하며 사용하는 패턴도 조금 다를 것이다.

여러분은 인수 테스트가 어떻게 사용자와 커뮤니케이션을 하는지와 더불어 어떻게 코드가 고객을 위한 요구 사항에 제대로 맞추고 있는지 확인하는가를 배울 것이다. 인수 테스트는 가치 전달에 있어서 없어서는 안 될 단계다.

22장

인수 테스트

개발자 입장에서 코드베이스에 직접 테스트를 하는 것은 어렵지 않다. 여기에는 단위 테스트, 통합 테스트, UI 테스트 등이 있다. 이 테스트들은 코드가 의도대로 동작하는지 검증하며, 코드베이스의 회귀를 막아주는 중요한 도구들이다. 하지만 고객의 니즈에 맞는지에 대한 검증 관점에서 좋은 도구는 아니다.

개발자들은 코드에 대해 많은 것을 파악하고 있으므로 코드 편향적으로 테스트가 작성되기 쉽다. 이런 테스트들은 정말로 고객이 원하는 대로 동작하는지에 대한 보장을 해주지는 못한다.

다음 단위 테스트를 살펴보자.

```
def test_chili_has_correct_ingredients():
    assert make_chili().ingredients() == [
        "Ground Beef",
        "Chile Blend",
        "Onion",
        ...
        "Tomatoes",
        "Pinto Beans"
    ]
```

이 테스트 코드는 샐 곳이 없었으며 모두 통과되고 심지어 리그레션 테스트도 완벽하게 동작했다. 하지만 이 테스트를 고객에게 소개하면 이런 반응을 보일 수 있다. "아니에요, 저는 텍사스풍의 칠리 요리를 원해요! 토마토나 콩이 없는 칠리 아시죠?" 모든 단위 테스트가 모든 요구 사항을 만족시킬 수는 없다.

이 시점에서 인수 테스트를 만날 차례다. 인수 테스트Acceptance Testing는 여러분의 제품이 고객의 요구 사항에 맞춰 제대로 만들어졌는지 체크한다. 단위 테스트나 통합 테스트가 검증verification의 성격을 갖고 있다면 인수 테스트는 확인validation의 성격을 갖고 있다. 인수 테스트는 여러분의 결과물이 사용자의 기대에 부응하는지 '확인'한다.

22장에서는 파이썬에서의 인수 테스트를 살펴본다. 이를 위해 behave 프레임워크를 소개할 예정인데, 이 프레임워크는 걸킨Gherkin 언어를 사용해 완전히 새로운 방식으로 요구 사항을 정리한다.[1] 여러분은 행위 주도 개발BDD, Behavior-Driven-Development을 한 번 훑어보면서 어떻게 고객과의 소통을 간결하게 하는지 볼 것이다. 인수 테스트는 여러분이 엉뚱한 제품의 생산을 피하는 데 중요한 안정망이다.

행위 주도 개발(BDD)

고객의 요구 사항과 소프트웨어 결과물과의 불일치는 소프트웨어의 역사만큼이나 오래된 이슈다. 이 문제는 자연어를 프로그래밍 언어로 바꾸는 과정에서 발생한다. 자연어는 모호함, 모순, 뉘앙스로 가득 차 있는 반면 프로그래밍 언어는 이런 것들을 허용하지 않는다. 정확히 지시한 것만 수행한다(여러분이 의도치 않

1. 걸킨 언어(Gherkin language)는 아슬락 헬레소이(Aslak Hellesøy)에 의해 만들어졌다. 그의 아내가 그의 BDD 테스트 도구의 이름을 Cucumber(분명 특별한 이유는 없다)라고 붙이자고 했으며, 그 역시 이 언어를 다른 테스트 도구들과 차별을 두고 싶어서 이렇게 이름을 지었다고 한다. 걸킨(gherkin)은 오이 초절임을 의미하며, 그가 이 이름을 지속적으로 사용함으로써 걸킨 언어의 스펙은 탄생하게 됐다.

은 것이라 해도 말이다). 상황을 더 악화시키는 것은 요구 사항들이 일련의 관계자들(고객, 영업, 관리자, 테스터)을 거치는 과정이 말 전달 게임처럼 전달된다는 것이다.

소프트웨어 생명주기의 모든 것이 그렇듯 이 오류 케이스도 수정 시간이 길어질수록 비용도 늘어난다. 여러분은 (이상적으로는) 사용자 요구 사항들을 만나자마자 이런 이슈들을 발견해야 한다. 이제 행위 주도 개발을 만날 때다.

걸킨 언어

행위 주도 개발은 다니엘 테호르스트 노스Daniel Terhorst-North(https://dannorth.net/introducing-bdd/)에 의해 만들어졌으며, 시스템의 행위에 중점을 둔 방식이다. BDD는 커뮤니케이션을 명확하게 하는 데 중점을 두며, 최종 사용자와 함께 요구 사항을 반복하며 원하는 동작을 정의한다.

코드를 보기 전에 여러분이 만든 결과물이 어떤 행위를 해야 할지에 대해 동의를 얻어야 한다. 이렇게 정의된 행위들이 여러분이 작성할 코드의 방향을 정해준다. 행위 정의 작업은 여러분의 최종 사용자(또는 비즈니스 분석가나 제품 관리자 등의 대리인)와 같이 진행하며 행위의 정의는 스펙으로 정리된다. 스펙은 일반 언어 형식을 따르며 그 정의를 다소 명확히 하는 데 목적이 있다. 이런 요구 사항의 정리를 위해 사용되는 통상적인 언어 중 하나가 바로 걸킨이다.

걸킨은 Given-When-Then(이하 GWT)의 형태를 따르는 구성으로 돼 있다. 모든 요구 사항은 다음과 같이 구조화된다.

```
Feature: Name of test suite

  Scenario: A test case
    Given some precondition
```

```
When I take some action
Then I expect this result
```

예를 들어 요리에 대해 비건 대체를 요구 사항으로 정한다면 다음과 같이 작성될 것이다.

```
Feature: Vegan-friendly menu

    Scenario: Can substitute for vegan alternative
        Given an order containing a Cheeseburger with Fries
        When I ask for vegan substitutions
        Then I receive the meal with no animal products
```

또 다른 요구 사항은 비건 대체를 할 수 없는 메뉴가 될 것이다.

```
Scenario: Cannot substitute vegan alternatives for certain meals
    Given an order containing Meatloaf
    When I ask for vegan substitutions
    Then an error shows up stating the meal is not vegan substitutable
```

GWT 형식에 익숙하다면 21장에서 소개한 AAA 테스트 구조에 익숙해졌다는 증거다. 구조가 동일하기 때문이다.

이런 형태를 사용해 최종 사용자와 함께 작업을 하면 다음과 같은 이점이 있다.

평문을 사용함

별도로 문법을 따로 배우거나 할 필요가 없다. 모든 것이 비즈니스 레벨의 인력과 개발 레벨의 인력 모두 이해할 수 있게 적혀 있다. 이를 통해 최종 사용자가 원하는 것을 쉽게 파악할 수 있다.

도메인 전용 용어집이 만들어짐

요구 사항이 증가함에 따라 여러분은 여러 개의 요구 사항에 비슷한 문장을 쓰게 될 것이다(앞 예제에서 When I ask for vegan substitutions를 보라). 이런 것들이 쌓여 도메인 전용 용어를 만들 수 있으며, 이를 통해 모든 프로젝트 구성원이 요구 사항을 쉽게 이해할 수 있다.

요구 사항은 테스트 가능해진다

이것이 가장 큰 메리트일 것이다. 요구 사항을 GWT에 맞춰 작성하기 때문에 본능적으로 인수 테스트 작성을 하게 된다. 앞의 칠리 예제에서 걸킨 테스트 구문이 다음과 같다고 하자.

```
Scenario: Texas-Style Chili
    Given a Chili-Making Machine
    When a Chili is dispensed
    Then that dish does not contain beans
    And that dish does not contain tomatoes
```

이러면 인수 테스트 시 어떤 동작이 테스트돼야 하는지 명확해진다. 걸킨 구문에 모호한 부분이 있다면 최종 사용자와 논의해 구체화시켜야 한다. 이런 활동이 "칠리 제조 기계는 빨라야 한다."와 같은 모호한 요구 사항을 없애는 데 도움을 준다. "~빨라야 한다."를 구체화시킨다면 다음과 같이 될 것이다.

```
Scenario: Chili order takes less than two minutes
    Given a Chili-Making Machine
    When a Chili is ordered
    Then the Chili is dispensed to the customer within two minutes
```

이런 요구 사항 정의법이 요구 사항의 버그를 없애는 마법의 탄환은 될 수 없다. 이는 단지 완화 전략일 뿐이다. 여러분이 코드 작성 전에 기술 관계자나 비즈니스 관계자들에게 이 정의들을 검토시키면 모호성이나 의도와 맞지 않는 부분들을 좀 더 빨리 발견할 수 있을 것이다.

실행 가능 사양

실행 가능 사양Executable Specification은 일련의 요구 사항들을 코드로 해석한다. 이는 요구 사항은 테스트 가능하다는 것뿐만 아니라 요구 사항 자체가 테스트라는 의미다. 요구 사항이 변경되면 테스트도 동시에 변경된다. 이것이 바로 추적성traceability의 궁극적 형태며 여러분의 요구 사항이 특정 테스트와 연결되는 이상적인 모습이다.

토론하기

여러분의 조직은 요구 사항의 추적성을 어떻게 확보하는가? 요구 사항을 어떻게 테스트 케이스까지 연결하는가? 요구 사항이 변경되면 어떻게 처리하는가? 요구 사항과 테스트가 동일하다면 어떤 프로세스로 변경되는지 토론해보라.

파이썬 모듈인 behave(https://behave.readthedocs.io/en/stable/)는 걸킨 요구 사항들을 세부 테스트와 매치를 시켜준다. 요구 사항의 특정 구문을 테스트 함수와 매칭을 시켜 테스트를 구동한다.

디폴트로 behave는 feature 폴더에 걸킨 파일을, feature/steps 폴더에 파이썬 파일이 있다고 가정한다.

앞에서 살펴본 걸킨 요구 사항을 살펴보자.

```
Feature: Vegan-friendly menu
```

```
Scenario: Can substitute for vegan alternative
    Given an order containing a Cheeseburger with Fries
    When I ask for vegan substitutions
    Then I receive the meal with no animal products
```

behave로 GWT 구문과 매핑되는 파이썬 코드를 다음과 같이 작성할 수 있다.

```python
from behave import given, when, then

@given("an order containing a Cheeseburger with Fries")
def setup_order(ctx):
    ctx.dish = CheeseburgerWithFries()

@when("I ask for vegan substitutions")
def substitute_vegan(ctx):
    ctx.dish.substitute_vegan_ingredients()

@then("I receive the meal with no animal products")
def check_all_vegan(ctx):
    assert all(is_vegan(ing) for ing in ctx.dish.ingredients())
```

각 단계는 데코레이터로 표현되며 걸킨 요구 사항의 구문과 각각 매핑된다. 데코레이팅된 함수들은 각 사양의 부분으로 수행되는 부분들이다. 이 예제에서는 걸킨 요구 사항이 다음 코드로 표현될 수 있다(여러분은 이를 작성하지 않는다).

```python
from behave.runner import Context
context = Context()
setup_order(context)
substitute_vegan(context)
check_all_vegan(context)
```

이를 실행하려면 behave를 설치해야 한다.

```
pip install behave
```

이제 behave를 feature와 steps 폴더가 있는 곳에서 실행시킬 수 있다.

```
behave code_examples/chapter22/features
```

실행하면 다음과 같은 결과를 볼 것이다.[2]

```
Feature: Vegan-friendly menu

  Scenario: Can substitute for vegan alternatives
    Given an order containing a Cheeseburger with Fries
    When I ask for vegan substitutions
    Then I receive the meal with no animal products

1 feature passed, 0 failed, 0 skipped
1 scenario passed, 0 failed, 0 skipped
3 steps passed, 0 failed, 0 skipped, 0 undefined
Took 0m0.000s
```

여러분이 터미널이나 IDE에서 실행했으면 모든 단계가 초록색으로 보일 것이다. 실패가 된 단계들은 빨간색으로 표시되며 어디에서 실패가 됐는지 추적해야 한다.

이제 여러분은 요구 사항을 바로 인수 테스트와 연결시킬 수 있다. 최종 사용자가 마음이 바뀌면 새롭게 테스트를 재작성하면 된다. GWT 구문이 새로운 테스트에 대해 이미 존재한다면 큰 문제는 없으며 테스트 작성에 개발자의 지원은 필요 없다. GWT 구문을 새로 써야 한다고 해도 문제는 없다. 이 상태에서 작성

2. 이 결과는 OS 및 behave 버전에 따라 조금씩 다를 수 있다. – 옮긴이

된 테스트는 즉시 실패로 떨어지겠지만 비개발자와의 소통 시작이 되기 때문이다. 최종 개발자나 비개발자들은 여러분의 테스트를 이해하는 데 파이썬에 대한 지식은 전혀 필요가 없다.

여러분이 제작하는 소프트웨어에 대한 소통을 위해 걸킨 사양을 이용하는 것이 좋다. behave는 요구 사항을 직접 인수 테스트와 연결해 소통에 좀 더 집중할 수 있게 해준다. BDD를 사용하면 잘못된 코딩으로 바로 넘어가는 것을 방지할 수 있다. "몇 주의 코딩이 몇 시간의 계획을 줄여줄 수 있다.[3]"라는 말도 있지 않은가.

추가적인 behave의 기능

앞의 예제들은 기초적인 것들이었다. 다행히도 behave는 테스트를 쉽게 작성하게 해주는 추가적인 훌륭한 기능이 많다.

단계의 파라미터화

앞의 예제에서 Given 단계들이 상당히 유사하다는 것을 발견했을 것이다.

```
Given an order containing a Cheeseburger with Fries
```

```
Given an order containing Meatloaf
```

3. 이 말은 누가 했는지 알려지지 않았다. 내가 이 문구를 처음 접한 곳은 트위터의 '프로그래밍 격언' 계정(https://twitter.com/codewisdom/status/1002181404061552640?lang=en)이었다.

파이썬에서 비슷한 것을 반복해서 쓰는 것은 아니다. behave에서는 이를 파라미터화해서 해결책을 제공한다.

```
@given("an order containing {dish_name}")
def setup_order(ctx, dish_name):
    if dish_name == "a Cheeseburger with Fries":
        ctx.dish = CheeseburgerWithFries()
    elif dish_name == "Meatloaf":
        ctx.dish = Meatloaf()
```

또한 필요한 구문들을 중첩해서 적을 수도 있다.

```
@given("an order containing a Cheeseburger with Fries")
@given("a typical drive-thru order")
def setup_order(context):
    ctx.dish = CheeseBurgerWithFries()
```

파라미터화나 단계의 재사용은 직관적인 사용을 위한 용어집을 만드는 데 도움을 준다. 이는 걸킨 테스트의 작성 비용을 줄여준다.

테이블 주도 요구 사항

21장에서 테스트를 파라미터화시켜 모든 전제 조건과 판정이 테이블로 정의될 수 있음을 언급했었다.[4] behave 역시 비슷한 기능을 제공한다.

```
Feature: Vegan-friendly menu
```

4. 21장을 보면 저자는 언급을 한 적이 없다. 아마 착각을 한 듯하다. – 옮긴이

```
Scenario Outline: Vegan Substitutions
    Given an order containing <dish_name>,
    When I ask for vegan substitutions
    Then <result>

  Examples: Vegan Substitutable
    | dish_name                     | result |
    | a Cheeseburger with Fries     | I receive the meal with no animal products|
    | Cobb Salad                    | I receive the meal with no animal products|
    | French Fries                  | I receive the meal with no animal products|
    | Lemonade                      | I receive the meal with no animal products|

  Examples: Vegan Substitutable
    | dish_name                     | result |
    | Meatloaf                      | a non-vegan-substitutable error shows up |
    | Meatballs                     | a non-vegan-substitutable error shows up |
    | Fried Shrimp                  | a non-vegan-substitutable error shows up |
```

behave는 테이블 값들을 읽어 들여 자동으로 테스트를 수행한다. 유사한 데이터들을 수행하는 데 정말 최고의 방법이라 할 수 있다.

단계 매칭

때로는 기본 데코레이터가 전달하려는 내용을 유연성 있게 전달하지 못하는 경우가 있다. 이런 경우 데코레이터에 정규표현식을 적용할 수 있으며, 이는 걸킨 문장을 자연어에 좀 더 가깝게 쓸 수 있게 해준다(특히 복잡한 데이터 형식이나 이상한 문법 등). 다음은 시나리오 문장 내의 특정 요리 이름에 'a'나 'an'이 앞에 오는 것을 허용하는 예제다(이렇게 하면 요리의 이름이 단순해진다).

```
from behave import use_context_matcher
```

```
use_step_matcher("re")

@given("an order containing [a |an ]?(?P<dish_name>.*)")
def setup_order(ctx, dish_name):
    ctx.dish = create_dish(dish_name)
```

테스트 수명주기의 사용자화

때로는 테스트 코드의 실행 전후로 특정 코드를 돌려야 할 일이 생긴다. 테스트 환경의 설정을 위한 데이터베이스 설정이나 서비스를 통해 테스트 수행 사이에 캐시를 지우는 작업 등이 이에 속한다. setUp이나 teadDown과 같은 unittest의 내장 모듈처럼 behave도 단계, 피처, 전체 테스트의 전후로 함수를 수행시키는 기능을 제공한다. 이 기능을 사용하려면 environment.py라는 파일 내에서 특별히 명명한 함수를 정의한다.

```
def before_all(ctx):
    ctx.database = setup_database()

def before_feature(ctx, feature):
    ctx.database.empty_tables()

def after_all(ctx):
    ctx.database.cleanup()
```

behave의 환경설정은 공식 문서(https://behave.readthedocs.io/en/stable/tutorial.html#environmental-controls)를 참조하기 바란다. pytest의 픽스처에 더 익숙하다면 이와 유사한 behave 픽스처(https://behave.readthedocs.io/en/stable/tutorial.html#fixtures)를 확인하기 바란다.

before_feature나 before_scenario는 피처, 시나리오를 읽어 들여 각각 이들에게 전달한다. 이런 피처와 시나리오의 이름을 입력해 테스트의 특정 부분에 대한 작업을 진행할 수 있다.

테스트의 선별적 수행을 위한 태그 사용

또한 behave는 임의의 텍스트로 태그를 만들어 테스트 수행에 적용시킬 수 있다. 이 태그들은 원하는 대로 만들 수 있는데, 예를 들어 `@wip`은 작업 중work in progress, `@slow`는 천천히 수행할 테스트, `@smoke`는 빠른 체크인을 위해 선택하는 테스트 중 하나 등의 의미를 만들 수 있다.

```
Feature: Vegan-friendly Menu

    @smoke
    @wip
    Scenario: Can substitute for vegan alternatives
        Given an order containing a Cheeseburger with Fries
        When I ask for vegan substitutions
        Then I receive the meal with no animal products
```

특정 태그의 시나리오만 수행하려면 `--tag` 옵션을 붙여 behave를 수행한다.

```
behave code_examples/chapter22 --tags=smoke
```

특정 태그 시나리오를 '제외하고' 수행을 하려면 태그 앞에 '–'을 붙이면 된다. 아래는 `wip` 태그가 붙은 시나리오를 제외한 모든 테스트를 수행하는 명령이다.

```
behave code_examples/chapter22 --tags=-wip
```

리포트 생성

behave와 BDD를 사용해 인수 테스트를 한다고 해도 직접적으로 최종 사용자 또는 그 대리인이 결과를 확인하지 않으면 이들은 큰 메리트를 느끼지 못할 것이다. 이들에게 걸킨 요구 사항의 사용과 이해를 돕기 위한 방법을 찾아야 한다.

모든 단계의 정의를 목록화하려면 behave --steps-catalog를 실행하면 된다.

하지만 이것만으로는 좀 부족하다. 최종 사용자들에게 테스트 결과를 보여주고 무엇이 정상이며 무엇이 문제인지 알려줄 필요가 있다. behave는 이런 결과를 다양한 형태로 출력해주는 기능을 갖고 있다(사용자 정의 형태도 가능하다). 또한 자바 언어용으로 만들어진 단위 테스트 프레임워크인 JUnit(https://junit.org/junit5/)에서 리포트를 생성하는 기능도 기본적으로 갖고 있다. JUnit은 테스트 결과를 XML 파일로 작성하며, 많은 도구가 결과를 읽어 들여 시각화하는 기능을 지원한다.

JUnit 테스트 리포트를 생성하려면 behave를 실행할 때 --junit 옵션을 붙여 실행하면 된다.

이렇게 하면 xml 파일이 생성되며 junit2html(https://github.com/inorton/junit2html)을 사용해 최종 리포트를 생성한다.

```
pip install junit2html
behave code_examples/chapter22/features/ --junit
# xml files are in the reports folder
junit2html <filename>
```

그림 22-1은 리포트의 예다.

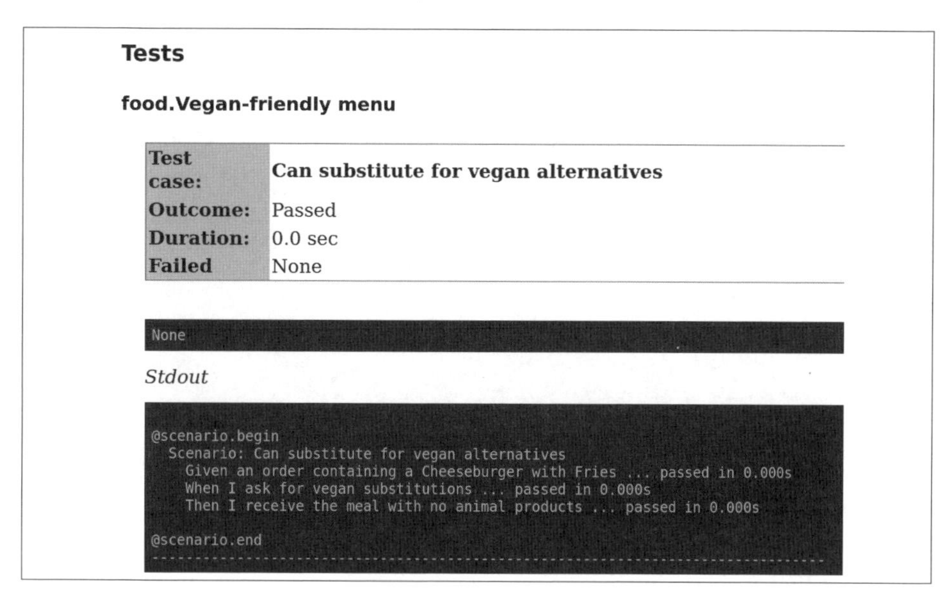
Tests

food.Vegan-friendly menu

Test case:	Can substitute for vegan alternatives
Outcome:	Passed
Duration:	0.0 sec
Failed	None

```
None
```

Stdout

```
@scenario.begin
  Scenario: Can substitute for vegan alternatives
    Given an order containing a Cheeseburger with Fries ... passed in 0.000s
    When I ask for vegan substitutions ... passed in 0.000s
    Then I receive the meal with no animal products ... passed in 0.000s

@scenario.end
--------------------------------------------------------------------------------
```

그림 22-1 junit2html 결과물의 예

JUnit의 결과를 리포트로 만들어주는 도구들은 많다. 여러 도구를 둘러보고 여러분의 테스트 리포트로 적당한 것을 골라 써보라.

마치며

여러분의 테스트가 모두 통과됐지만 결국 제품이 최종 사용자가 원하는 것이 아니라면 들인 노력과 시간은 모두 물거품이 될 것이다. 사용자가 원하는 정확한 것을 전달하는 작업은 비용이 들기 때문에 처음부터 정확하게 만들려고 노력해야 한다. 시스템의 요구 사항에 대한 중요한 소통을 제어하고자 BDD를 사용하라. 요구 사항을 받았다면 이를 behave 및 걸킨 언어를 사용해 인수 테스트를 작성하라. 인수 테스트는 여러분이 최종 사용자가 원하는 것을 전달할 것이라는 확신을 위한 안전망이 돼줄 것이다.

23장에서는 안전망에 구멍이 발생할 때 어떻게 메울 것인지 계속해서 알아본다. 파이썬에는 속성 기반 테스트를 지원하는 Hypothesis라는 도구가 있으며, 이는 여러분이 생각치도 못한 케이스를 포함한 테스트 케이스를 만들어줄 것이다. 여러분이 만든 테스트 케이스가 생각보다 넓은 커버리지를 갖게 된다면 여러분의 마음은 좀 더 편안해지지 않을까?

23장

속성 기반 테스트

코드베이스 내의 모든 것을 완벽하게 테스트하기란 불가능하다. 최선의 방법은 얼마나 적정한 유스 케이스를 찾아 이에 맞추느냐다. 이를 위해 경계 조건, 코드의 패스 스루Path through), 여타 코드의 흥미로운 속성들을 찾는다. 하지만 중요한 것은 테스트 안전망에 큰 구멍은 만들면 안 된다는 것이다. 이를 위해 이제 속성 기반 테스트Property-Based Testing를 살펴보자.

23장에서는 Hypothesis(https://Hypothesis.readthedocs.io/en/latest/)라는 파이썬 라이브러리로 속성 기반 테스트를 어떻게 수행하는지 알아본다. Hypothesis는 여러분이 테스트 케이스를 작성할 때 여러분이 생각하지 못한 것에 대한 테스트 케이스를 만들도록 도와준다. 그리고 실패에 대한 원인 추적, 테스트 입력 데이터에 대한 생성 방식, Hypothesis가 테스트 케이스를 생성하는 알고리듬의 조합까지 알아본다. Hypothesis는 코드베이스 내 오류의 새로운 조합에서 여러분을 보호할 것이다.

Hypothesis와 속성 기반 테스트

속성 기반 테스트는 도구로 테스트케이스를 생성하는 형태 중의 하나다. 특정 입출력에 기반을 두고 작성하는 테스트 대신 시스템에 대한 속성을 정의한다. 여기서 속성Property은 시스템에서 언제나 true로 적용되는 불변 속성(10장에서 다뤘다)의 또 다른 이름이다.

사용자가 입력한 총 칼로리, 가격, 요리 등을 기반으로 하는 메뉴 추천 시스템을 생각해보자. 사용자가 특정 목표 칼로리 이하로 모든 음식을 주문할 수 있게 하려고 한다. 이 기능을 위해 정의한 불변 속성은 다음과 같다.

- 요리의 구성은 애피타이저, 샐러드, 메인 요리다.
- 이 3가지 구성 요리의 총 칼로리는 목표 칼로리보다 낮아야 한다.

이 속성들을 pytest로 작성하면 코드는 다음과 같이 될 것이다.

```
def test_meal_recommendation_under_specific_calories():
    calories = 900
    meals = get_recommended_meal(Recommendation.BY_CALORIES, calories)
    assert len(meals) == 3
    assert is_appetizer(meals[0])
    assert is_salad(meals[1])
    assert is_main_dish(meals[2])
    assert sum(meal.calories for meal in meals) < calories
```

이를 다음 코드와 비교해보자.

```
def test_meal_recommendation_under_specific_calories():
    calories = 900
    meals = get_recommended_meal(Recommendation.BY_CALORIES, calories)
```

```
assert meals == [Meal("Spring Roll", 120),
                 Meal("Green Papaya Salad", 230),
                 Meal("Larb Chicken", 500)]
```

두 번째 코드가 훨씬 구체적인 메뉴에 대해 테스트를 하고 있지만 실패가 일어날 가능성은 더 많다. 새로운 메뉴의 도입이나 추천 알고리듬의 변경 등으로 인해 프로덕션의 코드가 변경된다면 코드는 실패로 떨어진다. 이상적인 경우는 이렇게 발생하는 버그가 아닌 순수한 로직 등으로 인한 버그가 발생하는 경우다. 테스트는 공짜가 아니라는 것을 기억하라. 유지 보수 비용은 줄여야 하며, 테스트를 변형해 수행하는 데 걸리는 시간도 줄여야 한다.

두 가지 경우 모두 900 칼로리라는 특정 입력값을 사용했다. 좀 더 넓은 안전망을 설치하려면 입력 도메인을 넓혀 테스트 케이스를 좀 더 늘리는 것이 좋다. 전통적인 테스트 케이스 제작 방식으로 경곗값 분석boundary value analysis이 있다. 경곗값 분석은 테스트에서 코드를 분석할 때 입력값의 변경이 제어 흐름이나 코드에서의 실행 경로에 어떻게 영향을 주는지 알아보는 것을 의미한다.

예를 들어 함수 `get_recommended_meal`은 칼로리 제한이 650 아래인 경우 오류를 발생시킨다고 해보자. 이 경우 경곗값은 650이며, 이는 입력 범위를 두 개의 동등 클래스 또는 동일한 속성을 가진 일련의 값들로 나눈다. 이 경우 하나의 동등 클래스는 650 이하의 모든 수며, 또 하나는 650을 초과하는 모든 수다. 이런 경곗값 분석을 적용하면 여기서는 세 개의 테스트가 만들어지는데, 하나는 650 미만의 모든 수, 또 하나는 650, 나머지 하나는 650을 초과하는 모든 수다. 실제로 이 테스트는 개발자들이 관련 연산자의 실수(예를 들어 <를 쓸 부분을 <=으로 처리) 또는 off-by-one[1] 오류를 검증하는 수단으로도 쓰인다.

---

1. 문자열의 길이 계산 등의 오류를 off by one 오류라고 한다. 예를 들어 `char dest[30]; dest[30] = 't'`는 오류를 발생시킨다. – 옮긴이

하지만 경곗값 분석은 입력 도메인이 쉽게 나눠질 수 있을 때만 유용하며, 입력 도메인의 분리가 애매하거나 어려우면 적용이 쉽지 않다. 이제 Hypothesis를 만날 시간이 됐다. Hypothesis는 테스트 케이스의 입력값을 생성해주며 경곗값들을 찾아준다.

Hypothesis의 설치는 pip으로 할 수 있다.

```
pip install Hypothesis
```

이제 Hypothesis가 입력 데이터 생성이라는 막중한 임무를 수행하도록 예제를 조금 수정한다.

```
from hypothesis import given
from hypothesis.strategies import integers

@given(integers())
def test_meal_recommendation_under_specific_calories(calories):
    meals = get_recommended_meal(Recommendation.BY_CALORIES, calories)
    assert len(meals) == 3
    assert is_appetizer(meals[0])
    assert is_salad(meals[1])
    assert is_main_dish(meals[2])
    assert sum(meal.calories for meal in meals) < calories
```

간단한 데코레이터로, Hypothesis에게 적당한 입력값을 고르게 할 수 있다. 이 코드에서는 Hypothesis에게 적당한 integer 값을 고르게 했다. Hypothesis는 이 테스트를 여러 번 수행하면서 예상 속성을 깨트릴 값을 찾는다. 이 코드를 pytest로 돌려 보면 다음과 같은 결과를 보게 된다.

```
Falsifying example: test_meal_recommendation_under_specific_calories(
```

```
    calories=0,
)
============= short test summary info ======================
FAILED code_examples/chapter23/test_basic_hypothesis.py::
    test_meal_recommendation_under_specific_calories - assert 850 < 0
```

Hypothesis는 코드에서 오류 케이스를 즉시 찾아냈으며, 이 코드는 제한 칼로리 0인 케이스를 다루지 않았다. 이를 위해 칼로리 데이터를 특정 수치 또는 그 이상으로 제한하고 싶다면 다음과 같이 한다.

```
@given(integers(min_value=900))
def test_meal_recommendation_under_specific_calories(calories)
    # ... 생략 ...
```

이제 다시 한 번 pytest를 돌려보는데, 이번에는 Hypothesis에서 제공하는 정보를 함께 보고자 다음과 같이 옵션을 붙여 수행해본다.

```
pytest code_examples/chapter23/test_basic_hypothesis.py
--Hypothesis-show-statistics
```

결과는 다음과 같이 출력될 것이다.

```
code_examples/chapter23/test_basic_hypothesis.py::
    test_meal_recommendation_under_specific_calories:

    - during generate phase (0.03 seconds):
      - Typical runtimes: < 1ms, ~ 45% in data generation
      - 100 passing examples, 0 failing examples, 0 invalid examples

    - Stopped because settings.max_examples=100
```

Hypothesis는 100개의 다른 값들로 체크했으며, 이를 위해 내가 별도로 특별하게 값을 지정할 필요가 없다. 더 좋은 것은 Hypothesis가 이 테스트를 수행할 때마다 항상 새로운 값으로 테스트를 수행한다는 점이다. 매번 테스트 케이스를 수행할 때 동일한 값으로만 반복하는 것보다 더 다양한 경우의 수를 얻을 수 있다. 다른 모든 개발자와 지속적인 통합 파이프라인 시스템이 수행하는 테스트를 고려하면 이 방법이 숨어있는 케이스를 얼마나 빨리 찾아내는지 깨달을 것이다.

여러분은 Hypothesis.assume으로 도메인에 제약 사항을 걸 수 있다. assume(calories > 850) 같은 구문으로 Hypothesis가 이 가정을 깨버리는 테스트 케이스는 건너 뛸 것이다.

최저 칼로리를 800으로 설정한다면 앞 예제에서 음식의 총합(120 + 230 + 500 = 850)보다 낮은 값인 830에서는 테스트가 실패로 떨어질 것이다.[2]

```
________ test_meal_recommendation_under_specific_calories _________

    @given(integers(min_value=800))
>   def test_meal_recommendation_under_specific_calories(calories):

test_basic_hypothesis.py:31:
_ _ _ _ _ _ _ _ _ _ _ _ _ _ _ _ _ _ _ _ _ _ _ _ _ _ _ _ _ _ _ _ _ _ _ _ _ _ _ _

calories = 801

    @given(integers(min_value=800))
    def test_meal_recommendation_under_specific_calories(calories):
        meals = get_recommended_meal(Recommendation.BY_CALORIES, calories)
        assert len(meals) == 3
        assert is_appetizer(meals[0])
```

2. https://github.com/pviafore/RobustPython/blob/master/code_examples/chapter23/test_basic_hypothesis.py의 get_recommended_meal 함수를 참조하라. – 옮긴이

```
        assert is_salad(meals[1])
        assert is_main_dish(meals[2])
>       assert sum(meal.calories for meal in meals) < calories
E       assert 850 < 801
E       + where 850 = sum(<generator object test_meal_recommendation_under_
specific_calories.<locals>.<genexpr> at 0x1045d2660>)

test_basic_hypothesis.py:37: AssertionError
---------------------- Hypothesis --------------------------------------
Falsifying example: test_meal_recommendation_under_specific_calories(
    calories=801,
)
================= Hypothesis Statistics ================================
test_basic_hypothesis.py::test_meal_recommendation_under_specific_calories:

    - during reuse phase (0.01 seconds):
      - Typical runtimes: ~ 12ms, ~ 1% in data generation
      - 0 passing examples, 1 failing examples, 0 invalid examples
      - Found 1 distinct error in this phase

    - during shrink phase (0.00 seconds):
      - Typical runtimes: < 1ms, ~ 8% in data generation
      - 0 passing examples, 1 failing examples, 0 invalid examples
      - Tried 1 shrinks of which 0 were successful

    - Stopped because nothing left to do
```

오류를 발견했다면 Hypothesis는 이를 기록해 향후에 다시 테스트를 수행할 때 재사용한다. Hypothesis가 어느 특정 값은 반드시 수행하기를 원한다면 Hypothesis.example> 데코레이터로 지정할 수 있다.

```
@given(integers(min_value=800))
@example(800)
```

```
def test_meal_recommendation_under_specific_calories(calories)
    # ... 생략 ...
```

Hypothesis 데이터베이스

Hypothesis는 실패한 테스트 케이스들을 로컬 데이터베이스(디폴트로 테스트를 실행하는 위치의 .Hypothesis/examples 폴더에 저장)에 저장한다. 이는 example 데이터베이스로도 알려져 있다. 이는 향후 테스트를 수행할 때 적용하고자 자주 발생하는 오류들을 모아놓는 곳이다.

로컬 데이터베이스는 다른 것으로 교체할 수 있다. 인메모리 데이터베이스를 활용하면 테스트의 속도를 올릴 수 있다. 예를 들어 Hypothesis는 Redis(https://redis.io/)를 사용할 수 있으며 hypothesis.database.MultiplexedDatabase에서 설정한다.

팀 단위로 Hypothesis를 수행할 때에는 이 데이터베이스를 팀 내에 공유 드라이브나 Redis 등을 통해 공유하는 것이 좋다. CI 시스템이 테스트의 실패 이력을 이 데이터베이스에서 읽어 들여 활용할 수 있고, 개발자들도 로컬에서 테스트를 수행할 때 이를 가져다가 활용할 수 있기 때문이다. CI 테스트의 실패 케이스를 개발자들이 당겨올 수 있고 개발자들은 로컬 개발 중에 테스트 실패를 로컬 데이터베이스에 저장할 수 있도록 Hypothesis.database.MultiplexedDatabase의 사용을 고려해보라. 자세한 것은 Hypothesis 데이터베이스 공식 문서(https://Hypothesis.readthedocs.io/en/latest/database.html)를 참조하라.

Hypothesis의 마법

Hypothesis는 오류를 발견하기에는 정말 좋은 도구다. 마치 마법을 부리는 것 같지만 사실은 꽤 영리하다. 앞의 예제에서 Hypothesis가 칼로리 값 800에서 오류를 발생했다. 여러분이 동일한 코드를 수행하고 800 이상의 값에서 오류를 발생시키려 한다면 여전히 동일한 801 값에서 오류를 발생시키는 것을 볼 수 있다. Hypothesis가 다른 값으로 테스트를 하고 있다면 조금은 다른 결과를 봐야 하지 않을까?

Hypothesis는 오류를 찾으면 영리하게 동작한다. 테스트 케이스를 축소하는 것이다. 여기서 축소Shrinking는 Hypothesis가 항상 실패인 케이스를 발생시키는 최솟값을 찾으려는 것을 의미한다. integers()에 대해서 Hypothesis는 연속적으로 더 작은 숫자들(또는 다루려는 숫자가 음수이면 더 큰 숫자들)을 입력값으로 0이 될 때까지 시도한다. 즉, 테스트가 실패하는 입력값을 0으로 설정하려고 시도한다.

Hypothesis가 어떻게 값을 생성하고 축소시키는지는 오리지널 QuickCheck 문서(https://dl.acm.org/doi/10.1145/351240.351266)를 읽어보기 바란다. QuickCheck 문서는 하스켈Haskell 언어로 돼 있지만 처음 만들어진 속성 기반 도구며 해당 문서는 많은 관련 정보를 제공한다. Hypothesis와 같은 속성 기반 도구들은 이 QuickCheck에서 많은 아이디어를 이어받았다.

기존 테스트와의 비교

속성 기반 테스트는 테스트 작성 프로세스를 놀랍게 단순화시킨다. 그리고 다음과 같은 전통적인 테스트에서의 문제들을 걱정할 필요가 없게 만들어준다.

비결정성 테스트의 용이성

비결정성Nondeterminism은 기존 테스트에서는 큰 문제였다. 사용자의 돌발 행동,

임시 디렉터리의 생성, 다른 데이터베이스에서의 복구 등은 테스트 작성을 정말 어렵게 만드는 것들이다. 테스트의 작성을 위해서는 일정한 입력값을 생성하고 그에 따른 예상 출력값이 필요한데, 이를 위해서는 결정성deterministic이 있어야 하며 그렇지 않으면 여러분의 테스트는 언제나 실패할 것이다. 결정성을 확보하고자 항상 동일한 이름의 폴더를 생성시킨다든지 가상 데이터를 심는 등의 특정 동작을 강제하는 경우도 있다.

속성 기반 테스트에서는 이런 비결정성도 일부분 포함된다. Hypothesis는 각 테스트 수행에 서로 다른 입력값을 제공할 것이다. 어떤 값을 줘야 하는지 고민을 할 필요가 없어지는 것이다. 속성을 정의하고 비결정성을 수용하라. 여러분의 코드가 더 나아질 것이다.

취약성 감소

특정 입/출력에 대해 테스트를 하려면 여러분은 수많은 하드코딩된 가정을 따라야 한다. 리스트라면 리스트의 순서는 바뀌지 않는다는 가정을 할 수도 있고, 딕셔너리라면 새로운 키-값이 추가되지 않는다는 가정을 할 수도 있으며, 의존성들이 코드의 동작에 영향을 주지 않을 것이라는 가정도 있을 것이다. 연관성 없어 보이는 어떤 변경도 여러분의 테스트를 깰 수 있다.

테스트 대상 기능과 상관없는 이유로 테스트가 깨진다면 당황스러운 일이다. 이런 테스트는 좋지 않은 평판을 받고 무시될 것이며(항상 실패로 처리되기 때문) 개발자들은 테스트를 고쳐야 한다는 잔소리 속에서 살아갈 수 있다. 속성 기반 테스트를 사용해 여러분의 테스트에 탄력성을 부여하라.

오류 발견 가능성의 증가

속성 기반 테스트는 테스트의 작성 및 유지 보수 비용을 줄여주는 것뿐만 아니라 오류 발견 가능성도 증가시킨다. 당장 코드에서의 모든 실행 경로를 찾아 테스트를 했더라도 경로를 놓칠 수 있는 가능성도 여전히 있다. 함수가 이전 버전과 호환되지 않는 방식으로 변경되는 경우(말하자면 이전에는 괜찮다고 생각했던 값에 지금은 오류가 발생하는 경우) 이 특정 값을 발견하는 것은 운에 맡겨야 한다. 속성 기반 테스트에서는 새로운 테스트 케이스를 생성하는 특성을 통해 여러 번 수행을 하므로 오류 발견 가능성이 높아진다.

토론하기

여러분의 현재 테스트 케이스를 확인해 가독성이 떨어지는 것들을 골라라. 테스트의 대상 기능을 충분히 테스트하려면 많은 양의 입력값과 출력값을 확인해야 하는 테스트 케이스도 골라라. 이들 테스트를 어떻게 속성 기반 테스트로 대체해 테스트 스위트를 단순화시킬 수 있을지 토론해보라.

Hypothesis의 최대한 활용

지금까지는 Hypothesis를 겉핥기로 맛만 봤다. 속성 기반 테스트를 더 깊이 들어가기 시작한다면 여러분은 수많은 문 중 하나를 막 열기 시작한 것이다. Hypothesis에서는 여러분의 테스트를 개선시킬 수 있는 놀라운 기능 몇 가지를 제공한다.

Hypothesis 전략

앞 절에서 `integers()` 전략을 소개했다. Hypothesis에서 전략은 테스트가 실패할 때 케이스를 어떻게 줄이는지와 동시에 어떻게 생성할지 정의한다. Hypothesis는 즉시 사용할 수 있는 많은 전략을 제공한다. `integers()`와 비슷하게 부동소수점, 문자열, `datetime.time` 형태의 데이터를 생성하는 `floats()`, `text()`, `times()` 등을 전략으로 각각 사용할 수 있다.

또한 Hypothesis는 전략 간의 조합을 허용해 리스트, 튜플, 딕셔너리 전략도 가능하다(이는 17장에서 언급한 조합 가능성을 완벽하게 보여준다). 예를 들어 메뉴 이름(텍스트)과 칼로리 쌍으로 돼 있는 딕셔너리를 전략으로 생성하고 싶다면 다음과 같이 할 수 있다.

```
from hypothesis import given
from hypothesis.strategies import dictionaries, integers, text

@given(dictionaries(text(), integers(min_value=100, max_value=2000)))
def test_calorie_count(ingredient_to_calorie_mapping : dict[str, int]):
    # ... 생략 ...
```

좀 더 복잡한 데이터를 위해 Hypothesis는 사용자 정의 전략을 지원한다. map과 filter 전략을 지원하는데, 이는 파이썬 내장 map 및 filter와 비슷하다.

Hypothesis.composite 데코레이터로 사용자 정의 전략을 만들 수도 있다. 예를 들어 애피타이저, 메인 요리, 디저트로 구성된 식사에 대한 전략을 만든다고 해보자. 각 요리는 이름과 칼로리를 갖고 있을 것이다.

```
from hypothesis import given
from hypothesis.strategies import composite, integers

ThreeCourseMeal = tuple[Dish, Dish, Dish]

@composite
def three_course_meals(draw) -> ThreeCourseMeal:
    appetizer_calories = integers(min_value=100, max_value=900)
    main_dish_calories = integers(min_value=550, max_value=1800)
    dessert_calories = integers(min_value=500, max_value=1000)

    return (Dish("Appetizer", draw(appetizer_calories)),
            Dish("Main Dish", draw(main_dish_calories)),
            Dish("Dessert", draw(dessert_calories)))

@given(three_course_meals)
def test_three_course_meal_substitutions(three_course_meal: ThreeCourseMeal):
    # ... do something with three_course_meal
```

이 예제에서는 three_course_meals라는 사용자 정의 전략을 조합으로 정의했다. 여기서는 세 가지 정수 타입의 전략을 생성했으며, 각 요리의 타입별로 최대/최솟값의 정수형 전략을 갖고 있다. 여기에서 새로운 식사를 생성할 때마다 정수 값을 전략에서 가져온다. 조합된 전략이 기존 전략에서 값을 가져오는 데 draw 함수를 사용한다.

여러분이 전략을 정의했다면 이를 다양한 테스트에서 재사용할 수 있다. Hypothesis의 전략에 대한 더 자세한 사항은 Hypothesis 공식 문서(https://Hypothesis.readthedocs.io/en/latest/data.html#adapting-strategies)를 참조하기 바란다.

알고리듬 생성

앞의 예제에서는 테스트 생성 시에 사용될 입력 데이터에 주로 초점을 맞췄다. 하지만 Hypothesis는 더 깊이 들어가 연산의 조합 생성도 지원한다. Hypothesis에서는 이를 **상태 보존 테스트**stateful testing라고 부른다.

식사 추천 시스템을 다시 생각해보자. 지금까지는 칼로리를 기준으로 어떻게 필터링하는지 보여줬지만 이제 가격, 코스의 수, 예상 사용자 등으로 하고 싶다. 여기서 시스템에 대해 판정하려는 속성은 다음과 같다.

- 식사 추천 시스템의 추천 개수는 항상 3가지다. 추천 옵션들이 모든 사용자에 맞지 않을 수 있다.
- 모든 식사의 옵션들은 서로 다르다.
- 식사 옵션들은 최근에 적용된 필터가 적용된 순서로 정렬된다. 최근 적용 필터가 동일하다면 가장 최근에 사용된 필터가 기준이 된다.
- 새로운 필터가 동일한 타입의 예전 필터를 대체한다. 예를 들어 가격 필터를 <$20으로 했다가 <$15로 변경했다면 <$15만 적용된다. <1800과 같

은 칼로리 필터는 가격 필터에 영향을 받지 않는다.

새 케이스를 많이 작성하는 대신 Hypothesis.stateful.RuleBasedStateMachine을 사용할 것이다. 이는 Hypothesis를 사용해 불변 속성 체크와 동시에 전체 알고리듬을 테스트하게 한다. 이는 다소 복잡하며 전체 코드는 다음과 같다.

```
from functools import reduce
from hypothesis.strategies import integers
from hypothesis.stateful import Bundle, RuleBasedStateMachine, invariant, rule

class RecommendationChecker(RuleBasedStateMachine):
    def __init__(self):
        super().__init__()
        self.recommender = MealRecommendationEngine()
        self.filters = []

    @rule(price_limit=integers(min_value=6, max_value=200))
    def filter_by_price(self, price_limit):
        self.recommender.apply_price_filter(price_limit)
        self.filters = [f for f in self.filters if f[0] != "price"]
        self.filters.append(("price", lambda m: m.price))

    @rule(calorie_limit=integers(min_value=500, max_value=2000))
    def filter_by_calories(self, calorie_limit):
        self.recommender.apply_calorie_filter(calorie_limit)
        self.filters = [f for f in self.filters if f[0] != "calorie"]
        self.filters.append(("calorie", lambda m: m.calories))

    @rule(distance_limit=integers(max_value=100))
    def filter_by_distance(self, distance_limit):
        self.recommender.apply_distance_filter(distance_limit)
        self.filters = [f for f in self.filters if f[0] != "distance"]
        self.filters.append(("distance", lambda m: m.distance))

    @invariant()
```

```
    def recommender_provides_three_unique_meals(self):
        assert len(self.recommender.get_meals()) == 3
        assert len(set(self.recommender.get_meals())) == 3

    @invariant()
    def meals_are_appropriately_ordered(self):
        meals = self.recommender.get_meals()
        ordered_meals = reduce(lambda meals, f: sorted(meals, key=f[1]),
                               self.filters,
                               meals)
        assert ordered_meals == meals

TestRecommender = RecommendationChecker.TestCase
```

좀 길어 보이지만 훌륭하게 작동한다. 이제 분석해보자.

먼저 hypothesis.stateful.RuleBasedStateMachine의 하위 클래스를 생성한다.

```
from functools import reduce
from hypothesis.strategies import integers
from hypothesis.stateful import Bundle, RuleBasedStateMachine, invariant, rule

class RecommendationChecker(RuleBasedStateMachine):
    def __init__(self):
        super().__init__()
        self.recommender = MealRecommendationEngine()
        self.filters = []
```

이 클래스는 조합에서 테스트를 하려고 하는 단계의 정의를 할 때 적용될 것이다. 생성자에서 self.recommender를 MealRecommendationEngine으로 설정했으며, 이는 이 시나리오에서 테스트하려는 것이다. 그리고 클래스의 일부로 적용된 필터 목록을 추적할 것이다. 다음으로 Hypothesis.stateful.rule 함수를 설정한다.

```
@rule(price_limit=integers(min_value=6, max_value=200))
def filter_by_price(self, price_limit):
    self.recommender.apply_price_filter(price_limit)
    self.filters = [f for f in self.filters if f[0] != "price"]
    self.filters.append(("price", lambda m: m.price))

@rule(calorie_limit=integers(min_value=500, max_value=2000))
def filter_by_calories(self, calorie_limit):
    self.recommender.apply_calorie_filter(calorie_limit)
    self.filters = [f for f in self.filters if f[0] != "calorie"]
    self.filters.append(("calorie", lambda m: m.calories))

@rule(distance_limit=integers(max_value=100))
def filter_by_distance(self, distance_limit):
    self.recommender.apply_distance_filter(distance_limit)
    self.filters = [f for f in self.filters if f[0] != "distance"]
    self.filters.append(("distance", lambda m: m.distance))
```

각 규칙들(@rules)은 여러분이 테스트하려는 알고리듬의 단계들을 의미한다. Hypothesis는 이 규칙들을 사용해 테스트 데이터 생성에 상응하는 테스트들을 만든다. 이 예제에서 각 규칙들은 추천 엔진을 위한 필터를 적용할 것이다. 나중에 결과 체크를 위해 이 필터들은 따로 로컬에 저장한다.

다음으로 hypothesis.stateful.invariant 데코레이터를 사용해 모든 규칙이 변경된 후에 체크돼야 할 판정문을 정의한다.

```
@invariant()
def recommender_provides_three_unique_meals(self):
    assert len(self.recommender.get_meals()) == 3
    assert len(set(self.recommender.get_meals())) == 3

@invariant()
def meals_are_appropriately_ordered(self):
```

```
        meals = self.recommender.get_meals()
        ordered_meals = reduce(lambda meals, f: sorted(meals, key=f[1]),
                               self.filters,
                               meals)
        assert ordered_meals == meals
```

여기서는 두 개의 불변 속성을 작성했다. 추천은 항상 서로 다른 3개의 식사며, 추천 결과는 선택된 필터를 기반으로 한 순서를 따른다는 것이다.

마지막으로 RecommendationChecker로부터 TestCase를 변수로 저장했다. 변수명을 Test로 시작하게 해서 pytest가 Hypothesis의 상태 보존 테스트를 발견할 수 있게 했다.

```
TestRecommender = RecommendationChecker.TestCase
```

이제 실행시키면 Hypothesis는 서로 다른 조합으로 테스트 케이스를 생성하기 시작할 것이다. 예를 들어 Hypothesis 테스트 하나의 수행으로(일부러 오류 하나를 발생시켰음) Hypothesis는 다음과 같은 테스트를 생성했다.

```
state = RecommendationChecker()
state.filter_by_distance(distance_limit=0)
state.filter_by_distance(distance_limit=0)
state.filter_by_distance(distance_limit=0)
state.filter_by_calories(calorie_limit=500)
state.filter_by_distance(distance_limit=0)
state.teardown()
```

위와는 다른 오류를 발생시켰다면 Hypothesis는 오류를 발견한 다른 테스트 케이스를 생성한다.

```
state = RecommendationChecker()
state.filter_by_price(price_limit=6)
state.filter_by_price(price_limit=6)
state.filter_by_price(price_limit=6)
state.filter_by_price(price_limit=6)
state.filter_by_distance(distance_limit=0)
state.filter_by_price(price_limit=16)
state.teardown()
```

이는 특별한 불변 속성을 가진 객체나 복잡한 알고리듬의 테스트에 매우 편리하다. Hypothesis는 오류를 생성할 단계의 순서를 지속적으로 검색하면서 여러 단계를 혼합하고 매칭시킬 것이다.

토론하기

여러분의 코드베이스는 테스트하기 어려운 높은 연관관계의 함수들을 갖고 있는가? 몇 개의 상태 보존 Hypothesis 테스트를 작성하고 이런 종류의 테스트가 여러분의 테스트 스위트에 어떤 영향을 주는지 토론해보자.

마치며

속성 기반 테스트는 전통적인 테스트를 대체하기 위한 것이 아니며, 이 둘은 보완 관계다. 여러분의 코드에 입출력이 문제없이 지정됐다면 이 하드코딩된 전제 조건에 의한 테스트로도 충분하다. 하지만 코드가 점점 복잡해지면 테스트도 함께 복잡해지며 테스트를 해석하고 이해하는 데 걸리는 시간보다 더 많은 시간을 소비하게 된다.

속성 기반 테스트는 파이썬에서는 Hypothesis로 쉽게 수행할 수 있다. Hypothesis는 코드베이스 수명 전반에 걸쳐 새로운 테스트를 생성함으로써 안전망의 구멍들을 메워준다. Hypothesis.strategies의 사용을 통해 테스트 데이터를 어떻게 생성할지를 제어할 수 있다. 또한 Hypothesis.stateful 테스트로 서로 다른 단계의 조합을 통해 알고리듬에 대한 테스트도 수행할 수 있다. Hypothesis는 코드 내의 불변 속성 및 속성들에 대해 집중하게 하고 테스트를 좀 더 자연스럽게 표현시켜준다.

24장에는 뮤테이션 테스트Mutation testing를 다룬다. 뮤테이션 테스트는 안전망의 구멍을 메워줄 또 다른 방법이다. 새로운 테스트 방법을 찾는 대신 뮤테이션 코드는 테스트의 효율성 측정에 초점을 맞춘다. 이는 견고한 테스트를 위한 또 다른 도구다.

24장

뮤테이션 테스트

정적 분석 및 테스트의 안전망이 흔들릴 때 테스트를 충분히 할 수 있다고 생각하는가? 모든 것을 테스트하는 것은 불가능하며, 테스트를 작성할 때 이를 고려해 효율적으로 작성해야 한다. 각 테스트를 안전망에서의 그물코로 생각해보면 테스트가 많을수록 망은 넓어진다. 하지만 이것은 여러분의 안전망이 잘 구성돼 있는지와는 별개의 문제다. 닳고 부서지기 쉬운 그물코 부분이 있다면 안전망이 없는 것보다 더 위험할 수도 있다. 안전망은 완벽에 가까울 것이라는 환상을 심어주지만, 잘못된 부분으로 인해 피해가 발생할 가능성도 커진다.

뮤테이션 테스트^Mutation Testing^의 목적은 여러분의 안전망에 잘못된 부분은 없는지 체크하는 것이다. 실제로 코드에 버그가 있다면 테스트는 이를 캐치해 실패를 나타낼 것이라는 확신이 필요하다. 24장에서는 뮤테이션 테스트로 이를 어떻게 수행하는지 살펴보고, 파이썬의 mutmut라는 라이브러리를 사용해 뮤테이션 테스트를 수행한다. 마지막으로 코드 커버리지 도구를 알아보고 이를 어떻게 mutmut와 연동해 커버리지 리포트를 생성하는지 살펴본다. 뮤테이션 테스트의 방법을 안다면 여러분의 테스트가 얼마나 효과적인지 측정할 수 있을 것이다.

뮤테이션 테스트란?

뮤테이션 테스트는 버그를 만들어내려는 의도로 소스코드를 임의로 변경하는 행위를 의미한다.[1] 이런 목적으로 변경된 코드를 뮤턴트mutant라 부른다. 변경된 코드로 테스트를 수행하고 실패가 떨어지면 여러분의 테스트는 정상이다. 이제 이 뮤턴트를 제거해도 된다. 하지만 테스트가 성공하면 여러분의 테스트는 진짜 실패를 잡아내기에는 견고성이 부족하다는 의미다. 이 경우 뮤턴트는 남겨놓는다. 뮤테이션 테스트는 메타테스트meta testing의 한 형태로, 여러분의 테스트가 얼마나 견고한지를 체크한다. 무엇보다 여러분의 테스트 코드가 코드베이스에서 우선시돼야 하며, 이 코드 역시 어느 수준으로는 테스트가 돼야 한다.

간단한 칼로리 체크 앱을 생각해보자. 사용자가 식단을 입력하면 설정된 하루 칼로리 수치를 넘었는지 여부를 판단해주는 기능을 갖고 있다. 핵심 기능의 구현은 다음과 같다.

```
def check_meals_for_calorie_overage(meals: list[Meal], target: int):
    for meal in meals:
        target -= meal.calories
        if target < 0:
            display_warning(meal, WarningType.OVER_CALORIE_LIMIT)
            continue
        display_checkmark(meal)
```

다음은 이 코드에 대한 테스트 코드며, 모두 통과된다고 가정하자.

1. 뮤테이션 테스트는 1971년 Richard A. DeMillo와 Richard J. Lipton, Fred G. Sayward의 논문 「Hints on Test Data Selection: Help for the Practicing Programmer(IEEE Computer, 11(4): 34–41, April 1978.)」에서 처음 발표됐다. 이 방법에 대한 첫 적용 발표는 Tim A. Budd의 논문 「Mutation Analysis of Program Test Data(박사 학위 청구 논문, Yale University, 1980.)」였다.

```
def test_no_warnings_if_under_calories():
    meals = [Meal("Fish 'n' Chips", 1000)]
    check_meals_for_calorie_overage(meals, 1200)
    assert_no_warnings_displayed_on_meal("Fish 'n' Chips")
    assert_checkmark_on_meal("Fish 'n' Chips")

def test_no_exception_thrown_if_no_meals():
    check_meals_for_calorie_overage([], 1200)
    # no explicit assert, just checking for no exceptions

def test_meal_is_marked_as_over_calories():
    meals = [Meal("Fish 'n' Chips", 1000)]
    check_meals_for_calorie_overage(meals, 900)
    assert_meal_is_over_calories("Fish 'n' Chips")

def test_meal_going_over_calories_does_not_conflict_with_previous_meals():
    meals = [Meal("Fish 'n' Chips", 1000), Meal("Banana Split", 400)]
    check_meals_for_calorie_overage(meals, 1200)
    assert_no_warnings_displayed_on_meal("Fish 'n' Chips")
    assert_checkmark_on_meal("Fish 'n' Chips")
    assert_meal_is_over_calories("Banana Split")
```

연습 삼아 이 테스트 코드를 찬찬히 뜯어보자(일단 뮤테이션 테스트라는 것은 생각하지 말자). 이런 테스트 코드를 프로덕션 환경에서 발견했다면 어떤 생각이 들까? 이 테스트 코드들은 신뢰할 수 있을까? 이 코드만 수행되면 내가 놓치는 것은 없게 될까? 대상 코드가 변경돼도 이 테스트는 정상적으로 작동할까?

이 책의 전체를 관통하는 전제 조건 중 하나는 소프트웨어는 항상 변한다는 것이다. 이런 환경에서 향후의 협업자들에게 소프트웨어의 유지 보수를 용이하게 해줄 필요가 있다. 테스트도 마찬가지인데, 여러분의 코드에 대해서만 동작하는 것이 아니라 향후의 유지 보수자들의 변경 코드에서도 원활하게 동작해야 한다.

예를 들어 향후 개발자가 공통 라이브러리를 사용하기 위한 메서드를 리팩토링

한다면 한 줄의 변경이나 새로운 기능을 추가한 경우에도 이 변경들이 유발할 수 있는 오류를 테스트 코드는 캐치해야 한다. 뮤테이션 테스트에서 필요한 마음가짐은 코드에서 발생할 수 있는 모든 변경 가능성을 고려하고 여러분의 테스트가 이런 변경에서부터 발생할 수 있는 오류들을 캐치할 수 있는지 점검하는 자세다. 표 24-1은 앞 코드를 줄별로 분석해 해당 줄이 코드에서 누락되면 발생할 결과를 정리한 것이다.

표 24-1 각 줄의 누락 시 발생할 문제

코드 줄	누락 시 발생할 오류 메시지
`for mean in meals:`	Tests fail: Syntax errors and code does no looping
`target -= meal.calories`	Tests fail: no warnings are ever displayed
`if target<0`	Tests fail: all meals show a warning
`display_warning(meal, WarningType.OVER_CALORIE_LIMIT)`	Tests fail: no warnings are shown
`continue`	Tests pass
`display_checkmark(meal)`	Tests fail: checkmarks are not displayed on meals

표에서 continue문을 살펴보자. 이 구문이 누락되면 모든 테스트가 통과하게 된다. 이것은 발생할 수 있는 세 가지 시나리오(이 구문이 필요가 없거나, 이 구문이 필요하지만 테스트까지 할 필요는 없거나, 테스트 스위트의 커버리지 밖에 존재하는 것) 중 하나다.

첫 번째와 두 번째 시나리오는 다루기 어렵지 않다. 이 구문이 필요 없으면 삭제하면 된다. 이 구문이 테스트를 해야 할 정도로 중요하지 않다면(보통 버전을 표시하는 문자나 로깅 구문들이 이에 속한다) 이 구문에 대한 뮤테이션 테스트를 건너뛰면 된다. 하지만 세 번째 시나리오에 해당된다면 안전망에 구멍을 발견한 것이다.

continue문이 누락되면 앞 코드는 칼로리 한계를 넘어서는 모든 메뉴에 대해 display_warning()과 display_checkmark()가 함께 수행될 것이다. 이는 우리가 바라는 바람직한 동작은 아니며 테스트 커버리지를 여기까지 넓혀야 한다는 것을 의미한다. 경고(display_warning())를 받은 메뉴가 체크되지 않았는지(display_checkmark()) 확인하는 판정문을 추가하면 이 뮤턴트를 잡아내도록 테스트 스위트를 변경한 것이다.

구문의 삭제 역시 뮤테이션의 한 예다. 앞 코드에 적용할 수 있는 뮤턴트는 정말 많다. 사실 continue문을 break로 변경한다면 테스트는 여전히 통과할 것이다. 수많은 뮤턴트를 만드는 것은 어떻게 보면 지루한 작업이다. 따라서 이를 자동으로 만들어주는 도구가 필요하다. 이제 mutmut를 만나러 가보자.

mutmut을 이용한 뮤테이션 테스트

mutmut(https://pypi.org/project/mutmut/)는 뮤테이션 테스트를 위한 파이썬 라이브러리다. 이 라이브러리는 사전 프로그래밍된 뮤테이션 세트를 적용하는데, 다음은 해당 뮤턴트의 일부다.

- 정수를 찾아 거기에 1씩 더해 오프바이원[off-by-one] 오류를 찾는다.
- 문자형이 있다면 사이에 텍스트를 삽입해본다.
- break문과 continue문을 바꿔치기 한다.
- True와 False를 바꿔치기 한다.
- 조건문을 부정해본다. 예를 들어 x is None을 x is not None으로 변경한다.
- 연산자를 변경한다(특히 /를 //로 변경한다).

뮤턴트 방법이 상당히 구체적이지 않는가? mutmut는 여러분의 코드를 뮤테이팅하는 데 상당히 효과적인 방법을 제공한다. mutmut는 먼저 여기저기에 뮤테이션들을 만들고, 테스트 스위트를 실행해 테스트 수행 과정에서 살아남은 뮤턴트들을 보여준다.

먼저 실행하려면 mutmut를 설치해야 한다.

```
pip install mutmut
```

이제 여러분의 모든 테스트에 대해 mutmut를 수행한다(이는 시간이 좀 걸리는 작업이다). 이 책의 예제 파일로 수행을 해보려면 수행 방법은 다음과 같다.[2]

```
mutmut run --paths-to-mutate code_examples/chapter24
```

대형 코드베이스에서 mutmut를 수행하면 시간이 아주 많이 걸린다. 하지만 mutmut는 .mutmutcache라는 폴더에 중간 저장하는 기능이 있어 중간에 실행 중지를 하더라도 나중에 중지한 부분부터 다시 개시할 수 있다.

mutmut를 수행하면 통계 형식으로 결과를 보여주는데, 여기에는 살아남은 뮤턴트, 삭제된 뮤턴트, 어떤 테스트가 유독 오래 걸렸는지(예를 들어 무한 루프에 빠진 테스트 등)에 대한 정보가 들어 있다.

수행이 종료되면 결과는 mutmut results를 확인할 수 있다. 책의 예제 파일의 경우 mutmut는 세 개의 뮤턴트가 살아남았다고 보고한다. 이 뮤턴트들은 수치

---

2. mutmut는 pytest 또는 이것이 없다면 unittest 모듈을 실행시킨다. 따라서 [파이썬 설치 위치]/site-packages/mutmut/__main__.py에서의 python -m pytest -x --assert=plain 또는 python -m unittest 명령이 문제없이 실행돼야 한다. 여러분의 환경에서 파이썬을 python3으로 실행한다면 [파이썬 설치 위치]/site-packages/mutmut/__main__.py 파일 내의 구문들을 각각 python3 -m pytest -x --assert=plain 및 python3 -m unittest로 고쳐야 한다. – 옮긴이

ID로 구분되며, mutmut show <id> 명령으로 해당 뮤턴트를 확인할 수 있다. 다음은 살아남은 뮤턴트들을 나타낸 것이다.[3]

```
mutmut show 32
--- code_examples/chapter24/calorie_tracker.py
+++ code_examples/chapter24/calorie_tracker.py
@@ -26,7 +26,7 @@
 def check_meals_for_calorie_overage(meals: list[Meal], target: int):
    for meal in meals:
        target -= meal.calories
-       if target < 0:
+       if target <= 0:
            display_warning(meal, WarningType.OVER_CALORIE_LIMIT)
            continue
        display_checkmark(meal)

mutmut show 33
--- code_examples/chapter24/calorie_tracker.py
+++ code_examples/chapter24/calorie_tracker.py
@@ -26,7 +26,7 @@
 def check_meals_for_calorie_overage(meals: list[Meal], target: int):
    for meal in meals:
        target -= meal.calories
-       if target < 0:
+       if target < 1:
            display_warning(meal, WarningType.OVER_CALORIE_LIMIT)
            continue
        display_checkmark(meal)

mutmut show 34
--- code_examples/chapter24/calorie_tracker.py
```

3. 결과가 이 책과 다를 수 있다. 뮤테이션(돌연변이)을 일으키는 것이 상황에 따라 다르기 때문이다. 내 경우에는 동일한 소스로 5개의 뮤턴트가 calorie_tracker.py에서 살아남았다. – 옮긴이

```
+++ code_examples/chapter24/calorie_tracker.py
@@ -28,6 +28,6 @@
         target -= meal.calories
         if target < 0:
             display_warning(meal, WarningType.OVER_CALORIE_LIMIT)
-            continue
+            break
         display_checkmark(meal)
```

각 뮤턴트에서 mutmut는 diff 형식으로 원래 파일을 어떻게 바꿨는지 보여준다. 이 경우에는 앞에 '-'이 있는 줄이 mutmut에 의해 변경된 원래 줄이고 '+'가 있는 줄이 mutmut에 의해 바뀐 내용이다.

이 세 개의 케이스들이 내가 만든 테스트에서 존재하는 잠재적 구멍이다. <=를 <로 변경하는 것만으로 식단의 칼로리가 목표 칼로리와 정확히 매치될 때에 대한 경우 커버를 못한다는 것을 발견했다. 0을 1로 바꾸는 것만으로 입력 도메인의 경곗값에 대한 커버리지를 갖지 못한 것을 발견했다(이해가 안 된다면 23장으로 되돌아가 경곗값 분석을 다시 살펴보라). continue를 break로 바꾼 것만으로 루프는 조기 종료되고 잠재적으로 OK로 마크할 식단들을 그냥 놓치고 만다.

뮤턴트의 수정

뮤턴트가 확정됐다면 이제 수정해야 한다. 가장 좋은 방법은 로컬에 있는 파일에 뮤턴트를 적용해보는 것이다. 앞 예제에서 확정된 뮤턴트는 32, 33, 34번이었다. 이제 이를 코드베이스에 다음과 같이 적용한다.

```
mutmut apply 32
mutmut apply 33
mutmut apply 34
```

이 작업은 버전 관리 환경에서 수행하기 바란다. 버전 관리가 되면 적용 작업이 완료됐을 때 뮤턴트와 코드를 원래대로 되돌리는 것이 쉬워진다.

로컬에 뮤턴트들이 적용되면 여러분의 목표는 이제 실패하는 테스트를 작성하는 것이다. 예를 들어 다음과 같이 작성할 수 있다.

```
def test_failing_mutmut():
    clear_warnings()
    meals = [Meal("Fish 'n' Chips", 1000),
             Meal("Late-Night Cookies", 300),
             Meal("Banana Split", 400)
             Meal("Tub of Cookie Dough", 1000)]
    check_meals_for_calorie_overage(meals, 1300)

    assert_no_warnings_displayed_on_meal("Fish 'n' Chips")
    assert_checkmark_on_meal("Fish 'n' Chips")
    assert_no_warnings_displayed_on_meal("Late-Night Cookies")
    assert_checkmark_on_meal("Late-Night Cookies")
    assert_meal_is_over_calories("Banana Split")
    assert_meal_is_over_calories("Tub of Cookie Dough")
```

이 테스트는 실패로 떨어져야 한다(하나의 뮤턴트가 남았어도 말이다). 모든 뮤테이션들을 잡았다는 확신이 들면 이제 뮤턴트들을 다시 되돌리고[4] 모든 테스트가 통과되는지 봐야 한다.

---

4. 대상 파일(여기서는 calorie_tracker.py)를 원복시키고 .mutmut_cache 파일을 삭제한 후 다시 mutmut run --paths-to-mutmut code_examples/chapter24를 실행시킨다. – 옮긴이

뮤테이션 테스트 리포트

mutmut는 JUnit 형식의 리포트를 제공한다. 이미 JUnit 형식의 리포트를 제공하는 다른 툴을 본 적이 있다(22장을 참조하라). mutmut도 다르지 않다.

```
mutmut junitxml > /tmp/test.xml
```

22장에서처럼 junit2html를 사용해 HTML 리포트로 만들 수 있다. 그림 24-1은 그 결과다.

그림 24-1 junit2html 리포트의 결과

뮤테이션 테스트의 적용

뮤테이션 테스트는 소프트웨어 개발 커뮤니티 사이에서는 아직 널리 퍼지지 않았는데, 개인적인 생각으로 다음과 같은 세 가지 이유가 있다.

- 사람들이 뮤테이션 테스트 및 이것이 주는 효과를 아직 모른다.
- 코드베이스 테스트가 뮤테이션 테스트를 하기에는 아직 성숙하지 못했다.
- 가성비가 낮다.

이 책은 첫 번째 항목의 개선에 초점을 두고 있다. 하지만 두 번째와 세 번째의 개선 시도도 의미가 있다.

여러분 코드베이스의 테스트 성숙도가 일정 수준으로 도달하지 못하면 뮤테이션 테스트를 적용하더라도 의미 있는 결과를 얻지는 못할 것이며, 노이즈만 잔뜩 낀 테스트 케이스만 남을 것이다. 모든 뮤턴트를 찾는 것보다 여러분의 테스트 스위트를 개선함으로써 가치를 얻어야 한다. 코드베이스 중 테스트 성숙도가 높은 일부분을 찾아 거기에 먼저 적용해보는 것은 어떨까?

뮤테이션 테스트는 높은 비용을 요구하며 이의 가치를 충분히 뽑아내려면 얻을 수 있는 값들을 최대한 얻어야 한다. 뮤테이션 테스트는 동일한 테스트 스위트를 여러 번 반복하기 때문에 시간이 많이 걸리며, 기존 코드베이스에 도입하는 것은 그리 달가운 경험은 되지 못할 것이다. 차라리 새로 막 만들어진 코드에 적용하는 것이 훨씬 쉽다.

하지만 여러분은 이 책으로 코드의 견고성을 높이는 여러 방법을 접했으며, 기존 코드베이스에서도 뮤테이션 테스트를 도입할 수 있는 여지가 있을 수 있다. 희망을 버리지 말라. 견고성을 높이는 여러 방법을 통해 뮤테이션 테스트를 실행할 수 있는 트릭들이 있다.

버그가 많이 발견되는 영역을 찾아라. 버그 리포트 등을 통해 이런 영역을 찾을 수 있다. 또한 자주 변경돼 테스트 케이스라도 완전히 커버하지 못하는 영역도 찾아보라.[5] 이런 영역들에서 뮤테이션 테스트를 수행하면 비용의 수배 효과를 얻을 수 있다. 이 영역들에 대한 뮤테이션 테스트의 수행은 mutmut로 한다.

또한 mutmut는 라인 커버리지line coverage에 커버된 코드베이스만을 대상으로 뮤테이션 테스트를 실행시키는 옵션도 있다. 라인 커버리지는 테스트 스위트에 의해 최소한 한 번은 수행된 코드 줄들을 의미한다. API 커버리지나 브랜치 커버리지branch coverage 등도 있지만 mutmut는 라인 커버리지에 초점을 맞춘다. mutmut는 여러분이 실제로 처음 테스트하는 코드에 대해 뮤턴트를 생성할 것이다.

커버리지 측정 데이터를 생성하려면 먼저 coverage를 설치한다.

```
pip install coverage
```

이제 여러분의 테스트 스위트에 대한 커버리지를 측정한다. 앞의 예제에 대해서는 다음과 같이 수행한다.

```
coverage run -m pytest code_examples/chapter24
```

그런 다음 이전에 수행한 mutmut 명령문에 --use-coverage만 추가하면 된다.

```
mutmut run --paths-to-mutate code_examples/chapter24 --use-coverage
```

그러면 mutmut는 테스트가 되지 않는 줄은 무시하고 뮤턴트를 만들며, 뮤턴트의

---

5. 이 부분은 커밋 수가 가장 높은 영역을 찾음으로써 알 수 있다. 구글링을 통해 이를 위한 git 명령을 찾으면 다음과 같이 나온다. `git rev-list --objects --all | awk '$2' | sort -k2 | uniq -cf1 | sort -rn | head`. 출처는 https://stackoverflow.com/questions/5669621/git-find-out-which-files-have-had-the-most-commits다.

생성이 상당히 줄어든다.

커버리지의 오류(그리고 다른 메트릭)

코드에 대한 측정이 이슈가 될 때마다 메트릭(지표)으로 삼을 측정 결과의 사용에 대해 많은 관심이 쏟아지며, 비즈니스의 가치 측정 목표로까지 이것을 이어 보려 한다. 하지만 소프트웨어 개발의 역사를 돌이켜보면 많은 잘못된 지표가 있었지만 코드 라인 수로 개발 진척률을 측정하는 것처럼 잘못된 것은 없었다. 이 사상은 어느 한 개발자가 얼마나 코드를 작성했는지 측정할 수 있다면 그 사람의 생산성을 바로 측정할 수 있다는 가정에서 출발했다. 불행히도 이런 방식은 개발자들에게 시스템을 농락하면서 코드를 장황하게 쓰게 만들었다. 이는 지표로서도 역효과를 가져왔는데, 장황한 코드로 인해 시스템은 부풀리고 복잡해졌으며 이로 인해 유지 보수성은 급격히 떨어졌다.

이 업계에서 라인 수로 생산성을 측정하는 지표는 이제 사라졌지만(그렇게 믿고 싶다) 이를 대체하는 또 다른 이상한 지표 두 개가 생겨버렸으니 바로 버그 수와 이의 수정률이다. 표면상으로만 보면 문제는 없어 보인다. 하지만 문제는 이를 비즈니스 평가에 접목할 때 발생한다. 이 지표들을 인위적으로 변경할 여러 방법이 있기 때문이다. 여러분은 버그 수정률로 평가 받는가? 그럼 아예 처음부터 일부러 많은 버그를 만들어라.

불행히도 코드 커버리지도 최근 몇 년 동안 똑같은 전철을 밟고 있다. "이 코드의 코드 커버리지는 100%여야 한다." 또는 "90%의 브랜치 커버리지를 사수해야 한다." 등의 말을 여러분은 들어본 적이 있을 것이다. 이 말만 놓고 보면 훌륭한 것들이지만 비즈니스 가치와의 연관성은 다소 부족하다. 일단 '왜' 이 목표에 도달해야 하는지에 대한 당위성이 없다.

코드 커버리지는 견고성의 부재를 예측할 수 있는 지표지만 품질의 지표는 될 수 없다. 낮은 커버리지의 코드는 여러분의 니즈를 충족시킬 수도, 그렇지 못할 수도 있으며 신뢰성은 장담할 수 없다. 단지 이는 커버리지가 낮은 부분들은 안전망이 없다는 의미일 뿐이다. 이런 부분들은 찾아 테스트를 개선해 안전망을 보강해야 한다.

반대로 말하면 많은 사람은 그렇지 못한 경우가 있음에도 높은 커버리지를 갖는 코드는 높은 견고성을 가진다고 생각한다. 모든 줄과 모든 브랜치를 테스트할 수 있게 만들 수는 있지만 유지 보수성의 깊이는 멀기만 하다. 이런 테스트는 깨지기 쉽거나 쓸데없는 것으로 전락되기 쉽다.

예전에 단위 테스트를 막 적용하기 시작한 코드베이스에서 작업을 했을 때 다음과 비슷한 코드를 만났다.

```
def test_foo_can_do_something():
    foo = Thingamajiggy()
    foo.doSomething()
    assert foo is not None

def test_foo_parameterized_still_does_the_right_thing():
    foo = Thingamajiggy(y=12)
    foo.doSomethingElse(15)
    assert foo is not None
```

이런 테스트 코드가 30개 정도 있었으며 모두 AAA 패턴(21장 참조)을 충실히 따랐으며 네이밍도 문제가 없었다. 하지만 이 코드들은 모두 의미가 없는 것들이며 단지 예외가 발생하지 않음을 증명하는 데 그쳤다. 문제는 이 테스트 코드들로 인해 테스트의 커버리지는 100% 라인 커버리지를 달성했으며 브랜치 커버리지는 80% 이상을 달성했다. 예외가 발생하지 않는다는 것을 테스트하는 것은 나쁘지 않다. 하지만 문제는 이 테스트들이 실제 함수의 동작을 테스트하지는 않는다는 점이다.

뮤테이션 테스트는 이런 빈약한 코드 커버리지에서 방어선을 구축할 수 있는 최선의 방법이다. 여러분이 테스트에 대한 효율을 측정하게 되면 뮤턴트를 제거하면서 이런 무의미한 테스트 코드를 작성하기는 어렵게 된다. 뮤테이션 테스트는 견고성에 대한 예측을 좀 더 믿을 수 있게 만든다. 커버리지 지표는 분명 비즈니스 가치의 대역은 아니지만 뮤테이션 테스트는 커버리지를 견고성의 대푯값으로 만들어 줄 수 있다.

뮤테이션 테스트가 좀 더 활성화되면 분명 '뮤턴트 제거율'이 '100% 코드 커버리지'를 대체할 지표로 떠오를 것이라 확신한다. 여러분은 뮤턴트를 거의 남겨놓지 않으려 하지만 이것이 상황에 맞지 않는 목표와 접목되는 것에 주의하라. 이 지표도 다른 것과 마찬가지로 쉽게 조작될 수 있다. 코드베이스의 견고성을 보장하려면 테스트 전체에 대한 전략이 필요하다.

마치며

뮤테이션 테스트는 여러분이 우선적으로 지향해야 할 것은 아니다. 하지만 테스트 전략 관점에서는 훌륭한 보완책이며 안전망에 대한 점검과 구멍이 있다면 여기에 집중하자. `mutmut`와 같은 자동화 도구로 기존 테스트 스위트를 뮤테이션 테스트를 통해 좀 더 효과적으로 수행하게 만들 수 있다. 뮤테이션 테스트의 지향점은 테스트 스위트의 견고성을 높이면서 최종적으로는 코드의 견고성을 높이는 데 있다.

뮤테이션 테스트로 4부를 마무리한다. 4부는 적은 비용으로 대응할 수 있는 정적 분석static analysis의 설명으로 시작했다. 그런 다음 테스트 전략을 살펴봤고 어떤 종류의 질문에 답을 하고 싶은지 자문하는 방법을 배웠다. 이를 통해 세 가지 타입의 테스트를 배웠는데, 인수 테스트, 속성 기반 테스트, 뮤테이션 테스트다. 이 모든 것은 기존 테스트 전략을 강화하는 방법을 제공하며 코드베이스에 좀 더 촘촘하고 강력한 안전망을 설치한다.

이것으로 이 책을 모두 마친다. 상당히 긴 여정이었고 여러분은 여러 가지 팁과 도구, 방법을 배웠다. 파이썬의 타입 시스템을 깊이 파봤으며, 어떻게 사용자 정의 타입이 코드베이스에 좋은 영향을 미치는지 배웠고, 확장 가능한 파이썬을 어떻게 작성하는지도 배웠다. 이 책의 각 부분에서는 코드베이스가 테스트들을 견디는 데 도움을 줄 코드를 제공했다.

책은 여기서 끝나지만 파이썬에서의 견고성 이야기는 여기서 끝이 아니다. 우리가 종사하고 있는 이 신생 산업은 계속 진화와 변화를 이어가며 소프트웨어가 세상을 삼키는 동안 복잡한 시스템의 견고성과 유지 보수성은 매우 중요해졌다. 내가 예상하건데 소프트웨어에 대한 우리의 이해와 더 나은 시스템을 만들기 위한 새로운 도구 및 기술들은 계속 변할 것이다.

학습을 멈추면 안 된다. 파이썬은 계속 진화할 것이고 새로운 기능과 도구들을 계속 제공할 것이며, 각 기능과 도구들은 코드를 어떻게 작성해야 하는지 잠재적으로 알려줄 것이다. 내가 파이썬 및 그 생태계의 미래를 예측할 수는 없다. 파이썬이 새로운 기능을 선보였다면 그 기능이 가진 의도가 무엇인지 스스로에게 한번 물어보기 바란다. 코드를 보는 사람들은 코드에서 무엇을 기대할 것인가? 이 기능이 사용되지 않는다면 어떤 결과를 예상할 것인가? 어떻게 개발자들과 코드베이스를 통해 소통하는지 이해하고 즐겁게 개발에 참여하게 만드는 것이 중요하다.

나아가서 이 책에 있는 하나하나를 깊이 생각하고 곱씹어보기 바란다. 어떤 가치가 제공되며 이를 위해 들어가는 비용은 얼마인가? 내가 마지막으로 독자에게 바라는 것은 이 책의 조언들을 하나의 규범처럼 받아들이고 코드베이스를 '이 책이 말하는' 표준(90년대 또는 00년대에 일한 개발자라면 AbstractInterfaceFactorySingleton 없이는 열 발자국도 나아가지 못하는 '디자인 패턴 광풍'을 기억할 것이다)에 맞추는 데 사용할 도구처럼 사용하는 것이다. 이 책에서의 각 컨셉들은 도구 상자의 도구들로 봐야 하며, 내가 바라는 것은 어떤 방향으로 사용할지 올바른 결정을 위한 백그라운드 정황을 충분히 이해하는 것이다.

무엇보다도 여러분은 시스템에서 작업을 하는 '사람'이고 다른 '사람'이 여러분과 함께 또는 여러분의 후임으로 일할 것이라는 점을 기억하기 바란다. 사람 개개인은 각자의 동기가 있고 목적이 있으며 꿈이 있다. 모두가 목표가 있고 이를 위해 노력하고 있으며 이 과정에서 실수는 언제나 일어날 수 있다. 이를 모두 없앨 수는 없다. 대신 여러분은 이 실수들을 면밀히 관찰해 배울 것은 배워서 앞으로 나아가야 한다. 미래가 여러분의 작업에 도움이 돼야 한다. 모든 변경, 모든 모호성, 모든 기한 및 범위 수정, 소프트웨어 개발의 모든 어려움을 이겨내고 여러분이 결과물 뒤에 서서 "내가 이것을 만들었다는 것이 자랑스러워. 훌륭한 시스템이야"라고 말할 수 있기를 바란다.

이 책을 끝까지 읽어 준 독자 여러분에게 감사의 인사를 드린다. 이제 테스트의 시간을 견딜 수 있는 멋진 코드를 만들어보기 바란다.

찾아보기

ㄹ

ㅁ

ㅂ

ㅅ

ㅇ

ㅈ

ㅊ

ㅋ

ㅌ

ㅍ

ㅎ

A

B

C

D

E

F

G

H

I

J

K

L

M

N

O

P

R

S

단단한 파이썬

더 깔끔하고 관리가 쉬운 파이썬 코드를 위해

발 행 | 2022년 8월 24일

지은이 | 패트릭 비아포어
옮긴이 | 김성준

펴낸이 | 권 성 준
편집장 | 황 영 주
편 집 | 조 유 나
임 지 원
디자인 | 윤 서 빈

에이콘출판주식회사
서울특별시 양천구 국회대로 287 (목동)
전화 02-2653-7600, 팩스 02-2653-0433
www.acornpub.co.kr / editor@acornpub.co.kr

ISBN 979-11-6175-667-7
http://www.acornpub.co.kr/book/robust-python

책값은 뒤표지에 있습니다.